中国经济转型与创新驱动发展研究丛书

中国社会经济发展已进入新时代，正处于从中等收入向高收入阶段跨越的重要转型发展时期。建设创新型国家任重道远，中国特色发展道路正在形成之中。

本丛书立足于国家现实发展需求，尝试运用“创新、协调、绿色、开放、共享”的全新发展理念，在全球化视野中探寻经济结构转型与创新驱动发展，实现经济发展方式转变。我们期待这些研究将为中国转型与创新发展的实践决策提供重要的理论支撑。

湖北省学术著作出版专项资金资助项目
中国经济转型与创新驱动发展研究丛书
总主编：张建华

华中科技大学张培刚
发展研究院文库

2012年度国家社科基金重大项目“基于创新驱动的产业结构优化升级研究”
（编号12&ZD045）成果

China's Economic Transformation, Development and Conversion of Momentum

中国经济转型发展与动能转换

张建华　张　豪◎著

華中科技大學出版社
http://www.hustp.com
中国·武汉

作者简介
About the Author

张建华　现任华中科技大学经济学院和张培刚发展研究院院长，“华中学者”领军岗教授、博士生导师，湖北省人文社会科学重点研究基地“创新发展研究中心”主任。

主要研究领域包括发展经济学、产业经济学、增长理论和中国经济转型发展。在《中国社会科学》、《经济研究》等期刊上发表数十篇论文，出版《发展经济学》、《创新、激励与经济发展》、《贫困测度与政策评估——基于中国转型时期城镇贫困问题的研究》、《基于新型工业化道路的工业结构优化升级研究》等十几部论著。研究成果荣获第七届高等学校科学研究优秀成果奖（人文社会科学）二等奖、第九届湖北省社会科学优秀成果奖一等奖等多个奖项。

张　豪　华中科技大学经济学博士，现为中国航空综合技术研究所工程师。近年在《经济学动态》、《南开经济研究》、《气候变化研究进展》等刊物上发表论文十余篇。目前主要从事宏观质量管理与评价、质量经济学的研究和实践工作。

内容提要

Summary

本书将立足于中国经济社会转型升级的大背景，深入探讨当前中国经济减速换挡背后的成因，实证探索中国经济总体、地区和各行业经济增长的动力机制，揭示全要素生产率(TFP)黑箱的构成及其溢出效应，并深入研究了中国经济转型发展的微观基础和影响因素。研究表明：制定适宜的区域与行业发展政策并最终促进中国经济发展质量提升，具有非常重要的现实意义。本书也为中国经济转型发展的动能转换提供新思路。

总序

General preface

中国社会经济发展已进入转型发展的新阶段，正处于从中等收入向高收入阶段跨越的重要时期。中国经济面临新的机遇与挑战，肩负结构调整和转变经济发展模式的使命，建设创新型国家任重道远，中国特色发展道路正在形成之中。在现阶段，我国工业化发展、产业结构演进出现了新特点，加快结构调整的紧迫性越来越强，通过创新驱动加快产业结构优化升级，已成为我国新时期实现经济转型发展的一项重要战略举措。正是在这样的背景下，华中科技大学张培刚发展研究院研究团队，先后承担了两项国家社会科学基金重大项目“新型工业化道路的工业结构优化升级研究”(2006年立项)、“基于创新驱动的产业结构优化升级研究”(2012年立项)。最近几年来，本研究团队着力从创新驱动的视角，围绕中国经济转型和产业结构优化升级这一主题进行了深入研究。现在呈现给各位读者的中国经济转型与创新驱动发展研究丛书，就是在这些研究项目成果的基础上经过总结、提炼后形成的阶段性成果。

经济转型与创新驱动是中国当前经济发展的重大议题，也是国家持续关注和重视的问题。本丛书尝试全面系统地从创新驱动视角研究中国经济转型和产业结构优化升级，既有理论探讨，又有实证研究。研究议题涉及中国工业结构转型升级的原理、路径与政策，中国经济转型发展与动能转换，企业自主创新与产业转型，区域创新系统，基于创新的产业政策，新型城镇化，反贫困研究，国际分工与国际贸易新发展，进出口贸易内涵自然资本，以及金融发展对产业发展的影响等。毫无疑问，这些专题既是中国面临的重大现实问题，也是国际社会关注的前沿发展问题。

本丛书将理论与实证分析相结合，从微观、中观、宏观等多层次，从企业、区域、全球价值链等多维度，探讨中国经济转型与创新驱动发展过程中的关键问题，对于我国经济转型和创新型国家建设具有重大的现实意义。本丛书立足于国家现实发展需求，在全球化视野中探索经济结构转型与创新驱动发展，实现经济发展方式转变。本丛书尝试运用"创新、协调、绿色、开放、共享"的全新发展理念对中国的创新驱动发展和经济转型问题做了系统梳理，丛书中不仅有体现创新理念的创新驱动产业结构调整、企业自主创新、基于创新导向的产业政策主题，也有体现协调理念的区域创新系统、新型城镇化主题，有体现绿色理念的贸易生态足迹主题，还有体现开放理念的国际分工、体现共享理念的反贫困等重要议题。总之，我们从较为宽广的视角进行选题，将有助于我们对创新驱动和中国转型发展问题更好地从全局进行把握。因此，本丛书的研究成果，势必将有利于推进经济转型与创新驱动发展议题的深入探讨，而且我们也预期许多研究结果将能够为中国转型与创新发展的实践决策提供重要的理论支撑。

本丛书(第一辑)共有10本书。在此，我们简要介绍一下第一辑10本书的基本内容。

第一本是《中国工业结构转型升级的原理、路径与政策》。该书基于我国工业结构转型升级的历史与现状，探寻工业结构转型升级的作用机理、实现路径与政策措施。该书结合我国探索新型工业化道路的实践，试图从微观、中观、开放环境以及产业关联等视角，为我国工业结构转型升级提供新思路和实施方案；与此同时，从体制机制创新角度探讨其对我国工业结构优化升级产生的经济效应，并探讨了促进工业结构转型升级的政策支持体系。

第二本是《中国经济转型发展与动能转换》。该书立足于中国经济社会转型升级的大背景，深入探讨当前中国经济减速背后的成因，实证探索中国经济总体以及地区和各行业经济增长的动力机制，揭示全要素生产率黑箱的构成及其溢出效应，并深入研究了中国经济转型发展的微观基础和影响因素。研究表明：制定适宜的区域与行业发展政策并最终促进中国经济发展质量提升，具有非常重要的现实意义。该书也为中国经济转型发展的动能转换提供了新思路。

第三本是《中国企业创新与产业转型升级研究》。该书聚焦于以企业创新驱动中国产业转型升级，吸纳、融合了经济学、管理学与计算机科学的最新理论，采用企业考察与产业分析相结合的研究路径，探讨了开放条件下内资与外资企业创新，模块化技术发展与企业产品创新，国家高新区建设与区域创新系统效率。在此基础上，结合基于大数据可视化分析的产品空间图，深入探寻了以创新驱动中国产业转型升级的作用机理与实现路径，并对中国产业转型升级的先行者与示范者——国家高新区的政策效果进行了实证检验，从而为更好地促进中国产业转型升级提供了现实的政策着力点。该书建构了中国企业创新与产业转型升级的全新理论框架，为中国实施创新驱动战略、实现产业转型升级目标提供了科学决策的理论依据。

第四本是《区域创新系统与中国产业结构转型升级》。该书立足于当前中国经济新常态，着力于创新驱动产业结构优化升级的国家战略。应用熊彼特创新理论，基于其研发多部门的一般均衡模型，探讨区域创新系统影响产业结构转型升级的作用机理。应用该理论模型，结合中国区域创新系统运行的现状，分别从区域创新系统促进产业专业化演化和提升企业创新能力两个方面，展开实证分析，以揭示区域创新系统影响创新驱动产业结构转型升级的作用机制和实现路径。

第五本是《创新资源再配置与中国工业发展》。现代研究表明：创新资源的优化配置是提升创新效率、加快创新驱动、推进产业结构优化升级的关键。该书将集中探讨创新资源的再配置与中国工业生产率增长、创新绩效之间的关系，并从产业政策维度分析了如何实现创新资源优化配置并最终促进创新绩效的提升和生产率增长。该书主要探寻创新资源再配置影响生产率增长的微观机理、宏观效应，评估我国研发资源再配置的现状和特征，着重分析创新资源再配置与产业创新之间的关系，并从行政进入壁垒、补贴政策等层面探寻产业政策的调整、优化方向。该书在理论分析的基础上，对中国工业企业微观数据进行实证检验，从创新资源再配置的视角为创新驱动产业结构优化升级提供理论支撑和决策依据。

第六本是《中国城市经济转型发展》。该书基于经济增长本质的视角，以区域经济学理论中的聚集经济与拥挤成本为切入点，采用理论与实证相结合的研究方法，深入研究了城市的经济增长与转型发展、城市规模与城市民生、城市创新与大中小城市协调发展等三大城市经济理论与实践问题，这些问题也是中国目前城市经济发展面临的难点和热点问题。针对中国经济由粗放型向品质型增长方式转型的现实，该书还着重论证了城市规模过大导致的无效率或低效率，并针对这些问题提出明确的对策建议，为正处于经济增长方式转型中的中国城市发展提供了重要的理论和实践参考。

第七本是《中国农村多维贫困测度与反贫困政策研究》。该书从多维贫困视角，采用实证分析和描述分析相结合的方法，研究了我国农村

20世纪90年代以来的多维贫困的变化趋势和当今多维贫困的状况及特征。以此为基础，对我国历来的农村反贫困政策效果进行了评价，试图为今后我国实施精准扶贫战略、制定更为有效的农村反贫困政策提供理论依据。该书基于可行能力视角的多维贫困理论，提出了我国农村反贫困政策必须遵从经济政策和社会政策相融合的建议。我国的农村反贫困政策一直以经济政策为主，社会政策长期处于从属地位，从而导致农民的保障水平和发展权利不足，要加强社会政策的反贫困功能，特别要从传统的社会政策向发展型社会政策转变。

第八本是《产品内国际分工与中国产业发展》。加工贸易、外包、中间品贸易等产品内国际分工形式的出现，对原有针对“最终品”的贸易理论提出挑战。该书通过对产品内国际分工进行新的理论分析，探讨对接包国生产效率产生影响的作用机制，随后对产品内国际分工程度进行度量，并对全行业中国数据进行实证研究，分析产品内国际分工对产业生产率、出口技术水平、就业等方面的影响，并讨论在“一带一路”、互联网＋等新形势下的新挑战等。研究发现中国参与产品内国际分工程度呈现出先降低后上升的趋势，产品内国际分工显著促进生产率的提高，但对就业不存在直接的拉动作用，在这个过程中，我国产业结构优化存在相互促进作用。

第九本是《中国进出口贸易内涵自然资本研究》。该书以生态足迹（EF）测度自然资本，运用产品用地系数矩阵（PLUM）法测算中国与美国、中国与欧盟、中国与金砖国家双边货物贸易内涵自然资本流向，运用投入产出（IO）法测算中国进出口贸易内涵自然资本流向，在此基础上拓展出IO-PLUM法，测算中国进出口贸易及中国与欧盟双边货物贸易内涵自然资本流向。采用生态赤字作为衡量中国整体生态资源贫瘠化的指标，运用向量自回归模型分析、协整分析、Granger因果检验、广义脉冲响应分析与方差分解分析，考察中国消费、投资、政府采购及南北贸易净出口增长和南南贸易净出口增长与生态资源贫瘠化之间的因果关系。进而引入南北贸易相关数据作为中介变量，采用中国等56个发展中国家2002—2008年的面板数据，考察不清晰和不稳定的产权制度导致发展中国家生态资源贫瘠化的影响机制。

第十本是《金融发展对中国全要素生产率的影响研究》。在严峻的国内外形势下，加快推动全要素生产率增长是中国经济实现可持续发展的关键所在。一国全要素生产率的增长离不开金融的支持，特别是随着金融体制改革的日益深化，中国金融体系在现代经济体系中的支撑地位日益凸显，对全要素生产率的演变产生了越来越重要的作用。因此，在中国急需实现经济增长方式转型和金融体制改革持续深化的双重背景下，系统研究金融发展对全要素生产率的影响及其作用机制具有重要的理论和实践意义。该书从理论上利用熊彼特增长框架探讨了金融发展对全要素生产率的影响及其作用机制，主要包括：促进技术进步和优化资源配置等途径的传导机制；选择合适的度量指标和度量方法对当前中国金融发展现状及全要素生产率的发展现状进行了描述及统计性分析；利用中国省级层面的面板数据对金融发展的生产率效应及各个作用机制进行实证检验。本研究为建立并完善基于创新驱动的金融体系提供研究基础和政策依据。

当然，这套丛书只是我们课题组研究的部分成果，许多探讨还是尝试性的。我们预期，伴随着中国转型发展的深入展开，全面深化改革和全面建设小康社会的推进，更多深入细致的研究必将不断涌现。我们期待中国经济转型与创新驱动发展研究不断深入，中国早日进入高收入国家行列，中华民族伟大复兴的中国梦早日实现！

本套丛书作为华中科技大学张培刚发展研究院文库成果，在丛书策划、研究推进过程中，得到了张培刚发展经济学研究基金会的大力支持，也得到了湖北省学术著作出版专项资金、湖北省人文社会科学重点研究基地“创新发展研究中心”、华中科技大学一流学科建设项目以及华中科技大学出版社的大力支持。特别值得一提的是，课题组主要成员叶翠红博士在丛书策划和推进协调过程中积极工作，发挥了极其重要的作用。在此一并表示衷心的感谢！

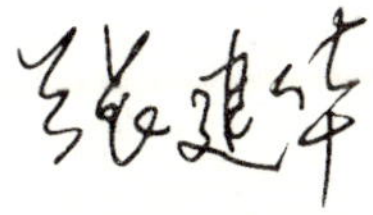

华中科技大学经济学院和张培刚发展研究院院长

湖北省人文社会科学重点研究基地“创新发展研究中心”主任

2017 年 8 月 25 日

目录

Contents

1 导论
9 第一章 中国经济转型发展的研究现状
10 第一节 关于经济增长决定因素的研究
11 第二节 关于中国经济增长核算的研究综述
11 一、关于中国经济增长核算内容的研究
13 二、关于中国经济增长动力来源核算的结果
16 三、中国经济发展阶段的基本观点
17 第三节 关于 TFP 研究的综述
18 一、TFP 测度方法的研究综述
19 二、中国不同行业 TFP 测度的研究综述
22 三、TFP 分解的研究综述
24 四、TFP 溢出的研究进展
25 第四节 文献评述

27 第二章 中国经济转型发展的历史考察
28 第一节 中国经济转型发展的基本认识
28 一、由高速增长阶段转向高质量发展阶段
29 二、由投资主导型经济转向消费主导型经济
31 三、由要素主导型经济转向创新主导型经济

32 四、由工业主导型经济转向服务业主导型经济
34 第二节 新时代中国经济必须转型发展的本质与成因
34 一、中国经济转型发展的本质
35 二、中国经济转型发展的成因
40 第三节 新时代中国经济增长动能转换的必要性与障碍
40 一、为什么要进行增长动能的转换?
41 二、跨越"中等收入陷阱":国外的经验教训与启示
43 三、新时代经济增长动能转换的难点与障碍
45 第四节 本章小结

47 **第三章 经济转型发展的驱动力及其核算**
48 第一节 中国经济增长的动力机制
49 一、经济增长的内生机制
50 二、经济增长的外生机制
51 第二节 TFP 的测算、分解与传统经济增长核算模型
51 一、TFP 的测算与分解
55 二、传统经济增长核算模型(一)
57 三、传统经济增长核算模型(二):多玛加权
59 第三节 基于 TFP 溢出的经济增长核算模型
59 一、部门间相互影响的增长动力模型
62 二、分行业增长动力测度的新方法
65 三、多部门经济核算
65 第四节 本章小结

67 第四章　全要素生产率的溢出效应真的存在吗
68 第一节　引言
70 第二节　理论模型、机制与权重矩阵的构建
70 一、理论模型与实证策略
73 二、TFP 溢出的微观机制
77 三、权重矩阵的构建
80 第三节　数据来源与处理
80 一、企业数据来源与处理
81 二、企业 TFP 的测度
83 三、变量的选取与说明
85 四、描述性统计分析
87 第四节　实证结果与分析
87 一、行业间 TFP 溢出效应的论证
91 二、企业间 TFP 溢出效应的论证
98 三、稳健性检验
102 四、主要结论
103 第五节　本章小结

104 第五章　中国经济转型发展:总体与分行业的驱动力分析
105 第一节　引言
106 第二节　数据来源和处理
106 一、数据来源
106 二、指标选择与处理
107 三、资本存量的估计
110 第三节　实证结果与分析

110 一、随机前沿超越对数生产函数模型的估计结果
112 二、中国总体经济增长的源泉
122 三、中国 TFP 增长及其分解
127 四、中国分行业经济增长的动力来源:基于 TFP 溢出的视角
140 五、简要结论
141 第四节 本章小结

142 **第六章 中国经济转型发展:分地区分行业的驱动力分析**
143 第一节 引言
144 第二节 数据来源和处理
144 一、数据来源
145 二、指标选择与处理
146 三、描述性统计分析
148 第三节 实证结果与分析
148 一、中国 30 地区总体经济增长的动力来源分析
153 二、中国 30 地区 TFP 增长情况及其分解
159 三、中国东中西区域分行业经济增长的动力来源分析
167 四、中国 30 地区分行业经济增长动力来源分析
183 五、简要结论
184 第四节 本章小结

186 **第七章 中国经济转型发展的空间考察**
187 第一节 地区全要素生产率的增长动力与溢出效应
187 一、问题提出
188 二、TFP 增长动力模型

191 三、数据来源和方法
195 四、实证检验
201 五、简要结论与政策建议
202 第二节 中国主要城市绿色增长效率及其空间溢出
202 一、引言和文献综述
204 二、理论模型和空间溢出机制
208 三、数据来源和处理
211 四、中国主要城市绿色全要素生产率增长差异分析
217 五、基本结论
218 第三节 本章小结

219 **第八章 中国经济转型发展的地区考察**
220 第一节 上海工业增长动力与TFP溢出效应分析
220 一、相关文献回顾
222 二、数据来源和处理
225 三、实证结果与分析
230 四、结论与政策建议
231 第二节 湖北经济创新能力提升和产业转型升级研究
232 一、湖北创新能力提升和产业转型升级的重要性与必要性
237 二、经济创新与结构转型的理论分析
240 三、测度方法与实证结果分析
243 四、湖北实施创新驱动发展战略的有利条件
247 五、创新驱动战略下湖北产业转型升级的利弊分析
258 六、湖北经济创新能力提升与产业转型升级的战略选择
265 第三节 本章小结

266 第九章 中国经济转型发展的制度安排
267 第一节 破除动能转换的制度障碍
268 第二节 以创新促进人力资本升级
269 第三节 因地制宜,合理制定地方经济发展对策
270 第四节 构建 TFP 考核指标保障要素的自由流动
271 第五节 合理促进产业融合发展

273 附录 A 数据结果
274 附表 1 30 地区各行业 SUR 回归结果
304 附表 2 30 地区各行业弹性系数结果
334 附表 3 30 地区增长动力来源结果(1997—2015)
354 附表 4 东、中、西部地区 SUR 回归结果
357 附表 5 东、中、西部地区各行业弹性系数结果

360 参考文献

386 后记

INTRODUCTION

导论

中国经济的转型发展与动能转换是现阶段重大的理论与实践课题。党的十九大报告指出，中国社会当前的主要矛盾已经转化为人民日益增长的美好生活需要和不平衡不充分的发展之间的矛盾。促进经济转型发展，实现新旧动能转换，是消除当前社会主要矛盾的重要战略选择。

世界经济发展史告诉我们，不管是发达国家还是发展中国家，经济发展成功与否，很大程度上都与是否能及时、顺利实现经济转型升级密切相关。第二次世界大战之后，西方国家迫切需要摆脱战争造成的创伤，为了迅速恢复和发展经济，它们在强调市场机制作用的同时，大力奉行凯恩斯主义，主张发挥政府在宏观调控方面的引导作用；与此同时，采用最新科学技术成果，大幅提高劳动生产率，逐步完成了对传统工业的调整升级。20世纪70年代以后，西方国家为了克服高通胀、低增长的"滞胀"困境，先后调整了发展战略，推进科技和制度创新，追求可持续发展，逐步形成信息经济、低碳经济等新的经济形式，推动了经济快速增长与转型。另一方面，许多发展中国家在二战后获得政治独立，为了摆脱殖民统治造成的经济依附，实行了一段时期的进口替代工业化发展战略。之后，随着经济全球化和自身发展阶段的变化，有的国家及时转向实施出口导向战略，发挥比较优势和后发优势，鼓励科技创新和市场竞争，成功实现了转型升级。然而，也有一些国家，由于这样或那样的限制，未能及时完成经济的调整转型，或者做得不到位，从而造成经济发展缓慢，甚至长期处于停滞状态。

改革开放以来，中国经济增长奇迹引起了国际经济学界的浓厚兴趣，其经济发展模式也备受关注。然而，近些年来，国际国内形势发生巨大变化。世界经济复苏艰难，不稳定不确定因素明显增多；国内经济发展进入新常态，经济增长动力、资源要素条件等都发生较大变化，长期积累的结构性矛盾凸显，经济下行压力不断加大。中国经济增长从2012年起开始进入减速换挡期，原有粗放式的增长动力日益衰减，要素驱动模式难以为继，仅从需求端刺激经济增长的模式不再可行（李静等，2015）。例如，2008年四万亿元经济刺激政策下中国经济复苏是以牺牲中国生产率为代价的（余泳泽，2015），其所带来的不利影响效应不断显现。过去10年间，我国经济增速显著放缓，国内生产总值增速从2007年的14.2%下降至目前的7%以内。面对错综复杂的形势，再走粗放型发展老路难以为继。因此，重新审视当前中国经济特征，寻找中国经济增长的新源泉，对于中国经济增长方式的转变和动能转换具有极其重要的意义（沈坤荣等，2013）。

关注我国经济增长源泉与动能转换，对于有效治理经济减速、促进经济转型发展是十分重要的。然而，要准确转换经济增长动力，首先得知道经济增长的动力是什么？那么，中国经济增长是单纯的要素投入还是生产率的提高？借用Paul Krugman（1994）被广泛引用的论断，是“汗水还是灵感”？对此，国内外学者普遍认为在要素投入边际递减规律和资源约束下，只能依靠全要素生产率（以下简称“TFP”）的提升来保持经济的高速增长。所以必须从供给端入手，依靠TFP增长的经济发展模式成为学界共识。

现阶段，中国经济面临重塑增长动力的艰巨任务，急需实现从数量型经济发展向质量型经济发展的方式转换，从改革和原创性技术进步等方面构建起质量型经济增长的新动力，打破动能转换壁垒，增强发展的新动能，进而为新一轮经济增长创造前提（张德荣，2013）。在今后相当长一段时期，我国的经济发展战略是，深入贯彻创新、协调、绿色、开放、共享的新发展理念，推进供给侧结构性改革，必须加快新旧动能转换，努力在促进经济结构转型升级上迈出更大步伐，建构起现代化经济新体系。

本书认为，中国经济转型发展与动能转换的研究，具有极其重要的现实意义。

第一，关系到“中国梦”的早日实现。中国经济转型的发展能够有效消除当前社会的主要矛盾，解决发展的不平衡不充分的问题。当前社会主要矛盾的转变是党对当前经济发展形势的准确判断，也对未来经济发展提出了新的要求。因此，深入分析中国经济转型发展和动能转换问题，有助于读者更加深入地了解中国经济发展的规律与特征，了解“中国梦”的深刻内涵，关系到“中国梦”的早日实现。

第二，关系到“中等收入陷阱”的成功跨越。鲜有中等收入的经济体能够成功跻身为高收入国家——这些国家往往会陷入经济增长的停滞期，既无法在工资方面与低收入国家竞争，又无法在尖端技术研制方面与富裕国家竞争。东亚国家成功经验告诉我们，政府推动经济转型加上“人才兴国”战略能够帮助一国最终跨过陷阱。对于中国而言，必须未雨绸缪、防微杜渐——必须通过新的发展方式，在以较高的生产率不断扩大经济总规模和增进人民福祉的同时，兼顾发展的稳定性、公平性和可持续性，以“中国模式”打破“中等收入陷阱”的历史魔咒。

第三，关系到中国经济的可持续发展。经济转型的本质就是经济发展方式转变，即通过改变发展方式对经济发展中的深层矛盾进行深度调整。中国经济发展面临的矛盾很多，包括效率不高、结构不优、竞争力不强、在全球产业链条中的地位偏低等。但是，就当代中国经济而言，最深层次的矛盾是经济发展的不可持续性。传统发展方式与可持续性形成尖锐矛盾。传统经济发展方式的不可持续性突出表现在中国经济发展遇到了资源、生态和市场三个约束。可见，中国现有发展方式是高环境损耗、低生态涵养型的，是生态破坏型和生态不经济的发展方式。这种特征源于这种发展方式的深层结构，是这一逻辑结构的产物，因此是其重要属性。要实现可持续发展，必须实现这种发展方式的全面转型。

从理论上讲，研究中国经济转型发展、增长动力与动能转换，尚需一些新的探索。在这里，我们需要探寻一个适应中国转型发展特点（典型的二元经济结构转型和体制结构转型并存）和基本国情（人口多，历史文化传统悠久，区域差异大等）的经济转型发展理论框架，需要建立一个以增强经济增长动能、实现经济转型发展的新路径，需要在理论的高度上探寻在经济转型发展过程中如何进行动能转换的原理和方式，需要提供一套可靠可行的政策措施和保障机制以促进经济转型与可持续发展。可以说，这是一个在理论和实践上都急需突破的重大课题。

本书将立足于中国经济社会转型升级的大背景，深入探讨当前中国经济减速换挡背后的成因，实证探索中国经济总体、地区和各行业经济增长的动力机制，揭示全要素生产率黑箱的构成及其溢出效应，并深入研究了中国经济转型发展的微观基础和影响因素。本书的基本目标就是要探索在经济新常态下中国经济转型发展的新路径，为中国经济转型发展的动能转换提供新思路，并寻找可靠可行的政策措施。

全书安排如下。

第一章重在分析中国经济转型发展的研究现状。本章从经济增长的决定因素入手，对现有研究进展进行了综述，探讨了中国经济增长核算方面的研究进展。在经济增长综述分析的基础上，分别从 TFP 的测度方法、分解方法和溢出效应出发进一步进行探讨和述评。

第二章深入分析中国经济转型发展的历史状况与基本特征。我国经济已由高速增长阶段转向高质量发展阶段，正处在转变发展方式、优化经济结构、转换增长动力的攻关期，建设现代化经济体系是跨越关口的迫切要求和我国发展的战略目标。因此，本章对中国经济转型发展进行了深刻解析，认为中国经济转型发展应该是坚持质量第一、效益优先，以供给侧结构性改革为主线，推动经济发展质量变革、效率变革、动力变革，不断增强我国经济创新力和竞争力。

第三章研究了经济转型发展的驱动力，并探讨了具体的核算方法。本章首先通过对经济增长的动力机制进行研究，总结传统增长核算模型；其次在此基础上提出 TFP 测度以及分解的方法，借此探讨 TFP 的增长动力；最后区别于传统经济增长核算模型，本书考虑到部门行业生产率之间的相互影响，即 TFP 溢出，构建新经济增长核算模型，用以测度部门行业经济增长的动力来源。本章认为行业与行业之间差异明显，并且还互相影响。传统经济增长动力核算方程假设部门间是相互独立的，仅仅只核算了单部门自身投入对自身产出的影响。某一行业 TFP 变化应该是其本身 TFP 与其他相关行业 TFP 变化所累积的结果，即部门或行业 TFP＝自身 TFP＋其他部门或行业 TFP 的影响。所以传统方法或多或少对于增长动力核算结果造成一定的偏差，影响了判断。

第四章探讨了 TFP 的溢出机制与效应。本章首先提出问题，即如何证实 TFP 溢出存在的客观性；其次是构建理论模型与实证策略，并对 TFP 溢出的微观机制进行深入研究，探讨这种机制存在的理论原因；然后是数据处理与说明，并对相关指标进行详细说明；最后是利用空间计量方法，构建投入产出表矩阵和万级别企业矩阵，对行业间和企业间的 TFP 溢出进行实证，并进行详细的分析与研究。

第五章是关于中国总体经济与分行业驱动力的测度。本章首先提出问题，即为什么要分析中国经济增长的动力源泉；然后是数据处理与分析，对资本存量的计算进行了详细介绍；接着剖析中国 1952—2015

年经济增长的动能转换过程，并对 TFP 增长情况进行详细的剖析与分解；最后在 TFP 溢出核算方程下，对十大行业进行经济增长动力的重新测算。

第六章是关于中国地区经济与分行业驱动力的测度。本章首先提出问题，即为什么要分析地区经济增长的动力源泉；然后是数据处理与分析；接着剖析中国 30 地区 1997—2015 年经济增长的动能转换过程，并对其各自的 TFP 增长情况进行详细的剖析与分解；最后在 TFP 溢出核算方程下，对各地区 7 大行业进行经济增长动力的重新测算。

第七章主要基于 TFP 的溢出效应，对中国经济转型发展进行空间考察。本章第一部分基于产品多样化模型，推演 TFP 增长动力模型，采用 2000—2013 年中国 242 个地级市的相关数据，结合空间杜宾模型，考察了 TFP 的空间溢出效应。第二部分使用 SBM 方向性距离函数和 Malmquist-Luenberger 指数，测算并分解了中国 66 个城市的绿色 TFP，并运用空间杜宾模型探讨其空间溢出效应。

第八章对典型地区经济转型发展与动能转换进行了深入研究。本章第一部分选择上海 1995—2012 年数据，构建了以各行业 TFP、要素投入为源泉的增长动力机制，在一般均衡分析框架下通过求解最优化问题，测度了行业间 TFP 溢出效应、资本、劳动力对经济增长的贡献。第二部分选择湖北 1996—2013 年数据，对其分行业驱动力进行了系统测算，认为湖北经济增长依靠要素驱动，缺乏创新驱动，农业、工业、服务业分别依靠劳动要素驱动、劳动与资本要素驱动、资本要素驱动。

最后一章是关于政策研究与对策建议。本书认为，中国未来经济增长的动能转换应关注三点：其一，未来经济增长的动能转换应从供需两端同时发力，在适度扩大有效需求的同时，着力推进供给侧结构性改革；其二，区域与行业增长动力各不相同，应采用差异化发展战略，不要

"一刀切";其三,未来经济增长的动能转换不仅需要重视 TFP 的作用,更应该重视行业间 TFP 溢出的影响。在这一基础上,作者提出相关的配套政策建议。本书的研究对于更深入地理解和认识当前中国经济减速背后的成因,实证探索中国经济总体,地区和各行业经济增长动力,揭示 TFP 黑箱的构成,论证 TFP 溢出,制定相应的区域与行业经济发展政策并最终促进中国经济质量型增长等,都具有非常重要的意义。同时,本书也为经济增长核算研究的相关文献做出有益的补充。

CHAPTER 1

第一章

中国经济转型发展的研究现状

对于经济增长源泉的研究一直以来是经济学的热点话题之一。本书以中国为研究对象，探讨其增长源泉，为此必须先弄清楚两个问题：到底是什么因素决定着经济增长？目前中国经济增长核算研究的进展如何？对于相关文献进行梳理后发现，决定未来中国经济增长的根本动力在于TFP，那么TFP相关的研究进展是怎样的？本书基于TFP溢出视角研究了不同行业的增长动力，那么不同行业TFP的研究现状是怎样的？TFP分解与溢出的研究进展又是怎样的？

第一节
关于经济增长决定因素的研究

大部分经济增长理论都是为了回答一个核心问题：究竟是什么因素决定经济增长？围绕这一问题，众多经济学家提出了许多真知灼见。斯密(Smith,1776)最先开创经济增长理论研究的先河，他认为经济增长主要源于生产要素投入和由分工引起的技术进步。但他所论及的劳动效率只是单要素生产率的一种，他赞成资本积累对经济增长的作用，但这是因为资本存量可以增加劳动力数量进而促进经济增长，并没有指出资本本身应有的作用与影响。罗伊·哈罗德(Roy Harrod,1939)和埃弗塞·多马(Evsey Domar,1946)以生产函数理论为基础，构建了Harrod-Domar模型。Harrod-Domar模型特别重视资本要素的投入，然而这一理论很明显的缺陷是忽视了劳动要素投入对经济增长的贡献，后来的学者对它作了进一步的改进。新古典经济增长理论以索洛(Solow,1956)为代表，其创新在于经济增长核算，通过计算资本与劳动的增长率和产出弹性来估算其各自对经济增长的贡献率，寻找驱动经济增长背后的根本动力。而该理论将技术进步作为一个外生变量。后来，马歇尔考虑了人力资本对经济增长的影响。鉴于新古典经济增长理论未能解释决定技术进步的经济因素，内生增长理论以索洛-斯旺模型为基础对新古典经济增长理论进行了补充和完善。该理论认为技术进步是内生的，是长期经济增长的内在决定因素，其重视知识和人力资本对经济增长的促进作用。内生增长模型主要分为两类：一类是AK模型，如卢卡斯(Lucas,1988)的经济增长模型将资本划分为物质资本和人力资本两种；另一类强调知识或者是R&D(研发)增长的引擎，比较有代表性的是 Romer(1990)建立的封闭条件下的两部门模型。

近期关于经济增长理论的研究大致有两个方向。第一，旨在解决经济规模与经济增长的关系问题。新熊彼特主义经济学家从特定的研究视角来分析规模效应问题，提出了一种消除规模效应的新方法(Young,1998; Aghion and Howitt,1998; Peretto,1998)。第二，将环境因素考虑进来。绿色经济增长理论主张将资源要素投入和环境影响纳入主流经济增长理论中，成为当前主流经济学研究的新视角。可见，经济增长仍然是目前经济学界的核心问题之一。

第二节 关于中国经济增长核算的研究综述

中国经济增长的奇迹一直吸引着大量学者对中国经济增长问题进行广泛而深入的研究。鉴于本书的研究目的，本章只对其中的核算内容、结果以及发展阶段研究的相关进展进行综述。

一、关于中国经济增长核算内容的研究

自从索洛的理论贡献以来，经济学家一直采用增长核算方法来分析这些要素对于经济增长的贡献度。运用这一方法，Grossman 和 Helpman(1993)以及众多的经济学家对发达国家经济持续增长的动力和原因进行了深入研究，认为其主要来源于技术创新。然而，对于中国经济增长奇迹，他们未能给出一个令人满意的解释。因此，有些学者认为中国经济增长奇迹背后隐藏的风险值得注意。Pawski(2001)从历史经验中得出 20 世纪 90 年代后期以来，中国的 GDP(国内生产总值)增长不可能如统计数字显示的那样高，并没有将诸如交通运输、货物周转

量、能源消费等指标考虑到核算方程中，因此有隐藏的持续增长风险。

目前，中国增长核算研究主要集中在以下三个方面。

(1) 考虑非期望产出，以“绿色”增长核算代替一般增长核算。例如，陈诗一(2009)利用超越对数生产函数估算了中国工业分行业 TFP 变化并进行绿色增长核算。袁富华(2010)建立一个含有环境要素的增长核算框架，认为 1978—2007 年期间，中国潜在经济的增长速度平均为 9.5%，环境消耗拉动经济增长平均为 2 个百分点。杨文举(2011)构建基于 DEA(数据包络分析)的绿色经济增长核算模型，认为各省工业增长的首要源泉是资本深化，其次是技术进步主导的 TFP 进步。刘瑞翔(2013)基于绿色增长核算框架，认为中国经济增长主要由要素投入驱动，虽对中国经济增长做出了主要贡献，但不可忽视环境消耗在其中的作用。其他代表人物还有孙瑾(2014)、王兵(2015)等。

(2) 研究对象的不断扩展，以区域、城市甚至县城为研究对象。例如，张学良(2009)运用非参数 DEA 方法，认为物质资本所贡献的经济增长主导着长三角地区的实际经济增长。另外，也有研究对服务业的增长方式感兴趣。例如，庞瑞芝(2014)采用 1998—2012 年中国省际面板数据对服务业和工业的生产率及其增长情况进行测算，认为服务业生产率(效率)平均高于工业，但 TFP 增长稍逊于工业。代表人物还有郝颖(2014)、孙铁山(2016)、张豪等(2017)。

(3) 将人力资本、制度改革纳入生产函数。例如，岳书敬(2006)将人力资本纳入经济增长核算方程，更加精准地估计了技术进步指数。随着对经济增长内涵理解的深入，单从 TFP、劳动、资本三个方面研究不能充分解释实际经济增长，学者将 TFP 增长率进一步分解为技术进步、技术效率增长、规模经济效应增长和资源配置效率增长等。其他代表人物有姚战琪(2009)、黄莉芳等(2011)、王恕立(2012)、李德煌

(2013)、杨文举(2015)、张同斌(2016)。如今,关于重构中国经济增长动力机制的问题将吸引更多的学者持续关注中国经济增长问题。

二、关于中国经济增长动力来源核算的结果

对于中国经济增长动力来源测度的结果,1978年以前主要来源于要素驱动,TFP贡献波动较大(王小鲁,2000),而对于1978年以后,研究结果差异明显。以下综述主要从要素投入和TFP对经济增长贡献的角度来展开。

1. 从资本投入在中国经济增长中的作用来看

Krugman(1994)认为中国的高增长是要素投入拉动的,TFP对经济增长的贡献率较低,并且指出这种单纯依靠资本和劳动投入的增长模式是不可持续的。Young(2000)通过对中国的经济增长动力来源的核算,也认为中国增长是"不可持续的增长",主要依靠要素驱动这种粗放式的增长方式,势必会陷入窘境。Lardy(2006)从需求侧分析了近三十年来中国经济增长的源泉。他认为随着要素投入边际收益递减,扩张性投资不可持续,中国经济应该从投资驱动型增长转变到消费驱动型增长,才能保持可持续增长。邱晓华等(2006)估算出1980—2004年期间中国资本投入对经济增长的贡献率达到59.2%,资本存量年均增长率高达8.9%,是最主要的增长动力。林毅夫等(2007)认为改革开放以来中国经济增长主要是由资本驱动的,其次是TFP的增长,劳动的贡献最小。王小鲁等(2009)通过重构卢卡斯模型,认为劳动力数量简单扩张将被人力资本的质量提高所取代,并且对经济增长起主要作用的仍然是资本增长。陈彦斌等(2010)考察了1978—2007年中国经济增长动力来源,认为资本投入对于经济增长的贡献率最大,高于劳动与TFP的贡献之和。翁媛媛(2011)认为自1978年以来,资本对经

济增长的贡献率逐年走高，TFP 的贡献率不高，并且人力资本与 TFP 的贡献率从 2002 年左右开始大幅下降。范志勇等(2013)认为资本投入对经济增长的贡献率从 20 世纪 80 年代的 52.3%上升到 90 年代的 58%，最后达到 71.3%，资本投入在经济增长中起着最为关键的作用。董敏杰等(2013)采用一个非参数分解框架，从历史动态的视角来看，资本投入贡献的变化变动较大，在 20 世纪 90 年代之前处于下降趋势，而在其之后呈现上升趋势。余泳泽(2015)认为中国经济属于典型的投资主导型经济，资本投入是中国经济持续稳定增长的最主要来源，TFP 贡献率呈现逐年下降的趋势。

2. 从劳动投入在中国经济增长中的作用来看

纵观中外学者的研究，大部分都认为劳动投入对经济增长的贡献率比较低。但是，蔡昉等(1999)认为，如果仅仅只考虑劳动增量，改革期间劳动力增长对经济增长的贡献率仅为 0.8%，但是这忽视了人力资本的作用，因为劳动的贡献并不完全限于作为投入要素。其针对 1982—1997 年数据的分析显示，人力资本的贡献率达到 23%。鉴于此，此后许多学者一般都考虑将人力资本作为劳动的替代因素进行衡量。蔡昉(2008)认为，从定量分析来看，劳动投入的作用相对有限，人口红利应该是经济增长的重要动力来源。Aoki(2012)指出，韩国和日本成功实现增长跨越的经验表明，中国急需逐步过渡到“H”阶段，实现以人力资本积累为主的增长阶段。蔡昉(2013)后来对人力资本又进行了一次测算，估算的人力资本平均贡献率数值相对较高，但也只有 9%。杜伟(2014)则认为人力资本主要是通过技术创新、技术模仿间接作用于经济增长。梁润等(2015)将传统 TFP 测算中对劳动力人数的考量转为对人力资本总量的考量，测算出人力资本总量对经济增长的贡献率为 31.0%，在人力资本总量的贡献中，劳动力数量和质量的贡献率分别占27.1%和72.9%。朱益超(2016)对1980—2014年中国劳动生产率增长的源泉和动能进行深入分析,研究结果表明,在整体劳动生产率年均增长中,第一产业贡献率为8.1%,第二产业贡献率为43.5%,第三产业贡献率为48.4%,其中,从总体来看,产业劳动生产率的贡献率为79.6%。张同斌(2016)认为不断累积的人力资本提升了劳动生产率与整体经济效率并实现了对经济增长的溢出效应,"人力资本红利"取代"人口红利",成为经济增长的新动力来源。袁富华(2016)认为,应以消费促进人力资本要素积累,并由此提供动态效率补偿,提供经济增长动力。

3. 从 TFP 在中国经济增长中的作用来看

多年来很多研究尝试用 TFP 的方法来分析中国经济增长的来源,一般基于两种思路:一种是测算中国 TFP 的增长率;另一种是关注 TFP 对中国经济增长的贡献及其贡献份额。对于 TFP 在经济增长中的贡献,Bhagwati(1996)认为,中国经济如果能改变单纯依靠投入的增长方式,并转向依靠 TFP 的提高,那么经济将会持续稳定增长。Chow(2002)认为,中国改革开放以来,TFP 对经济增长的贡献率为28%,并且 TFP 大约以每年2.7%的速度增长。Wu(2003)对中国经济增长也进行了核算,认为 TFP 对经济增长的贡献份额为20%以下,和 Chow 的结论不太一致。张军等(2003)对1979—1998年中国经济增长动力进行核算后发现,TFP 增长对产出增长的贡献率约为28.9%,这一结论与 Chow 的结论基本一致。郭庆旺等(2005)经过研究认为,1995年是中国经济一个象征性的转折点,1995年前后经济表现为从高增长、高生产率增长转变到经济依然高增长,却出现低生产率增长。Zheng and Hu(2006)的研究表明,中国 TFP 的增长持续减速,其贡献率也越来越低。Ozyurt(2007)认为 TFP 对经济增长的贡献率为20%~30%,

并没有发挥主要作用。但是，Ao(2005)和 Bosworth(2007)却表现得很乐观，认为 TFP 对中国经济增长的贡献率为 40%～50%。之后，吴延瑞(2008)通过随机前沿生产函数模型计算出 TFP 增长能够解释中国经济总体增长的 27%左右，这一结论与前述几个学者的结论基本一致。徐现祥等(2009)采用对偶法核算 1979—2004 年中国经济增长动力来源，其计算出 TFP 在此期间内增长率为 2.5%，贡献率约为 25%。与其结论类似，张健华等(2012)计算的 1979—2010 年中国 TFP 对经济增长的贡献率为 24.9%。李平等(2013)采用索洛余值法和纯要素生产率法两种方法对 1978—2010 年中国 TFP 增长率进行测算，得出结果分别为4.18%和4.11%，相应贡献率也高达 40.81%和40.09%，这也算是对 TFP 贡献率的一个比较高的测算。张少华等(2014)认为，在 1985—2009 年期间，中国经济增长依然依靠要素增长，但是 TFP 在其中发挥了重要作用，其中 TFP 增长解释了中国经济增长 35.08%的份额。任保平(2016)认为新常态背景下中国经济增长的潜力开发应该集中在 TFP 方向，具体而言就是结构转变、要素配置效率、制度供给、规模经济等方向。张豪(2017)基于 TFP 溢出的视角，在一般均衡分析框架下重新构建了经济增长核算模型，对中国十大行业增长动力来源进行了测算，认为 1995—2015 年期间，TFP 在其中扮演了十分重要的作用。

三、中国经济发展阶段的基本观点

关于中国经济发展阶段的基本观点，以下诸多学者提出了自己的看法。Aoki(2011)将中国的 1952—1977 年、1978—1989 年和 1990—2011 年分别定义为政府参与阶段、库兹涅茨阶段、库兹涅茨与人力资本混合阶段。中国社科院经济增长前沿课题组(2012)将经济增长划分为2个阶段。经济增长阶段1:高投资和出口驱动,以结构调整促进效率提高。经济增长阶段2:以城市化和服务业发展为代表,以效率提高促进结构优化。并且认为此阶段是中国正处于从经济增长阶段1向经济增长阶段2过渡的阶段。武鹏(2013)认为,1978—1985年,资本、劳动和TFP对中国经济增长的贡献较为平衡;1986—1997年,资本投入和TFP贡献波动,并拉开距离;1998年至2011年,资本与TFP呈反向角力态势,资本驱动进一步明显。蔡昉(2013)认为,中国已完成下述四种增长类型的前三个过程。马尔萨斯式贫困陷阱阶段:中国物质与人力资本积累受到限制。刘易斯式的二元经济发展阶段:资本形成和劳动力增长促进经济快速增长。刘易斯转折点阶段:投资回报率下降,需增加劳动力供给。索洛式的新古典经济增长:通过TFP提高促进经济增长。张平(2014)认为,当前要素分配更倾向于资本,经济增长速度"换挡",从高速转向高效,"经济结构"从非均衡赶超向较为均衡的可持续发展转变。靳涛(2015)认为,在1952—1981年期间,资本贡献显著;在1982—1997年期间,资本和城市化推动中国经济增长;在1998—2012年期间,资本作用更加显著,金融结构对增长的阻碍作用凸显。

第三节 关于TFP研究的综述

一般对TFP研究的文献大多集中于测度方法及影响因素,鉴于本书的研究主题,笔者在总结TFP测度方法的基础上,探讨了TFP分解研究的相关进展,梳理了中国不同行业的TFP测算及TFP溢出的相关研究。

一、TFP 测度方法的研究综述

TFP 这一概念最早由乔治·施蒂格勒(1947)提出,后来希朗·戴维斯(1954)在《生产率核算》中提出了 TFP 的具体含义。从最初的劳动生产率,到包含资本和劳动投入的 TFP,再到希朗·戴维斯进一步明确的包含资本、劳动、能源、原材料等所有要素投入的 TFP,学术界对于生产率的认识逐步趋于全面和深入。丹尼森在索洛模型的基础上,发展出了索洛残差法,首次建立了测算 TFP 的可操作模型。随后,由于学术界对产出增长的研究不断加强,生产率增长的重要性几乎得到了一致的认可,对生产率增长的测度和分解也逐渐成为经济研究的热点问题。目前的测度方式主要有以下两大类。①参数法。参数法测算 TFP 建立在一定生产函数的假设基础上,分为索洛余值法、随机前沿分析法(stochastic frontier analysis, SFA)(Chow 和 Lin, 2002; Young, 2003)。②非参数法。一种交叉和不同阶段使用参数法和非参数法进行 TFP 测算的典型代表是指数法。

参数法与非参数法在中国测算的相关问题如下。对于索洛残差法,赵志耘等(2006)认为,中国资本和劳动的要素弹性的递变特征,不能反映前期投入的滞后影响,估算方式争议很大,这和索洛残差法常使用固定弹性测算的假设不符。之后,随着统计软件的升级换代,数据的慢慢完善及数据挖掘技术的不断成熟,大多数文献使用参数法与 SFA(随机前沿分析法)。DEA 和 SFA 等前沿技术分析越来越多地被应用于生产率研究之中。针对参数方法的缺陷,一些学者尝试探索新的研究方法,比如采用时变弹性生产函数估算经济增长来源(章上峰,2011)。然而,以上方法仍未脱离计量回归模型的基本分析框架。之后,非参数的曼姆奎斯特指数(MI)开始流行(王应明,2015;蓝虹,

2016)。所以,目前对中国TFP的增长测算结果的争议还是很大。

二、中国不同行业TFP测度的研究综述

随着科学技术的发展,国内外学者将TFP理论与测算方法应用于各行各业的测算。

(一)关于农业TFP研究述评

对于中国农业TFP的研究,一直以来也是国内外学者关注的重点。McMillan(1989)在1978—1984年期间发现中国农业TFP中78%源于农业家庭联产承包责任制的制度变迁。Wen(1993)认为这一制度创新使得农村生产力得到极大提升。Lambert和Parker(1998)认为农村改革之初和市场化经济改革加速以后,中国农业TFP表现强势,但是地区间仍有差别。之后,孟令杰(2000)利用DEA方法对中国农业TFP进行深入研究,这次有益的方法创新掀起了农业TFP研究的高潮。Adam(2003)认为农业生产非技术效率的改善对于农业TFP的提升具有显著的正面影响。石慧等(2008)测算了1985—2005年中国29个地区的农业TFP水平,结果显示,我国农业TFP在各省之间不存在绝对收敛,没有缩小的趋势。张乐(2013)采用SFA测度了1991—2010年中国农业TFP变化及其分解,认为中国农业TFP年均增长率为5.12%,增长率呈整体递减的趋势。崔晓(2014)对1990—2011年间中国农业环境效率和环境TFP及其变化进行了分析,其认为农业环境TFP的增长速度在大多数年份慢于传统TFP的增长速度。杜江(2015)利用1978—2011年省际面板数据与Global Malmquist指数对种植业TFP增长及其成分变动进行了分析,认为农业TFP增长显著且主要由技术进步推动,技术效率总体呈下降趋势。付明辉(2016)测算

了农业投入偏向型技术进步指数及偏向效应，认为大部分国家的投入偏向型技术进步有利于农业TFP增长率的上升，节约劳动力要素。

（二）关于工业TFP研究述评

鉴于工业在中国经济中的地位，TFP的实证研究多集中于工业领域。孔翔（1999）对1990—1994年工业细分行业的TFP进行了分析，认为技术变化率是影响其TFP变化的关键因素。Mark Funk和Jack Strauss（2003）基于国际视角检验了特定行业生产率的冲击，并认为这种冲击具有一定的传导效应，工业的TFP存在着很大的异质性，这一结论对于中国工业TFP增长有借鉴价值。樊潇彦（2004）利用省际面板数据，测算得出轻工业、采掘工业和原料工业的TFP低于重工业，而轻工业的TFP却明显高于重工业。涂正革等（2005）系统地研究1995—2002年期间我国37个两位数工业行业的TFP增长趋势，并对TFP进行了“四分法”分解。沈能（2006）利用1985—2003年中国制造业数据，运用非参数的Malmquist指数方法，研究了TFP及其构成的时序成长和空间分布特征。徐盈之等（2007）在沈能方法的基础上研究了中国1996—2005年各地区信息制造业的TFP变动，并对其区域差异及影响因素进行了深入研究。宫俊涛等（2008）运用非参数Malmquist指数方法构造区域制造业生产前沿，考察了1987—2005年期间我国28个地区制造业省际TFP的增长来源、差异及其变化趋势。高凌云等（2010）利用中国三位码工业行业的月度面板数据，发现其TFP和技术效率具有直接的“负溢出效应”，通过提高技术效率的方式最终促进了工业行业TFP的增长。周燕等（2011）认为中国1996—2007年工业行业TFP年均增长6.7%，并主要得益于技术前沿的快速进步（11%）。鲁晓东等（2012）利用1999—2007年中国工业企业数据，进一步核算了中国工业企业的TFP值。覃一冬等(2013)采用中国2002—2010年28个地区21个二位数工业行业的面板数据，实证检验了知识外溢对工业行业TFP的影响。钟世川(2014)运用1978—2011年中国工业行业数据核算TFP增长和度量技术进步偏向情况。结果显示，1987年后中国工业及大多数行业技术进步明显偏向资本，工业TFP的整体增长率比较低且1990年后主要呈下降趋势。杨汝岱(2015)依托1998—2009年中国工业企业数据库，基于OP、LP等方法计算企业层面TFP，认为中国制造业整体TFP增长速度在2%～6%之间，年均增长3.83%，增速存在较大的波动。张天华(2016)对中国工业企业TFP进行了稳健估计，认为生产函数模型设定对估计结果影响最大，样本范围其次，影响相对较小的是价格因子。可见，采用不同的估计方法，估计结果之间存在较大差异。

(三)关于服务业TFP研究述评

中国服务业TFP研究相对起步较晚，但是成果丰硕。郭克莎(1996)利用索洛残差法对1979—1990年中国服务业TFP进行测度，得出其平均增长率为2.58%的结论。其后，服务业TFP研究开始兴起。顾乃华(2005)认为，TFP对1992—2002年间中国服务业增长的贡献非常小，技术进步的增长率为负，且技术效率低下。杨向阳等(2006)对1990—2003年中国服务业TFP的增长状况进行了深入分析，并对TFP进行"二分法"分解(分解为技术效率和技术进步)，研究发现TFP的平均增长率为0.12%。柯孔林等(2008)测算出中国银行业TFP的平均增长率为4.8%，其主要来源于技术进步的作用。原毅军等(2009)利用非参数Malmquist指数方法对1997—2005年中国27个地区生产性服务业TFP的增长状况进行了深入分析，考察了其变化原因、地区差异与变动趋势。刘兴凯等(2010)采用非参数的Malmquist指数方法测算了28个地区1978—2007年TFP变动情况,并从技术效率和技术进步两个方面考察了其地区差异与变动趋势。户艳辉(2013)利用1998—2009年面板数据,采用DEA的非参数Malmquist方法,分析了服务业TFP增长的特点。庞瑞芝(2014)采用1998—2012年中国省际面板数据对服务业和工业的生产率及其增长情况进行测算,研究显示,服务业生产率高于工业生产率,但TFP增长稍逊于工业。王恕立(2015)测算了中国2000—2012年31个地区和2004—2012年服务业细分行业的服务业TFP变动情况,认为中国服务业TFP增长表现出了较大的区域和行业异质性。王恕立(2016)运用基于DDF(方向距离函数)的Malmquist-Luenberger生产率指数对中国2004—2013年服务业分行业TFP进行再估算,认为服务业TFP增长的主导因素在于技术进步。

三、TFP分解的研究综述

学者们从不同的角度、运用不同的方法建立了生产率的分解模型,以探索并测度生产率增长的贡献因子。根据不同模型从生产率增长中剥离出来的因素的不同,本章将这些研究大致分为三类。

第一类分解模型仅从生产率增长中剥离出结构变迁的作用。最早由Fabricant(1942)提出的“shift-share method”,将生产率的增长分解为结构变化的贡献和产业部门内部增长的贡献,其中对结构变化的贡献又可以进一步分解,主要分为两个部分:要素的静态转移效应和动态转移效应。这种方法基于统计学的因素分析法原理,是最简单也最为常用的,但其局限性在于只能分析单要素生产率。胡永泰(1998)将TFP的增长分解为劳动的再配置效应以及净TFP增长。蔡昉等

(1999)采用不同的生产函数形式,放松规模报酬不变的假设,也将劳动再配置效应从TFP增长中分离出来。这两种分解都只针对劳动配置效应,不能全面考察结构变化的贡献,因而难免显得粗糙。参照Syrquin(1982)、Timmer and Szirmai(2000)的研究方法将TFP增长率分解为产业内部增长效应、劳动再配置效应及资本再配置效应。在此基础上,李小平等(2007)构建了一个模型将制造业TFP的增长分解为内部增长效应、产出结构效应、劳动转移效应和资本转移效应。应该说,这两种分解对结构效应的度量是相对全面和深入的。

第二类分解模型仅从生产率增长中剥离出前沿技术进步和技术效率变化的作用。这种方法建立在生产前沿技术之上。Kumar et al.(2002)在Fare(1994)等人的基础上将劳动生产率分解为前沿技术进步变化、技术效率变化以及资本深化。以上分解属于非参数前沿方法,能避免函数形式设定的先验性带来的诸多问题。但这也正是该方法的一个缺点,即不能提供关于生产函数的任何描述信息,以至于难以深入地了解生产细节。如果在设定生产函数的基础上运用生产前沿分析,就是所谓的参数前沿方法。Wu(2003)的研究是这种方法的一个代表。其优点在于通过估计生产函数可以描述有关生产的经济特征,但问题是如何保证生产函数模型估计的稳健性。

第三类分解模型则同时考虑了结构变迁和技术因素(包括前沿技术进步和技术效率变化)对生产率增长的作用,并将两者同时剥离出来。Kumbhakar et al.(2000)把前沿分析法分别应用到超越对数形式的生产函数、成本函数和利润函数中,可以从三种角度将TFP进行分解。这也属于参数前沿分析,其中应用较广的是随机前沿超越对数生产函数模型,将TFP增长分解为前沿技术进步、技术效率改善、规模效应和结构效应。张军等(2009)学者都采用了该模型。实际上,还可以将前沿方法应用到其他生产函数（C-D函数、CES函数、VES函数等）并分解TFP增长率，比如王德祥（2016）采用随机前沿生产函数，运用SFA方法对中国城市TFP进行分解。

需要指出的是，上述研究都使用了随机前沿形式的分析，而非确定性前沿形式。两者的根本区别在于对随机误差的处理不同。具体而言，确定性前沿分析法假定所有的产出波动都是由技术非效率引起，而忽略了随机冲击的影响。SFA则考虑了随机误差，并采用混合误差分离技术将残差项分离为技术非效率和纯粹随机误差。从经济意义上来说，显然SFA更符合实际经济运行情况。

四、TFP溢出的研究进展

现有关于TFP溢出的文献比较少，代表学者有张建华等（2015）、张豪（2016，2017）等学者。目前众多国内外学者主要是从知识积累、技术进步、研发和外商投资的角度研究企业、行业和地区层面的TFP溢出效应，如M. Kuroda（1999）、J. B. Madsen（2007）等学者。受到新经济增长理论的技术知识溢出机制的启示，大量学者开始关注技术知识的溢出，利用研发（R&D）和外商直接投资（FDI）分别作为技术和知识溢出的主要途径，探索企业、行业或区域间的生产效率差异的成因。例如，Goto and Suzuki（1989）利用日本制造业行业数据，研究了行业间研发溢出对于日本制造业的生产率的影响，研究发现研发对于自身行业以及其他行业都存在溢出效应。Chuang（1998）认为欠发达国家可以通过不对称的贸易引致的学习溢出效应来获得更快的技术进步，进而促进经济增长，进而解释“东亚增长奇迹”。李小平（2006）研究了国际R&D溢出，发现通过国际渠道的R&D溢出促进了国内工业行业技术进步，但本行业和其他行业R&D的溢出对技术进步、全要素增长存在阻碍作用。Coe and Helpman(2009)认为人力资本和更好的专利保护制度对区域间R&D的溢出效应有显著正的影响。潘文卿(2011)等学者从产业间的技术溢出视角出发,利用中国投入产出数据证实了产业之间广泛存在的技术溢出现象。

此外,还有很多学者从FDI溢出角度研究生产效率的溢出问题(Strobl,2001;陈涛涛,2003),认为FDI存在正向的行业内溢出效应,然而也有学者(Aitken and Harrison,1999;Konings,2001;Gorg and Greenaway,2003)对行业内FDI是否存在溢出效应持怀疑态度,Aitken and Harrison(1999)认为发达国家的FDI投入会通过参与当地市场竞争,挤占发展中国家本地企业份额而导致FDI与生产效率的负相关。Schoors Koen和Bartoldus(2002)利用匈牙利企业数据,认为通过企业后向关联,FDI对生产率有正的溢出效应。Gorg和Greenaway(2004)认为FDI的溢出可能并不存在水平(行业内)溢出效应而应该是垂直(行业间)溢出效应。由此可知,从TFP细分视角研究溢出效应的文献已经相当丰富,但是缺少关于TFP总体溢出效应的研究,尤其是行业与企业间的溢出,是目前研究领域的空白。

第四节 文献评述

综上所述,国内外学者对中国经济增长的动力问题已经进行了较为深入的研究,然而,从现有经验检验的文献来看,还是存在一些有待补充的地方。第一,在研究方法上,以往研究对TFP的测算基本上都是使用增长核算方法、非参数方法和生产函数法等方法。正因为方法之间差异明显,导致目前的研究结论尚未统一,并且已有的研究本身无法对研究所采用的方法进行评价和检验。第二，数据质量问题，指标和数据的选取没有很好地甄别。学者们所采用的投入产出指标存在较大差异，这对研究结论影响极大。如产出指标有总产值、增加值，劳动投入指标有职工人数和从业人数等。由于数据的局限性，资本投入的准确估计问题更为突出，这也使现有关于中国经济 TFP 增长研究的结论可靠性大打折扣。另外，在中国 TFP 增长的研究中，普遍存在投入、产出数据口径前后不一致的问题。第三，对中国经济增长动力来源，一般从总体和分地区来分析，很少有文献关注总体和地区分行业的经济增长来源与差异。而基于这个视角的研究有助于更全面地认识中国经济发展的全貌，更有利于全面认识中国经济增长的动能转换，为新时期中国切换动能、实现结构优化提供良策。

经济增长的动力因素在不同的时代背景和发展语境下会发生不同的变化，即经济增长会有动能转换的过程。目前，中国经济减速换挡，进入减速发展的“新常态”，在当前结构转型的新阶段，在此一系列不利环境的制约下，对转型期特定背景下增长动力的研究十分必要。并且这一分析必须是系统的、全面的，不仅包括中国经济总体，还应该包括各地区以及分行业经济增长的动能转换。另外，在这里要特别指出的是，以往分析中国经济增长的理论主要是建立在西方国家的经验基础之上的，缺乏对中国特色问题的分析与讨论。中国有自己的国情，因此未来相关的研究应该更加重视并充分结合中国实际情况，重构中国经济增长动力机制的理论框架。

CHAPTER 2

第二章

中国经济转型发展的历史考察

经济从高速增长进入高质量发展，是划时代的变化。高速增长阶段的基本特征是以数量快速增加为主，主要解决的是短缺问题，而高质量发展则强调的是质量和效益，是解决好不好的问题。随着技术模仿空间缩小和第一次系统性改革的红利逐渐减少，中国经济增长开始减速。当下，我国社会主要矛盾已经转化为人民日益增长的美好生活需要和不平衡不充分的发展之间的矛盾。要解决这个矛盾，必须要依靠高质量的发展，为了避免因为增速放缓而陷入增长陷阱，有必要进一步挖掘经济增长源泉，适时进行动能转换。因此，本章着重定性分析中国经济动能转换的相关问题。

第一节
中国经济转型发展的基本认识

一、由高速增长阶段转向高质量发展阶段

新中国成立以来，中国经济总量规模不断扩大，GDP年均增速一度保持在10%以上。中国GDP占世界经济总量的比例由1978年的1.8%提高到2015年的13%，居世界的位次由第10位上升到第2位，2005—2007年分别超过法国、英国、德国，2010年超过日本。从年度经济增长率的角度来分析，中国经济增长存在不稳定的特征，GDP增长率经历了多轮高低起伏的波动，经济经历了一系列的收缩与扩张。图2.1为中国60多年来主要经济指标增长率的波动曲线。如1993—2007年，由1993年的13.9%下降到1999年的7.7%，再上升到2007年的13.2%；2008—2010年再次经历了一个从下降到上升的周期之后，从2011年至今，经济增长速度一直呈下行趋势。GDP同比增长率自2012年下降到8%以下，由2012年的7.9%下降到2013年的7.8%、2014年的7.3%。2015年中国GDP年度增速在1990年之后再度跌破7%，为6.9%，2016年为6.7%。虽然经济增速重回世界第一宝座，但是中国GDP增速进入“6时代”，经济增长率减速已成为事实，经济增长由高速向中高速转变。

中国经济的发展阶段已从高速增长阶段转向高质量发展阶段。这不仅是经济发展规律、周期所决定的，更符合中国社会的新需求——按照十九大报告的描述，中国社会主要矛盾已经转化为人民日益增长的

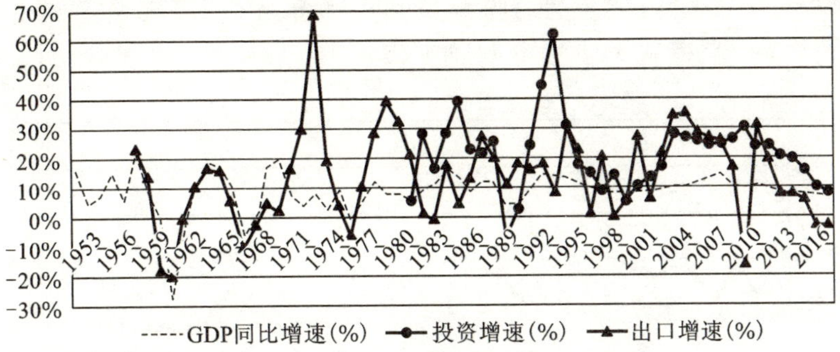

图 2.1　1953—2016 年中国主要经济指标增长率

美好生活需要和不平衡不充分的发展之间的矛盾。与过去强调"物质文化需要"相比,"美好生活需要"显然更注重质量。这样的发展阶段定位和社会主要需求,必然要求坚持质量第一,要从供给侧层面进行改革。消费结构正处于从以物质型消费为主向以服务型消费为主的快速转型中。估计 2020 年城镇居民的服务型消费比重将由现在的 40%左右提高到 50%左右,发达地区有可能超过 60%,使消费在拉动经济增长中的作用进一步提升。

二、由投资主导型经济转向消费主导型经济

中国的投资率一直保持在高位,经济具有明显的投资特征,投资一直是推动中国经济的重要力量。最近几年,受外需萎缩、内需低迷以及房地产市场周期性调整等因素影响,中国投资增速几乎打了对折。另外,投资与增长相背离,资本回报率下降,如图 2.2 所示。大规模工业化时期,大量廉价的劳动力及生产性基础设施的建设使投资具有较高的回报率。而随着中国刘易斯拐点的到来以及生产要素成本的上升,投资回报被压低。同时,随着中国资本存量的现代化,中国技术向国际

技术前沿逐渐接近，模仿与吸收的收益逐渐减少，进一步地压缩了投资回报的空间，中国资本回报率明显下降。

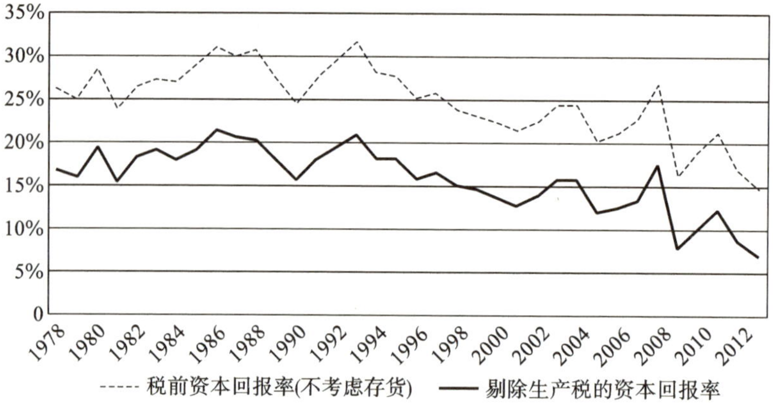

图 2.2　中国历年资本回报率(1978—2013)

资料来源：白重恩、张琼：《中国的资本回报率及其影响因素分析》，《世界经济》2014 年第 10 期，第 10 页。

中国已基本形成消费主导的经济增长新格局。第一，中国城乡居民消费规模不断扩大。中国社会消费品零售总额由 2011 年的 18.39 万亿元增长到 2015 年的 30.09 万亿元，年均增速达到 13.1%；到 2020 年消费规模有可能达到 45 万亿～50 万亿元，这对全球经济增长将是一个重大利好。第二，消费结构正在快速升级。“十三五”期间，中国将实现由以物质型消费为主向以服务型消费为主的转变。以健康服务业为例，估计到 2020 年中国健康产业产值规模将高达 10 万亿元，健康服务业将成为中国“十三五”期间增长速度最快、发展潜力最大的产业之一。第三，“十三五”期间中国形成消费驱动经济增长的战略目标。①消费年均增长 10%左右。估计“十三五”期间，中国社会消费品零售总额增速将超过 GDP 增速 3 个百分点以上，达到 10%。②消费对经济增长贡献率稳定在65%左右。14亿人的消费大市场，不仅是拉动中国经济增长的主要推动力，也是拉动全球经济增长的重要因素。例如，2016年春节期间中国游客出境游人数接近600万人，消费规模达到900亿元人民币。

世界银行近日发布的研究报告称，中国将超越美国成为世界第一大经济体。虽然我们并不承认这一观点，但从消费主导型经济的角度看，这一结果表明我国社会需求结构正在发生深刻变化，城乡居民消费需求不断升级，消费市场潜力巨大，正处于释放的历史拐点。"十三五"时期，确立消费主导型经济地位，是保持经济中高速发展的重大战略。走向消费主导是一场深刻的经济转型，要抓住第三次消费升级的机遇，坚持需求管理和供给管理并重，创造新的环境、发掘新的动力、构建新的结构和完善新的制度，着力构建新的内生稳定增长机制。

三、由要素主导型经济转向创新主导型经济

新古典经济增长理论的索洛经济增长模型认为，劳动力、资本(包括资金、土地和其他自然资源)的要素投入以及技术进步是经济增长的三大源泉，当经济达到均衡状态时，人均产出增长速度只取决于技术进步。"十三五"时期，劳动力、资金和环境成本将继续处于上升通道，要素驱动型的经济增长模式已难以为继，将经济增长的驱动力从要素投入转向技术进步势在必行。"十三五"是实施创新驱动战略、建设创新型国家的重大历史时期，要顺应以智能、绿色和可持续为特征的新产业变革趋势，着力打造中国经济升级版的新引擎。

与过去主要靠投资拉动经济、靠贸易支撑"世界工厂"、靠高能耗带动增速不同，建设现代化经济体系更强调全要素生产率，讲求协同发展产业体系。这也是近几年来中国经济发展的特色之一，无论是强调消

费主导、区域协调发展，还是城乡融合发展、放宽准入限制，抑或施行简政放权、注重激发各类市场主体活力，都具有资源更优化配置、供需更加动态平衡的特质。

四、由工业主导型经济转向服务业主导型经济

当前，经济下行的一个重要原因是工业增长下滑，而下滑的原因主要是产业结构不适应需求变化，部分行业产能过剩严重。随着中国经济社会的不断发展，在国内生产总值中，三次产业结构发生了重要的变化，如图2.3所示。其中，农业所占比重不断下降，由1958年的34%，下降到1978年的27.7%，2009年开始低于10%，2015年为8.9%；工业所占比重由36.9%不断上升到1978年的47.7%，改革开放以来保持相对稳定的份额，近年来有轻微下降，2015年为40.9%；服务业所占比重在改革开放之前呈平缓下降的趋势，在改革开放后不断上升，至2013年服务业比重首次超过工业，2015年达到50.2%，成为新阶段中国经济增长的主导产业。从三次产业结构来看，近年来，在经济增速下行压力较大的背景下，第三产业并未出现减速换挡，其占GDP的比重持续提高，2016年第三产业的产值占国内生产总值的比重为51.6%。

如图2.4所示，目前中国整体已经进入工业化中后期阶段，在较高的增速之下，第二产业的增速自然会放缓，第三产业对经济发展的贡献率明显提高，但是产业结构现状依然堪忧。

服务业发展空间巨大。第一，在2000—2015年的15年中，中国的服务业总规模每5年翻一番，从2000年的不到4万亿元人民币增长到2015年的32万亿元人民币左右。第二，服务业占GDP的比重明显提高。2001年中国服务业占GDP的比重只有41.3%，到2015年占比提

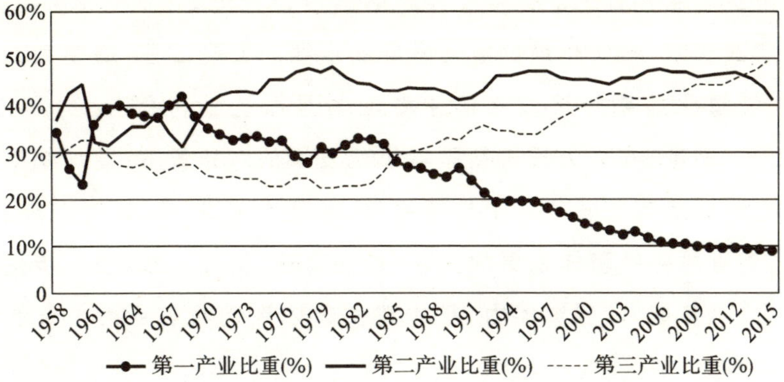

图 2.3　中国 1958—2015 年三次产业结构变化

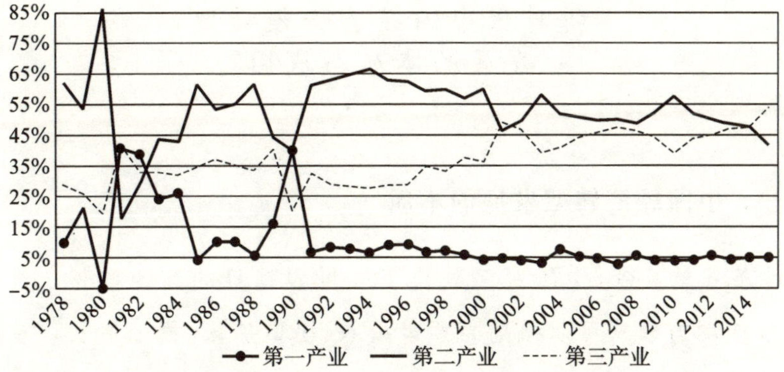

图 2.4　三大产业对经济增长的贡献率

高到 50.5%，首次超过 50%。第三，服务业开始成为拉动中国经济增长的主导力量。2014 年中国 GDP 增速 7%，其中第三产业拉动增长 3.5 个百分点，比第二产业高出 0.1 个百分点。

服务业的发展是现代市场经济的一个显著特征，也是衡量经济社会发展繁荣程度和现代化水平的重要标志。服务业已成为我国三次产业中增长最快的产业，对国民经济的带动和支撑作用明显增强。但与世界发达国家相比较，我国服务业仍然占比过低，还有巨大的发展空间。实践表明，城镇化前期经济发展的主要动力是工业，次要动力是服务业；城镇化后期经济发展的主要动力是服务业，次要动力是工业。“十三五”时期，在大力推进新型城镇化发展的大背景下，要加快推动工业主导型经济转向服务业主导型经济，推动创新发展、集群发展、融合发展，促进服务经济体系更加完善、更加高端、更加开放，进一步提高承载能力、服务能力、包容能力，基本建立起以现代服务业为主导的现代经济体系。

第二节 新时代中国经济必须转型发展的本质与成因

一、中国经济转型发展的本质

改革开放至今，中国经济获得了令世界瞩目的高速增长。经济增长的传统动力模式可以概括为要素投入、出口扩张、投资增长。在经济发展的前一阶段，国内劳动力、原材料、资源、土地等要素价格比较低，“人口红利”、“制度红利”、“结构红利”和“全球化红利”分别为中国经济增长提供了丰富的劳动与资本，创造了中国经济的强大产能，并且中国走的外向型经济发展道路给国内经济增长提供了强大动力，工业化的大规模产能依靠国际市场能够很好地消化吸收。后发优势的存在使得中国可以低成本模仿、吸收国外先进技术，实现规模收益递增，促进经济高速增长。城市化的加快带动基础设施投资的增加，国内住房制度改革推动房地产业的蓬勃发展，也推动了中国经济近十多年来的高速发展。在当时的国际国内环境下，依赖投资和出口、依赖资源消耗，以低成本要素和投资驱动经济增长是符合中国国情的，也是符合经济增长规律的，能够有效地促进经济增长。

然而经济全球化时代，尤其是2008年以来国内国际形势发生了很大变化。中国经济增长动力面临一系列的限制性条件，粗放式经济增长方式迫切需要进行根本性的调整。近年来，中国人口结构发生转型，劳动力、原材料、能源、资源、土地等生产要素的价格迅速上升。而随着中国科学技术水平的不断进步，中国科技与世界科技前沿的距离越来越小，"干中学"、"投中学"效应不断减弱，学习型技术进步的空间触及"天花板"。金融危机的深层次影响蔓延至全球各国，世界经济复苏仍面临极大的不确定性，中国出口受到很大的冲击。总体而言，传统动力的支撑作用在衰减。而新的动力来源如人力资本、自主创新能力在短时间内难以大幅提高，迫使中国进入经济增长技术性减速轨道。也就是说，这些年技术进步的速度减慢，造成了TFP提高走慢，导致经济增长速度减慢。今后的方向应该是加强技术创新，努力加快技术创新的速度，这样经济才能够真正进入新常态。

二、中国经济转型发展的成因

（一）要素投入模式难以为继

近年来，要素驱动经济增长方式的不可持续性开始显现，主要表现在以下方面。

(1)"人口红利"的消失，处于能劳动年龄的人口绝对下降，劳动供给量减少。中国人口数量依然可观，但人口老龄化加速，青少年人口迅速减少，人口结构已经发生值得警惕的重大变化。中国占世界人口的比重在1920、1950、1980和2015年分别是35.0%、21.8%、22.1%和18.84%，总体上在大幅下降。相比之下，1980—2015年中国人口占世界人口比重的下降超过了3个百分点，下降速度是前30年上升速度的10多倍。

(2) 投资与增长相背离，资本回报率下降。例如，1990年以来全社会固定资产投资以年均20%以上的增长速度持续增长，全社会资本形成率接近40%。尤其是2008年金融危机之后，政府采取扩张性政策刺激总需求，2009年固定资产投资增长率达到30%。经过改革开放以来的大规模开发，加之中国城市化开始迈向成熟时期，城市基础设施投资高潮逐渐退去，中国资本积累速度开始有所回落，2014年固定资产投资速度为15.3%，2015年9.8%。2016年全国固定资产投资增速有所放缓，同比增长8.1%。

(3) 要素配置不当，出现错配现象。从总量上看，中国经济中投资数量与资本存量都远低于东亚经济体在类似发展阶段的水平，但中国经济现阶段投资对经济增长的拉动力逐渐减弱，其主要原因可能是投资主体的不适当造成的资本错配。Hsieh和Klenow(2009)指出，中国的生产要素错配程度非常突出，如果中国能够调整资本配置结构，生产率将提高30%～50%。

(4) 出口贸易下降，且外需不振。从开放经济的角度，出口贸易是中国经济增长的助推器。由图2.1中出口增长率可以看出，过去近40年间，中国实行的是外向型经济导向，对国际市场的依赖较大。如1978年改革开放至2008年金融危机以来，出口年均增长速度达到19%。2008年之后因为金融危机的影响，欧美等发达经济体经济发展持续低迷，国际市场总体在萎缩，中国出口贸易下降趋势明显。2009年因为外需不振的冲击，出口率跌落到−16%，2010—2011年短暂回升，2012年以来同比增长速度为6%～7%，2015年则为－2.9%，2016年出口贸易形势依然低迷。主要原因如下。

(1)从正面动力来看，欧美发达国家的经济呈现逐步复苏的势头，并且人民币汇率的市场化和弹性变动有利于中国的出口贸易，“一带一路”的拓展有助于“中国制造”开拓新兴市场，中澳和中韩等自贸区的贸易促进和贸易转移效应助推出口。

(2)从负面阻力来看，全球贸易进入低迷发展的状态，整体外部环境不利。世界货物贸易在2012—2014年基本保持在3%以下的增长率，与2005—2014年平均7%的增长率相比有显著下降。全球贸易的低迷还表现在其增速低于GDP的增速。在全球贸易低速发展的大背景下，对中国出口贸易难免会带来不利的影响。中国对外贸易进入转型和升级的阶段，传统比较优势出口产业不断萎缩，新的出口优势短期内难以凸显。

(3)不确定因素太多，如大宗商品等物价走势低迷、发达经济体货币政策的不确定性、新兴市场经济国家的债务风险、贸易保护主义势力抬头、地缘政治风险，等等。可见，鉴于世界经济复苏的不确定性，中国通过出口拉动经济增长的空间有限。

(二)TFP对GDP的贡献率下降，生产率提升受限

近年来，TFP对中国经济增长的贡献率呈下降趋势。根据中国社科院经济研究所经济增长前沿课题组的测算，1985—2007年TFP对经济增长的贡献率约为30%，2008—2015年下降至20%以下。这一结果并不意外，一直以来中国经济的高速增长主要依赖劳动、资本等要素的大规模投入，尤其是2008年金融危机以后，中国政府采取了需求扩张政策，经济的投资特征进一步明显。而过去30多年中国劳动生产

率的提升主要依靠大规模的资本设备带来的资本深化，实现的技术进步更多来自模仿和吸收，自主创新的成分比较少。而随着中国科学技术与国际前沿的不断趋近，利用以往的“学习型”技术进步来提高生产率的空间有限。

(三)结构失衡问题突出

中国经济运行面临的突出矛盾和问题，虽然有周期性、总量性因素，但根源是重大结构性失衡，导致经济循环不畅(中央经济工作会议，2016)。中国结构失衡问题主要表现在以下几个方面。

(1)人口结构。如图2.5所示，2010年，中国人口总抚养比开始回升，人口红利拐点显现。劳动年龄人口在2013年达到峰值后开始绝对下降，与其相伴的是日益凸显的人口老龄化问题，从而导致中国劳动参与率下降，劳动投入减少。另一方面，中国的人力资本状况现阶段以初级和中级半熟练劳动力为主体，因此需要更高比重的熟练劳动力才能实现效率方式的改进及内生增长动力的培育。

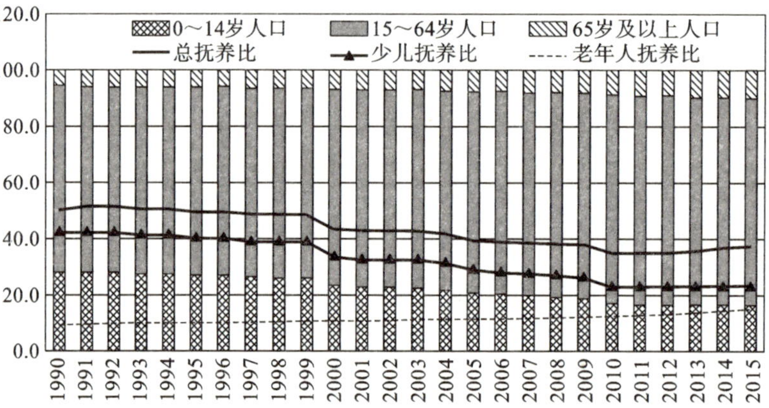

图2.5　中国人口结构及抚养比(1990—2015)

(2)产业结构。在工业结构方面,高附加值产业、绿色低碳产业、具有国际竞争力产业的比重偏低,以"三高"(高消耗、高污染、高排放)、低附加值为特征的产业偏多,这不仅造成了巨大的资源浪费和环境破坏,而且随着中国劳动力成本优势的丧失,这些产业也会逐渐被周边劳动力成本更低的发展中国家如越南、柬埔寨等替代。在服务业方面,近年来中国服务业比重不断上升,但存在"虚高"问题,即中国服务业以传统服务业为主,知识密集型服务业比重偏低,生产要素向服务业部门转移,所能实现的劳动生产率增长速度无法与工业化时期匹敌,导致全社会劳动生产率下降。

(3)分配结构。中国现阶段收入分配领域存在的问题:一是总量比率太低;二是行业与行业之间、级别与级别之间高低悬殊;三是收入分配调节未能形成制度的常态化。中国收入分配倾向于资本要素,劳动收入份额偏低,而城乡收入差距、居民贫富差距都比较大。当然,2010年后,居民贫富差距呈缩小趋势。2010—2015年,全国居民收入基尼系数从0.481下降到0.462,城乡居民收入倍差由2010年的2.99倍缩小到2015年的2.73倍。但是差距依然存在,并且还比较大,社会矛盾的加剧,极易放大为社会危机。

(4)区域结构。中国区域发展不平衡、不协调问题突出,主要表现在四个方面:其一,从自然地理角度看,中国自东向西在地貌上呈现三大台阶,自然条件和资源禀赋存在较大差异;其二,从政治地位角度看,有些地方享有很多"特权"政策,有些地方发展严重滞后;其三,从经济地理角度看,东中西部不平衡、收入分配差距过大以及对外贸易结构中货物贸易和服务业贸易不平衡。可见,区域差距大是中国经济发展面临的问题之一。

第三节 新时代中国经济增长动能转换的必要性与障碍

一、为什么要进行增长动能的转换?

为什么经济增长模式转型如此重要、紧迫?在持续了三十多年的高速增长以后,中国当前经济发展正处在从高速到中高速的增长速度换挡期、结构调整阵痛期、前期刺激政策消化期"三期叠加"的特殊时期,要素投入驱动型的低成本增长模式受到越来越大的挑战,应将要素投入驱动的传统增长模式转换到以TFP驱动的可持续增长模式上来。原因在于:一是经济增长传统拉力的"三驾马车"(消费、投资与出口)的作用在衰减;二是供给侧的动力不足,加之当前中国经济社会伴随的环境、制度等问题严重,增长动能转换刻不容缓。

(1)"三驾马车"拉力衰减。一直以来,中国都面临储蓄率过高、消费不足的问题,消费对经济增长的拉动力不强。而伴随着投资收益的递减,资本对经济增长的贡献份额在下降。在出口方面,2007年美国次贷危机以及2009年欧洲主权债务危机的爆发及其在全球各国的蔓延,导致欧美等经济体持续低迷,减少了对中国产品的需求,使中国出口受到极大的冲击,工业的超高产能难以得到释放,加剧了中国经济增长下行的压力。各种因素综合作用的结果导致传统的经济增长拉力不断衰减,急需寻找新的动力来源。

(2)供给侧动力不足。新古典学派的经济增长理论认为,经济增长的持久动力在于供给方面,而投入要素具有边际产出递减的倾向,现实世界中每个国家都面临资源的约束，因此依靠要素投入的拉动是无法支撑经济的长期持续快速增长的。然而一直以来，中国经济发展走的是粗放型发展道路，中国“人口红利”正在消失，投资回报率已经下降，依靠要素大规模投入的增长方式难以为继。因此，必须加强供给侧改革，夯实供给侧动能，将逐步消失的“人口红利”转变为“人力资本红利”，通过供给侧改革释放“制度红利”，只有这样，才能改变中国经济增长减缓的现状，推动中国经济新阶段的增长跨越。

(3)经济发展伴随的其他如环境问题、制度问题等诉求。在要素和投资驱动的增长模式下，高投入、高消耗成为经济发展的必然选择，粗放型的经济增长方式给资源环境带来了严重的浪费和破坏。现如今，中国面临着严重的环境污染问题，全国各大城市出现的严重雾霾天气就是最好的例证。国际社会也越来越关注中国的经济发展引发的环境问题，政府与企业面临严峻的减排压力。在制度供给层面，中国现行的一些制度体系阻碍了经济转型升级的过程，尤其是在土地、劳动力、资本、创新等生产要素方面，存在许多影响要素有效配置的障碍与约束。现存的制度结构不能满足新阶段下经济社会的各类新需求，不利于中国各类消费潜力的释放。

由上述分析可知，对于中国经济增长的模式，无论是传统的需求方面的拉力衰减，还是供给方面的要素投入难以为继，或其他问题的羁绊，都迫切需要我们重新审视和寻找中国经济增长的源泉，转变经济增长的方式。

二、跨越“中等收入陷阱”：国外的经验教训与启示

纵观世界各国的经济发展历程，一国进入增长减速阶段后，能适时转变经济发展方式、转换经济增长动力机制者，则可实现增长的成功跨

越；不能者会落入"中等收入陷阱"，经济增长停滞不前。

日本、韩国和新加坡等在进入中等收入水平的时候，适时地转变经济增长方式、培育新的经济增长动力，成功跨越了"中等收入陷阱"。在20世纪60年代，日本经历了连续增长减缓后，确立了"技术立国"战略，摒弃了前期重点发展机械制造业和重化工业的产业战略，实行第三次教育改革，培养技术创新型人才，同时将微电子、光学机电和新材料等知识密集型产业作为战略支柱产业。在经历几年增长减缓后，韩国于1980年确立了"技术立国"战略，此后韩国成为仅次于美国和德国的第三大专利申请国，成功实现了从制造业国家向创新和设计型国家的转型。1971—1975年期间，新加坡连续发生经济增长减缓现象，政府进行"第二次工业革命"以应对危机，由以制造业发展为主转向发展高附加值的技术密集型产业，提高技术水平，改变传统经济增长模式，同时，成立职业工业训练局，强化职业技术教育，培养人力资本。

拉美国家在进入中等收入水平的时候，没有适时转换经济增长动力机制，因而陷入长期增长停滞状态，没有成功跨越"中等收入陷阱"。比如，在20世纪70年代，阿根廷经历了两次连续增长减缓，面对增长减缓，政府并没有及时转换经济增长动力、制定改善经济增长的制度，从而不能培育新的增长动力，落入"中等收入陷阱"。1973—1981年间，巴西经历了近10年的连续增长减缓过程，政府没有积极采取合理的应对措施，转换经济增长动力机制，导致之后巴西出现经济停滞和恶性通胀，这十年也被称为"失去的十年"。

中国在经济增长的新阶段，增长速度减缓，同时面临着人口红利消失、生产要素成本上升、后发优势不再、自主创新能力不强等问题，急需通过深化教育与科技体制改革，重视人力资本培育，促进劳动生产率提高，促进TFP对经济增长的贡献，通过动力机制的转换，将经济增长方式由粗放型、数量型向质量型转化。

三、新时代经济增长动能转换的难点与障碍

中国经济未来增长的源泉在于TFP的提升。自2008年以来，中国TFP一直下降，提升TFP是中国宏观经济发展的难点，同时，TFP持续回落表明其存在巨大的提升空间。供给侧改革、需求侧管理和经济结构转型是提升TFP的关键，也是宏观经济发展的难点。

(1)供给侧改革前期阵痛持续，深入推进是个难点。供给侧改革的难点主要来自以下三个方面。首先，存量的阻力，大量过剩产能仍需转化升级或淘汰，传统产业转型升级面临巨大挑战，三、四线城市房地产去库存效果有待提高。其次，政府简政放权以及功能性重构，地方政府应该做到有的放矢。企业的制度性交易成本和其他费用需要进一步降低，但是在传统利益集团的利益受到侵犯时，推进供给侧改革存在一定难度和巨大阻力。最后，权衡市场与政府间的关系，在一些结构性调整中要让市场在资源配置中起决定性作用，顺应市场发展的内在规律。如今，新兴市场还在前期培育阶段，政府做到有的放矢，尊重市场，让市场在资源配置中发挥决定性作用，并非易事。

(2)供给体系质量低下，无效供给过剩。新旧动能转换的关键点和难点是供给体系质量效益全面提高。在要素供给层面，过多依赖劳动、资源、土地等一般性要素投入，而知识、技术、人才等高端要素供给不足。在产品供给层面，中低端产品普遍产能过剩，而高端产品供不应求，公共产品供给不足且存在区域性失衡问题。在技术供给层面，前期中国技术进步主要为学习型技术进步，自主创新能力不足，科技成果转化周期较长，生产效率低下。在制度供给层面，随着中国经济进入动能转换的新阶段，一些制度体系已经不能适应经济转型升级的需求。尤

其是在土地、劳动力、资本、创新等生产要素方面，还存在许多影响要素有效配置的障碍与约束。现存的制度结构不能满足新阶段下经济社会的各类新需求，不利于中国各类消费潜力、改革红利的释放。

(3) 资源错配问题严重，结构转型是难点。长期以来，中国通过要素大规模投入实行总量扩张，忽视了结构性问题，导致城乡间、地区间及所有制之间资源错配突出，配置效率低下。首先，在资源配置方面，应该让市场起决定性作用，但我们看到的实际情况是，越落后的地方，政府官员的配置数量占地区人口的比例就越高，其话语权就越大。深圳之所以能够成为中国投入产出比最高的城市，就是因为它是小政府、大市场。其次，区域经济结构矛盾突出，平衡地区经济发展已经无法推动总体宏观经济上涨，东部地区经济是总体宏观经济的引擎，其经济资源获取条件却不如西部地区。政策上过于追求均衡发展，较少考虑投资效益，这就导致资源错配。再次，在产业层面，多数地区工业内部结构以低附加值的加工产业及制造业为主，产能过剩严重，这些产业在集约型经济增长方式下将失去经济增长的活力，而高技术产业则供不应求。并且，产业结构转型和新兴市场培育需要金融支持，但大量资金沉淀在一些效率很低的部门和僵尸型企业中，不能发挥效率。最后，在收入分配结构上，国民收入分配结构失衡、城乡收入差距加大、居民贫富差距扩大，导致中国消费需求不足，抑制了消费结构的换挡升级。加之中国社会保障制度尚待完善，分配制度、户籍制度不健全，进一步抑制了内需的形成，制约了新阶段经济增长动力的形成。

(4) 服务业质量建设缓慢，效率改进能力不足。虽然服务业比重在 2013 年超过了第二产业，数量上扩张了，但质量并没有很大的提高，这点需要吸取拉美国家的经验教训。况且，传统服务业比重偏大，以知识过程为核心的服务生产化、服务要素化不能得到强化，服务业转型升级无法完成。具体来说，首先，服务业经济质量提升与效率改进关系到消费结构升级和新兴市场培育，但是现阶段服务业人力资本积累不足，效率改进能力较低。其次，与人力资本积累相关的知识消费和服务业属于公共产品范畴，处于严格管制状态。最后，服务的扩张主要依靠消费需求偏好拉动，从而导致相对价格上升，不利于消费结构升级，存在进入低人力资本积累—低服务质量—低效率改进能力—低消费结构恶性循环的风险。避免出现这种恶性循环，是新时期动能转换的难点之一。

(5) 落实绿色发展，现阶段困难重重。原因在于：中国正处于工业化中后期阶段，资源消耗比较多，况且中国是一个"富煤、少气、缺油"的国家，这些都为我们推进绿色发展增加了难度。并且，以往发展模式存在"路径依赖"，具有"锁定效应"，况且相关制度的缺失，使得发展模式和体制机制不利于绿色发展。此外，在经济下行压力下，不少地方官员无视中央政府提出的绿色发展理念，为提高 GDP 依然纵容违规企业暗地里污染环境。这些都是绿色发展的难点。

第四节 本章小结

十九大报告指出，我国经济已由高速增长阶段转向高质量发展阶段，正处在转变发展方式、优化经济结构、转换增长动力的攻关期，建设现代化经济体系是跨越关口的迫切要求和我国发展的战略目标。因此，本章首先对中国经济转型发展进行了深刻的分析与解析，认为中国经济转型发展应该坚持质量第一、效益优先，以供给侧结构性改革为主线，推动经济发展质量变革、效率变革、动力变革，不断增强我国经济的创新力和竞争力。然后，对中国经济新阶段增长动能转换的必要性与紧迫性进行了客观分析，指明了当前中国经济增长动能转换的必要性。接着，分析了其他国家如何有效切换增长动力，跨越“中等收入陷阱”；最后，对新时代经济增长动能转换的难点与障碍进行了客观分析。本章的定性分析为后文的实证分析奠定了现实基础。

CHAPTER 3

第三章

经济转型发展的驱动力及其核算

动力机制与模型研究是本书实证研究的基础，通过对经济增长的动力机制进行研究，总结传统增长核算模型的利弊。在此基础上，提出TFP测度以及分解的方法，借此探讨TFP的增长动力。

第一节 中国经济增长的动力机制

经济增长的动力问题是经济学研究的永恒主题之一，经过几代经济学家的潜心研究，从最初亚当·斯密的经济增长理论，到内生经济增长理论的研究热潮，似乎从整个发展历程来看，都是在寻找经济增长的影响因素与动力来源。如图 3.1 所示，经济增长过程中的阶段性动力是不同的，综合国别研究，我们认为，其主要包含以下几个过程：要素驱动、投资驱动、创新驱动和财富驱动（Porter，2007）。国际经验表明，进入中等收入国家行列的国家，其经济增速往往会下降（Eichengreen，2012）。如今，中国已经进入世界银行定义的中高收入国家行列，而中国经济增长速度正经历着从高速到中高速的换挡期。但是中国区域发展分化，各地区增长差异明显，如何结合各自的发展阶段，合理切换动能，对于新时期中国经济持续增长和结构转型非常关键。

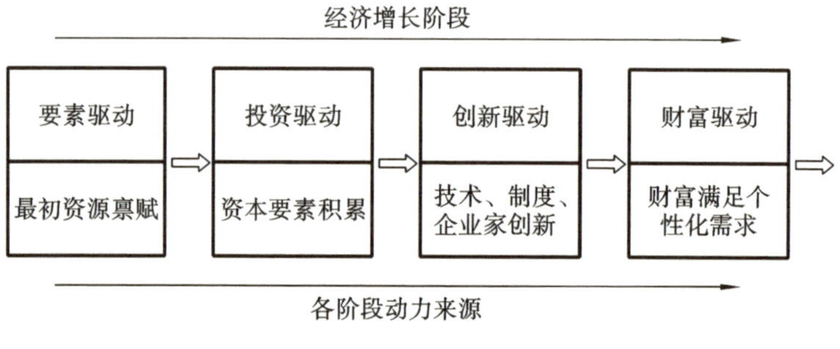

图 3.1　经济增长过程中的阶段性动力

一、经济增长的内生机制

经济增长的动力主要来源于要素驱动(资本、劳动、土地等)和效率驱动(技术创新、制度、企业家精神、文化等)的提高。

(一) 要素驱动

经济发展需要多种要素驱动,生产要素是其中重要的一类,比如说资本、土地、劳动力等。在生产要素的需求中获取发展动力的方式是一种原始的和初级的驱动方式。本章谈论的要素驱动来源主要由两个部分构成。第一,以资本投资的外部性作为经济驱动因素,实现内生化经济增长。投资驱动型经济的典型特征就是低消费率和高储蓄率往往同时存在。第二,以人力资本积累作为经济驱动因素,实现内生化经济增长。经济发展是社会的发展,归根到底是人的发展。人力资本则主要是指劳动者的知识和技能,中国经济转型的过程也是实现从劳动力驱动到人力资本驱动的转变过程。

(二) 效率驱动

效率驱动主要是指 TFP 驱动。库兹涅茨通过长期的跟踪分析,认为一国早期主要依靠要素投入,但进入发展中后期阶段以后,TFP 对经济增长的贡献逐步提高。通常,TFP 主要包括四个方面:第一,以产品创新作为经济驱动因素,多样化产品供给满足大众的物质文化需求;第二,以技术模仿、扩散作为经济驱动因素,需要借鉴吸收他国技术与管理经验,提升本国生产率水平;第三,以创新、企业家精神作为经济增长的驱动因素,经济增长依靠创新驱动,提升微观组织效率水平;第四,以制度突破、管理变革、制度激励和改革为经济驱动因素的制度创新。在经济发展的早期阶段,满足人们基本需求的多为物质密集型、技术含量较低的产品，因此资本积累是最主要的经济增长源泉。在成熟阶段，经济发展必然要经历劳动密集型向资本密集型的转变，只有在足够的资本积累实现之后，技术进步才会发生显著的作用，并对经济增长起主要作用。这说明，要素投入和 TFP 提高作为经济增长来源根据经济发展阶段的不同而呈现不同的作用，中国亦是如此。

二、经济增长的外生机制

对于经济发展，内生驱动是一方面，另外还有外生驱动的因素。对于中国而言，外生驱动的因素主要在于结构转换。中国经济的高速增长实际上与全球化红利、人口红利、资源红利和制度红利分不开。自 2010 年中国经济减速以来，传统的“四大红利”逐渐消失（全球化红利透支、人口红利趋于衰退、资源环境约束日益强化和制度红利逐渐弱化），但并不意味着中国经济缺乏增长潜力。“如果不去理解和衡量生产结构的变化，经济增长是难以理解的。”库兹涅茨曾这样说过。“结构红利”的释放主要体现在：产业结构的转型升级、区域差距结构的缩小和国民收入分配结构的优化调整，其有效释放也是建立在市场经济体制的不断完善的基础之上的。因此，新时期能够充分挖掘潜藏在现有经济体系中的“结构红利”，依靠现有资源的再配置，推进现有体制的再调整，实现经济效率的再提高，并利用当前全面深化改革所产生的制度红利，推进供给侧改革，进而促进经济增长内生驱动要素的活力，无疑是未来经济需要关注的重点问题之一。

第二节 TFP的测算、分解与传统经济增长核算模型

一、TFP的测算与分解

(一) 生产函数的设定

对生产函数的研究是早期经济学家特别感兴趣的研究话题，而这些研究均起源于微观生产函数。第一个总量生产函数由马歇尔构建，如式(3.1)所示：

$$Y = f(L \times E, K, A, F) \tag{3.1}$$

其中，Y 为总产出；L 为劳动投入；E 为劳动的平均效率；K 为资本存量；A 为企业家才能，后续对 A 进行深化，将其作为 TFP 的代称；F 为土地的肥沃程度。马歇尔没有列出函数的具体形式。之后，Cobb 和 Douglass(1928)提出的 C-D 生产函数，是现在生产函数研究的一个基准函数。后来，Aigner 和 Chu(1968)提出了前沿生产函数，各类生产函数都可以变换为前沿生产函数。之后，巴蒂斯和科拉(Battese and Coelli)等经济学家也对其进行了深入的研究和发展。总量生产函数发展至今，经历了从最简单的 C-D 生产函数到 CES、VES、前沿生产函数和超越对数生产函数的过程。

典型的 C-D 生产函数的形式为：

$$Y = AK^{\alpha}L^{\beta} \tag{3.2}$$

典型的 CES 生产函数的形式为：

$$Y = A\ (\delta_1 K^{-\rho} + \delta_2 L^{-\rho})^{-m/\rho} \tag{3.3}$$

典型的 VES 生产函数的形式为：

$$Y = A\left[\lambda L^{(\sigma-1)/\sigma} + (1-\lambda)K^{(\sigma-1)/\sigma}\right]^{\sigma/(\sigma-1)} \tag{3.4}$$

典型的超越对数生产函数的形式为：

$$\ln Y = \beta_0 + \beta_K \ln K + \beta_L \ln L + \beta_{KK}(\ln K)^2 + \beta_{LL}(\ln L)^2 + \beta_{KL}\ln K \times \ln L \tag{3.5}$$

在式(3.2)和式(3.3)中，符号 A 代表 TFP，后文类同。各生产函数要素替代弹性与关系具体如表 3.1 所示。

表 3.1　各生产函数要素替代弹性与关系

生产函数形式	要素替代弹性	关　系
C-D 生产函数	1	C-D 生产函数是 CES 生产函数的特例
CES 生产函数	$1/(1+\rho)$	CES 生产函数是 VES 生产函数（可变替代弹性生产函数）的特例
VES 生产函数	σ	当 $\sigma = 1/(1+\rho)$ 时，VES 生产函数就成为 CES 生产函数
超越对数生产函数	$\sigma_{KL} = \left[1 + \dfrac{-\beta_{KL} + 2\dfrac{\eta_K}{\eta_L}\beta_{LL}}{-\eta_K + \eta_L}\right]^{-1}$	如果 $\beta_{KK} = \beta_{LL} = -0.5\beta_{KL}$，则成为 CES 生产函数；如果 $\beta_{KK} = \beta_{LL} = \beta_{KL} = 0$，则成为 C-D 生产函数

资料来源：作者根据文献资料整理而成，其中 ρ、σ、β 等均代表各自函数的弹性。

接下来的问题是选用什么样的生产函数形式。超越对数生产函数具有较强的拟合性，它放松了规模报酬不变、中性技术进步和固定要素替代弹性等假设，使数据和模型的匹配效率大大增强，因而更加灵活有效。由于各种原因，大多数生产者都存在非效率的生产现象。技术因素对生产率增长的影响，可以更细致深入地从两个角度去考察：前沿技术进步和相对前沿的技术效率改善。因此，本书拟采用超越对数生产函数来测算 TFP。

（二）TFP 的测算与分解——超越对数生产函数

本书拟采用超越对数生产函数对 TFP 增长率进行测算和分解，生产函数形式设定如下：

$$\ln Y_{it} = \beta_0 + \sum_{j=1}^{2} \beta_j \ln x_{ijt} + \beta_t t + \frac{1}{2}\beta_{tt} t^2 + \frac{1}{2}\sum_{j=1}^{2}\sum_{m=1}^{2}\beta_{jm}\ln x_{ijt}\ln x_{imt}$$

$$+ \sum_{j=1}^{2}\beta_{jt} t \ln x_{ijt} - \mu_{it} + \nu_{it} \quad (3.6)$$

其中：Y 表示产出；$t=1,2,\cdots,T$，表示时间趋势；$i=1,2,\cdots,n$，表示部门行业；x_j 和 $x_m(j,m=1,2)$ 代表资本和劳动两种投入要素；所有的 β 为待估系数；μ_{it} 表示技术非效率；ν_{it} 表示随机误差。参照 Battese 和 Coelli(1992) 对 μ 和 ν 的分布做出的假设：

$$\mu_{it} = \mu_i \times \exp[-\eta(t-T)] \quad (3.7)$$

$$\mu_{it} \sim N(\mu, \sigma_\mu^2) \quad (3.8)$$

$$\nu_{it} \sim N(0, \sigma_\nu^2) \quad (3.9)$$

$$\mathrm{cov}(\nu_{it}, \mu_{it}) = 0 \quad (3.10)$$

式中：μ、η 是模型的待估参数。数据分析中的 $\gamma=\frac{\sigma_\mu^2}{\sigma_\mu^2+\sigma_\nu^2}$ 也是模型的待估参数，代表技术非效率方差在总的误差项中所占的比例，反映了技术非效率能够解释的产出波动的比例。

对于 TFP 的测度，主要是求出资本与劳动的弹性，为此，我们用 η_K 和 η_L 分别代表资本、劳动的产出弹性，其计算公式如下：

$$\eta_K = \frac{\mathrm{d}Y/Y}{\mathrm{d}K/K} = \frac{\partial \ln Y}{\partial \ln K} = \alpha_K + \beta_{KL}\ln L + \beta_{KK}\ln K + \beta_{Kt} t \quad (3.11)$$

$$\eta_L = \frac{\mathrm{d}y/Y}{\mathrm{d}L/L} = \frac{\partial \ln Y}{\partial \ln L} = \alpha_L + \beta_{KL}\ln K + \beta_{LL}\ln L + \beta_{Lt}t \tag{3.12}$$

对于TFP的分解，根据第一章文献综述的总结，我们选择“四分法”。估计生产者的生产函数，不仅能够描述生产者的生产过程，还能同时考察结构变迁和技术因素对生产率增长的作用，从而将生产率增长的研究做得更细致和深入。另外，这种方法分离了技术非效率项和白噪声项，更符合现实经济情况。这些也是本书选择SFA的根本出发点。进一步，参考Kumbhakar(2000)的方法，可以将TFP依次分解为前沿技术进步(TC)、技术效率变化(TEC)、规模效应(SEC)、要素配置效应(FAEC)。如下式所示：

$$\mathrm{TFP}_{it} = \mathrm{TC}_{it} + \mathrm{TEC}_{it} + (\mathrm{RTS}-1)\sum_{j=1}^{2}\lambda_j x_{ijt}^{*} + \sum_{j=1}^{2}(\lambda_j - s_j)x_{ijt}^{*} \tag{3.13}$$

$$\mathrm{TC}_{it} = \beta_t + \beta_{tt}t + \sum_{j=1}^{2}\beta_{jt}\ln x_{ijt} \tag{3.14}$$

$$\mathrm{TEC}_{it} = \eta\mu_{it} \tag{3.15}$$

$$\xi_j = \beta_j + \frac{1}{2}\sum_{m=1}^{2}\beta_{jm}\ln x_m + \beta_{jt}t \tag{3.16}$$

其中，x^* 表示投入要素增长；ξ_j 表示生产前沿上要素 j 的产出弹性；$\mathrm{RTS}=\sum_{j=1}^{2}\xi_j$ 则可以度量总体规模报酬；$\lambda_j=\frac{\xi_j}{\mathrm{RTS}}$ 表示要素 j 的边际产出份额；s_j 是外生变量，表示要素 j 的成本份额。劳动成本和资本成本数据是超越对数生产函数中需要使用的外生变量。综合考虑数据的可得性和指标选择的准确性，本章采用劳动工资和劳动报酬作为劳动成本，采用各地区的当年资本折旧作为资本成本。$\lambda_j - s_j$ 度量了要素配置非效率或者配置扭曲程度。式(3.13)中的第三项和第四项分别表示规模效应(SEC)和要素配置效应(FAEC)。

二、传统经济增长核算模型(一)

一般研究一个经济体的投入和产出之间的关系,利用生产函数分解出决定经济增长的主要因素,这是寻找中国经济增长源泉的一般思路。传统经济增长核算方法是相对于本书提出的新的核算方法而言的。传统核算方法一般有三种。①索洛残差法,通过给定的要素弹性值,求出残差项 TFP,进而求出各要素弹性值。②参数估计法,通过计量方法来估算生产函数中的参数或者建立线性规划模型来求得 TFP,进而求出各要素弹性值,算出各自的贡献。其优点在于应用原理较为简单,只要数据可以获取,通过计量方法估计就可以求出参数。但是,成也计量败也计量,缺陷也就是计量工具本身的缺陷。③微分法,武鹏(2013)利用数学模型中的微分思想来核算贡献度,可以减少误差,将耦合部分从 TFP 中分解出来。

值得一提的是,索洛残差法是适用范围最广,也是最为经典的经济增长核算方法,用以测度资本、劳动和 TFP 三项要素在经济增长中的作用。其假定总量生产函数为:

$$Y(t) = A(t) = f[K(t), L(t)] \tag{3.17}$$

对时间做全微分,得到索洛残差项计算式——式(3.18),假若市场为完全竞争市场,$\frac{\dot{A}}{A}$ 即索洛残差项。

$$\frac{\dot{A}}{A} = \frac{\dot{Y}}{Y} - \frac{\partial Y}{\partial K} \times \frac{K}{Y} \times \frac{\dot{K}}{K} - \frac{\partial Y}{\partial L} \times \frac{L}{Y} \times \frac{\dot{L}}{L} \tag{3.18}$$

由于索洛残差法和参数估计法在第一章文献综述中有所提及,因此本章主要介绍微分法。设 X_{it} 表示第 i 种要素在 t 时期的投入,$i=1, 2, \cdots, n$,$f(X_{it})_t$ 表示 t 时期采用 X_{it} 作为投入的产出。考虑如下微分式：

$$df(X_{it}) = \sum_{i=1}^{n} df_{X_i}(X_{it}) + df_{TFP}(X_{it}) \tag{3.19}$$

将式(3.19)扩展为由 t 时期到 $t+1$ 时期的变动，则经济增长可做式(3.20)的近似分解：

$$\frac{f(X_{i,t+1})_{t+1} - f(X_{it})_t}{f(X_{it})_t} \approx \sum_{i=1}^{n} \frac{f(X_{i,t+1})_{t+1} - f(X_{it})_t}{f(X_{it})_t} + \frac{TFP_{t+1} - TFP_t}{TFP_t} \tag{3.20}$$

由式(3.20)可导出各个要素和 TFP 分别对经济增长所做出的贡献，设 $P_{X_i,t+1}$ 和 $P_{TFP,t+1}$ 分别表示要素 X_i 和 TFP 在 $t+1$ 时期对经济增长的贡献比例，则它们的百分比形式分别如式（3.21）和式(3.22)所示：

$$P_{X_{i,t+1}} = \frac{\dfrac{f(X_{i,t+1})_{t+1} - f(X_{it})_t}{f(X_{it})_t}}{\sum_{i=1}^{n} \dfrac{f(X_{i,t+1})_{t+1} - f(X_{it})_t}{f(X_{it})_t} + \dfrac{TFP_{t+1} - TFP_t}{TFP_t}} \times 100\% \tag{3.21}$$

$$P_{TFP,t+1} = \frac{\dfrac{TFP_{t+1} - TFP_t}{TFP_t}}{\sum_{i=1}^{n} \dfrac{f(X_{i,t+1})_{t+1} - f(X_{it})_t}{f(X_{it})_t} + \dfrac{TFP_{t+1} - TFP_t}{TFP_t}} \times 100\% \tag{3.22}$$

对于无法得到单独归类的余额部分所占比重，可以计算如下：

$$\varepsilon_{t+1} = \frac{\dfrac{f(X_{i,t+1})_{t+1} - f(X_{it})_t}{f(X_{it})_t} - \sum_{i=1}^{n} \dfrac{f(X_{i,t+1})_{t+1} - f(X_{it})_t}{f(X_{it})_t} - \dfrac{TFP_{t+1} - TFP_t}{TFP_t}}{\dfrac{f(X_{i,t+1})_{t+1} - f(X_{it})_t}{f(X_{it})_t}} \tag{3.23}$$

三、传统经济增长核算模型(二):多玛加权

Domar(1961)提出在衡量行业技术进步时不要忽视行业之间的相互影响。他认为,尤其是工业内部,行业之间是相互依存,并互为上下游的,比如纺织业的许多工业原料需要农业和其他制造业提供,那么它们的生产函数应该在某种程度上是相互联系的。因此,对于具体的企业而言,传统的生产函数需要改进。一个行业生产函数如式(3.24)所示,其单一的生产投入以及其他行业的中间投入都应该考虑到生产函数之中。

$$Y = AL_1^{\alpha_1} L_2^{\alpha_2} \cdots L_n^{\alpha_n} K_1^{\beta_1} K_2^{\beta_2} \cdots K_m^{\beta_m} R_1^{\gamma_1} R_2^{\gamma_2} \cdots R_s^{\gamma_s} \tag{3.24}$$

将式(3.24)化简为式(3.25):

$$Y = AL^{\alpha} K^{\beta} R^{\gamma} \tag{3.25}$$

实际上,式(3.25)是一般所见到的C-D生产函数的复杂形式,将其简化为式(3.26):

$$Y' = A' L^{\alpha'} K^{\beta'} \tag{3.26}$$

其中,Y'是实际增加值;$\alpha' = \frac{\alpha}{1-\gamma}$;$\beta' = \frac{\beta}{1-\gamma}$。而式(3.25)中的$R$实际上就是另一个加权为零的增加值。

Domar进一步推广,考虑一个行业,其生产函数为Y_1,另一个作为其中间投入行业的生产函数Y_2,如式(3.27)和式(3.28)所示:

$$Y_1 = A_1 L_1^{\alpha_1} K_1^{\beta_1} \tag{3.27}$$

$$Y_2 = A_2 L_2^{\alpha_2} K_2^{\beta_2} \tag{3.28}$$

为了考虑最终的产出,必须知道两者之间的加权,Domar假定这个权重是由两者的产值最终决定的,如式(3.29)、式(3.30)所示。同理,可推导出行业最终的生产率A,应该是由两者之间的加权值组成的,如

式(3.31)所示。将这些式子代入式(3.32)和式(3.33),那么 A 进一步可以推导成式(3.34),其比例也如其所示。

$$\nu_1 = \frac{Y_1}{Y_1 + Y_2} \tag{3.29}$$

$$\nu_2 = \frac{Y_2}{Y_1 + Y_2} \tag{3.30}$$

$$\overline{A} = \nu_1 \overline{A}_1 + \nu_2 \overline{A}_2 \tag{3.31}$$

$$Y_1 = A_1 L_1{}^{\alpha_1} K_1{}^{\beta_1} R_2{}^{\gamma_1} \tag{3.32}$$

$$R_2 = A_2 L_2{}^{\alpha_2} K_2{}^{\beta_2} \tag{3.33}$$

$$\overline{A} = \overline{A}_1 + \gamma_1 \overline{A}_2 + \gamma_1 \gamma_2 \overline{A}_3 + \gamma_1 \gamma_2 \gamma_3 \overline{A}_4 + \cdots \tag{3.34}$$

正因如此,$\gamma_1 = \frac{\gamma_2}{Y_1}$,$\gamma_1 \gamma_2 = \frac{\gamma_3}{Y_1}$,$\gamma_1 \gamma_2 \gamma_3 = \frac{\gamma_4}{Y_1}$,等等。进而可以知道生产率 A 最终等于式(3.35):

$$\overline{A} = \overline{A}_1 + \frac{\gamma_2}{Y_1}\overline{A}_2 + \frac{\gamma_3}{Y_1}\overline{A}_3 + \frac{\gamma_4}{Y_1}\overline{A}_4 + \cdots \tag{3.35}$$

进而本章将行业放开,以此类推,如果有 N 个行业,那么情况就如式(3.36)至式(3.39)所示:

$$Y_1 = A_1 A_2{}^{\gamma_1} A_3{}^{\gamma_1 \gamma_2} L_1{}^{\alpha_1} L_2{}^{\gamma_1 \alpha_2} L_3{}^{\gamma_1 \gamma_2 \alpha_3} K_1{}^{\beta_1} K_2{}^{\gamma_1 \beta_2} K_3{}^{\gamma_1 \gamma_2 \beta_3} R_4{}^{\gamma_1 \gamma_2 \gamma_3} \tag{3.36}$$

$$\overline{A} = \overline{A}_1 + \frac{\gamma_2}{Y_1}\overline{A}_2 + \frac{\gamma_3}{Y_1}\overline{A}_3\,;\ \overline{A} = \frac{(Y_1 - \gamma_2)}{Y_1}\overline{A}_1 + \frac{\gamma_2}{Y_1}\overline{A}_2$$

$$\overline{A} = \frac{\gamma_1}{Y_1 + \gamma_2}\overline{A}_1 + \frac{\gamma_2}{Y_1 + \gamma_2}\overline{A}_2 \tag{3.37}$$

$$Y_1 = A_1{}^{\frac{1}{1-\gamma_1}} L_1{}^{\frac{\alpha_1}{1-\gamma_1}} K_1{}^{\frac{\beta_1}{1-\gamma_1}} \tag{3.38}$$

$$\overline{A} = \overline{A}_1 (1 + \gamma_1 + \gamma_1{}^2 + \gamma_1{}^3 + \cdots) = \frac{\overline{A}_1}{1 - \gamma_1} \tag{3.39}$$

多玛加权的思想是求出加权后的 TFP 值,再利用索洛残差法算出其贡献度。其思想在传统核算方法上有所进步，并且后续 Mieko Nishimizu 和 Charles R. Hulten(1978)利用其方法测度了日本1955—1971年分行业经济增长的源泉，Charles R. Hulten(1978)利用其思想对中间投入进行了更为细致的分析。然而，本书认为，应对 Domar 的思想加以继承，其方法原则上经得起推敲，但是其在选择加权值时过于轻率，将产值的比重作为加权值，这点并不是十分符合实际。实际上，并非一个行业的产值高，其权重就大。比如交通运输业产值非常高，农业相对而言产值较低，但并非就认为农业所占的比重会很低。因此，本章借鉴 Domar 的思想，认为部门行业之间是彼此联系，甚至相互依存的；但不运用他的方法，而是借鉴经济学的弹性思想，推导出基于 TFP 溢出的经济增长核算模型供本书使用，下文将予以介绍。

第三节 基于 TFP 溢出的经济增长核算模型

一、部门间相互影响的增长动力模型

本书在 Kee(2005)模型的基础上做了改进，改进模型依旧假定经济体满足：一是生产函数具有规模报酬不变性；二是总生产要素供给一定；三是要素市场和产品市场是完全竞争市场。基于这三个假定，本章定义：在 t 时刻，经济体中有 N 个行业，每个行业使用 M 种投入要素，生产一种复合品，总增加值是 Y_t。那么，该经济体在约束条件下的最大产出表达式为：

$$\max Y_t = \sum_{n=1}^{N} y_{nt}$$

$$\text{s. t. } y_{nt} = A_{nt} f_n(v_{nt}), \quad n = 1,2,\cdots,N \tag{3.40}$$

$$\sum_{n=1}^{N} v_{nt} = V_t, \quad V_t \in R^M$$

在式(3.40)中，y_{nt} 表示行业 n 生产的产品，A_{nt} 表示行业 n 的 TFP，v_{nt} 是行业 n 的要素投入量，V_t 表示经济体在 t 时刻的全部要素。

在 t 时刻行业 n 的均衡产出表达式为：

$$y_{nt}^* = A_{nt} \cdot \frac{\partial Y_t^*(A_t, V_t)}{\partial A_{nt}} \tag{3.41}$$

定义行业 n 的产出比为 $s_{nt} = \dfrac{y_{nt}}{Y_t}$，$\forall n = 1,2,\cdots,N$，那么行业 n 的产出份额为：

$$s_{nt}^* = \frac{y_{nt}^*}{Y_t^*} = \frac{\partial Y_t^*}{\partial A_{nt}} \cdot \frac{A_{nt}}{Y_t^*} = \frac{\partial \ln Y_t^*(A_t, V_t)}{\partial \ln A_{nt}}, \quad n = 1,2,\cdots,N \tag{3.42}$$

也就是说，在均衡产出状态，一个行业的最优产出份额不仅与自身的 TFP 有关，还与其关联行业有联系，即行业之间存在着 TFP 的溢出效应。同理，要素 m 的报酬份额为：

$$s_{mt}^* = \frac{\partial \ln Y_t^*}{\partial \ln v_{mt}^*}, \quad m = 1,2,\cdots,M \tag{3.43}$$

在均衡条件下，对任意行业 n 和 k，行业 n 对行业 k 的 TFP 的弹性 ε_{nkt}^A 是偏效应 $\dfrac{\partial s_{nt}^*}{\partial \ln A_{kt}}$ 的函数：

$$\varepsilon_{nkt}^A = \frac{\partial \ln y_{nt}^*}{\partial \ln A_{kt}} = \frac{\partial \ln(s_{nt}^* Y_t^*)}{\partial \ln A_{kt}}$$

$$= \frac{1}{s_{nt}^*} \cdot \frac{\partial s_{nt}^*}{\partial \ln A_{kt}} + s_{kt}^*, \quad n,k = 1,2,\cdots,N \quad (3.44)$$

同理可得，对于要素 m，偏效应 $\frac{\partial s_{nt}^*}{\partial \ln V_{mt}}$ 的函数如下式所示：

$$\varepsilon_{nmt}^f = \frac{1}{s_{nt}^*} \cdot \frac{\partial s_{nt}^*}{\partial \ln v_{mt}^*} + s_{mt}^*, \quad n = 1,2,\cdots,N, \quad m = 1,2,\cdots,M \quad (3.45)$$

行业 n 的产出增长率是各行业 TFP 和要素投入的加总：

$$\hat{y}_{nt}^* = \sum_{k=1}^{N} \varepsilon_{nkt}^A \hat{A}_{kt} + \sum_{m=1}^{M} \varepsilon_{nmt}^f \hat{V}_{mt}, \quad n = 1,2,\cdots,N \quad (3.46)$$

与上述分解不同的是，传统经济增长核算式中，增长率仅仅与自身的技术进步率、各投入要素的加权增长率有关：

$$\hat{y}_{nt}^* = \hat{A}_{nt} + \sum_{i=1}^{I} s_{int} \hat{V}_{int} \quad (3.47)$$

因此，式(3.46)与传统经济增长核算式(3.47)的不同之处在于，前者不仅考察了自身的 TFP，而且还将其他行业作为整体考察资源在其中的配置效率。利用式(3.48)和式(3.49)可以得到行业 k 的 TFP 和投入要素 m 对行业 n 的贡献：

$$\pi_{nkt} = \varepsilon_{nkt}^A \hat{A}_{kt}, \quad n,k = 1,2,\cdots,N \quad (3.48)$$

$$\pi_{nmt} = \varepsilon_{nmt}^f \hat{V}_{mt}, \quad n = 1,2,\cdots,N, m = 1,2,\cdots,M \quad (3.49)$$

因此，在实证分析过程中，贡献率的计算方法如下：第一，计算 $\frac{\partial s_{nt}^*}{\partial \ln A_{kt}}$ 和 $\frac{\partial s_{nt}^*}{\partial \ln v_{mt}^*}$（产出份额对技术和要素投入的偏效应）；第二，交叉产出弹性的计算，主要根据式(3.44)和式(3.45)，通过简单运算得到；第三，利用式(3.48)和式(3.49)，将交叉弹性值代入后计算出行业 TFP 与要素（资本、劳动）的贡献率。

二、分行业增长动力测度的新方法

基于前文的思路，本章利用前沿生产函数中的超越对数生产函数，因此增长动力的测度使用了超越对数生产函数形式，但是在此并不考虑其时间趋势，因此假设生产函数是关于要素和TFP的函数：

$$
\begin{aligned}
\ln Y(A_t, V_t)^* = {} & a_{00} + \sum_{n=1}^{N} a_{0n} \ln A_{nt} + \frac{1}{2} \sum_{n=1}^{N} \sum_{k=1}^{N} a_{nk} \ln A_{nt} \ln A_{kt} \\
& + \sum_{m=1}^{M} b_{0m} \ln v_{mt} + \frac{1}{2} \sum_{m=1}^{M} \sum_{l=1}^{M} b_{ml} \ln v_{mt} \ln v_{lt} \\
& + \sum_{n=1}^{N} \sum_{m=1}^{M} c_{nm} \ln A_{nt} \ln v_{mt} \qquad (3.50)
\end{aligned}
$$

$$
\text{s.t.} \qquad a_{nk} = a_{kn}, \quad \forall n, k = 1, 2, \cdots, N
$$

$$
b_{ml} = b_{lm}, \quad \forall m, l = 1, 2, \cdots, M
$$

对式(3.50)求偏导，得到行业 n 的产出在总产出中的份额：

$$
s_{nt}^*(A_t, V_t) = \frac{\partial \ln Y_t^*}{\partial \ln A_{nt}^*} = a_{0n} + \sum_{k=1}^{N} a_{nk} \ln A_{kt} + \sum_{m=1}^{M} c_{nm} \ln v_{mt}, \quad n = 1, 2, \cdots, N \qquad (3.51)
$$

a_{nk} 和 c_{nm} 分别对应 $\frac{\partial s_{nt}^*}{\partial \ln A_{kt}}$ 和 $\frac{\partial s_{nt}^*}{\partial \ln v_{mt}^*}$，表示产出份额对技术与要素的偏效应。

解释变量TFP和资本的序列存在不平稳性问题，导致单位根检验通不过，OLS估计也非有效，使用一阶差分克服数据的非平稳性：

$$
ds_{nt}^*(A_t, V_t) = \sum_{k=1}^{N} a_{nk} \hat{A}_{kt} + \sum_{m=1}^{M} c_{nm} \hat{v}_{mt}, \quad n = 1, 2, \cdots, N \qquad (3.52)
$$

其中，a_{nk} 和 c_{nm} 分别表示产出份额对技术水平和要素投入的偏效应，即 $\frac{\partial s_{nt}^*}{\partial \ln A_{mt}}$ 和 $\frac{\partial s_{nt}^*}{\partial \ln v_{it}^*}$。换句话说，对任意第 n 和 m 个行业以及第 i 种

投入要素，本章可以通过构造第 n 个行业的产出份额对技术水平和要素投入的回归函数，如式(3.52)所示，来估计偏效应，得到 a_{nk} 和 c_{nm} 的估计值。

然而，式(3.52)存在两个明显的问题：①技术水平是非平稳时间序列，这会导致普通最小二乘估计结果非有效；②该模型缺乏随机性，也就是说，掌握了整体经济的全部信息之后，式(3.52)代表的这个模型没有误差项。但是，由于实际中没有可靠的衡量技术水平的数据，因此无法获得一套完整的涵盖所有行业的真实技术水平，也就无法满足式(3.52)代表的这个模型。式(3.52)又构成一个联立方程组，如果引进扰动项，可能存在相关性。另外，方程组变量之间是没有关系的，只有扰动项之间存在关联，在此假设条件下最好的解决办法就是利用似不相关回归(SUR)的方法进行估计。另外，式(3.52)中所有的被解释变量之和为零，即 $\sum_{k=1}^{N} \mathrm{d}s_{nt}^{*} = 0$。因此，线性方程组是奇异的(奇异线性方程组就是系数矩阵行列式为0，或者很接近0，从而无解)，参考以往文献，必须去掉一个方程(即一个行业)才能保证方程组的有效性(Barten，1969)。因此，本书选取删除房地产业，从而不影响对其他产业的驱动来源分析，原因在于房地产业发展存在泡沫，并且属于典型的资本驱动型产业。

现在假定，偏效应 a_{nk} 和 c_{nm} 是一个定值，不随时间改变，通过一阶差分来克服非平稳时间序列带来的统计问题。具体来说，定义房地产业为去掉的那个行业(下文实证分析需要)，即取 $k=1$，为了得到该部门生产技术较高的非平稳数据，本章假设技术水平的对数形式是一个随机游走带漂移项的序列：

$$\ln A_{1t} = \delta + \gamma t + \zeta_t$$

$$\zeta_t = \zeta_{t-1} + \mu_t, \quad \mu_t \sim N(0, \sigma^2) \tag{3.53}$$

然后，通过分离出该部门的数据，式(3.52)变成下式：

$$s_{nt}^*(A_t, V_t) = a_{n0} + a_{n1}(\delta + \gamma t + \zeta_t) + \sum_{k=2}^{N+1} a_{nk} \ln A_{mt} + \sum_{m=1}^{I} c_{nm} \ln V_{it},$$
$$n = 1, 2, \cdots, N+1 \tag{3.54}$$

做一阶差分得到下式：

$$\begin{aligned} \mathrm{d}s_{nt}^*(A_t, V_t) &= a_{n1}(\gamma + \mu_t) + \sum_{k=2}^{N+1} a_{nk} \hat{A}_{mt} + \sum_{m=1}^{I} c_{nm} \hat{V}_{it}, \\ &= a_n + \sum_{k=2}^{N+1} a_{nk} \hat{A}_{mt} + \sum_{m=1}^{I} c_{nm} \hat{V}_{it} + \mu_{nt}, \quad n = 1, 2, \cdots, N+1 \end{aligned} \tag{3.55}$$

其中，$a_n = a_{n1}\gamma$，$\mu_{nt} = a_{n1}\mu_t$，变量 $\hat{x}_t$ 表示变量 x 的增长率。式(3.55)表明：对任意第 n 和 m 个行业以及第 i 种投入要素，第 n 个行业产出占总产值份额的变化与其余行业的技术进步率 $\hat{A}_{mt}$ 和要素增长率 $\hat{V}_{it}$ 有关，同时还与行业的固定效应 a_n 有关。误差项的出现就解决了实证中所遇到的第二个问题。

因此，第 n 个行业的份额依赖于各行业的投入要素价格的加权平均以及各要素增长率。式(3.55)是本书估计偏效应 a_{mn} 和 c_{ni} 的模型基础。对任意第 n 和 m 个行业以及第 i 种投入要素，相对应的交叉技术弹性与要素投入弹性由此可以根据下式求出：

$$\varepsilon_{nkt}^A = \frac{a_{nk}}{s_{nt}^*} + s_{mt}^* \tag{3.56}$$

$$\varepsilon_{nmt}^f = \frac{c_{nm}}{s_{nt}^*} + s_{it}^* \tag{3.57}$$

三、多部门经济核算

式(3.56)和式(3.57)为我们重新解释了传统的经济增长核算方式，把要素贡献和产出份额作为部门产出份额和罗伯津斯基弹性的加权平均：

$$\sum_{n=1}^{N+1} s_{nt}^{*} \varepsilon_{nkt}^{A} = s_{kt}^{*}, \quad \sum_{n=1}^{N+1} s_{nt}^{*} \varepsilon_{nmt}^{f} = s_{mt}^{*} \tag{3.58}$$

换句话说，总要素份额为罗伯津斯基弹性的平均值，而各行业所占比例为技术(产出)弹性的平均值。在这种情况下，可以证明，GDP的增长率由以下部分构成：

$$\widehat{\mathrm{GDP}}^{*}(A_t, V_t) = \sum_{n=1}^{N+1} s_{nt}^{*} \hat{A}_{nt} + \sum_{n=1}^{N+1} s_{mt}^{*} \hat{V}_{nt} \tag{3.59}$$

使用平均弹性来解释各行业和各投入要素所占份额，可以得到GDP的增长率与行业技术进步率、要素投入增长率有关。这些影响因素的贡献率取决于各部门技术弹性与罗伯津斯基弹性的均值。

最后，根据这个解释，如果经济体中主要部门关于快速增长的要素投入的罗伯津斯基弹性是一个较大的正数，那么经济增长是由要素驱动的；反之，如果技术进步率较大而关于快速增长的要素投入的罗伯津斯基弹性是一个较小的正数或者负数，那么经济增长就是技术驱动的。

第四节 本章小结

经济增长理论关注经济的长期持续增长问题，到底经济增长的动力差异是什么？是什么决定其增长？中国目前的增长动力机制是什么？解决这些实际问题，首先得了解经济增长的内生机制以及核算模型。因此，本章首先分析了驱动经济增长的内生机制，然后整理了近年来关于经济增长的核算方法，并就此提出基于TFP溢出的经济增长核算方程，区别于以往的核算方法。本章的理论分析与模型将为后文夯实理论基础。

CHAPTER 4

第四章

全要素生产率的溢出效应真的存在吗

前文假定行业间存在TFP溢出现象，并且认为这种行业间的溢出效应对行业本身的发展有着重要的影响。因此，在此基础上推演出基于TFP溢出的行业增长核算方程。然而，这一溢出现象到底客观存在吗？实际上，产业是由微观组织（企业）构建的，行业间的TFP溢出，归根结底是要证明微观企业之间是否存在这种溢出现象。如果这种微观溢出存在，行业间溢出才会有“存在的土壤”。实际上，研究企业间的TFP溢出，不仅能够证明行业间存在这种溢出现象，同时有助于进一步探析企业创新外部性“黑匣子”，更有利于分析企业创新现象，为行业间更好的正向溢出提供有益的启示。

第一节 引言

“十三五”时期，企业能否创新发展是中国经济稳增长、提质量的关键。事实上，企业创新发展不仅有利于企业自身的发展，更能促进与之相关企业的发展，进而影响行业之间的发展。所以，企业创新发展不仅需要政府与企业的共同努力，更需要企业间的相互学习与合作，这就需要更全面地认识企业生产效率相互作用的外部性。然而一直以来，企业外部性问题总是阻碍着经济学家更深层次地认识企业创新发展。以往的研究大多关注企业创新外溢的理论问题，缺乏关于企业生产效率相互作用以及行业创新外溢比较的定量研究。

溢出问题实际上是外部性问题的一种，外部性思想肇始于 Arrow (1962)的“干中学”(learning by doing) 和“知识溢出效应”(knowledge spillover effect)。Marshall(1920)强调，企业的地理集中便利了知识的交流和传播，许多性质相似的小型企业能够加快知识溢出并激活创新活动。可见，客观存在的企业外部性是影响企业技术创新效率的重要因素。企业间或行业间 TFP 的溢出是这一外部性的主要表现，原因在于 TFP 体现的是行业内企业“质”的增长，反映了除资本与劳动投入生产要素以外的其他生产要素的效率，包括知识、技术、制度与企业家精神等，而这些要素往往具有不完全排他性特征，更容易产生外部性。理论上，企业和行业间 TFP 溢出一般有两条路径：空间溢出和价值链溢出。地理空间范围内的 TFP 溢出主要源自企业地理空间的“邻近效应”，而这一效应能够促进企业之间的技术合作与交流，加快企业之间的信息与知识传播，降低企业从事创新活动的风险，进而扩大了集聚创新网络并促进创新效率的提升(Audretsch,2004)。企业TFP在价值链上的溢出主要源自“学、研”向“产”的创新外溢,当然也包括创新价值链上的“反馈路径”和“循环效应”(赵增耀等,2015),这使得企业创新效率不仅与其自身研发投入产出的转化效率有关,而且还可能受到其他企业研发投入所产生的外部性影响。

由于企业或者行业之间的异质性,各企业或各行业的TFP水平具有一定的差异。这种差异往往由多种因素引起,如市场开放、企业创新能力、所有制、人力资本、专业化等。然而,以往研究企业TFP增长来源的文献都含蓄地假定企业在空间地理上没有任何交集,企业之间的相互影响被忽略;以往研究行业TFP增长来源的文献都默认行业之间相互独立,不存在生产效率的相互影响。随着空间经济学与网络经济学的发展,Baltagi(2016)等多数学者普遍认为,企业TFP在空间上是有联系的,这进一步佐证了企业间存在TFP溢出的可能。潘文卿等(2011)认为,产业间存在技术溢出效应。可见,研究企业间TFP溢出实际上就是要搞清楚,企业TFP增长是否受到其他企业的影响,企业间TFP溢出的影响机制是怎样的;研究行业间TFP溢出就要弄清楚,行业间TFP是怎样相互影响的,如何构建行业间相互影响的这种联系,并且这种影响是不是借助微观组织来实现的。

在测度方法上,Griliches(1992)认为,由于TFP溢出效应的作用链很长,其范围可能非常广泛,因此很难定量测度,以至于学术界至今没有统一的标准。从现有的文献看,虽然不同学者提出了不尽相同的测度方法,但大致都有两个方向:一是通过直接测度社会收益率来进行TFP溢出的经验检验(Jaffe,1998);二是通过构建权重矩阵研究产业间或区域间的溢出(刘建国,2014)。权重矩阵确实是一个不错的选择,但企业间权重矩阵的构建是一个较为棘手的问题,一来权数的确定比较复杂，二来矩阵维数较大，传统计量方法难以实现。本书将利用第二种方法实现该领域的突破。本书利用空间计量分析方法，构建能够反映溢出机制的空间权重矩阵和微观模型，对中国十大行业间以及企业间的 TFP 溢出效应进行实证分析，以证实本书的基本假说。

第二节 理论模型、机制与权重矩阵的构建

一、理论模型与实证策略

在 Romer(1990)的产品多样化模型的基础上，遵循 Ertur 和 Koch (2007)关于空间延伸类生产函数的设定，假定世界上有一个独立的地区和其他 N 个地区，人口数量 L 是固定的，且拥有一单位可用于制造业的劳动。为简单起见，本书假定每个人没有对闲暇的需求，从而每个人都无弹性地提供所拥有的劳动——无论工资率如何。Y_i 代表产出，最终产品的生产环境是完全竞争的，使用劳动生产一系列指标为 $i\in[0,M_t]$ 的中间产品投入，其中 M_t 表示产品种类。参考 Broda 等(2006)的做法，将企业最终产品的生产函数设定为：

$$Y_i(t)=[A_i(t)L_i(t)]^{1-\alpha}\left[\int_0^{M_i(t)}x_i^{\upsilon}(t)\mathrm{d}x\right]^{\alpha/\upsilon} \tag{4.1}$$

其中，$A_i(t)$ 代表技术参数；$\alpha\in(0,1)$，等于 1 减去产出中的劳动份额；$\upsilon\in(0,1)$，表示投入品种类 X_{it} 之间的替代弹性，较高的 ν 对应于更易替代的投入品。如果专注于其中所有的投入品都使用相同数量 X_t 的均衡，则上式可转化为：

$$Y_i(t)=[A_i(t)L_i(t)]^{1-\alpha}M_i(t)^{\alpha/\upsilon}x_i^{\alpha}(t) \tag{4.2}$$

若每一单位投入品都是由资本按固定比例生产出来的，那么：

$$Y_i(t)=A_i(t)^{1-\alpha}L_i(t)^{1-\alpha}M_i(t)^{[(1-\upsilon)/\upsilon]\alpha}K_i(t)^{\alpha} \tag{4.3}$$

将 TFP 计算公式 $TFP_i(t)=\dfrac{Y_i(t)}{L_i(t)^{1-\alpha}K_i(t)^{\alpha}}$ 代入上式，则：

$$TFP_i(t)=A_i(t)^{1-\alpha}M_i(t)^{[(1-\upsilon)/\upsilon]\alpha} \tag{4.4}$$

TFP 增长的来源由两部分组成：关于产品种类的部分体现在 $M_i(t)^{[(1-\upsilon)/\upsilon]\alpha}$ 中；关于质量改进的部分体现在 $A_i(t)^{1-\alpha}$ 中。这也是产品多样化模型的核心思想。

关于质量改进的分解，参考 Ertur 和 Koch 的方法，将 $A_i(t)^{1-\alpha}$ 设定为：

$$A_i(t)^{1-\alpha}=\zeta\prod_{j=1}^{n}\left[\frac{TFP_j(t)}{TFP_i(t)}\right]^{\gamma w_{ij}} \tag{4.5}$$

$\gamma\in(-1,1)$ 衡量 TFP 扩散的程度。假定促使 TFP 增长的产品质量改进部分是关于一个地区与自身技术前沿差距的负向关系，用 $TFP_i(t)$ 表示，$i=1,2,\cdots,n$。同时，假设这一技术前沿在世界上处于领导者地位，且这种方法需要定义一个标准化的技术前沿国家。同时，本书假设交互项 w_{ij} 是非负、有限和非随机的，且技术落后城市与技术前沿城市的差距决定了生产率提升的质量改进部分，该差距越小说明质量越高。因此，w_{ij} 反映了 TFP 的空间溢出效应。进一步推出：

$$TFP_i(t)=\zeta\prod_{j=1}^{n}\left[\frac{TFP_j(t)}{TFP_i(t)}\right]^{\gamma w_{ij}}M_i(t)^{[(1-\upsilon)/\upsilon]\alpha} \tag{4.6}$$

上式两边取对数并整理同类项后，可得：

$$\ln TFP_i(t)=\frac{1}{2}\ln\zeta+\frac{\gamma}{2}\sum_{j=1}^{n}w_{ij}\ln TFP_j(t)+\frac{[(1-\upsilon)/\upsilon]\alpha}{2}\ln M_i(t) \tag{4.7}$$

同样可以写成：

$$\ln \mathrm{TFP}_i(t) = \beta_0 + \rho \sum_{j=1}^{n} w_{ij} \ln \mathrm{TFP}_j(t) + \lambda \ln M_i(t) \tag{4.8}$$

其中，$\beta_0 = \frac{1}{2}\ln\zeta$ 代表截距项；$\rho = \frac{\gamma}{2}$ 是空间自回归系数，衡量了企业间 TFP 溢出的程度；$\lambda = \frac{[(1-\upsilon)/\upsilon]\alpha}{2}$ 衡量了企业产品多样化对该企业 TFP 的影响系数。

将式（4.8）写成矩阵形式：

$$\mathrm{TFP} = \boldsymbol{\beta}_0 + \rho \boldsymbol{W} \mathrm{TFP} + \lambda \boldsymbol{M} \tag{4.9}$$

当 $\mathrm{TFP} = \ln \mathrm{TFP}_i(t)$ 时，就生成一个关于 TFP 的 $N \times 1$ 矩阵；$\boldsymbol{\beta}_0$ 是一个 $N \times 1$ 矩阵；$\boldsymbol{M} = \ln M_i(t)$ 就生成一个关于 $M_i(t)$ 的 $N \times 1$ 矩阵，$\boldsymbol{W}$ 是企业空间权重 $N \times N$ 矩阵。

企业产品种类多样化往往取决于其自身的创新能力和人力资本的贡献（Acemoglu，2007）。鉴于此，本书将 $M_i(t)$ 进行分解，得到式（4.10）。

$$\mathrm{TFP} = \beta_0 + \rho W \mathrm{TFP} + \beta_1 \mathrm{INN} + \beta_2 \mathrm{HUM} + \gamma X_i(t) \tag{4.10}$$

其中，INN 代表创新能力，HUM 代表人力资本，$X_i(t)$ 代表其余能够影响产品多样化进而提升 TFP 的控制变量。

为了正确估计上面的矩阵模型，本书加入误差项，模型中加入被解释变量的滞后变量 TFP_{-1} 是为了涵盖没有考虑到的其他影响因素（孙玮等，2011）。如此则可利用 SAR（空间自回归）模型来衡量行业和企业 TFP 的空间溢出效应，如式（4.11）所示。当采取空间计量模型时，OLS 将不再适用，这里将利用最大似然法（ML）来估计模型。

$$\mathrm{TFP} = \beta_0 + \alpha \mathrm{TFP}_{-1} + \rho W \mathrm{TFP} + \beta_1 \mathrm{INN} + \beta_2 \mathrm{HUM} + \gamma X_i(t) + \varepsilon \tag{4.11}$$

二、TFP溢出的微观机制

(一) TFP溢出的定义

TFP体现的是经济增长的"质",反映了除投入生产要素以外的其他生产要素的效率(见《世界经济学大辞典》)。鉴于行业的异质性,其TFP也具有一定差异。TFP增长快的行业会通过知识溢出、技术溢出、产业关联性溢出、市场交易性溢出以及其他溢出效应来影响TFP增长慢的行业,对TFP落后行业表现出正或负的溢出效应,本章将这一效应称为"TFP溢出"。这种溢出表现为具有高水平TFP的行业会对低水平TFP行业具有某种促进或抑制作用,对其行业的生产率产生影响。例如,交通运输工具的改造升级、新能源电池的研制等,不仅能够节省地区之间贸易的时间,更能促进制造业的转型升级,带动物流以及相关服务业的发展。

(二) TFP溢出的微观机制

通常而言,TFP增长快的企业会通过某些渠道或机制影响TFP增长慢的企业,对TFP落后的企业表现出或正或负的溢出效应。关于这一影响机制的黑匣子,主要体现在以下四种机制上,如图4.1所示。

1. 机制一:知识溢出

知识是典型的公共品,具有一般公共产品的特征:非竞争性与部分排他性。按照雅各布斯外部性的观点,知识极易产生外部性。关于知识溢出对生产率的积极作用,Arrow(1962)最早做出了解释,认为知识是投资的副产品,企业在进行创新投资等行为时不仅会产生知识,通过"干中学"和"学习曲线"积累生产经验提高生产率,而且还有可能对其关联企业的生产率产生一定的影响。企业之间通过如专利信息公开、

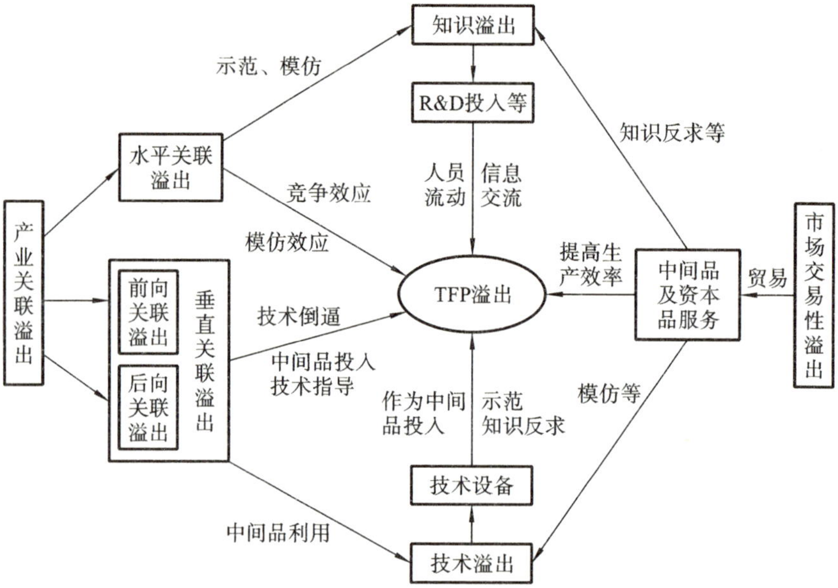

图 4.1 企业间 TFP 溢出机制图解

国际期刊与各种科学会议、知识反求工程、企业间人才的流动、信息交流等具体形式都可实现知识的共享与传播。如企业之间为了提高技术创新水平，开展合作研发，就技术参数、产品设计与工艺改进等业务环节进行非正式交流或各种正式的学术研讨会，交换异质性知识，实现知识的溢出或扩散。倘若这一扩散产生正的外部性，就有可能提升关联企业的 TFP 水平，并且其他企业可以利用这一外溢减少创新成本，降低创新风险。而得到收益的企业其创新的技术知识又会溢出，这种企业间相互知识溢出的良性循环会促进在空间集聚或价值链上的企业整体 TFP 水平的提高(赵勇，2009)。

2. 机制二：技术溢出

技术溢出一般有两种溢出途径。一种技术溢出途径指的是汇集和物化在设备中的工艺和技能，企业通过市场交易获取相关设备便可以通过逆向工程或模仿而获取这一技术。当然，有些企业也可以通过存在于文献知识的形态（公式、图纸、设计）等获取相关技术。技术领先企业新产品的出现对其他竞争性企业产生示范作用，在市场竞争下会迫使这些企业利用各种方法追赶技术领先型企业。一般会通过购买相关设备与产品进行反求工程的研发，或者通过猎头招聘技术领先型企业的接受过培训的人员或相关技术人员，从而间接获取生产该产品的工艺和技术。另一个重要的技术溢出途径是落后企业将先进的技术设备作为中间产品（也称中间品）利用起来，通过对蕴含在其中的先进生产要素进行消化、吸收，不仅可提高生产成品的质量，也可促进技术水平的提高，从而实现技术溢出。此种途径技术溢出的效果如何，取决于中间产品的利用形式，即中间产品主要是用于低技术含量的加工组装，还是深入地融入生产过程中，后者会产生更大的溢出效果。

3. 机制三：产业关联溢出

产业关联溢出通常可以分为水平关联溢出与垂直关联溢出。

（1）水平关联溢出主要发生在同一产业的企业之间，这是源于同产业知识技术的充分接近性。众多学者的研究表明，水平关联企业之间主要通过竞争和模仿实现水平溢出效应。先进企业通过技术创新产生了新产品，会通过技术示范效应促进同类产品生产企业的技术进步。市场竞争会促使相关企业对先进技术进行模仿，从而实现水平关联溢出（Amiti，2007）。

（2）垂直关联溢出主要体现在产品的生产链上。处于同一产业链上的不同产业之间存在经济联系，先进生产要素通过经济联系进行传递。企业通过向上游供应企业购买中间投入品或服务形成后向关联，通过向下游需求企业提供中间投入品形成前向关联。一方面，当产业链上某一产业的企业实现了技术进步，其上、下游企业为了技术匹配，不得不进行生产技术的改进与创新，从而形成技术倒逼效应（Kneller，2006）。另一方面，出于从上游企业获得低成本投入要素及挖掘新客户（指下游企业）扩大市场竞争力的意愿，拥有先进技术及先进管理经验的企业通过对产业链上的上、下游企业提供技术援助和管理培训等，促进后者生产率水平的提高，从而实现垂直关联溢出。

4. 机制四：市场交易性溢出

市场交易与贸易给予了落后企业模仿前沿技术的机会，它们是知识与技术溢出的重要渠道。相对滞后的企业可以通过贸易购买技术含量高的中间产品及专利等无形商品、引进最新的机器设备和生产工艺，通过掌握并应用这些高效率的中间品及资本品，进行模仿创新，提高本企业的技术水平和竞争力，进而把内生于其中的先进技术转化为企业的生产率，提高 TFP。市场交易与贸易还促进了企业获取营销技巧、管理方式、销售渠道等方面的知识。此外，Benhabib（2005）的研究表明，在市场交易中，人力资本的流动在技术溢出过程中也起着十分重要的作用。先进中间品及资本品的引入增加了企业对高技能劳动的需求：一方面，促使非技术工人提升自身的知识技能；另一方面，促使企业引入拥有高技能的人才，企业人力资本存量增加，提高了技术溢出的可能性。固化于资本品及中间产品中的知识与技术能在多大程度上被企业所消化吸收，直接取决于企业人力资本对知识、技术和信息的接受能力。只有当人力资本达到一定水平，技术吸收能力达到一定门槛，溢出才能更好地实现。

三、权重矩阵的构建

(一) 权重矩阵——行业间

空间权重矩阵元素的设定一般依据区域间地理距离的减函数而设定,多数文献中采用区域的经济距离设定权重矩阵。Moretti(2004)、潘文卿(2011)等使用投入产出数据作为权重矩阵,测算了知识、人力资本以及技术的溢出。使用投入产出数据的原因在于投入产出数据本身包含了行业间经济活动交互信息,能够直观地反映经济联系强度。基于此考虑,参照 Harald Badinger(2015)的做法,本书使用投入产出数据设定空间权重矩阵。空间权重矩阵主要从 2002、2007 和 2012 三年的投入产出数据获得。但是我国公布的投入产出表一般是 42 部门和 135 产业的,因此需要将投入产出表变换为本章所需要的十大行业数据,因此本章选择 42 部门的投入产出表,将其中各行业进行分别归类,归类为本章使用的十大行业,然后再按照式(4.13)和式(4.14)的方法构建投入产出矩阵。具体公式如下:

$$w_{kl}^{0} = \frac{\mathrm{IO}_{kl}^{0}}{\mathrm{PROD}_{k}} \tag{4.12}$$

其中,$\mathrm{IO}_{k,l}^{0}$ 表示行业 k 使用行业 l 的中间产品,PROD_{k} 表示行业 k 的总产出。为了进一步区分行业内和行业间的溢出效应,将空间矩阵分成两个权重矩阵:$\boldsymbol{W}^{0} = \boldsymbol{W}^{\mathrm{intra.}\,0} + \boldsymbol{W}^{\mathrm{inter.}\,0}$。

为了剔除行业自身对自身的影响,$\boldsymbol{W}^{0}$、$\boldsymbol{W}^{\mathrm{intra.}\,0}$ 和 $\boldsymbol{W}^{\mathrm{inter.}\,0}$ 的对角元素均取零。$\boldsymbol{W}^{\mathrm{intra.}\,0} = (w_{kl}^{\mathrm{intra.}\,0})$ 表示测度行业内的溢出效应矩阵,用于测度其他地区的同行业对本行业的溢出效应。矩阵元素的计算过程为:

$$w_{kl}^{\mathrm{intra.}\,0} = \begin{cases} w_{kl}^{0}, & k = l \\ 0, & k \neq l \end{cases} \tag{4.13}$$

$\boldsymbol{W}^{\text{inter.}0}=(w_{kl}^{\text{inter.}0})$表示测度行业间的溢出效应矩阵，用于测度其他行业对本行业的溢出效应。矩阵元素的计算过程为：

$$w_{kl}^{\text{inter.}0}=\begin{cases}w_{kl}^{0}, & k\neq l\\ 0, & k=l\end{cases} \tag{4.14}$$

对于权重矩阵的标准化处理，这里采用了Kelejian和Prucha（2010）的做法：用每一个权重矩阵元素除以权重矩阵行加总的最大值。这样的标准化处理方法与常规的各元素除以各行加总值的方法相比，能够更大限度地保留不同行业的绝对经济距离信息。

（二）权重矩阵——企业间

空间计量最关键的地方在于空间权重矩阵的选择，空间权重矩阵的选择有多种方式，一般选用空间相邻矩阵和地理距离矩阵。空间相邻矩阵没有太多经济含义，地理距离矩阵是根据两个企业之间的地理距离来设定的。两个企业之间的距离越近，赋予的权重越大；反之，则越小。但是，地理距离的远近并不能完全反映现实情况，不能完全说明企业之间的相互关系，也不能完全描述企业间TFP溢出的微观机制。例如，如果两个企业相距甚远，但是它们之间的贸易或者合作交流要比其他企业更加频繁，则对其应该赋予更高的比重。基于此，受到Frankel（1999）的启示，在吸收与借鉴引力模型的基础上，构建引力矩阵。为了验证前述的理论机制，将知识溢出机制与技术溢出机制用第一种引力矩阵表示，产业关联溢出机制与市场交易溢出机制用第二种引力矩阵表示，这两类权重矩阵定义如下。

第一类矩阵（简称“第一矩阵”）认为，企业间是存在知识溢出与技术交流的，而企业知识与技术的表现形式为专利与新产品。企业创新能力越强，其影响的“势力范围”就越大，就应该赋予较大的权重。鉴于

《中国工业企业数据库》数据的可获得性，本书选取新产品产值作为专利与新产品的替代变量，构建式(4.15)所示的引力矩阵。其中，企业NPV代表企业新产品产值的平均值①，d_{ij}是指i企业与j企业之间的空间球面距离。《中国工业企业数据库》在2003年提供了企业名称、邮政编码以及详细的地址。通过xGeocoding软件将企业地址与邮政编码批量转换成企业对应的经纬度，利用邮政编码匹配来验证经纬度，排除不合理的经纬度，再利用经纬度计算出企业间点对点的空间球面距离，最终通过MATLAB编写代码，运算求出企业间的地理距离。

$$\boldsymbol{W}_{\mathrm{p}} = \begin{cases} 0 & i = j \\ \dfrac{\mathrm{NPV}_i \times \mathrm{NPV}_j}{d_{ij}^2} & i \neq j \end{cases} \tag{4.15}$$

第二类矩阵(简称“第二矩阵”)认为，企业间产业关联与市场交易溢出往往通过贸易来展现，而企业间的贸易不仅受到空间距离的影响，也和企业自身发展水平有关。其空间权重矩阵的构建如式(4.16)所示，其中GCZ指的是平均工业总产值，d_{ij}同样是指i企业与j企业之间的空间球面距离。

$$\boldsymbol{W}_{\mathrm{g}} = \begin{cases} 0 & i = j \\ \dfrac{\mathrm{GCZ}_i \times \mathrm{GCZ}_j}{d_{ij}^2} & i \neq j \end{cases} \tag{4.16}$$

① 2004年缺少新产品产值数据，因此平均数是去除2004年的数据后只算9年数据的数值。后文，2004年INV值取2003年INV值与2005年INV值的平均数。

第三节 数据来源与处理

宏观行业数据的来源与处理在第四章中已经做了介绍，本章主要介绍企业数据的来源与处理。

一、企业数据来源与处理

基础数据来源于《中国工业企业数据库》，该数据库主要来自样本企业提交给当地统计局的年报汇总，样本范围为全部国有工业企业以及规模以上非国有工业企业，其中制造业占90%以上，其统计单位为企业法人。鉴于2008—2013年只有2010年提供工业增加值和中间投入品，因此不足以算出连续序列的TFP，故采用1998—2007年的数据。企业年度调查数据库包含企业基本信息和主要财务统计指标。作为一个由国家统计局收集的数据库，企业年度调查数据库并非由专业的学术机构发布的，因此在很多方面还不太符合学术研究的严格要求，存在诸多严重问题（聂辉华，2012）。因此，综合参考余淼杰等人的处理方法，逐步完善数据库。具体做法如下。

（1）利用法人代码信息识别面板进行企业名称匹配，如果此时依然存在企业名称重复，则继续使用“地区（县）＋法人代表姓名”进行匹配，直至匹配成功。其次，剔除相关估计生产率文献所需关键指标缺失或小于零的观测值，例如工业总产值、工业增加值、就业人数、固定资本净值原值、中间投入品。

（2）剔除小规模和西藏地区的样本，例如剔除就业人数小于8人，且工业总产值在2005年之前小于500万元、在2006年以后小于2000

万元的样本。

(3) 鉴于研究目的,本书删除了不符合会计准则、能源依赖型行业以及经纬度重复而地理位置一致的样本。最终,得到10年连续的平衡面板,涉及12583家企业,共计125830个样本观察点。

二、企业TFP的测度

对企业TFP的测度,由于同时性与样本选择性偏差,OLS法忽略了联立性和选择性问题,会导致对TFP估算的偏差,因此目前流行使用OP法与LP法来计算企业TFP。当然,也有学者使用工具变量(IV)法以及固定效应(FE)法。OP法是一种半参数估计方法,采用投资作为TFP的代理变量,但是企业数据中存在大量的"零投资"观测,接近样本量的一半,倘若去掉,将大大减少样本数量,影响估计结果。鉴于此,LP法使用中间投入作为不可观测生产率的代理变量,对OP法进行了适当的拓展和修正。在工具变量法中,投入价格可以作为工具变量处理内生性问题,但是这一数据很难在数据库中获取,况且其无法解决由于企业退出产生的选择性问题。而固定效应法需要假定企业的生产率不随时间而改变,这一假定不符合现实情况。

鉴于工业总产值与中间投入之间具有高度相关性,因此采用企业工业增加值作为产出指标,2004年缺少的工业增加值取聂辉华的方法计算而得。然后根据《中国统计年鉴》中工业平减指数将企业名义增加值调整为1998年不变价格,最后计算出每年各企业对应的实际增加值。关于资本投入,本书以固定资产净值年平均余额衡量企业资本存量,用永续盘存法的变换式来度量投资,即 $I_t = K_t - (1-\delta)K_{t-1}$ 。其中, K_t 表示 t 期的资本存量, I_t 表示 t 期的投资, δ 表示折旧率。平均折旧率采用薛俊波(2007)估算折旧率的方法计算出工业部门的折旧率为0.121，最后计算得出固定资产投资。资本存量与固定资产投资均调整为1998年不变价格。

对于企业TFP的估算，已有大量学者进行了深入研究，本书亦采用杨汝岱(2015)关于制造业29个行业的资本和劳动弹性系数的平均值，以此计算的TFP称为"杨汝岱法TFP"，同以OLS方法、LP方法计算的TFP作为本书的稳健性指标(见表4.1)。另外，由于《中国工业企业数据库》中企业增加值、固定资产合计、中间投入等指标单位均为千元，为与劳动人数单位匹配，因此取对数时将其单位化成"元"，以便消除量纲的影响。

表4.1　不同方法下的企业TFP

指标	OLS	OP	LP	杨汝岱
资本弹性	0.209	0.380	0.140	0.347
劳动弹性	0.489	0.427	0.163	0.590
lnTFP最小值	0.968	−1.337	3.842	−1.726
lnTFP最大值	15.508	13.262	19.591	13.038
lnTFP方差	0.923	0.912	1.089	0.918
样本量	1424529	665426	1364140	513269

资料来源：作者计算而来。

从图4.2(a)可以看出，OP法计算的TFP与杨汝岱计算的结果比较接近，LP法计算的TFP比其他几种方法计算的均要大。因此，本书以OP法计算结果作为基准分析。从图4.2(b)可以看出，使用OP法计算的1998—2007年的TFP核密度曲线存在逐渐向右偏移的趋势，说明企业TFP水平在此阶段处于增长阶段。

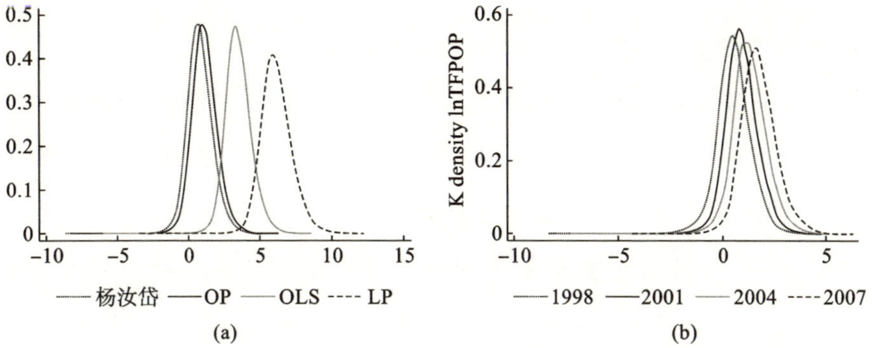

图 4.2　不同方法下和不同年份下企业 TFP 核密度图

三、变量的选取与说明

创新能力一般由创新投入与产出来衡量，投入指标一般采用研发强度，而在公布的《中国工业企业数据库》中，只有少数几年才有研发投入，一般获取的均是 2005—2007 年的研发数据。2005 年之前的研发数据 80%以上为 0，原因在于小企业没有专门的研发部门或研发经费，或者一些企业没有上报该项费用。而产出指标选用新产品产值与销售收入的比值 INV 作为创新的替代变量，除 2004 年缺失以外，其余年份均有数据，可以用于 1998—2007 年的平衡面板分析。人力资本是凝结在劳动者身上的体力、健康、知识、经验和专业技能等因素的总称。目前，国内外许多学者使用平均教育年限等作为地区人力资本的衡量指标，但是企业级数据库较难获取这类指标，因此借用 Chia-Hui Yang 等人(2005)的做法，采用平均劳动报酬(应付工资总额/从业人员数量)的对数(HUM)作为替代变量。Haltiwanger 等人(1999)认为，为提高企业 TFP，企业会加大人力资本的投资，而平均劳动报酬能够作为其有效的替代变量影响企业生产率。

为获得稳健性估计结果，本书选取如下控制变量。

(1) 外商直接投资(dumfdi)。普遍认为，FDI一般会通过两种技术溢出途径对东道国企业产生积极影响：①外资企业主要通过示范、竞争效应促进东道国同行业企业的生产能力和技术水平的提高，增进企业产品多样化；②外资企业与东道国企业建立垂直关联的经济联系。内资企业可从上游外资企业获得高质量的中间投入品与技术管理支持，增进企业产品多样化，从而提高自身的产品质量水平，从FDI的技术溢出中获益。

(2) 出口贸易(dumexp)。现有文献普遍认为：①企业出口前的"自选择效应"，即企业进行出口活动需要付出进入国际市场高昂的固定沉没成本，因而只有生产率较高的企业才会选择出口，其他企业可能只能选择国内销售或退出；②企业出口后的干中学效应。企业出口后可以在出口市场接触更大的市场和先进技术，从国际消费者和竞争者带来的知识溢出中获益。更多地，国际市场的激烈竞争会促使企业降低成本或者研发新产品。

(3) 所有制(dumstate)。所有制结构不同的企业可能会有不同的技术能力、管理知识、激励方案等，导致在生产率上表现出显著的差异，而国有企业普遍被认为比私有企业及跨国企业具有更低的生产率。①国有企业更多地与社会及政治问题联系在一起，而不是商业活动导致的经济结果。政治因素会使得国有企业雇用过多的劳动力。②国有企业管理者缺乏追求效率与利润的动机。因为国有企业对由价格主导的市场缺乏适应性，从而难以要求其员工追求利润最大化目标及生产利润可观的新产品。③国有企业面临着预算软约束，因为国有企业可以得到政府担保并容易获得廉价的金融支持，这使得它们没有强烈的动机去有效地利用资源，从而不能与私有企业的生产率相匹敌。

最终，模型如式(4.17)所示：

$$\ln TFP_{it} = \beta_0 + \alpha \ln TFP_{i,t-1} + \rho W_{ij}\sum_{j=1}^{n} TFP_{jt} + \beta_1 INV_{it} + \beta_2 HUM + \gamma_1 dumfdi + \gamma_2 dumexp + \gamma_3 dumstate + \varepsilon_{it} \quad (4.17)$$

由于《中国统计年鉴》中只公布了规模以上工业细分行业的数据，其他行业并没有公布，因此不能使用研发数据。人力资本数据也是如此，而 FDI 与资本密度数据均可获取，由于 1997 年后不再报告采矿业、制造业与水电热的实际 FDI，因此选取 1997—2015 年作为研究窗口期。本章选择 FDI 和资本密度(资本与劳动比值的对数值)作为控制变量，对行业间 TFP 溢出论证的实证模型如式(4.18)所示：

$$\ln TFP_{it} = \beta_0 + \alpha \ln TFP_{i,t-1} + \rho W_{ij}\sum_{j=1}^{n} TFP_{jt} + \beta_1 FDI_{it} + \beta_2 LNKL + \varepsilon_{it} \quad (4.18)$$

四、描述性统计分析

对于行业数据，在第四章已做说明，在此不再赘述。对企业进行分析的主要数据如表 4.2 所示。样本企业分布如图 4.3 所示，图(a)为制造业企业的总体分布图，可见大部分企业主要分布于中国东部地区，主要聚集于沿海一带。另外三幅图分别代表低技术行业(初级产品生产行业)、中技术行业(劳动和资源密集型行业)和高技术行业(技术密集型行业)的行业分布图。行业划分[①]如下。

(1) 分为三大行业:初级产品生产行业(13,14,15,16);劳动和资源密集型行业(17,18,19,20,21,22,23,24,25);技术密集型行业(26,27,28,29,30,31,32,33,34,35,36,37,38,39,40,41,42)。

(2) 分为五大行业:烟饮食品制造业(13,14,15,16);家具纺织制造业(17,18,19,20,21);化学医药制造业(25,26,27,28);材料加工制造业(29,30,31,32,33,34);电子信息及装备制造业(35,36,37,38,39,40,41,42)。技术密集型行业企业居多,而低技术行业企业相对而言比较稀少一些。从集聚角度而言,高技术行业企业的集聚程度相对于中、低技术行业企业来说要大一些。高技术行业在区域上分块聚集,主要集中于京津冀、山东半岛、长江三角洲、珠江三角洲、成渝以及中原城市群;中技术行业在京津冀、山东半岛、长江三角洲、珠江三角洲城市群集聚;低技术行业则主要聚集于长江三角洲和珠江三角洲城市群。

---

① 农副食品加工业(13),食品制造业(14),饮料制造业(15),烟草制品业(16),纺织业(17),纺织服装、鞋、帽制造业(18),皮革、毛皮、羽毛(绒)及其制品业(19),木材加工及木、竹、藤、棕、草制品业(20),家具制造业(21),造纸及纸制品业(22),印刷业和记录媒介的复制(23),文教体育用品制造业(24),石油加工、炼焦及核燃料加工业(25),化学原料及化学制品制造业(26),医药制造业(27),化学纤维制造业(28),橡胶制品业(29),塑料制品业(30),非金属矿物制品业(31),黑色金属冶炼及压延加工业(32),有色金属冶炼及压延加工业(33),金属制品业(34),通用设备制造业(35),专用设备制造业(36),交通运输设备制造业(37),电气机械及器材制造业(38),通信设备、计算机及其他电子设备制造业(39),仪器仪表及文化、办公用机械制造业(40),工艺品及其他制造业(41),废弃资源和废旧材料回收加工业(42)。

表 4.2　变量描述性统计结果①

变量	样本量	平均值	方差	最小值	最大值
增加值对数	125830	16.630	1.329	6.908	23.904
资本对数	125830	15.933	1.598	6.649	23.775
中间投入品对数	125830	17.695	1.273	6.902	25.012
投资对数	62872	14.399	2.113	2.322	23.678
劳动对数	125830	5.737	1.125	2.197	11.925
企业年龄	125830	29.163	13.423	9.000	116.000
资本密度	125830	10.196	1.206	−0.203	15.436
人均劳动报酬对数	125830	9.435	0.665	1.386	13.775
是否外商直接投资	125830	0.197	0.398	0.000	1.000
是否出口	125830	0.261	0.383	0.000	1.000
是否国有	125830	0.159	0.366	0.000	1.000
新产品强度	125830	0.061	0.235	0.000	44.314

资料来源：作者根据 1998—2007 年《中国工业企业数据库》计算而来。

第四节
实证结果与分析

一、行业间 TFP 溢出效应的论证

（一）基本分析

本章选择的时间窗口为 1997—2015 年，由于投入产出表并非每年

① 其中企业年龄指的是企业从开业到现在存活的时间，资本密度指的是人均资本存量的对数，新产品强度指的是新产品产值与产品销售收入的比值。

都公布，因此本章通过2002年、2007年和2012年三年的投入产出表来构建权重矩阵，进行综合分析与比较，从而使结论更为可靠。首先，本书通过LM检验，接受了$\lambda=0$的假设，从而排除了SEM（空间误差模型）的可能性。通过空间面板Hausman检验，本书选择空间随机效应模型。经测算，1997—2015年各行业TFP的Moran's I值始终在0.1以上波动，显著偏离随机分布，反映出“临近”行业的TFP存在明显的空间依赖性。

以2007年投入产出表为权重矩阵（选择2007年是因为它是样本期间的平均年）进行进一步分析，探查中国十大行业TFP的空间经济关联性，运用GeoDa软件制作1997年、2005年、2010年和2015年lnTFP的Moran's I散点图（见图4.3）。图4.3(a)所示区域为HH(high-high)类型，为高TFP集群的行业；图4.3(b)所示区域为HL(high-low)类型，为高技术和低技术混合聚集的行业；图4.3(c)所示区域为LL(low-low)类型，为低TFP集群的行业；图4.3(d)所示区域为LH(low-high)类型，为低技术与高技术混合聚集的行业。从图4.3可发现：HL类型和LH类型的行业是偏离全域正空间自相关的行业，其TFP表现为非典型性；大部分城市主要集中于左上区域，右上区域的集聚并不明显，可见中国大部分行业的TFP水平并不高。

（二）实证分析

中国十大行业间TFP到底是否存在溢出现象呢？从表4.3可知：

(1) 行业间TFP溢出系数ρ在三类投入产出表中均在1%的置信水平下显著，且为正值，说明企业间普遍存在TFP正向溢出现象，溢出系数分别为0.078、0.069和0.050，表明当行业间TFP外溢提高1个百分点时，各行业的TFP将分别平均提高0.078个百分点（2002年投

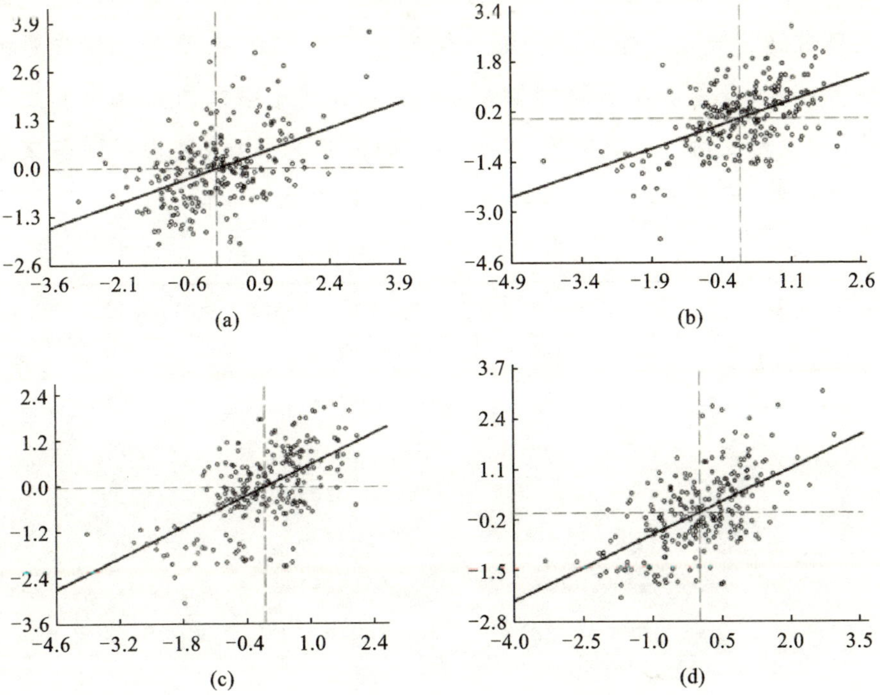

图 4.3 中国十大行业 lnTFP 的 Moran's I 散点图

入产出表)、0.069 个百分点(2007 年投入产出表)和 0.050 个百分点(2012 年投入产出表)。这说明行业间的确存在相互学习、相互影响的可能,通过行业间的人力资源流动和科技交流,对总体的 TFP 具有促进作用。

(2)行业总体 TFP 具有明显的滞后效应,前一期的 TFP 水平对当期 TFP 具有显著的正向影响,并且三类矩阵下的系数非常相似,差距为 0.003。这可能是因为前期行业生产率水平的提升能够促进行业经济效益的提升,进一步刺激行业间的生产率溢出,进而综合影响到当期效率的提升。

（3）对于控制变量，FDI对行业TFP具有促进作用，这与现有文献的研究结论一致。外资的引进不仅带来了发展资金，更带来了先进的生产技术、设备以及管理经验，这些技术引进能够大力提高行业生产率，激发行业活力。资本密度对TFP的影响为负值，这也与现有文献基本一致，行业资本密度越高，行业总体TFP水平越低。

表4.3 实证分析结果[①]

变量	2002年投入产出表	2007年投入产出表	2012年投入产出表
lnTFP_1	0.977***	0.978***	0.975***
	(0.009)	(0.009)	(0.010)
溢出系数	0.078***	0.069***	0.050**
	(0.021)	(0.020)	(0.023)
LNFDI	0.007**	0.006*	0.007**
	(0.003)	(0.003)	(0.003)
LNKL	−0.026***	−0.028***	−0.028***
	(0.003)	(0.003)	(0.004)
常数项	−0.160	−0.117	−0.010
	(0.121)	(0.116)	(0.132)
R^2	0.997	0.997	0.996
Log-likelihood	306.919***	306.111***	302.997***
N	190	190	190

资料来源：作者计算而来，括号中的数值为标准误；“*”、“**”和“***”分别表示90%、95%和99%的显著性水平。

① 本章行业的空间计量回归结果是利用Stata 14.0软件计算出来的，而企业的空间计量回归结果是利用MATLAB 2015a软件计算出来的。

二、企业间 TFP 溢出效应的论证

(一) 基准回归

为了准确估计总体样本,本书选用空间自回归模型作为基准模型,空间自相关模型作为参照模型。为了节约篇幅,以下估计结果中省去了截距项的报告结果。通过 LM 检验,本书接受了 $\lambda=0$ 的假设,从而排除了 SEM(空间误差模型)的可能性。通过空间面板 Hausman 检验,本书选择空间随机效应模型。通过 SAR 与 SAC 的变量系数比较(见表 4.4)可以发现,SAR 模型的系数普遍比 SAC 模型的系数小,这说明加入被解释变量(lnTFP)的滞后项的确如孙玮所说,能够有效涵盖没有考虑到的其他影响因素,因此本书余下所有实证均采用 SAR 模型作为基准模型。经测算,1998—2007 年企业 TFP 的 Moran's I 值始终在 0.1以上波动,显著偏离随机分布,反映出"临近"企业的 TFP 存在明显的空间依赖性。

表 4.4　总体样本估计结果

变量	SAR		SAC	
	W_p	W_g	W_p	W_g
lnTFPOP_1	0.663 ***	0.677 ***		
	(0.002)	(0.002)		
INV	0.065 ***	0.067 ***	0.073 ***	0.075 ***
	(0.007)	(0.007)	(0.025)	(0.028)
HUM	0.152 ***	0.154 ***	0.338 ***	0.338 ***
	(0.003)	(0.003)	(0.007)	(0.007)

续表

变量	SAR		SAC	
	W_p	W_g	W_p	W_g
ρ	0.139 ***	0.081 ***	0.477 ***	0.448 ***
	(0.003)	(0.003)	(0.007)	(0.007)
dumfdi	0.014 ***	0.011 **	−0.007	−0.003
	(0.005)	(0.005)	(0.011)	(0.012)
dumexp	0.107 ***	0.113 ***	0.077 ***	0.079 ***
	(0.005)	(0.005)	(0.016)	(0.016)
dumstate	−0.142 ***	−0.148 ***	−0.092 ***	−0.085 ***
	(0.005)	(0.005)	(0.014)	(0.014)
矩阵维度	12583×12583		12583×12583	

资料来源：作者计算而来，括号中的数值为标准误；"*"、"**"和"***"分别表示90%、95%和99%的显著性水平。

本书关心的第一个问题是，企业间是否存在TFP的溢出现象？从表4.4可知：

(1) TFP溢出系数ρ在四种模型中均在1%的置信水平下显著，且为正值，说明企业间普遍存在TFP正向溢出现象，溢出系数0.139（SAR模型下第一矩阵的系数）表明：当企业间TFP外溢提高1个百分点时，各企业的TFP将平均提高0.139个百分点。在SAR与SAC模型下，第一矩阵系数均比第二矩阵系数大（0.139＞0.081，0.477＞0.448），可见在企业间TFP溢出的作用机制中，知识与技术溢出最明显，产业关联与市场交易溢出相对而言要表现得弱一点。

(2) 从模型核心变量估计结果来看，影响企业 TFP 水平的关键因素在于企业的创新能力与人力资本的投资。两类模型、两类矩阵下，INV(创新能力)与 HUM(人力资本)的系数均在 1% 的置信水平下显著，并且同一模型下系数值比较接近。这与大多数文献的结论一致，企业创新与人力资本是影响企业 TFP 水平提高的关键因素。

(3) 企业 TFP 具有明显的滞后效应，前一期的 TFP 水平对当期 TFP 具有显著的正向影响，并且两类矩阵下的系数非常相似，差距为 0.014。这可能是因为前期生产率的提高会促进企业效益的提升，进而促使企业加大创新投入，有资金、有实力吸引与引进创新人才，而这些因素又进一步刺激了当期 TFP 水平的提高。

从控制变量的估计结果来看，是否出口对企业 TFP 的提升是有影响的，结果显示出口能够显著提高企业 TFP 水平，因为贸易能够促使企业降低成本或者提供新产品。是否有外商投资在两类模型中表现得并不一致，虽然在 SAC 模型中，dumfdi 的符号发生了改变，但是并不显著，而在 SAR 模型中呈现显著的正向影响，说明外商投资能够促进企业 TFP 水平提高，这是因为外资中往往掺杂着先进技术与先进管理经验的引进，通过竞争和示范效应，人员流动和传染效应以及溢出效应对国内企业产生明显的技术外溢。国有企业相比非国有企业对 TFP 有负向影响，虽然就企业员工的平均报酬率而言，国有企业要远远高于非国有企业，但是国有企业员工对企业发展的贡献显著低于非国有企业员工。

(二) 深入讨论

本书关心的第二个问题是，TFP 这种溢出效应是否会随着时间的推移而出现其他变化呢？实际上，在1998—2007年期间，中国市场经济程度在加深，产业整合、人才流动的速度在加速，并且在信息技术革命的引领下，发明与专利数量与日俱增，知识、技术存量规模成倍增长。由此可以推测，随着时间的推移，企业间的TFP溢出程度可能会不断加深。为了验证这一点，本书对1998—2007年中国工业企业按每6年为一个时间段进行滚动估计，结果如表4.5所示。从溢出系数ρ来看，似乎能够验证本书的假设，即中国企业间的TFP溢出效应随着时间的推移逐渐增强。例如，以第一矩阵为例，1998—2004年第一个时间段的溢出系数0.116逐渐增加到2001—2007年第四个时间段的0.127，这说明当企业间TFP溢出效应平均增长1个百分点时，在第一个时间段各企业TFP平均增长0.116个百分点，而在第四个时间段平均增长0.127个百分点。另外，除了TFP溢出系数逐渐增长以外，创新能力(INV)和出口(dumexp)的系数也在逐渐增长，说明中国企业创新能力对TFP的贡献在上升，对外开放取得了一定的成效。然而，人力资本(HUM)和外商直接投资(dumfdi)的系数在下降。这说明，中国企业"人口红利"在此阶段逐步减弱，而且外资带来的技术模仿效应对TFP的贡献也在逐渐弱化。

本书关心的第三个问题是，企业间的TFP溢出效应会不会因为企业所处的区域而有所不同，或者说与企业所处的行业特征有所关联？基于此，本书就样本企业所处的区域进行分类，分为东、中、西三个区域。就企业所处的行业特征，按技术水平和大类行业划分。结果如表4.6所示，三大区域的溢出系数ρ均在1%置信水平下显著，表明这三个区域企业间TFP溢出现象是广泛存在的；进一步发现，不同区域的企业间TFP溢出效应有所不同。为了证实不同组同一变量系数差异是否具有统计学上的显著性，本书采用Chow test后发现，三类行业溢

表 4.5 固定窗宽的滚动估计结果

变量	1998—2004 年		1999—2005 年		2000—2006 年		2001—2007 年	
	W_p	W_g	W_p	W_g	W_p	W_g	W_p	W_g
LNTFPOP_1	0.645 ***	0.654 ***	0.653 ***	0.663 ***	0.668 ***	0.679 ***	0.677 ***	0.689 ***
	(0.003)	(0.003)	(0.003)	(0.003)	(0.003)	(0.003)	(0.003)	(0.003)
INV	0.059 ***	0.058 ***	0.060 ***	0.060 ***	0.064 ***	0.065 ***	0.081 ***	0.084 ***
	(0.009)	(0.009)	(0.008)	(0.008)	(0.008)	(0.008)	(0.011)	(0.011)
HUM	0.144 ***	0.143 ***	0.142 ***	0.140 ***	0.141 ***	0.139 ***	0.134 ***	0.133 ***
	(0.004)	(0.004)	(0.004)	(0.004)	(0.004)	(0.004)	(0.004)	(0.004)
ρ	0.116 ***	0.062 ***	0.125 ***	0.067 ***	0.126 ***	0.068 ***	0.127 ***	0.069 ***
	(0.004)	(0.003)	(0.004)	(0.003)	(0.004)	(0.003)	(0.004)	(0.003)
dumfdi	0.035 ***	0.036 ***	0.025 ***	0.026 ***	0.013 **	0.014 **	0.010 *	0.010 *
	(0.006)	(0.006)	(0.006)	(0.006)	(0.006)	(0.006)	(0.006)	(0.006)
dumexp	0.104 ***	0.109 ***	0.108 ***	0.114 ***	0.117 ***	0.123 ***	0.124 ***	0.130 ***
	(0.006)	(0.006)	(0.006)	(0.006)	(0.006)	(0.006)	(0.006)	(0.006)
dumstate	−0.146 ***	−0.149 ***	−0.147 ***	−0.151 ***	−0.139 ***	−0.143 ***	−0.131 ***	−0.134 ***
	(0.006)	(0.006)	(0.006)	(0.006)	(0.006)	(0.006)	(0.006)	(0.006)
企业维度	12583×12583		12583×12583		12583×12583		12583×12583	

资料来源：作者计算而来，括号中的数值为标准误；“ * ”、“ ** ”和“ *** ”分别表示 90%、95%和 99%的显著性水平。

出系数 ρ 是有显著差别的，并非相等。从其系数来看，三类区域企业间TFP溢出效应大小为：东部＞中部＞西部。这是因为东部地区经济水平较高，高技术企业较多，产业集聚，人才流动比较快，研发资金投入较高，因此知识与技术溢出明显，并且这些地区市场交易频繁，产业关联程度高，所以企业间TFP溢出程度会比中部和西部地区要强一些。

因为技术相似的企业之间更容易相互渗透，更容易发生企业间的TFP溢出，因此将技术相类似的企业归并，从技术的高、中、低角度进行考察。从表4.6可知，三类行业下的溢出系数 ρ 在1%置信水平下显著，说明三类行业下的TFP溢出现象是存在的。同上，采用Chow test后发现，三类行业溢出系数 ρ 是有显著差别的，并非相等，也就是说，不同技术类别的企业间TFP溢出效应可能会有所不同。从其系数来看，其TFP溢出效应大小为：高技术＞中技术＞低技术。这是因为高技术行业往往容易吸引研发投入资金、高科技创新人才以及创新企业的集聚，因此人员流动与技术模仿容易频繁发生，所以企业间TFP溢出程度会比中技术和低技术行业要强一些。

表4.6　分地区、分技术样本估计结果

权重	变量	东部	中部	西部	低技术	中技术	高技术
W_p	ρ	0.128***	0.115***	0.111***	0.102***	0.126***	0.146***
		(0.003)	(0.009)	(0.010)	(0.015)	(0.006)	(0.004)
	其他变量	控制	控制	控制	控制	控制	控制
	企业维度	10106×10106	1319×1319	1158×1158	431×431	2907×2907	8721×8721

续表

权重	变量	东部	中部	西部	低技术	中技术	高技术
W_g	ρ	0.076***	0.064***	0.055***	0.056***	0.071***	0.085***
		(0.003)	(0.008)	(0.007)	(0.013)	(0.005)	(0.003)
	其他变量	控制	控制	控制	控制	控制	控制
	企业维度	10106×10106	1319×1319	1158×1158	431×431	2907×2907	8721×8721

资料来源：作者计算而来，括号中的数值为标准误；“*”、“**”和“***”分别表示90%、95%和99%的显著性水平。

同一行业内企业所处的行业竞争有可能削弱企业间TFP的正外部性，况且行业异质性有可能导致知识与技术溢出的程度不同，因此本书有理由认为企业所处的行业与TFP溢出有所关联。

为此，本书对五大类制造业进行实证分析，结果如表4.7所示。本书发现，行业之间的溢出程度呈现上述高、中、低行业的特征，其中电子信息及装备制造业溢出最明显，溢出系数ρ为0.157和0.094，其次分别是化学医药制造业、家具纺织制造业、材料加工制造业和烟饮食品制造业。这是因为电子信息及装备制造业和化学医药制造业属于技术密集型行业，这些企业对研发投入敏感，容易产生创新外溢。其他三类行业属于劳动密集型产业，对研发投入不太敏感，其技术门槛低，容易发生TFP溢出，但是相对技术密集型行业来说，溢出程度不足。这说明中国的轻工制造业仍处在水平较低的发展阶段。

表 4.7 分行业样本估计结果

空间权重矩阵	变量	烟饮食品制造业	家具纺织制造业	化学医药制造业	材料加工制造业	电子信息及装备制造业
$\boldsymbol{W}_p$	ρ	0.102 *** (0.015)	0.135 *** (0.007)	0.152 *** (0.007)	0.133 *** (0.007)	0.157 *** (0.006)
	其他变量	控制	控制	控制	控制	控制
	企业维度	431×431	2018×2018	2217×2217	1753×1753	3982×3982
$\boldsymbol{W}_g$	ρ	0.056 *** (0.013)	0.087 *** (0.006)	0.090 *** (0.006)	0.074 *** (0.007)	0.094 *** (0.005)
	其他变量	控制	控制	控制	控制	控制
	企业维度	431×431	2018×2018	2217×2217	1753×1753	3982×3982

资料来源：作者计算而来，括号中的数值为标准误；“ * ”、“ ** ”和“ *** ”分别表示90%、95%和99%的显著性水平。

三、稳健性检验

对于行业间 TFP 溢出的稳健性检验，本章通过三个不同年份的投入产出表进行了验证，发现结论一致。为了更好地说明问题，本章对分行业 TFP 计算中的基期资本存量采用单豪杰(2008)的方法，发现结论仍然一致，因此本章关于行业间 TFP 溢出的论证是可靠的。

对于企业间 TFP 溢出的稳健性检验如下。

(1) 关于被解释变量的稳健性检验。本书利用三种不同测度方法计算得到的 TFP 数值对被解释变量进行替换，同样利用空间 SAR 模型得到如表 4.8 所示的结果。OLS、LP 和杨汝岱三种方法下的溢出系数 ρ 显著，并且 $\boldsymbol{W}_p$ 矩阵下的系数要大于 $\boldsymbol{W}_g$ 矩阵下的系数，说明企业间 TFP 溢出主要是通过知识与技术的溢出而产生的，与前述结论一致。

另外，其余变量的符号和显著性与表 4.3 基本一致。由此可见，本书的估计结果是比较稳健的。

（2）关于内生性问题，对于空间 SAR 模型，若其含有内生解释变量，则须按照 Arraiz 等人（2010）的方法进行广义空间二段最小二乘（GS2SLS）法估计。GS2SLS 法的优点是计算方便且结果稳健（在异方差情况下也成立）。经检验发现，创新能力（INV）与人力资本（HUM）均具有内生性，其他控制变量没有内生性。因为已经选择了 lnTFP 的滞后项，因此这里选择 INV 与 HUM 的 2 期和 3 期滞后项作为工具变量。就总体样本在 SAR 模型下对两种不同的空间矩阵进行 GS2SLS 估计，如表 4.8 所示，结果发现，GS2SLS 估计下的核心变量系数与 SAR 模型下的核心变量系数基本一致，因此结果是可信的。

（3）关于解释变量的稳健性检验。关于创新能力，本书用创新投入与产出来衡量，用以度量投入指标的研发强度和用以度量产出指标的 INV 均有部分年份数据缺失，这有可能会影响计量结果的有效性。因此，本书对 1998—2003 年和 2005—2007 年的 INV 分别进行检验，从而保证计量结果的有效性不会受影响。

另外，用研发强度来度量创新能力，观察回归结果是否稳健。同时，模型有两个变量为“是否外商直接投资”和“是否出口”，将其替换为“外商直接投资额与工业增加值的比重（FDI）”和“出口额与工业增加值的比重（EXP）”，这比虚拟变量更为精确。最后，为了更加充分地论证企业 TFP 的滞后效应，本书结合动态 GMM 面板模型对其进行检验，以避免因为缺少相应的控制变量而导致 TFP 滞后变量的作用被夸大。如表 4.9 所示，1998—2003 年和 2005—2007 年两个阶段下的溢出系数 ρ 显著；使用 RD 代替创新能力变量，即便在缺失很多数据的情况下依然显著；使用 FDI 和 EXP 变量进行控制后，溢出系数 ρ 显著；过

表 4.8 稳健性估计结果(一)

变量	LNTFPOLS		LNTFPLP		LNTFPYRD		GS2SLS	
	W_p	W_g	W_p	W_g	W_p	W_g	W_p	W_g
LNTFPOP_1	0.607***	0.618***	0.470***	0.662***	0.675***	0.482***	0.691***	0.705***
	(0.002)	(0.002)	(0.002)	(0.002)	(0.002)	(0.002)	(0.003)	(0.003)
INV	0.049***	0.049***	0.050***	0.065***	0.067***	0.051***	0.062***	0.064***
	(0.007)	(0.007)	(0.008)	(0.007)	(0.007)	(0.008)	(0.008)	(0.008)
HUM	0.142***	0.145***	0.029***	0.221***	0.222***	0.036***	0.070***	0.063***
	(0.003)	(0.003)	(0.003)	(0.003)	(0.003)	(0.003)	(0.006)	(0.007)
ρ	0.088***	0.040***	0.098***	0.126***	0.073***	0.046***	0.132***	0.078***
	(0.003)	(0.003)	(0.003)	(0.003)	(0.003)	(0.003)	(0.003)	(0.003)
dumfdi	0.071***	0.069***	0.032***	0.053***	0.050***	0.028***	0.030***	0.030***
	(0.005)	(0.005)	(0.005)	(0.005)	(0.005)	(0.005)	(0.005)	(0.005)
dumexp	0.168***	0.171***	0.025***	0.222***	0.227***	0.021***	0.119***	0.124***
	(0.005)	(0.005)	(0.006)	(0.005)	(0.005)	(0.006)	(0.005)	(0.005)
dumstate	−0.142***	−0.146***	−0.059***	−0.183***	−0.189***	−0.065***	−0.121***	−0.124***
	(0.005)	(0.005)	(0.006)	(0.005)	(0.005)	(0.006)	(0.006)	(0.006)
企业维度	12583×12583		12583×12583		12583×12583		12583×12583	

资料来源：作者计算而来，括号中的数值为标准误；“*”、“**”和“***”分别表示 90%、95%和 99%的显著性水平。

表 4.9　稳健性估计结果(二)

变量	1998—2003	2005—2007	使用 RD 作为创新变量		使用 FDI、EXP 作为创新变量		系统 GMM
	W_p	W_g	W_p	W_g	W_p	W_g	
LNTFP_1	0.673 ***	0.701 ***	0.703 ***	0.691 ***	0.699 ***	0.685 ***	0.059 ***
	(0.003)	(0.004)	(0.004)	(0.004)	(0.002)	(0.002)	(0.003)
INV	0.079 ***	0.090 ***			0.089 ***	0.088 ***	0.105 ***
	(0.009)	(0.013)			(0.007)	(0.007)	(0.010)
RD			0.409 **	0.399 **			
			(0.166)	(0.165)			
HUM	0.151 ***	0.132 ***	0.136 ***	0.142 ***	0.156 ***	0.155 ***	0.671 ***
	(0.004)	(0.006)	(0.006)	(0.006)	(0.003)	(0.003)	(0.004)
ρ	0.060 ***	0.054 ***	0.053 ***	0.119 ***	0.079 ***	0.137 ***	
	(0.004)	(0.005)	(0.005)	(0.005)	(0.003)	(0.003)	
dumfdi	0.046 ***	0.007 ***	0.006 ***	0.004 ***			−0.005
	(0.006)	(0.002)	(0.002)	(0.001)			(0.011)
dumexp	0.098 ***	0.127 ***	0.126 ***	0.119 ***			0.116 ***
	(0.006)	(0.008)	(0.008)	(0.008)			(0.016)
FDI					17922 ***	17869 ***	
					(1072.51)	(1066.79)	
EXP					0.170 ***	0.169 ***	
					(0.010)	(0.010)	
dumstate	−0.103 ***	−0.104 ***	−0.094 ***	−0.091 ***	−0.087 ***	−0.082 ***	−0.257 ***
	(0.006)	(0.009)	(0.009)	(0.009)	(0.005)	(0.005)	(0.014)

资料来源:作者计算而来,括号中的数值为标准误;“*”、“**”和“***”分别表示 90%、95%和 99%的显著性水平。

度识别检验得到的 Sargan 统计量在动态面板模型中为 1，说明工具变量有效，并且其滞后期系数在 1% 的置信水平下显著，这就进一步说明了企业 TFP 具有滞后性。综上所述，经过稳健性检验，说明本书的结论基本可信。

四、主要结论

企业间的相互影响一直被经济学家作为"黑匣子"，统一归类于外部性。目前针对企业生产效率相互作用的研究较为缺乏，本书利用空间计量分析方法研究行业与微观企业 TFP 溢出问题，实证分析了行业间与企业间 TFP 的溢出现象。本章发现：

（1）中国十大行业间确实存在 TFP 溢出现象，行业总体 TFP 具有明显的滞后效应，前一期的 TFP 水平对当期 TFP 具有显著的正向影响。

（2）中国工业企业间存在显著的 TFP 溢出现象，并且为正向溢出。在企业间 TFP 溢出的作用机制中，知识与技术溢出最明显，产业关联与市场交易溢出相对较弱。另外，企业 TFP 具有明显的滞后效应，前一期的 TFP 水平对当期 TFP 具有显著的正向影响。随着时间的推移，中国工业企业间的 TFP 溢出效应呈逐渐增长之势。

（3）东、中、西部地区和高、中、低技术行业企业间的 TFP 溢出强度存在依次递减的特征。这与第四章和第五章实证结果一致，经济增长核算方法下中国东部区域溢出较为明显，中西部次之，而工业溢出最强，其代表高技术行业。东部地区与高技术行业往往技术交流频繁，创新人才流动较快，会比其他区域和其他行业企业间的 TFP 溢出程度更强。具体而言，电子信息及装备制造业溢出程度最大，烟饮食品制造业溢出程度最小。

第五节 本章小结

本章主要用于佐证行业之间广泛存在着TFP溢出现象，利用企业微观数据探讨行业溢出的微观基础，进一步充实企业创新发展理论。企业TFP溢出实际上是企业创新外部性，对于如何认识企业创新外部性，并且证实企业间的TFP溢出现象，国内学者一直束手无策。因此，本章首先推导出TFP溢出的理论模型，然后创新性地利用企业之间的地理距离以及经济相关数据，构建企业权重矩阵，接着利用空间计量方法测度企业间存在的TFP溢出现象，进而探讨不同时间段、不同区域、不同行业、不同技术水平下的溢出现象。最后，进行稳健性检验，佐证本章结论。

CHAPTER 5

第五章

中国经济转型发展：总体与分行业的驱动力分析

从现有文献来看，学者们关于“中国经济增长奇迹”的原因争论不休，其经济增长的动力问题往往是研究的热点。然而，传统经济增长核算方法忽视了行业间的相互影响，实际上行业间往往彼此关联，甚至相互依存。鉴于此，本书基于行业间TFP溢出的视角，探讨中国经济总体和分行业经济增长的动力来源问题。

第一节　引　言

改革开放以来，中国经济取得了举世瞩目的成就，一跃成为当今世界第二大经济体。进入“十二五”以来，中国经济进入转型发展新阶段，新生动力正在加快孕育成长，新旧动力正处在转变之中。主要表现在：一是需求动力由投资出口带动逐步向消费带动转变；二是供给动力由要素规模扩张带动向质量提升带动转变；三是产业动力由工业带动向服务业带动转变；四是区域动力由东部带动向协同发展转变。

正如第一章中所言，新古典经济学家认为，除了要素投入驱动经济增长，TFP也是促进经济增长的关键因素。事实上，多年来许多研究尝试用TFP的方法来分析中国经济增长的来源，一般基于两种思路：一种是测算中国的TFP的增长率；另一种是关注TFP对中国经济增长的贡献及其贡献份额（张豪，2017）。实际上，大多数学者沿用第二种思路。然而，在考虑TFP贡献时，传统的衡量方法往往忽视了其在行业间的溢出效应，即行业之间的TFP是相互影响的。也就是说，原有的方法仅仅只核算了单部门自身投入对自身产出的影响，并没有考虑到部门之间是有联系的。例如，农业与制造业之间是相辅相成的，农业的投入会带来产出的增加，农产品能够成为工业原料和实物进而促进制造业的大力发展，而制造业的发展更能促进农业的机械化与信息化，进而提高农业生产率。可见，在核算经济增长动力源时，行业间的相互影响不可忽略，否则结论有偏。

因此，本书以行业间TFP溢出效应为视角，在一般均衡分析框架下，推导出行业间相互影响的核算方程，利用1995—2015年中国十大行业数据测算其经济增长的来源，并定量分析行业间的 TFP 溢出效应的贡献。另外，深入分析中国经济总体增长动力及其 TFP 增长情况，以期为中国经济增长的动能转换与结构转型提供新的思路。

第二节 数据来源和处理

一、数据来源

本章的相关数据源自各年的《中国统计年鉴》、《中国工业经济统计年鉴》、《中国固定资产统计年鉴》、《中国劳动统计年鉴》、《中国第三产业统计年鉴》和《中国国内生产总值核算历史资料(1952—2004)》。本书按照《中国统计年鉴》中关于国民经济行业的划分(GB/T 4754—2017)，选取农、林、牧、渔业(简称"农业")，采矿业，制造业，电力、热力、燃气及水生产和供应业(简称"水电热")，建筑业，批发与零售业，交通运输、仓储与邮政业(简称"交通运输业")，金融业，房地产业，以及其他服务业等十大部门。

二、指标选择与处理

(一) 关于增加值

对于总体 GDP，将 GDP 平减指数调整为 1952 年不变价格，计算出每年对应的实际增加值；对于分行业 GDP，根据三次产业 GDP 平减指数，将各行业名义增加值按照三次产业划分，对应各自 GDP 平减指数调整为 1995 年不变价格，最后计算出每年各行业对应的实际增加值。

具体的对照方法是农业对应第一产业；采矿业、制造业、水电热和建筑业对应第二产业；交通运输业、金融业、房地产业和其他服务业对应第三产业，下同。

（二）关于劳动投入

对于总体劳动投入，理应兼顾数量与质量，但是实际操作中我们还很难将劳动质量方面的内容纳入进来。国内目前对于人力资本的衡量并没有达成共识，因此我们依然采用原始的劳动力数量指标，一般而言没有太大的争议，使用1952—2015年全行业就业人数。然而，对于分行业就业人数，由于官方统计年鉴在1995—2002年公布的各行业就业人数是全社会口径，2003—2015年公布的则是城镇就业人数，考虑到产业跟行业的分类发生改变，为统一口径，本章使用1995—2015年的城镇就业人数作为分行业劳动力数据。尽管使用城镇就业人数来衡量劳动投入存在一定的差距，但是相较于利用移动平均法补全的全行业劳动力数据更加真实。

三、资本存量的估计

（一）资本存量测算理论模型

Godsmith于1951年开创性地运用永续盘存法(PIM)来估计固定资本存量，这也是学术界测算资本存量最常用的方法。该方法的基本公式为：$K_t = K_{t-1} + I_t - \phi K_{t-1}$。其中：$K_t$表示$t$期资本存量；$I_t$表示$t$期固定资产投资；$\phi$表示在保持资本存量不变的情况下，目前必须重置的资本品比率，又称重置率。由于重置率的计算非常困难，因此实际测量资本存量时常常需要对资本的相对效率模式(退役模式)做出一定的假设。常用的相对效率模式有“单驾马车式”、直线下降模式和几何下降模式。其中，几何下降模式在理论上具有良好的性质，即折旧率与重置率相等，因而可以避免资本存量测算中的内在不一致问题。而且在此模式假设下，可以在数学上严格地证明出：$K_t = (1-\delta)K_{t-1} + I_t$。其中，$\delta$表示经济折旧率。这样，测算资本存量的工作可以得到简化。

（二）资本存量的核算步骤

测算资本存量实际上需要四个方面的数据：折旧率、投资价格平减指数、基期资本存量以及历年投资流量序列。

1. 折旧率

从理论上讲，每种资本都具有一种特定的折旧率，本书需要针对不同的资本给出不同的折旧率。但是可以预期，这样做在实践上难以操作，而且也没有必要。就目前中国的统计数据而言，对于整体折旧率的估计，张军等(2004)利用固定资产结构及不同资产的折旧年限来估算折旧率，测得折旧率为9.6%左右。后来，单豪杰(2008)通过计算得出的折旧率为10.96%。近些年来，国内学者一直采用单豪杰的折旧率。鉴于此，本书和大多数学者一样，对总体资本存量的折旧率采用10.96%这个数值。分行业折旧率的估计和整体折旧率的估计不同，本书采用薛俊波(2007)估算折旧率的方法计算出各部门的折旧率分别为：农业(0.084)，采掘业(0.098)，制造业(0.121)，水电热(0.0545)，建筑业(0.139)，批发与零售业(0.084)，交通运输业(0.054)，金融业与房地产业(0.133)，其他服务业(0.084)。最后计算得出资本投入。

2. 投资价格平减指数

对总体投资品价格指数的选择一般采用全国固定资产投资价格指数来测算，然而固定资产投资价格指数在1992年以后统计年鉴才开始公布，并且只有1990年之后的数据，此前没有官方数据可用。对于投资价格平减指数的估计,本书采用单豪杰(2008)的方法予以补充,利用资本形成总额的价值指数,替代投资价格平减指数。对于分行业投资价格平减指数的估计,本书根据《中国统计年鉴》中固定资产投资分类平减指数,调整为1995年不变价格。

3. 基期资本存量

关于基期资本存量的估算,现有文献的研究方法差异非常大,而且估计结果相差悬殊。专门测算资本存量的文章中也有大量的相关评述。多数学者选择以1952年为基期,其中,最具代表性的是邹至庄(1995)(资本存量为1030亿元),这一结论得到许多学者的认可和采用。当然,其他学者如张军扩(1991,2000亿元)、贺菊煌(1992,508亿元)、王小鲁(2000,1600亿元)、张军(2004,815亿元)、黄宗远(2008,811.91亿元)、单豪杰(2008,342亿元)、雷辉(2009,800亿元)及叶宗裕(2010,610亿元)等学者也对1952年中国资本存量设定进行了不懈的探索。本书选择Reinsdorf(2005)的方法,具体公式为:$K_0=I_0(1+g)/(g+\rho)$。其中,g为不变价投资的平均增长率,ρ为资本平均折旧率。

4. 历年投资流量序列

以积累方式代替当期新增资本存量的做法尽管有诸多便利,但面临着1993年后数据不可得以及与国家统计的现实口径不一致的困境,而以全社会固定资产投资代替的做法也不合理,因其尚未考虑被损耗的部分;相对而言,以资本形成总额替代的做法是合理的,因为其扣除了漏损部分。但是对于总体,资本形成总额数据可以获取,而对于十大类分行业而言,官方并没有公布分行业资本形成总额数据,尤其是内部的细分行业,只有投入产出表中有相关的分行业固定资产形成总额,但是投入产出表并非每年都有。鉴于此,对于分行业投资流量序列采用全社会固定资产投资数据。

（三）资本存量估计结果的稳健性说明

最后，有必要简单讨论一下资本存量估计结果的稳健性。单就本书的估计来看，涉及的四个主要变量中，本书对投资价格平减指数的选取是准确的。折旧率方面，由于国内鲜见关于资本品相对效率模式的研究，因而也很难做进一步改进，本书所采用的折旧率与现有研究基本一致。基期资本存量的确定，在学术界存在较大争议，难以判断各种方法孰优孰劣。实际上，基期资本存量仅对期初之后几年里的资本存量估算影响较大，后期的资本存量估计会越来越准确，因此笔者以为本书基期资本存量的选取是可以接受的。关于投资序列的构造，应该是本书最可能产生误差的部分。但是，在现有的统计数据情况下，这基本上也是我们所能做出的尽可能大的努力和尽可能准确的估计。尽管文章对所有的估计假设再三斟酌，审慎地考量它们究竟在多大程度上符合实际经济情况并刻画了现实经济特征，有些假设也实在是迫于数据局限的权宜之计，但这些毕竟都会引起一定误差。总体来看，本书资本存量的测算，遵循了三个原则：尽可能少的估算环节以使估计误差得到控制，尽可能明确的数据支持，以及尽可能满足统计数据约束。预期估计误差在允许范围之内，具有较好的稳健性。

第三节 实证结果与分析

一、随机前沿超越对数生产函数模型的估计结果

由于中国各地区在经济结构、禀赋等方面存在广泛的异质性，使用

传统生产函数很难反映全国整体性特征。因此，利用 SFA 方法，运用 FRONTIER 5.1 软件对中国 30 个省市总体随机前沿超越对数生产函数进行回归估计，结果如表 5.1 所示。包括常数项在内的 10 个参数大部分在 1%的水平上是显著的。对数似然函数值为 842.690，表明整个模型的拟合程度非常好，具有很强的解释能力。无效率项服从断尾正态分布，$\mu>0$、$\eta<0$ 都符合预期，并且伴随概率都通过了 1%水平上的显著性检验，表明各地区的生产确实存在技术无效率，并且在整个研究期间技术效率是持续恶化的。通过对混合误差项进行分离，模型的 γ 值高达 0.998，表明技术无效率能解释产出波动的绝大部分，再一次支持了对中国 30 个省市进行随机前沿分析的必要性。

表 5.1　超越对数生产函数模型估计结果

参数	系数	标准误	t 统计量
常数项	16.434 ***	2.666	6.16
lnK	−0.701 ***	0.254	−2.76
lnL	0.961 ***	0.339	2.83
t	0.202 ***	0.041	4.93
lnK×lnK	0.027 ***	0.008	3.54
lnL×lnL	−0.089 ***	0.020	−4.47
$t\times t$	—	—	—
lnL×lnK	0.027 *	0.016	1.74
t×lnK	−0.004 *	0.002	−1.73
t×lnL	−0.010 ***	0.003	−3.73
sigma-squared	1.107	0.729	1.52
gamma	0.998 ***	0.001	835.52
mu	2.296 ***	0.717	3.20
eta	−0.008 ***	0.001	−6.48

续表

参数	系数	标准误	t统计量
sigma_u2		1.105	
sigma_v2		0.002	
Log似然函数值		842.690***	

资料来源：作者计算而来，其中*、**、***分别表示在10%、5%和1%的水平下显著，“—”代表不显示。

对于资本与劳动弹性的估计，本章不再假定各地区每年的资本-产出弹性为固定值。在时变弹性思想下，本章认为各地区每年的弹性值可能不尽相同。因此利用式(3.11)和式(3.12)计算出各地区每年的资本和劳动的弹性，并将各地区1997—2015年的平均值汇报，如图5.1所示。每年的弹性值也是后文计算TFP的基础，在此不一一赘述。

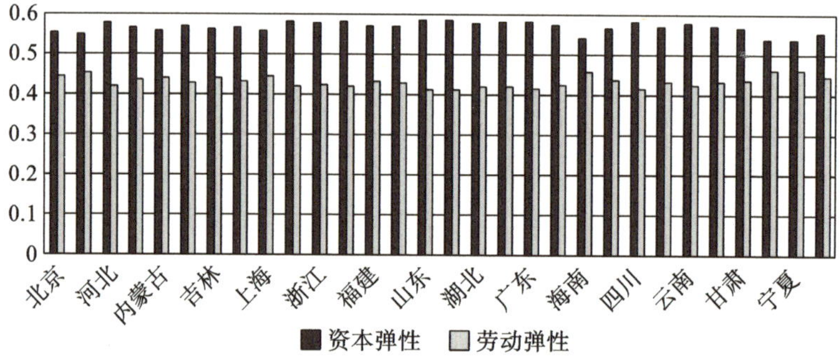

图5.1　中国30地区要素弹性平均值(1997—2015)

二、中国总体经济增长的源泉

(一)中国经济增长的动能转换(1953—2015)：供给侧

利用第二章增长核算测度方法，得出结果如表5.2所示，其为

1953—2015年中国经济增长的构成，即劳动、资本两大要素，TFP及其分解的技术进步、技术效率，规模效应，以及要素配置效应四个方面对经济增长率的贡献值。

表5.2　中国经济增长的动力源泉分解(1953—2015)

时间	资本贡献率/(%)	劳动贡献率/(%)	TFP贡献率/(%)	TC贡献率/(%)	TEC贡献率/(%)	SEC贡献率/(%)	FAEC贡献率/(%)
1953	82.16	8.77	9.07	30.00	−97.31	5.31	71.07
1954	304.54	23.30	−227.84	109.12	−614.01	21.85	255.21
1955	153.85	14.92	−68.77	66.13	−276.06	11.40	129.75
1956	99.85	9.20	−9.05	29.19	−129.42	7.90	83.27
1957	169.76	28.65	−98.40	84.19	−343.40	12.73	148.07
1958	77.55	24.95	−2.51	19.18	−100.65	4.80	74.17
1959	169.63	−8.15	−61.48	45.62	−249.87	19.14	123.63
1960	3979.55	−166.66	−3712.8	1250.78	−8146.8	438.90	2744.24
1961	4.36	−1.83	97.47	−13.78	114.06	−0.73	−2.08
1962	−17.35	9.97	107.38	−81.82	176.77	4.16	8.26
1963	0.16	12.34	87.50	38.47	44.25	−1.92	6.71
1964	12.60	10.04	77.36	21.14	42.13	0.02	14.07
1965	23.27	8.85	67.88	22.41	23.16	1.73	20.58
1966	46.89	16.52	36.58	34.95	−42.34	3.89	40.08
1967	34.96	26.53	38.51	−15.45	62.61	−0.08	−8.58
1968	34.19	38.92	26.88	−13.82	46.60	0.35	−6.25
1969	23.88	10.85	65.27	21.20	22.08	1.76	20.24
1970	33.86	8.36	57.78	18.08	10.42	4.12	25.16
1971	89.69	22.01	−11.71	49.05	−137.50	11.37	65.37
1972	137.66	7.72	−45.38	89.31	−246.91	24.12	88.10

续表

时间	资本贡献率/(%)	劳动贡献率/(%)	TFP贡献率/(%)	TC贡献率/(%)	TEC贡献率/(%)	SEC贡献率/(%)	FAEC贡献率/(%)
1973	62.62	12.58	24.80	42.28	−69.51	9.18	42.84
1974	230.30	37.99	−168.29	142.94	−499.62	37.00	151.39
1975	68.90	10.98	20.12	37.11	−72.83	11.55	44.28
1976	284.66	48.71	−233.37	107.12	−463.67	26.08	97.10
1977	54.21	8.22	37.57	41.35	−46.83	9.81	33.24
1978	43.12	7.51	49.37	26.42	−11.01	7.78	26.18
1979	61.00	12.76	26.24	40.00	−61.35	10.74	36.85
1980	63.13	18.66	18.21	38.17	−68.62	9.83	38.82
1981	73.74	27.66	−1.40	56.17	−113.38	10.03	45.79
1982	44.96	17.62	37.42	31.42	−27.41	6.08	27.33
1983	41.44	10.32	48.24	25.74	−8.24	7.77	22.96
1984	37.14	11.14	51.71	17.98	6.72	6.53	20.48
1985	46.46	11.50	42.03	19.70	−11.30	9.30	24.33
1986	70.10	14.34	15.56	29.47	−64.47	15.56	35.01
1987	56.84	11.27	31.89	21.75	−30.48	13.12	27.50
1988	55.43	11.61	32.96	21.72	−27.84	12.93	26.14
1989	86.00	19.95	−5.94	58.88	−124.23	19.86	39.54
1990	86.21	200.11	−186.32	58.84	−258.88	−55.04	68.77
1991	45.17	5.56	49.26	23.89	−6.29	13.37	18.29
1992	40.37	3.17	56.45	15.15	12.73	13.05	15.51
1993	52.13	3.16	44.71	14.98	−7.18	17.69	19.22
1994	59.96	3.30	36.74	15.56	−21.13	20.99	21.32
1995	71.62	3.71	24.68	18.18	−43.82	25.78	24.53
1996	74.04	5.81	20.15	19.22	−50.05	26.34	24.63

续表

时间	资本贡献率/(%)	劳动贡献率/(%)	TFP贡献率/(%)	TC贡献率/(%)	TEC贡献率/(%)	SEC贡献率/(%)	FAEC贡献率/(%)
1997	70.44	6.06	23.50	20.10	−44.52	25.41	22.51
1998	81.33	6.70	11.97	23.30	−66.34	30.20	24.81
1999	77.37	6.30	16.33	23.29	−58.89	29.46	22.46
2000	68.81	5.15	26.04	20.52	−40.48	27.08	18.92
2001	70.49	5.32	24.20	20.21	−42.73	28.38	18.34
2002	69.89	3.26	26.85	17.92	−38.00	29.92	17.02
2003	72.97	2.78	24.25	15.80	−40.54	32.30	16.70
2004	73.90	3.17	22.94	15.11	−41.31	33.24	15.90
2005	69.59	2.04	28.37	13.03	−31.17	32.56	13.95
2006	62.47	1.56	35.97	11.17	−16.86	30.02	11.63
2007	52.97	1.44	45.59	9.63	0.90	25.94	9.11
2008	77.80	1.50	20.70	13.73	−44.58	39.32	12.22
2009	96.53	1.70	1.78	13.70	−75.65	49.92	13.81
2010	81.76	1.57	16.67	11.58	−48.53	43.09	10.53
2011	84.41	1.99	13.61	12.39	−53.58	45.18	9.62
2012	96.70	2.16	1.15	14.31	−75.65	52.96	9.53
2013	94.47	2.07	3.46	13.73	−70.97	52.88	7.81
2014	88.66	2.19	9.14	13.83	−61.10	50.54	5.87
2015	84.60	1.66	13.75	14.06	−54.07	49.61	4.14

注：由于使用百分比数值，因此保留两位小数点，和其他表格中保留三位小数点有所区别。另外，资本贡献率、劳动贡献率和TFP贡献率总和为100%，TC(技术进步效应)贡献率、TEC(技术效率效应)贡献率、SEC(规模效应)贡献率和FAEC(要素配置效应)贡献率的总和为TFP贡献率。

资料来源：作者计算而来。

表 5.3 为要素和 TFP 对经济增长贡献情况在不同阶段的均值。

表 5.3 不同阶段下资本、劳动和 TFP 对经济增长的贡献率均值

阶段	资本贡献率均值/(%)	劳动贡献率均值/(%)	TFP 贡献率均值/(%)
1953—1961	560.14	−7.43	−452.71
1962—1970	21.39	15.82	62.79
1971—1978	121.40	19.47	−40.86
1979—1992	57.71	26.83	15.45
1993—2008	69.05	3.66	27.31
2009—2015	89.59	1.90	8.51
1953—2015	138.82	10.82	−49.64
1978—2015	68.00	12.05	19.95
1990—2015	73.26	10.90	15.84
2002—2015	79.05	2.08	18.87

相关图表的内容反映了以下几点认识。

(1) 资本对中国经济增长的贡献一直占主导地位，如图 5.2 所示。这与中国一直以来以资本驱动为主的增长模式及大多数学者的结论相吻合，与中国资本的大规模投入有关。由图 5.2 可知，中国投资增长率长期高于 GDP 增长率，而 1953 年以来资本对中国经济增长的贡献率平均高达 1.593%。具体来看，投资对经济增长的贡献经历了 1952—1978 年的大幅波动期。改革开放之后，除个别年份外，资本对经济增长的贡献呈稳中有升的趋势，一直保持在较高位置。数据显示，在整个研究期间，劳动投入的增长始终较资本投入的增长要缓慢，以至于劳均资本过快增加，出现过度的资本深化。这也是许多研究的发现，即中国存在严重的“过度投资”和“投资饥渴症”现象。例如，Fisher 和

Jefferson(2008)发现中国经济中的过度投资恶化了要素配置效率。此阶段中国的要素配置效应一直在降低。

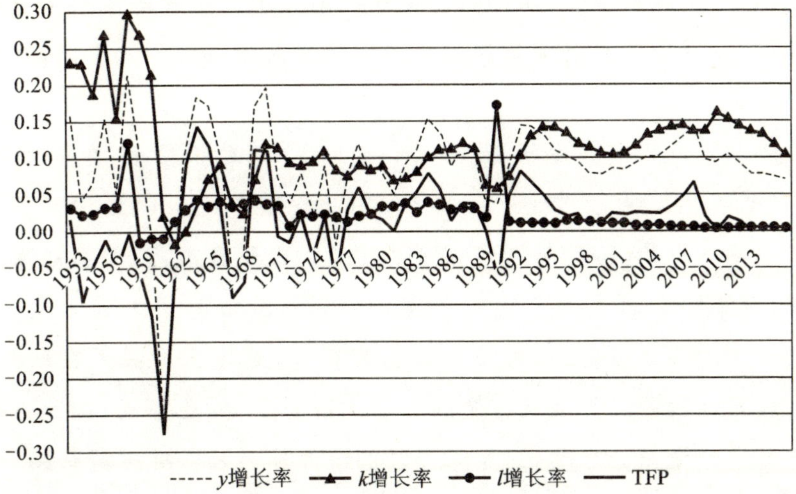

图 5.2　中国经济增长的动能转换(1953—2015)

(2) 劳动投入对经济增长的贡献为正，但贡献率相对比较小，随着时间的演进及中国经济发展水平不断提高，劳动投入对经济增长的贡献率呈下降趋势。除个别年份外，劳动投入对经济增长的贡献率一直未出现较大的绝对值波动，这是由于人口更新换代速度的客观限制。而由于中国人口红利的逐渐下降，劳动的贡献率呈现出缓慢下降的总体趋势。

(3) 长期以来，TFP 对中国经济增长的贡献水平较低，一些时段甚至为负。在 1990 年之前，TFP 的贡献率波动较大，1990 年之后呈现较为平缓的态势，最近八年呈下降趋势。尤其是 2008 年以后，TFP 贡献率明显降低，这可能与当时政府的 4 万亿经济刺激计划有关，过度依赖投资，阻碍了效率水平的提升。

(4) 不同阶段的动能转换。1953 年以来，中国经济增长动力特征总体可概括为：投资的贡献作用虽有波动，但持续保持在高位；TFP 的贡献不足，且逐渐弱化，走向经济增长的对立面。由相关图表的直观展示，可以发现中国经济增长的动能转换情况大体可分为六个阶段，如表 5.3 所示。

第一阶段：经济复苏期（1953—1961）。此阶段资本贡献占比 560.14%，劳动贡献占比 −7.43%，TFP 贡献占比 −452.71%。经济主要由资本驱动，劳动与 TFP 贡献均为负，并且资本、TFP 贡献率波动剧烈，资本的贡献率为较大的正值，而 TFP 的贡献率为较大的负值。此时新中国成立没多久，经济建设百废待兴，资本大量投入在所难免，也是发展之所需。并且此时全国贫困人口居多，就业率低，因此劳动投入贡献十分微弱。当然，这也与当时的统计能力及数据质量有关。

第二阶段：经济起步期（1962—1970）。此阶段资本贡献占比 21.39%，劳动贡献占比 15.82%，TFP 贡献占比 62.79%。资本、劳动贡献较为平衡，此阶段经济增长主要依靠 TFP 驱动。资本的贡献较上一阶段有所回落，TFP 的贡献则由负变为正。此时正值中国“第二个五年计划”结束、开启“第三个五年计划”的时期，工业化正处于起步阶段，效率得到极大提升。

第三阶段：经济动荡期（1971—1978）。此阶段资本贡献占比 121.40%，劳动贡献占比 19.47%，TFP 贡献占比 −40.86%。资本、TFP 的贡献再次经历波动，资本的贡献作用波动上升，而 TFP 的贡献波动下降。此时 TFP 贡献由正变负。此时中国正经历十年之久的“文革”，国内动荡的局势严重阻碍了生产率的提高。

第四阶段：经济上升期（1979—1992）。此阶段资本贡献占比 57.71%，劳动贡献占比 26.83%，TFP 贡献占比 15.45%。此阶段正值改革开放之初，经济体制改革释放出潜在的生产积极性，而对外开放促进了中国由于模仿与吸收带来的学习型技术进步，有效提高了TFP。此时，正是通过改革开放动员人力、资本、土地等要素，发挥比较优势的"低价工业化"阶段。

第五阶段：经济腾飞期（1993—2008）。此阶段资本贡献占比69.05%，劳动贡献占比3.66%，TFP贡献占比27.31%。邓小平南方谈话后重启改革，引发第二轮经济增长热潮，极大地促进了生产力水平的提高，此阶段TFP贡献值相比前一阶段有所提高，也正是各级政府扩张城市的"高价城市化"阶段。

第六阶段：经济波动期（2009—2015）。此阶段资本贡献占比89.59%，劳动贡献占比1.90%，TFP贡献占比8.51%。金融危机之后，中国出口需求受创，政府加大了对经济的干预程度，利用财政手段直接参与扩大投资，促使资本的贡献进一步加强（4万亿经济刺激计划）。由于通货膨胀及资产泡沫的存在，投资更多地投向房地产等缺乏创新的产业。此阶段，TFP的贡献相比上一阶段出现了进一步下降。经济增长的动力表现为资本投入与TFP反向角力的态势。但是，从趋势来看，近年来尤其是2012年以来，TFP贡献率一直在上升。2017年1月20日，统计局公布，中国2016年经济增速为6.7%，经济增速重返世界第一，这其中很大的根源在于TFP贡献率的提升。

（二）经济增长的拉力来源与贡献（1978—2015）：需求侧

从需求方面看，三大需求中，资本形成总额和出口拉力出现衰减，消费拉动将成为新拉力，如表5.4所示。具体来看，有以下三个方面的表现。

表 5.4 需求侧对经济增长的贡献率与拉动力(1978—2015)

年份	最终消费支出		资本形成总额		货物和服务净出口	
	贡献率/(%)	拉动力(百分点)	贡献率/(%)	拉动力(百分点)	贡献率/(%)	拉动力(百分点)
1978	38.32	4.47	67.01	7.82	−5.30	−0.63
1980	77.34	6.06	20.88	1.64	1.80	0.13
1985	71.09	9.55	79.83	10.72	−50.90	−6.77
1990	91.65	3.59	−74.61	−2.92	82.90	3.22
1995	46.20	5.06	46.60	5.10	7.20	0.75
2000	78.10	6.63	22.40	1.90	−0.50	−0.01
2001	49.00	4.08	64.00	5.33	−13.00	−1.06
2002	55.60	5.08	39.80	3.64	4.60	0.43
2003	35.40	3.55	70.00	7.03	−5.40	−0.56
2004	42.60	4.31	61.60	6.23	−4.20	−0.39
2005	54.40	6.20	33.10	3.77	12.50	1.39
2006	42.00	5.34	42.90	5.46	15.10	1.92
2007	45.30	6.45	44.10	6.28	10.60	1.53
2008	44.20	4.27	53.20	5.13	2.60	0.25
2009	56.10	5.27	86.50	8.13	−42.60	−4.00
2010	44.90	4.78	66.30	7.05	−11.20	−1.26
2011	61.90	5.90	46.20	4.41	−8.10	−0.76
2012	54.90	4.31	43.40	3.41	1.70	0.16
2013	47.00	3.65	55.30	4.29	−2.30	−0.14
2014	48.80	3.56	46.90	3.42	4.30	0.29
2015	59.90	4.14	42.60	2.95	−2.50	−0.08
平均值	54.51	5.06	45.62	4.80	−0.13	−0.27

注：由于使用百分比数值，因此保留两位小数，和其他表格中保留三位小数有所区别。

资料来源：作者计算而来。

(1) 1978—2015年，最终消费支出平均贡献率为54.51%，平均拉动力为5.06个百分点；资本形成总额平均贡献率为45.62%，平均拉动力为4.80个百分点；货物和服务净出口平均贡献率为-0.13%，平均拉动力为-0.27个百分点。

(2) 近年来，资本形成总额和出口动力逐渐减弱，尤其是2008年美国次贷危机爆发以来，世界经济复苏的不稳定性，严重影响了世界经济复苏的进程。净出口呈现明显的下降趋势，2009年后趋于缓和，但是依然没有恢复如前，如图5.3所示。

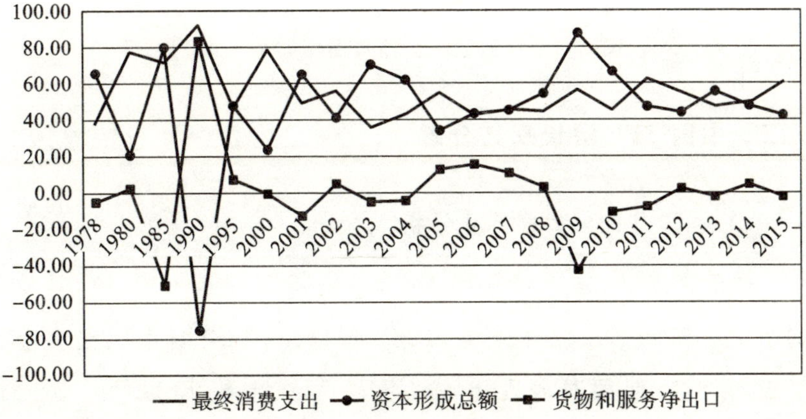

图5.3 需求侧对经济增长的贡献率(1978—2015)

(3) 在投资和出口动力出现衰减的同时，消费拉动力日益增强，如图5.4所示。从2016年的经济数据看，说消费支出成了经济增长第一推动力也不为过，而服务业更是成了GDP的主要贡献方。产业结构优化的一个重要表现是，第三产业在经济增长中发挥出越来越重要的作用。根据国家统计局数据，2016年社会消费品零售总额达332316.3亿元，比上年名义增长10.4%。网上零售保持快速增长，2016年全国网上零售额达51555.7亿元，首次突破5万亿元大关，比上年增长26.2%。

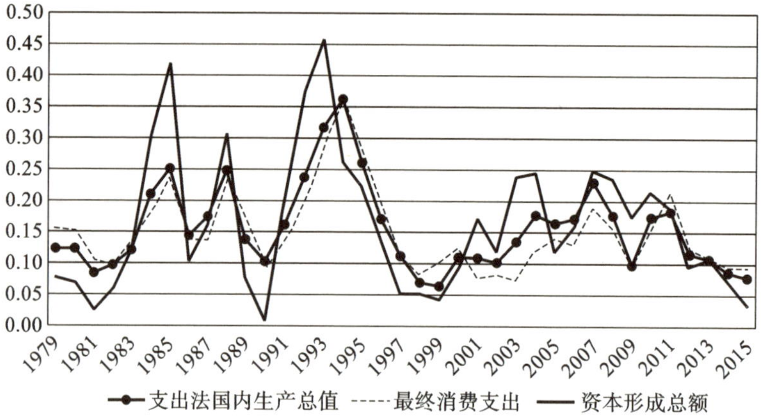

图 5.4　拉动力增长趋势图(1978—2015)

三、中国 TFP 增长及其分解

(一) 中国 TFP 增长情况分析

利用前文方法,本书计算出 1953—2015 年中国 TFP 值,其波动曲线如图 5.5 所示。从整体来看,1952 年以来,TFP 对中国经济增长呈现了正向贡献,但同时表现出波动性较大的特点,阶段性特征比较明显,并且近年来呈现下降的趋势。具体而言,中国 TFP 波动大致可分为五个阶段。

第一阶段:新中国成立至改革开放时期(1953—1978)。此阶段所处的背景比较复杂,新中国成立不久,百废待兴,各方面不确定性较大。在经济建设起步时期,学习苏联老大哥的计划经济体制,导致产业结构扭曲,生产率提升受到诸多抑制。但是,此时国家处于战后恢复期,为了摆脱贫困,人民生产积极性相当高昂,这就导致出现了计划经济体制对 TFP 抑制以及百废待兴后生产率恢复之间的矛盾期。因此,TFP 的

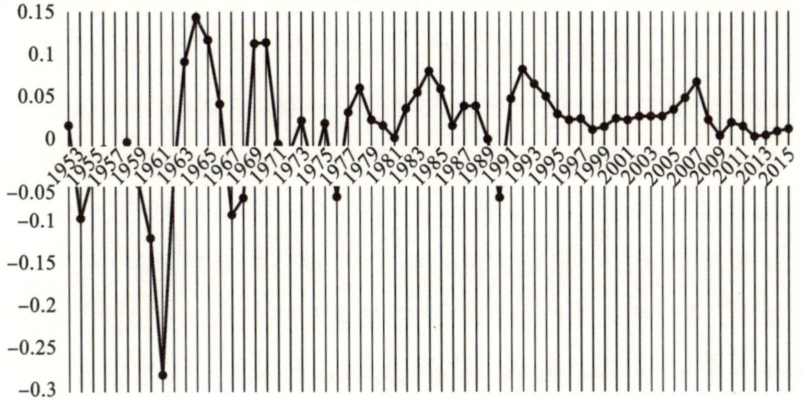

图 5.5　1953—2015 年中国 TFP 波动曲线

波动很大，多数年份甚至为负值，平均值为－0.010。

第二阶段：改革开放至邓小平南方谈话时期(1979—1992)。此阶段正值十一届三中全会后，全国掀起了改革开放的高潮。中央政府为恢复国民经济的发展，制定了一系列有利于经济发展的政策。但是此时正处于市场经济的摸索期，改革进程也骤起骤落，因此 TFP 依然表现出了明显的波动性，但波动幅度较前一阶段有所减缓，并且趋势是不断提高，此阶段 TFP 平均值为 0.030。TFP 的增长率在 1990 年达到新低。本书认为，这一阶段的冲击是由 1988 年开始的中国经济秩序混乱、高通货膨胀和随后发生的政治风波综合作用造成的，这是一次源于中国经济内部的冲击，与方福前(2016)的分析结果类似。

第三阶段：改革重启至经济软着陆时期(1993—2001)。此阶段在"人口红利"、"结构红利"的刺激下，经济迅猛发展，国民生产总值快速提高，人民生活水平持续提高。此时，改革红利得到一定程度的释放，TFP 波动性较小。TFP 平均值为 0.027，小于前一阶段，TFP 已经有所下降。

第四阶段：加入WTO（世界贸易组织）至全球金融危机时期（2002—2008）。此阶段TFP经历了一个平缓上升的过程。中国加入WTO后，随着中国经济日益融入全球经济体系，以模仿和吸收为主的学习型技术进步加快，促进了TFP的增长。加入WTO后，中国经济逐步与世界经济融为一体，此时大量引进外资进行模仿创新，“技术吸收”带来的效率提升是中国经济增长和TFP提升的重要源泉。

第五阶段：金融危机后到供给侧改革时期（2009—2015）。2008年金融危机后，中国经济受到不小的冲击，尤其是出口受到了重创。为了提振经济，中国实施了4万亿经济刺激计划，此时资本的作用更为显著。资本的高投入虽然使经济稳定增长，却是以牺牲TFP为代价换来的，因为过度投资恶化了技术效率，阻碍了TFP增长，此时TFP平均值为0.007。

本书得到的中国TFP增长率的估计结果是非常理想的。图5.5中的数据从1978年以来只有1990年是负数，其他年份均是正数。而在类似的研究成果中，研究者估计的结果中几乎一半年份的TFP增长率是负数。但是，中国经济在1979—2010年之间取得长期、高速增长，TFP增长率为负就难以令人置信。

（二）中国TFP增长的分解情况

依据第二章的模型与公式，本书对中国1953—2015年的TFP增长在超越对数生产函数模型下进行分解，分解出技术进步、技术效率、规模效应和要素配置效应四个方面，其历年情况如表5.2所示，分阶段情况如表5.5和图5.6所示。具体如下。

（1）中国TFP增长主要来源于技术进步（TC），其次来源于规模效应（SEC）。技术效率一直为负，波动明显，规模效应呈现递增趋势，而技术进步和要素配置效应却随着年份一直在下降，如图5.6所示。这说明：随着中国经济与世界前沿的不断接近，依靠模仿和后发优势的增长路径已经难以为继。要素配置效应同样如此，这说明中国经济结构尚不完善，结构改善带来的正面作用也在慢慢退化，接下来如何加强结构优化、改善结构成为一个重大问题。

表5.5　分阶段中国TFP分解情况（平均值）

阶段	TFP	TC	TEC	SEC	FAEC
1953—1978	−0.010	0.038	−0.107	0.006	0.052
1979—1992	0.030	0.026	−0.031	0.009	0.027
1993—2001	0.027	0.019	−0.038	0.025	0.022
2002—2008	0.033	0.015	−0.031	0.035	0.015
2009—2015	0.007	0.011	−0.052	0.041	0.008
1953—2015	0.010	0.027	−0.066	0.016	0.033
1978—2015	0.026	0.020	−0.037	0.023	0.020
1990—2015	0.022	0.016	−0.039	0.029	0.016
2002—2015	0.020	0.013	−0.041	0.038	0.011

资料来源：作者计算而来。

（2）技术效率与TFP波动迹象十分吻合，因此技术效率的改进是影响TFP的关键因素。中国自改革开放以后，国力大增，在模仿创新下实现技术进步，然而这种创新具有边际递减效应，以至于技术进步的贡献逐年降低，而技术效率持续下降。因此，未来中国应该更加强自主创新，并加强技术效率的改进及要素配置效应（结构效应）的改善以促进TFP的提升。

（3）进一步，将中国总要素配置效应分解为劳动配置效应和资本配置效应。从图5.7可知，劳动配置效应出现四个阶段。首先是改革

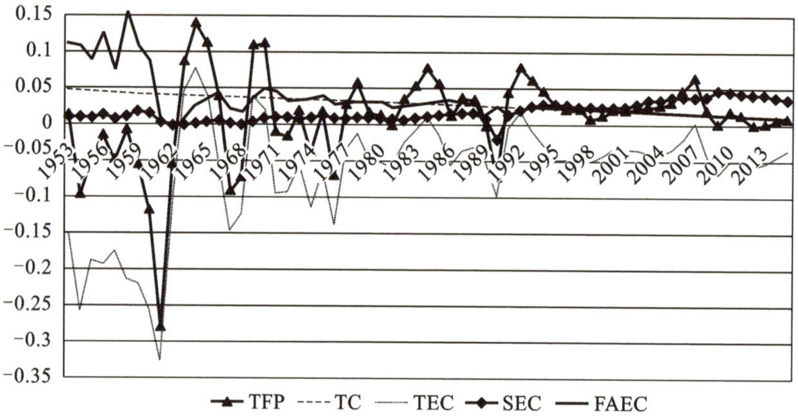

图 5.6　中国 TFP 增长分解情况走势图

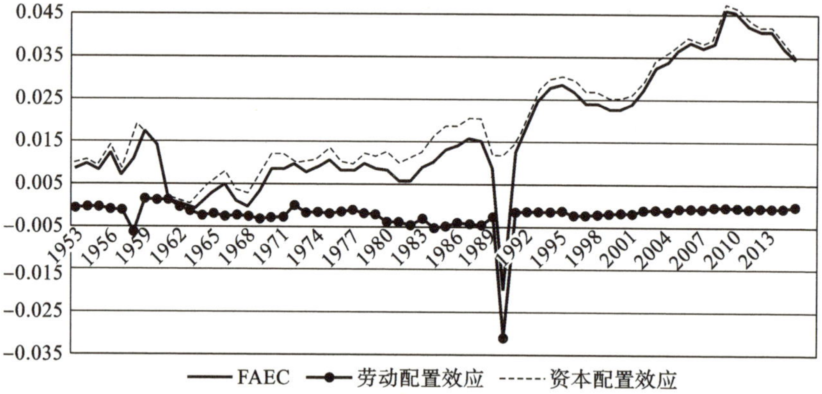

图 5.7　中国总要素配置效应分解波动示意图

开放前的波动，其次是改革开放后的平缓下降，然后是 1990 年后的平缓上升，最后是 2009 年后的平缓下降。另外，总要素配置效应受资本配置效应的干扰较大。由此可知，中国之前在"人口红利"优势下，劳动要素配置效应低下，人力资本并未得到充分发挥。后期如何提高劳动要素配置，是结构转型的关键。

由此可见,应该促使经济从规模扩张转向效率提升的动能转换,建立资源配置效率递增机制,需要通过资源重组提高生产力水平,使生产力水平由规模报酬不变向规模报酬递增发展(任保平,2016)。

四、中国分行业经济增长的动力来源:基于 TFP 溢出的视角

(一)描述性统计分析

本章利用 1996—2015 年中国行业数据在 TFP 溢出的核算方程下测度行业增长的动力源,所得数据的描述性统计分析如表 5.6 所示。从表 5.6 可知,各行业总产值增长率各不相同,1996—2015 年平均增长最快的是水电热行业,最慢的是农业;资本增长率平均增长最快的是房地产业,最慢的是金融业;劳动增长率平均增长最快的是房地产业,最慢的是农业。可见,中国各行业表现各有差异,因此有必要弄清楚各行业增长的动力源是什么,这对于"十三五"时期研究中国经济动能转换具有十分重要的现实意义。

(二)1996—2015 年各行业 TFP 增长率的演变

依据前述方法计算出十大行业从 1996—2015 年的增长率,其演变如图 5.8 所示。可以发现以下几点。其一,中国十大行业在样本期间内 TFP 平均增长率分别如下:农业为－4.4%,采矿业为 2.1%,制造业为－1.8%,水电热为 0.5%,建筑业为－1.5%,交通运输业为－0.4%,批发零售业为 0.5%,金融业为 2.0%,房地产业为－8.8%,其他服务业为－0.01%。增速最快的为采矿业,这与中国之前粗放型发展模式有很大的关系;增速最慢的为房地产业,这可能与该行业的发展特征有关,其发展主要依赖资本投入。其二,十大行业 TFP 的变化趋势大致可分为三个阶段:①提升期(1996—2007),此时正处于改革

表 5.6 各行业数据描述性分析(1996—2015)

项目	年份	农业	采矿业	制造业	水电热	建筑业	交通运输业	批发零售业	金融业	房地产业	其他服务业
总产值增长率	1996	0.051	0.121	0.125	0.125	0.085	0.110	0.076	0.079	0.040	0.127
	2015	0.040	0.060	0.060	0.077	0.068	0.046	0.061	0.159	0.038	0.093
	平均	0.040	0.102	0.104	0.116	0.103	0.090	0.112	0.105	0.084	0.109
总产值份额	1996	0.198	0.040	0.345	0.022	0.061	0.053	0.078	0.052	0.038	0.113
	2015	0.072	0.046	0.397	0.025	0.069	0.047	0.102	0.066	0.030	0.072
	平均	0.123	0.045	0.384	0.024	0.060	0.053	0.085	0.053	0.034	0.123
产值份额变化	1996	−0.043	0.025	0.025	0.025	−0.012	0.011	−0.020	−0.017	−0.052	0.026
	2015	−0.027	−0.008	−0.008	−0.008	0.000	−0.021	−0.007	0.085	−0.029	0.023
	平均	−0.049	0.007	0.007	0.007	0.007	−0.006	0.014	0.012	−0.012	0.013
资本增长率	1996	0.196	0.177	0.235	0.160	0.193	0.171	0.230	0.166	0.258	0.183
	2015	0.233	0.076	0.163	0.146	0.147	0.153	0.248	0.174	0.148	0.196
	平均	0.182	0.161	0.211	0.153	0.163	0.160	0.207	0.124	0.230	0.171
劳动增长率	1996	−0.057	−0.032	−0.027	0.058	−0.019	0.006	−0.014	0.056	0.059	0.038
	2015	−0.051	−0.085	−0.033	−0.019	−0.043	−0.008	−0.006	0.072	0.038	0.019
	平均	−0.044	−0.024	0.000	0.022	0.056	0.003	−0.029	0.040	0.089	0.025
TFP增长率	1996	−0.036	0.039	0.003	0.009	−0.016	0.011	−0.048	−0.039	−0.132	0.007
	2015	−0.070	0.053	−0.018	−0.015	0.003	−0.037	−0.077	0.029	−0.063	−0.026
	平均	−0.044	0.021	−0.018	0.005	−0.015	−0.004	0.005	0.020	−0.088	0.0001

资料来源:作者计算而来。

开放的第二阶段，邓小平南方谈话极大地刺激了沿海城市的经济发展和生产率的提高；②下降期(2008—2013)，此时美国次贷危机后，全球经济复苏乏力，出口受到抑制，贸易保护主义抬头，技术输出受阻，再加上国内进行大规模的资本投入，严重损害了 TFP 的增长；③复苏期(2014—2015)，此时党的十八届三中全会后，经济质量型增长被提上议事日程，在供给侧结构改革等一系列全面深化改革的措施的推动下，TFP 开始有所上升。

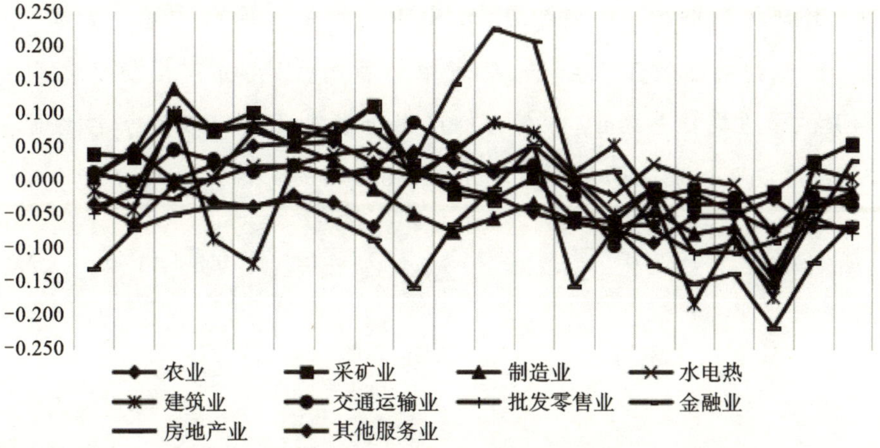

图 5.8　1996—2015 年各行业 TFP 增长率的演变

当前，中国经济进入新常态，随着在中等偏上收入阶层中国人口红利开始消失，人口抚养比已经跨过了从下降到提高的转折点，要素红利经过 30 多年的发展已几乎消耗殆尽，原有的增长模式以牺牲自然与生态环境为代价，已不可持续。因此，追求 TFP 驱动的增长模式才是未来经济发展的重要任务之一，然而各行业要素投入不一致，在很大程度上影响了各行业的 TFP 增长率，因此有必要分析各行业自身的经济增长动力源。

（三）似不相关回归结果与产出弹性

似不相关回归(SUR)可以克服各方程误差项之间存在相关性的问题。式(5.1)列出了10个需要估计的方程与54个约束条件，被解释变量为各行业份额的变化，解释变量为各行业在窗口期的TFP与要素增长率， 表示误差项。对比式(3.52)，增添常数项，代表行业的固定效应，用于衡量每个行业中尚未被观察到的部分。本书将房地产业从模型中移除，作为对照组。另外，利用Breusch-Pagan LM检验，发现结果强烈拒绝无同期相关的原假设，故SUR比单一方程OLS更有效率。

回归结果如表5.7所示，从表中可看出，各行业产出份额对自身TFP的弹性均显著为正，大部分的产出份额对TFP的交叉弹性也显著为正，这说明行业之间是相互联系、互相影响的。相关公式为：

$$
\begin{gathered}
\mathrm{d}s_{nt}^{*}(A_t, V_t) = a_n + \sum_{k=2}^{10} a_{nk}\hat{A}_{kt} + \sum_{m=1}^{2} c_{nm}\hat{v}_{mt} + \mu_{nt}, \quad \forall n = 1, 2, \cdots, N \\
\text{s.t.} \quad a_{nk} = a_{kn};\ \sum_{k=1}^{10} a_{nk} = 0;\ \sum_{m=1}^{2} c_{nm} = 0;\ \sum_{n=1}^{10} c_{nm} = 0
\end{gathered}
\tag{5.1}
$$

将表5.7中的数据带入式(3.44)、式(3.45)，算出各行业的TFP产出弹性与要素产出弹性，结果如表5.8所示。每个单元格中的数字表示列中行业TFP每增加1%，产出增加的百分比，加黑的数字表明自身的TFP对自身产出的影响。进一步发现以下几点。

(1) 大部分行业弹性都显著，说明行业之间存在广泛的TFP溢出现象。实际上，产业融合、生产要素的流动、知识与科学技术的传播分享、区域间的科研合作，等等，都为产业间的技术溢出提供了强劲的动力支撑。

表 5.7 SUR 回归结果

行业	农业	采矿业	制造业	水电热	建筑业	交通运输业	批发零售业	金融业	其他服务业
农业 TFP	**0.268** ***	−0.086 ***	−0.097 ***	−0.094 ***	0.120 ***	0.077 **	−0.028	−0.054	0.047
	(**0.048**)	(0.027)	(0.024)	(0.032)	(0.040)	(0.034)	(0.045)	(0.039)	(0.031)
采矿业 TFP	−0.086 ***	**0.184** ***	0.087 ***	0.079 ***	−0.056 *	−0.003	−0.109 ***	−0.152 ***	−0.076 ***
	(0.027)	(**0.032**)	(0.023)	(0.028)	(0.030)	(0.029)	(0.033)	(0.027)	(0.025)
制造业 TFP	−0.097 ***	0.087 ***	**0.210** ***	0.196 ***	−0.108 ***	−0.074 ***	−0.088 ***	−0.122 ***	−0.089 ***
	(0.024)	(0.023)	(**0.033**)	(0.034)	(0.026)	(0.024)	(0.026)	(0.022)	(0.024)
水电热 TFP	−0.094 ***	0.079 ***	0.196 ***	**0.273** ***	−0.143 ***	−0.107 ***	−0.080 **	−0.102 ***	−0.085 ***
	(0.032)	(0.028)	(0.034)	(**0.047**)	(0.033)	(0.030)	(0.035)	(0.028)	(0.028)
建筑业 TFP	0.120 ***	−0.056 *	−0.108 ***	−0.143 ***	**0.595** ***	−0.227 ***	−0.035	−0.034	−0.155 ***
	(0.040)	(0.030)	(0.026)	(0.033)	(**0.093**)	(0.047)	(0.074)	(0.057)	(0.036)
交通运输业 TFP	0.077 **	−0.003	−0.074 ***	−0.107 ***	−0.227 ***	**0.570** ***	−0.040	−0.140 ***	−0.161 ***
	(0.034)	(0.029)	(0.024)	(0.030)	(0.047)	(**0.049**)	(0.049)	(0.039)	(0.031)
批发零售业 TFP	−0.028	−0.109 ***	−0.088 ***	−0.080 **	−0.035	−0.040	**0.613** ***	0.016	−0.083 **
	(0.045)	(0.033)	(0.026)	(0.035)	(0.074)	(0.049)	(**0.110**)	(0.060)	(0.039)

续表

行业	农业	采矿业	制造业	水电热	建筑业	交通运输业	批发零售业	金融业	其他服务业
金融业 TFP	−0.054	−0.152 ***	−0.122 ***	−0.102 ***	−0.034	−0.140 ***	0.016	**0.811** ***	−0.140 ***
	(0.039)	(0.027)	(0.022)	(0.028)	(0.057)	(0.039)	(0.060)	(**0.063**)	(0.031)
房地产业 TFP	−0.153 ***	0.131 ***	0.084 ***	0.063 *	0.043	0.104 *	−0.167 *	−0.082	0.112 ***
	(0.047)	(0.036)	(0.029)	(0.036)	(0.081)	(0.055)	(0.094)	(0.069)	(0.043)
其他服务业 TFP	0.047	−0.076 ***	−0.089 ***	−0.085 ***	−0.155 ***	−0.161 ***	−0.083 **	−0.140 ***	**0.631** ***
	(0.031)	(0.025)	(0.024)	(0.028)	(0.036)	(0.031)	(0.039)	(0.031)	(**0.038**)
资本	0.035	−0.040	−0.018	0.025	−0.254 ***	0.057	−0.230 ***	0.267 ***	0.263 ***
	(0.035)	(0.029)	(0.026)	(0.032)	(0.071)	(0.045)	(0.066)	(0.056)	(0.036)
劳动	−0.035	0.040	0.018	−0.025	0.254 ***	−0.057	0.230 ***	−0.267 ***	−0.263 ***
	(0.035)	(0.029)	(0.026)	(0.032)	(0.071)	(0.045)	(0.066)	(0.056)	(0.036)

注：括号中的数值为标准误；“*”、“**”和“***”分别表示 90%、95%和 99%的显著性水平，常数项估计结果省去。

资料来源：作者计算而来。

表 5.8　各行业 TFP 产出弹性平均值(1995—2015)

行业	农业	采矿业	制造业	水电热	建筑业	交通运输业	批发零售业	金融业	其他服务业
农业 TFP	**1.296** ***	−0.799	−0.029	−3.771 **	0.132	1.574 **	−0.207	−0.900	0.461
	(0.389)	(0.603)	(0.062)	(1.325)	(0.669)	(0.640)	(0.530)	(0.739)	(0.905)
采矿业 TFP	−0.652 ***	**4.159** ***	0.271 ***	3.318 **	−0.189	−0.012 *	−0.240	−1.836 ***	−0.423
	(0.218)	**(0.715)**	(0.059)	(1.160)	(0.502)	(0.546)	(0.388)	(0.511)	(0.730)
制造业 TFP	0.402 **	2.329 ***	**0.931** ***	8.505 ***	1.424 ***	4.010 ***	−0.653 **	−1.928 ***	−0.256
	(0.194)	(0.514)	**(0.085)**	(1.408)	(0.435)	(0.452)	(0.306)	(0.416)	(0.700)
水电热 TFP	−0.738 **	1.790 ***	0.535 ***	**11.335** ***	−2.370 ***	−1.992 ***	−0.919 **	−1.909 ***	−0.587 ***
	(0.259)	(0.626)	(0.088)	**(1.947)**	(0.552)	(0.565)	(0.412)	(0.530)	(0.177)
建筑业 TFP	−1.032 ***	−1.192	−0.222 ***	−5.865 ***	**10.020** ***	−4.217 ***	−0.353	−0.585	−1.054
	(0.324)	(0.771)	(0.067)	(1.367)	**(1.556)**	(0.885)	(0.872)	(1.080)	(1.051)
交通运输业 TFP	0.677 **	0.014	0.140 **	−4.380 ***	−1.747	**10.793** ***	1.418 **	−0.600	1.104 **
	(0.275)	(0.648)	(0.062)	(1.242)	(1.786)	**(0.923)**	(0.577)	(0.739)	(0.539)
批发零售业 TFP	−0.142	−2.352 ***	−0.144 **	−3.230 **	−0.501	−0.669	**7.309** ***	0.388	−0.512
	(0.364)	(0.737)	(0.067)	(1.450)	(1.238)	(0.923)	**(1.296)**	(1.137)	(1.139)

续表

行业	农业	采矿业	制造业	水电热	建筑业	交通运输业	批发零售业	金融业	其他服务业
金融业 TFP	0.385	3.346 ***	0.265 ***	−4.173 ***	−0.516	2.585 ***	0.241	**15.424** ***	0.953
	(0.316)	(0.603)	(0.057)	(1.160)	(0.954)	(0.734)	(0.707)	**(1.194)**	(0.905)
房地产业 TFP	−0.594	−2.963 ***	−0.253 ***	2.645 *	3.754 ***	−1.994 *	−1.934 *	5.520 ***	−0.839
	(0.380)	(0.804)	(0.075)	(1.491)	(0.355)	(1.036)	(1.107)	(0.307)	(1.255)
其他服务业 TFP	0.520 **	−1.560 **	−0.093	−3.383 **	−0.456	2.894 ***	−0.839 *	2.514 ***	**4.674** ***
	(0.251)	(0.558)	(0.062)	(1.160)	(0.602)	(0.584)	(0.459)	(0.587)	**(1.109)**
资本	1.317 **	0.852 *	0.391 ***	1.130 ***	4.240 ***	1.233 ***	2.688 **	5.064 ***	7.847 ***
	(0.638)	(0.468)	(0.109)	(0.340)	(1.056)	(0.282)	(0.976)	(1.491)	(2.217)
劳动	−1.248 **	−0.941 **	0.340 ***	1.012 **	4.343 ***	1.021 **	−2.778 **	5.031 **	7.669 **
	(0.568)	(0.461)	(0.088)	(0.358)	(0.783)	(0.451)	(0.977)	(1.883)	(2.913)

注：括号中的数值为标准误；“ * ”、“ ** ”和“ *** ”分别表示 90%、95%和 99%的显著性水平。

资料来源：作者计算而来。

（2）大部分行业自身TFP驱动比其他行业TFP溢出更为敏感，自身TFP的弹性超过其余的交叉TFP弹性，说明产业增长的主要动力还在于自身效率的提升。

（3）从要素投入来看，各行业产出对劳动、资本的弹性均显著，资本和劳动要素对行业增长还是发挥了关键作用，这也符合一般事实。

（四）各行业经济增长的动力来源分析

将表5.8中的数据代入式（3.48）和式（3.49），通过归一法计算后如表5.9所示。其中，没有标星号的一律忽略不计（不显著的假设，其溢出影响不大，可以忽略），分解得到各行业增长对应到TFP影响增长的部分与要素投入增长的部分。

对于第一产业来说，农业主要依靠要素驱动，其贡献率为77.03%，其中资本驱动贡献率达到62.77%，劳动驱动贡献率达到14.26%。TFP贡献率达到22.97%，其中自身贡献率达到14.96%，溢出效应贡献率为8.01%。TFP贡献率低于余康（2011）得出的33.8%，高于全炯振（2009）得出的11.3%。这与Fan（1991）的发现基本一致，认为中国农业产出增长主要来自投入增长。其中制造业、交通运输业与其他服务业对其影响较大，并且为正向溢出，分别为4.65%、7.82%和6.01%。制造业对于农业的促进作用可能与农机的改进、育种技术的提高以及先进的制造设备应用于农业有关，这点也符合Huang和Rozelle（2002）等学者的观点。交通运输业生产率的提高能够促进农产品的市场流通，加快货品销售，并且冷链物流的创新能够促进生鲜品的异地销售，进一步提高农产品的销售收入。其他服务业生产率的提高能够帮助农产品开拓市场，提高产值。然而，采矿业、水电热以及建筑业对农业产生的负向溢出的影响，分别溢出为－0.75%、－8.52%和

表 5.9 各行业经济增长的动力来源与 TFP 的溢出

动力源泉		农业	采矿业	制造业	水电热	建筑业	交通运输业	批发零售业	金融业	其他服务业
TFP 贡献		**22.97**	**38.29**	**25.99**	**21.93**	**17.49**	**21.09**	**7.77**	**29.62**	**15.45**
自身贡献		**14.96**	**33.54**	**13.82**	**24.13**	**13.67**	**16.67**	**12.96**	**25.69**	**13.91**
溢出效应		**8.01**	**4.76**	**12.17**	**−2.20**	**3.83**	**4.42**	**−5.19**	**3.93**	**1.54**
TFP	农业	**14.96**	/	/	−0.80	/	2.43	/	/	/
	采矿业	−0.75	**33.54**	4.03	0.71	/	/	/	−3.06	/
	制造业	4.65	18.78	**13.82**	1.81	1.94	6.19	−1.16	−3.21	/
	水电热	−8.52	14.44	7.94	**24.13**	−3.23	−3.08	−1.63	−3.18	−1.75
	建筑业	−1.19	/	−3.29	−1.25	**13.67**	−6.51	/	/	/
	交通运输业	7.82	/	2.07	−0.93	/	**16.67**	2.51	/	3.29
	批发零售业	/	−18.97	−2.14	−0.69	/	/	**12.96**	/	/
	金融业	/	26.98	3.93	−0.89	/	3.99	/	**25.69**	/
	房地产业	/	−23.90	−0.38	0.56	5.12	−3.08	−3.43	9.19	/
	其他服务业	6.01	−12.58	/	−0.72	/	4.47	−1.49	4.19	**13.91**
要素贡献		**77.03**	**61.71**	**74.01**	**78.07**	**82.51**	**78.91**	**92.23**	**70.38**	**84.55**
资本		62.77	53.03	67.69	69.00	61.00	69.18	60.90	53.19	61.45
劳动		14.26	8.68	6.32	9.07	21.51	9.73	31.33	17.19	23.10
合计		**100**	**100**	**100**	**100**	**100**	**100**	**100**	**100**	**100**

注：1. 表中显著性沿用表 5.8 中的数据，利用式(3.48)、式(3.49)计算而来，表中单位：%。

2. TFP 溢出效应＝TFP 总体贡献－自身 TFP 贡献。

资料来源：作者计算而来。

−1.19%。采矿业的发展不仅侵占大量土地，对农民的生计也有一定的消极影响，尤其是在自然资源和人力资本上，采矿业破坏了当地的生态环境，对农民身体健康构成一定的威胁。水电热属于能源消耗产业，目前来看，其对农业具有抑制作用。另外，在中国城市化进程中，建筑业发展十分迅速，吸纳了许多农村剩余劳动力，减少了农业生产的劳动力，对农业生产造成了一定的冲击。批发零售业、金融业和房地产业对农业的影响不大。由此可见，在衡量农业科技对农业生产的贡献时，不能忽视其他行业的技术溢出作用。最后，中国农业对其他行业的影响均不是十分明显，这可能与中国农业整体生产技术水平有关。因此，应进一步调整土地密集型与劳动密集型、技术密集型农业之间的资源配置，大力支持有比较优势的农业，提高资源利用效率和生产效益，推进优势产业的现代化。

对于第二产业来说：①采矿业主要依靠要素投入贡献（61.71%），其中资本贡献率为53.03%，劳动贡献率为8.68%。TFP贡献率为38.29%，其中自身TFP贡献率为33.54%，行业TFP溢出效应贡献率为4.76%。采矿业在中国主要依赖制造业与水电热产业的发展，其能源消耗特别明显，制造业生产率的提升能够为采矿业提供优良的设备，进而加快其产值的提高。批发零售业、金融业、房地产业与其他服务业对采矿业均有负向影响，这说明服务业大部分行业对采矿业具有抑制作用，这可能是因为中国在1997—2015年间尚处于结构调整期，工业与服务业之间并没有相互协调发展。②再来看制造业，制造业是中国工业的重要组成部分，其主要依靠要素投入贡献（74.01%），其中资本贡献率为67.69%，劳动贡献率为6.32%。TFP贡献率为25.99%，其中自身TFP贡献率为13.82%，行业TFP溢出效应贡献率为12.17%。采矿业、水电热、交通运输业和金融业对中国制造业均有正向溢出贡献。采矿业和水电热为工业发展提供能源支持，交通运输业提高工业产品的运转效率以及存货流通速度，而金融业生产率的提升为制造业企业提供资本保障，能够帮助企业解决资金问题，进而减缓企业的资金成本压力，提高制造业产值。然而，制造业本身的TFP贡献不足，其中有将近一半是来自其他行业的溢出贡献。由此可见中国制造业创新驱动发展战略实施的必要性与紧迫性。③对于水电热，主要依靠要素投入贡献(78.07%)，其中资本贡献率为69.00%，劳动贡献率为9.07%。TFP贡献率为21.93%，其中自身TFP贡献率为24.13%，行业TFP溢出效应表现为负，贡献率为−2.20%。水电热行业作为国民经济的基础性支柱行业，也是对国民经济发展具有全局性、先导性影响的基础行业，与国民经济发展息息相关。因此，它几乎和大部分行业关联，其中采矿业和制造业对其溢出为正，这可能因为采矿业为其提供能源、制造业为其提供设备机器所致；而农业、建筑业、交通运输业与房地产业对其溢出为负，有点"拖累"其发展。另外，水电热除了对采矿业和制造业产生正向溢出以外，对其他行业均产生负向溢出。④对于建筑业，其增长主要依靠要素投入(82.51%)，其中资本贡献率为61.00%，劳动贡献率为21.51%。TFP贡献率为17.49%，其中自身TFP贡献率为13.67%，行业TFP溢出效应贡献率为3.83%。制造业和房地产业对其具有正向溢出贡献，这是因为制造业生产技术水平的提升能够更新建筑设备，并发明创造更多的建筑新技术和新设备。房地产业生产率水平的提升能够促进楼市繁荣，进而刺激建筑业的增长。中国改革开放30多年来，中国建筑业和房地产业的互相促进发展，正是这一效应的集中体现。但是，由于历史原因，建筑业结构与分工不合理导致技术效率的下降，它与其他产业的融合力度也不够，其中大部分产业对其溢出影响不是特别明显。

对于第三产业来说：①交通运输业的增长主要依靠要素投入(78.91%)，其中资本贡献率为69.18%，劳动贡献率为9.73%。TFP贡献率为21.09%，其自身TFP贡献率为16.67%，行业TFP溢出效应贡献率为4.42%。其中，农业、制造业、金融业和其他服务业对其溢出效应为正，可能因为农业供给效率提升、交通设备改造升级对交通运输业效率的提升有显著的促进作用。交通运输业的发展需要大量资金支持，金融业能为其提供资金保证。其他服务业生产率的提升能够进一步刺激交通运输业的发展，比如酒店的食材需求，不仅需要农业提供原材料，更需要交通运输业提高运转效率。另外，采矿业与批发零售业对其影响不大。②批发零售业主要依靠要素投入(92.23%)，其中资本贡献率为60.90%，劳动贡献率为31.33%。TFP贡献率为7.77%，其中自身TFP贡献率为12.96%，行业TFP溢出效应贡献率为−5.19%。只有交通运输业对其具有正向溢出贡献，为2.51%，而制造业、水电热、房地产业与其他服务业对其影响均为负，分别为−1.16%、−1.63%、−3.43%和−1.49%。总体溢出为负，说明目前中国批发零售业不具有“技术吸收”效应，反而具有“技术排斥”效应。[1] 另外，农业、采矿业、建筑业与金融业对其溢出不明显。③金融业主要依靠要素投入(70.38%)，其中资本贡献率53.19%，劳动贡献率为17.19%。TFP贡献率为29.62%，其自身TFP贡献率为25.69%，行业TFP溢出效应贡献率为3.93%。金融业自身TFP贡献比较大，行业溢出效应不太明显，说明金融业的“技术吸收”效应比较

① 此处的“技术吸收”效应指的是其他相关行业对某一行业的生产率溢出的一种反应，并且这种反应为正；顾名思义，“技术排斥”效应指的是其他相关行业对某一行业的生产率溢出为负。

低。其中,工业对其具有负向溢出贡献,采矿业溢出－3.06%,制造业溢出－3.21%,水电热溢出－3.18%。可见,伴随中国工业和服务业的互动增强,中国工业化却阻碍了本国服务业的发展。另外,房地产业与其他服务业对金融业具有正向溢出贡献,分别为9.19%和4.19%。这是因为中国近十多年来房地产业的迅猛发展,使银行借贷业务突飞猛进,金融业与房地产业之间的融合度越来越深。④其他服务业主要依靠要素投入(84.55%),其中资本贡献率为61.45%,劳动贡献率为23.10%。TFP贡献率为15.45%,其中自身TFP贡献率为13.91%,行业TFP溢出效应贡献率为1.54%。从整体上看服务业,大部分行业均对其他行业的溢出效益不太明显,单元媛(2012)认为,技术创新和扩散是重要的产业融合驱动力,可见服务业与其他行业的融合并没有得到充分体现。只有交通运输业对其具有正向溢出,为3.29%,水电热对其具有负向溢出,为－1.75%。

五、简要结论

本章利用1995—2015年十大行业的面板数据,在一般均衡分析的框架下,结合SUR估计方法进行实证发现。

(1)在样本期间,资本对中国经济增长的贡献一直占主导地位,劳动投入对经济增长的贡献率呈下降趋势,TFP对中国经济增长的贡献水平较低。中国TFP增长主要来源于技术进步,其次来源于规模效应。技术效率一直为负,波动明显,规模效应呈现递增趋势,而技术进步和要素配置效应随着年份一直在下降。

(2)中国经济总体而言是基于要素驱动的,所有行业均依靠资本要素驱动,劳动投入贡献与TFP贡献均比较低,这说明中国人力资本和TFP还有很大的发展空间,未来经济增长只有挖掘这两个方面的潜力，才有可能实现经济的可持续发展，进而跨越“中等收入陷阱”。

（3）每个行业增长动力各不相同，并且存在TFP溢出贡献，十大行业溢出效应贡献分别为：农业（8.01%），采矿业（4.76%），制造业（12.17%），水电热（－2.20%），建筑业（3.83%），交通运输业（4.42%），批发零售业（－5.19%），金融业（3.93%），其他服务业（1.54%）。其中：制造业溢出比例最高，“技术吸收”效应最强；批发零售业为负，具有“技术排斥”效应。

第四节 本章小结

当前中国经济减速下行，结构转型迫在眉睫。基于此背景，中国提出全面深化改革，促进供给侧改革，寻找中国经济未来增长的新动力。基于此，本章首先分析了1953—2015年间中国总体经济增长的动能转换，发现中国经济驱动主要来源于要素驱动，尤其是资本驱动，劳动要素贡献率比较低，并且TFP的贡献率波动较大，但是总体上也比较低。其次，为实现创新驱动战略，必须依靠TFP驱动，于是本章详细分析了中国此阶段的TFP增长情况及其动力来源，发现中国TFP增长主要来源于技术进步与规模效应，技术效率改进和要素配置效应的正向作用并不明显，反而在一些方面起到了负向作用，这对于未来中国经济质量型增长是不利的。最后，本章基于TFP溢出效应的核算方程，用不同于以往的经济增长核算方法，测度了中国十大部门行业要素投入与TFP的贡献程度，探讨了行业增长的动力来源，为中国接下来的经济增长动能转换与结构转型提供了有益的启示。

CHAPTER 6

第六章

中国经济转型发展：分地区分行业的驱动力分析

本章在第五章的基础上，进一步分析中国地区经济增长的动能转换。与全国分析不同，本章选取中国30地区进行分析，分别测度了各地区总体经济增长动力来源与细分行业的增长动力来源。同时基于TFP溢出视角，进一步分析了东中西区域7大行业的要素投入（资本与劳动）和TFP对经济增长的贡献度，以及部门间TFP的溢出贡献。本章通过对各地区经济增长状况的对比分析，认清区域经济增长特征和增长动力源泉，寻找通过及时有效的转换增长动力机制，实现区域经济协调稳定增长和挖掘新的增长动力的内在机制。

第一节 引言

中国经济在经历外部环境深刻变化和自身增长动力调整转变后，正从高速增长阶段向中高速增长阶段转换，2016 年中国经济年均增长率仅为 6.7%，整体经济呈现趋势性下移态势，而与此同时，不同区域的增长表现不尽相同，其各自的动力源也会不同。整体而言，2003 年后中国经济增长加速过程发生区域性转移，增长加速由东部沿海地区转向中西部地区（李静，2015）。东部一些较发达、已进入较高发展阶段的地区仍然保持较高的增长速度，如天津 2016 年前三季度人均 GDP 为 86231 元，在所有地区中排在第一位，其 GDP 增速为 9.10%，远高于国家平均增长率水平（6.7%）。其他发展水平较高且增速较快的地区还包括福建、江苏等。而在中西部地区中，多数地区增速较高，如重庆、西藏、贵州的增速近年来基本保持在 10% 以上，但也存在像黑龙江、吉林、山西、辽宁等地区增速甚至低于国家平均水平，出现断崖式增长的情形。地区经济增长不同，其经济增长的动力来源是否相同，抑或各有差异呢？找到各个地区自身的动力增长来源，弄清楚自身动能转换的节点在哪里，这对于现阶段中国实现经济总体质量型增长和区域协调发展具有重要的现实意义。

实际上，基于中国的客观国情，对于不同地区的发展应区别看待，而不应该“一刀切”。比如，有些城市已经进入了后工业化时期，应该从原有的粗放型增长方式切换到依靠 TFP 驱动的经济增长模式中。有些城市在工业化进程中，应该学习原有发达城市工业化的有益经验，吸收失败教训。而另外一些落后地区，尚处于工业化的前期到中期的阶段，大规模的资本投入是不可避免的，如果此时一味地让其进行增长模式的切换，是否类似经济发展的“大跃进”呢？现实中，自党的十八届三中全会以后，国家提倡创新驱动，改变经济增长模式，很多城市开始落实中央政策，并且积极准备改革。然而，一些落后地区在资本引进不足的情况下，也盲目进行增长方式的转换，是否背离了经济发展的客观规律？中国各区域经济发展条件存在明显差异，实现各区域协调发展是保证中国经济成功转型的关键。但是，这些协调应该基于充分尊重各地区自身发展的客观规律。落后地区走发达地区之前的道路，这无可厚非，但是要吸取经验教训，这才是符合地区经济发展的道路。

因此，本章通过认清中国区域经济发展特征，借助基于 TFP 溢出的核算方程，分析 1997—2015 年间各地区总体和不同区域的增长情况，寻找区域经济发展的增长动力源，判断中国各地区是否处于发展结构转换的临界点，便于通过及时有效地转换增长动力机制，实现区域经济协调稳定增长，为中国经济整体增长挖掘新的增长动力源以及成功推进结构转型提供理论依据和数据支撑。

第二节 数据来源和处理

一、数据来源

考虑到数据的完整性与可比性，本章剔除了西藏地区，选取的样本是 1997—2015 年中国 30 个地区的面板数据，主要数据来源于历年《中国统计年鉴》、《中国工业经济统计年鉴》、《中国区域经济统计年鉴》、

《中国第三产业统计年鉴》、《中国经济与社会发展统计数据库》和各省统计年鉴，个别数据来源于WIND数据库。鉴于《中国统计年鉴》2003年前后行业划分不一致，为了保持数据的一致性，折中选取了7大行业进行分析。本书按照《中国统计年鉴》中关于国民经济行业（GB/T 4754—2011）的划分，分为7大行业：农、林、牧、渔业（简称“农业”）；工业（采矿业、制造业与电力、热力、燃气及水生产和供应业）；建筑业；交通运输、仓储和邮政业（简称“交通运输业”）；金融业；房地产业；其他服务业。

二、指标选择与处理

（一）关于总增加值

对于各地区总增加值，采用《中国统计年鉴》中公布的各地区名义增加值，然后通过GDP平减指数调整为1997年不变价格，算出各地区实际增加值。对于各地区分行业增加值，鉴于统计年鉴中并没有报告各地区分行业增加值数据，因此通过《中国统计年鉴》中提供的各地区三产增加值指数计算其对应的平减指数，然后按照三次产业划分对应各自GDP平减指数，将各行业名义增加值调整为1997年不变价格，最后计算出每年各地区各行业对应的实际增加值。

（二）关于劳动投入

对于各地区总体劳动投入，因为全社会口径的就业人数可获取，因此本章采用全社会口径下的就业人员总数。各地区分行业就业人数在1997—2002年为全社会口径，但在2003—2015年是城镇就业人数。鉴于此，考虑到行业分类发生改变，为统一口径，本章按照第四章的原则选择1997—2015年的各地区城镇就业人数作为劳动力数据。

(三) 关于资本投入

在第四章方法的基础上依然采用永续盘存法来度量,即 $K_t = K_{t-1} + I_t - \delta K_{t-1}$。其中,$K_t$ 表示 t 期的资本存量,I_t 表示 t 期的投资,δ 表示重置率。对于各地总量资本存量的估计依然按照第四章资本存量的估计方法,计算得到各地区历年实际资本存量。对于各地区分行业资本存量,由于统计年鉴中并未公布分行业固定资产投资价格指数,因此为保证各行业实际资本存量估计的准确性,本章利用《中国统计年鉴》中公布的固定资产投资价格指数下细分的三类指数进行分类平减。具体是将建筑业按照建筑安装工程投资价格指数调整为 1997 年不变价格,将工业按照设备工器具购置投资价格指数调整为 1997 年不变价格,将农业和全体服务业均按照其他费用投资价格指数调整为 1997 年不变价格。基期资本存量依然采用第四章介绍的 Reinsdorf(2005)的方法,推导得到公式:$K_0 = I_0(1+g)/(g+\rho)$。其中,g 为不变价投资的平均增长率,ρ 为资本平均折旧率。采用薛俊波(2007)估算折旧率的方法计算出各部门的折旧率分别为:农业(0.0842),工业(0.121),建筑业(0.139),交通运输业(0.054),金融业(0.1325),房地产业(0.139),其他服务业(0.0842)。最后计算出各地区各行业各年的资本存量。

三、描述性统计分析

鉴于地区较多,本章只报告 30 地区样本总体各行业数据的描述性统计,所得实证数据如表 6.1 所示。从总体来看,就产值份额的改变而言,工业和建筑业的平均改变量为正,其余均为负。就资本增长率而言,房地产业平均增长率最高,达到 0.261,金融业最低,为 0.112。就劳动增长率而言,房地产业平均增长率最高,为 0.114,农业和工业劳动增长率较低，分别为－0.054和－0.005。就TFP增长率而言，金融业平均增长率最高，其次是工业，最低的是房地产业。由此可见，各地区各行业实际经济增长情况是不一样的，深入探讨各行业经济增长的动力来源，无疑具有重要的现实意义。

表6.1　描述性统计分析

变量	项目	农业	工业	建筑业	交通运输业	金融业	房地产业	其他服务业
产值份额变化	最小值	－0.031	－0.020	－0.004	－0.005	－0.007	－0.002	－0.011
	最大值	0.010	0.034	0.010	0.005	0.007	0.002	0.012
	平均值	－0.008	0.007	0.001	－0.0001	－0.00003	－0.00001	－0.0001
	标准差	0.005	0.008	0.001	0.001	0.001	0.0004	0.004
资本增长率	最小值	－0.053	－0.029	－0.133	0.014	－0.124	0.009	0.019
	最大值	0.539	0.612	4.036	0.660	2.719	1.189	0.367
	平均值	0.173	0.177	0.170	0.148	0.112	0.261	0.165
	标准差	0.093	0.088	0.328	0.072	0.204	0.118	0.064
劳动增长率	最小值	－0.599	－0.367	－0.366	－0.271	－0.141	－0.424	－0.217
	最大值	1.173	0.870	5.051	0.767	0.731	1.624	0.310
	平均值	－0.054	－0.005	0.065	0.006	0.041	0.114	0.014
	标准差	0.132	0.106	0.304	0.110	0.080	0.215	0.051
TFP增长率	最小值	－0.542	－0.337	－2.240	－0.292	－1.529	－1.023	－0.127
	最大值	0.302	0.214	0.331	0.141	0.221	0.161	0.175
	平均值	－0.039	0.024	0.000	0.018	0.025	－0.093	0.005
	标准差	0.081	0.060	0.226	0.061	0.129	0.119	0.045

注：为了保证产值份额变化数值的正常显示，特意保留了三位小数。

资料来源：作者计算而来。

第三节 实证结果与分析

一、中国30地区总体经济增长的动力来源分析

利用第二章增长核算测度方法，测算出中国30地区经济总体增长动力来源，如表6.2所示。

表6.2 中国30地区经济总体增长动力来源(1997—2015年平均值)

地区	资本贡献率/(%)	劳动贡献率/(%)	TFP贡献率/(%)	TFP贡献排名
北京	53.17	14.10	32.73	1
天津	67.77	9.51	22.72	8
河北	78.44	5.67	15.90	19
山西	97.94	6.14	−4.09	30
内蒙古	84.72	7.39	7.88	25
辽宁	78.15	5.24	16.61	18
吉林	83.96	4.51	11.53	21
黑龙江	74.89	4.50	20.61	13
上海	54.73	13.39	31.88	2
江苏	68.41	1.54	30.05	3
浙江	68.58	7.57	23.85	6
安徽	68.03	5.98	25.99	4
福建	77.41	11.73	10.86	22
江西	75.66	4.03	20.30	14
山东	72.17	4.79	23.04	7

续表

地区	资本贡献率/(%)	劳动贡献率/(%)	TFP 贡献率/(%)	TFP 贡献排名
河南	87.42	8.29	4.29	27
湖北	76.33	2.23	21.44	12
湖南	74.56	3.34	22.11	11
广东	73.83	10.99	15.18	20
广西	87.95	3.52	8.53	24
海南	63.56	11.22	25.22	5
重庆	77.93	−0.35	22.42	9
四川	76.69	0.97	22.34	10
贵州	79.22	3.88	16.90	17
云南	89.15	7.42	3.42	28
陕西	76.77	3.60	19.63	16
甘肃	79.76	0.32	19.92	15
青海	88.44	4.27	7.29	26
宁夏	89.53	8.34	2.13	29
新疆	78.63	11.33	10.04	23

注：由于使用百分比数值，因此保留两位小数，和其他表格中保留三位小数有所区别。

资料来源：作者计算而来。

(1) 总体上，中国各地区均依靠资本要素的累计投入，并且劳动要素贡献和 TFP 贡献偏低，这与全国测算结果保持一致。这说明在 1997—2015 年期间，中国各地区经济发展粗放型增长方式十分明显，经济在资本投入驱动下增长，随着要素报酬率的不断降低，这种增长模式不可持续，经济增长动能急需转换。

(2) 各地区 TFP 贡献值不同，其中北京、上海和江苏名列前三甲，贡献率分别为 32.73%、31.88%和 30.05%。安徽、海南、浙江、山东、天津等城市紧跟其后。云南、宁夏和山西的 TFP 贡献率最低，分别为 3.42%、2.13%和 −4.09%。山西是全国唯一一个 TFP 贡献率为负的地区，由此可见山西经济在样本期间内由要素驱动，尤其是资本驱动，占 97.94%。这座煤矿资源城市急需转型，一旦矿产资源枯竭，要素投入难以为继，值得当局反思。

(3) 从区域分布来看，TFP 贡献呈现东中西格局，东部 TFP 贡献率较高，中西部次之。但是也有个别特殊情况，如安徽属于中部，但是其 TFP 贡献率较高。广东属于东部城市，但是其 TFP 贡献率只有 15.18%，位列全国第 20 位，属于中游偏下，这与其经济增速和总量不相符合；其资本贡献率达到 73.83%，劳动要素贡献率达到 10.99%，由此可知，广东沿海地区的经济高速增长与改革开放后的制度安排是分不开，所以广东在新时期以创新驱动发展势在必行。

从个别地区来看，由于篇幅有限，本章选择东部的北京市、中部的湖北省和西部的宁夏回族自治区来分析其各自总体经济的动能转换。

(1) 就东部的北京市而言，如图 6.1 所示，其经济增长动能转换大致可以分为四个阶段：第一阶段(1998—2001)，此时 TFP 贡献和资本贡献不分伯仲，劳动贡献逐年上升，整体经济发展良好；第二阶段(2001—2006)，此时北京市经济正处于动能转换的更替期，各自贡献波动明显；第三阶段(2006—2010)，此时北京市总体基于 TFP 驱动，TFP 贡献超越了资本和劳动要素投入贡献，成为经济增长的第一引擎；第四阶段(2010—2015)，此时资本驱动独占鳌头，这主要是由于 2008 年以后，中国推行需求侧刺激计划所致，而此时 TFP 贡献一直在降低，到 2012 年底后下降趋势才有所缓和，而这主要得益于后来提出的供给侧改革，加强经济质量型发展的政策所致。从其动能转换的过程来看，在 2003 年和 2008 年出现了 TFP 恶化，而这两个时间点均是资本贡献非常高，这与当时的政策是分不开的，可见，在“十三五”时期，北京市应该加强经济质量建设，从原本依靠资本驱动转变到依靠TFP驱动上来，同时在“人口红利”递减的情况下要发挥人力资本的作用，促进经济提质增效。

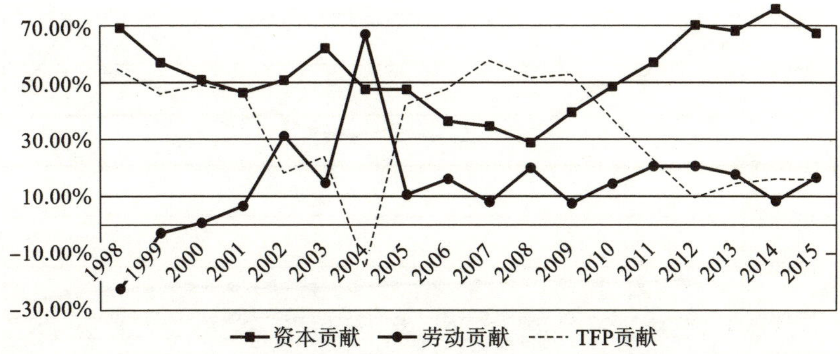

图6.1　北京市经济增长的动能转换(1998—2015)

(2)就中部的湖北省而言，如图6.2所示，其经济增长动能转换大致可以分为三个阶段：第一阶段(1998—2008)，此时湖北省经济虽然基于资本要素驱动，但是其贡献在下降，而TFP贡献在逐步上升，劳动要素贡献平稳；第二阶段(2008—2014)，此时湖北省经济依然依靠资本要素驱动，但是其贡献开始逐步上升，而TFP贡献逐步下降，这说明2008年后，政府出台的需求侧刺激计划带来的经济增长是在影响效率、影响TFP增长的基础上进行的；第三阶段(2014年至今)，此阶段资本投入贡献开始下降，而TFP贡献开始有所上升，这与北京市的情况大体类似，只是转折的时间点推迟了一些，这可能与政策的传递时间有关。北京市作为中国政治中心，是政策落实的率先执行者，因此转折点稍有提前属于正常。从其动能转换的过程看，湖北省在资本投入的驱动下，近些年经济一直快速增长，2016年湖北GDP为32297.91亿元，跃居全国第7位，达到新中国成立以来本省的最好水平，获得“十三五”良好开局。然而，在经济高速增长的背后，要认真研究并弄清楚其经济增长的动力源泉，才能更好地为未来经济增长切换动能，换挡提速。

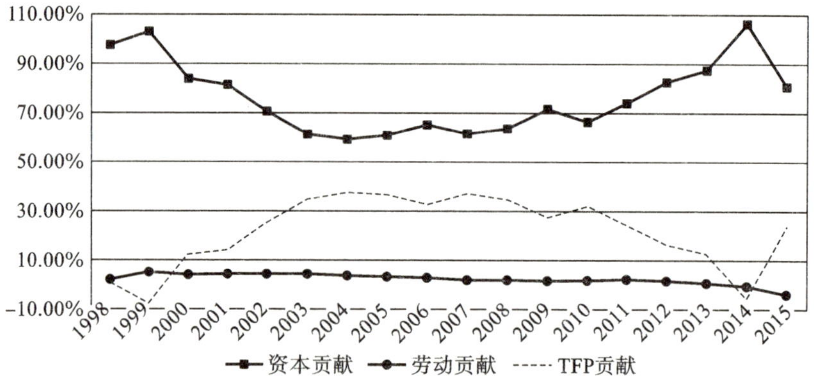

图6.2　湖北省经济增长的动能转换(1998—2015)

(3) 就西部的宁夏回族自治区而言，如图6.3所示，其经济增长动能转换似乎变化不大，1998—2015年期间，宁夏实际GDP平均增长了10.83个百分点，资本投入平均增长了17.24个百分点，而劳动投入平均只增长了1.96个百分点，TFP平均增长了0.42个百分点。从图6.3中可以发现，资本驱动一直遥遥领先，而TFP贡献波动明显，并且有下降的趋势。但是，在资本驱动的强势带动下，2016年宁夏经济呈现稳中有升，经济增速高于全国。可见，宁夏等一些西部地区，仍处于迈向工业化的中期阶段，此时依靠要素投入的增长模式符合地区经济增长实际。因此，新时期西部城市应该积极引进投资，同时也应未雨绸缪，加强地方教育，储蓄人力资本，并且实施一系列鼓励创新的制度安排，提高TFP的贡献水平。

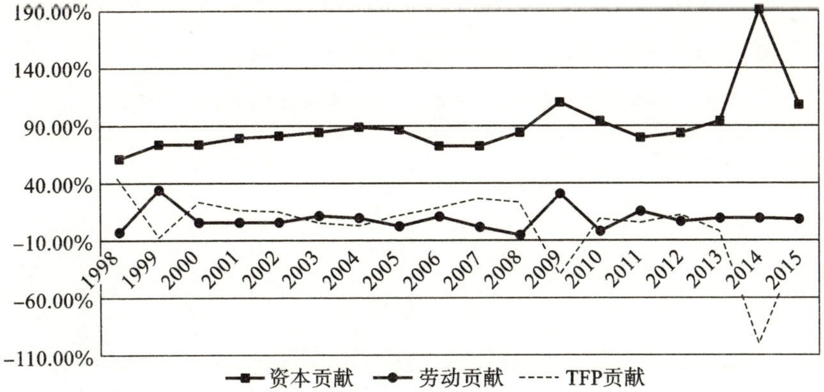

图 6.3 宁夏经济增长的动能转换(1998—2015)

二、中国 30 地区 TFP 增长情况及其分解

(一) 各地区 TFP 增长情况分析

由于篇幅有限，本章只提供各地区 TFP 增长的平均值，如表 6.3 所示。由表 6.3 可知，TFP 平均增速最快的前三名分别是上海、北京和江苏，分别为 0.034、0.034 和 0.034。紧跟着是天津(0.028)、重庆(0.028)和海南(0.027)。增速最慢的后三名分别是宁夏(0.002)、云南(0.003)和河南(0.004)。中部的湖北(0.024)、湖南(0.023)等地区排名居中，分别为第 11 和 12 名。从区域分布来看，东部城市大部分 TFP 增速较快，中西部次之，TFP 增速大体呈东中西格局。并且，相比 GDP 增速，TFP 相对较低。限于篇幅，本章只提供 6 个地区的 TFP 增速图，如图 6.4 所示，分别代表东中西。从图 6.4 可看出，北京、上海和重庆的 TFP 值均相对较高，然而上海市在 2014 年 TFP 值剧降，原因在于当年是上海市第二轮“鼓励创业带动就业”三年行动计划的收官之年，劳动就业人数出现激增。湖北省的 TFP 走势类似倒“U”形，在

2014 年后有所回升。宁夏的 TFP 增速不是十分理想，峰值都不及北京、上海峰值的一半，可见宁夏的技术创新太弱。

表 6.3 中国 30 地区 TFP 增速平均值及其排名(1997—2015)

地区	GDP 平均增速	TFP 平均值	排名	地区	GDP 平均增速	TFP 平均值	排名
北京	0.103	0.034	2	河南	0.109	0.004	28
天津	0.135	0.028	4	湖北	0.112	0.024	11
河北	0.104	0.016	20	湖南	0.111	0.023	12
山西	0.102	0.008	25	广东	0.112	0.018	19
内蒙古	0.140	0.009	23	广西	0.110	0.006	27
辽宁	0.106	0.019	18	海南	0.106	0.027	6
吉林	0.112	0.009	24	重庆	0.121	0.028	5
黑龙江	0.099	0.021	14	四川	0.112	0.027	7
上海	0.102	0.034	1	贵州	0.112	0.020	15
江苏	0.118	0.034	3	云南	0.101	0.003	29
浙江	0.109	0.025	10	陕西	0.119	0.023	13
安徽	0.110	0.027	8	甘肃	0.105	0.020	17
福建	0.115	0.011	21	青海	0.114	0.010	22
江西	0.111	0.020	16	宁夏	0.108	0.002	30
山东	0.116	0.026	9	新疆	0.100	0.008	26

资料来源：作者计算而来。

（二）各地区 TFP 分解情况分析

通过第二章的分解方法，本章对各地区 TFP 进行了“四分法”的分解，分解出技术进步、技术效率、规模效应以及要素配置效应四个方面，如表 6.4 所示。

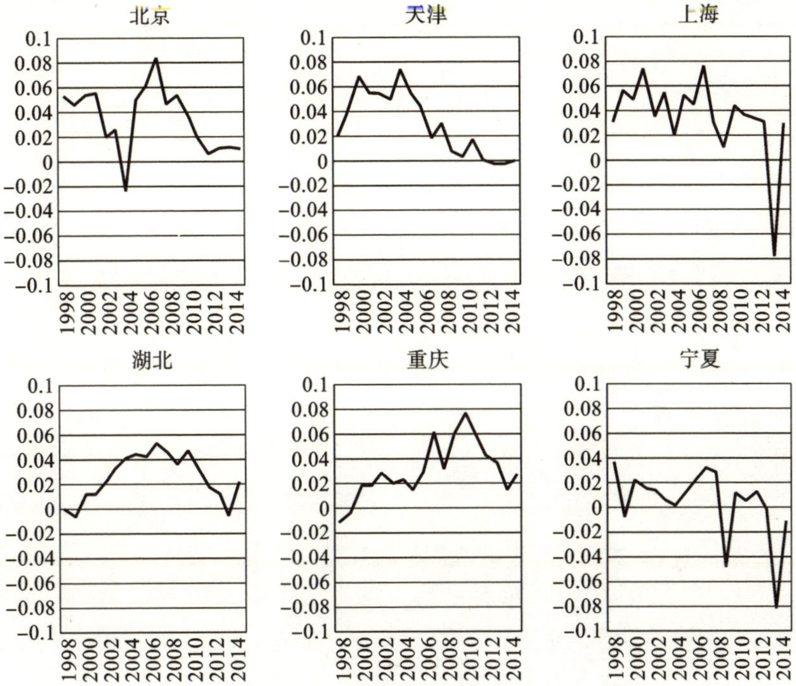

图 6.4　四大直辖市与湖北、宁夏 TFP 增长趋势图

表 6.4　中国 30 地区 TFP 分解及其贡献率(1997—2015 年平均值)

地区	TFP	TC	TEC	SEC	FAEC	贡献率/(%)			
						TC	TEC	SEC	FAEC
北京	0.034	0.068	−0.086	0.055	−0.003	200.8	−253.3	161.2	−8.7
天津	0.028	0.076	−0.121	0.080	−0.006	270.4	−432.7	285.4	−23.0
河北	0.016	0.054	−0.102	0.066	−0.003	329.9	−617.2	403.2	−15.9
山西	0.008	0.067	−0.124	0.070	−0.005	831.4	−1544.6	871.4	−58.2
内蒙古	0.009	0.067	−0.150	0.100	−0.008	727.0	−1613.2	1073.7	−87.5
辽宁	0.019	0.064	−0.105	0.063	−0.003	337.8	−552.1	331.7	−17.4
吉林	0.009	0.069	−0.131	0.077	−0.006	803.4	−1529.4	897.9	−71.8

续表

地区	TFP	TC	TEC	SEC	FAEC	贡献率/(%)			
						TC	TEC	SEC	FAEC
黑龙江	0.021	0.065	−0.099	0.058	−0.003	316.5	−482.5	282.7	−16.6
上海	0.034	0.065	−0.081	0.054	−0.003	190.5	−238.1	157.7	−10.1
江苏	0.034	0.049	−0.079	0.066	−0.002	146.2	−233.8	194.8	−7.3
浙江	0.025	0.056	−0.093	0.065	−0.003	222.5	−371.7	260.2	−10.9
安徽	0.027	0.060	−0.091	0.060	−0.002	224.3	−342.8	225.2	−6.7
福建	0.011	0.064	−0.126	0.077	−0.004	584.1	−1153.7	704.2	−34.6
江西	0.020	0.060	−0.105	0.070	−0.004	293.9	−517.0	342.6	−19.5
山东	0.026	0.047	−0.090	0.070	−0.002	182.2	−347.0	271.0	−6.3
河南	0.004	0.049	−0.124	0.080	−0.002	1370.2	−3445.9	2218.1	−42.4
湖北	0.024	0.057	−0.097	0.066	−0.003	239.4	−406.0	278.1	−11.4
湖南	0.023	0.057	−0.096	0.065	−0.002	242.3	−407.6	275.2	−9.8
广东	0.018	0.049	−0.103	0.073	−0.002	275.2	−575.2	409.0	−9.1
广西	0.006	0.062	−0.129	0.077	−0.004	1117.3	−2343.0	1392.2	−66.5
海南	0.027	0.086	−0.109	0.056	−0.005	313.0	−397.6	202.6	−18.0
重庆	0.028	0.068	−0.102	0.068	−0.006	242.2	−365.3	243.4	−20.3
四川	0.027	0.053	−0.088	0.065	−0.002	195.1	−325.1	238.2	−8.2
贵州	0.020	0.067	−0.109	0.067	−0.004	329.1	−536.4	327.9	−20.6
云南	0.003	0.069	−0.130	0.067	−0.003	2490.9	−4706.7	2416.9	−101.1
陕西	0.023	0.063	−0.108	0.073	−0.005	277.4	−480.3	323.0	−20.2
甘肃	0.020	0.067	−0.105	0.063	−0.005	335.5	−527.4	318.2	−26.3
青海	0.010	0.089	−0.145	0.075	−0.010	926.3	−1501.4	778.3	−103.2
宁夏	0.002	0.089	−0.154	0.077	−0.009	4572.3	−7950.6	3941.2	−462.9
新疆	0.008	0.073	−0.128	0.068	−0.005	921.0	−1617.4	859.2	−62.8

资料来源:作者计算而来。

(1) 各地区 TFP 增长主要依靠技术进步与规模效应，这与全国总体分析得出的结论是一致的，另外，技术效率和要素配置效应为负。东部地区技术效率损失较低，中西部较高，技术进步与要素配置效应随着年份有下降的趋势，这与全国基本一致。可见，中国自改革开放以来，虽然通过技术转让从西方发达国家引进了先进的科学技术，并从模仿中提高了技术水平，但是在使用技术的效率以及自身要素的优化配置上仍然有提升的空间。因此，“十三五”期间，中国应加强自主创新，提高技术使用效率，促进结构优化与转型升级，提高要素配置效率，进而促进 TFP 的提升。

(2) 如表 6.5 所示，技术进步最快的大部分是西部地区，依次是青海(0.089)、宁夏(0.089)、海南(0.086)、天津(0.075)、新疆(0.073)、云南(0.069)、吉林(0.069)、北京(0.068)、重庆(0.068)和内蒙古(0.067)，大部分东部地区技术进步不如中西部地区。

表 6.5　各地区 TFP 分解要素排名

地区	TC 排名	TEC 排名	SEC 排名	FAEC 排名
北京	8	3	29	12
天津	4	20	2	27
河北	25	11	18	8
山西	13	21	12	21
内蒙古	10	29	1	28
辽宁	16	16	25	13
吉林	7	27	6	26
黑龙江	15	10	27	14
上海	14	2	30	15
江苏	27	1	20	7

续表

地区	TC 排名	TEC 排名	SEC 排名	FAEC 排名
浙江	24	7	21	10
安徽	20	6	26	4
福建	17	23	4	17
江西	21	14	13	18
山东	30	5	11	3
河南	28	22	3	1
湖北	22	9	19	9
湖南	23	8	22	6
广东	29	13	9	2
广西	19	25	5	16
海南	3	19	28	22
重庆	9	12	14	25
四川	26	4	23	5
贵州	11	18	17	19
云南	6	26	16	11
陕西	18	17	10	20
甘肃	12	15	24	24
青海	1	28	8	30
宁夏	2	30	7	29
新疆	5	24	15	23

资料来源：作者计算而来。

（3）如表 6.5 所示，技术效率最优的大部分是东部地区，诸如江苏（−0.079）、上海（−0.081）、北京（−0.086）、四川（−0.088）、山东（−0.089）、安徽（−0.091）和浙江（−0.092），大部分西部城市技术效率不如东部和中部城市。

（4）如表6.5所示，规模效应的排名与技术进步类似，大部分西部城市规模效应大于东部和中部城市。对于要素配置效应，则差异明显，没有明显的规律，可知中国各地区的结构问题十分突出，其在发展过程中各自面临着自身结构发展的问题，这是今后，尤其是“十三五”时期，经济发展需要面临的重要问题之一，促进结构效率的改善及结构转型升级十分必要。

三、中国东中西区域分行业经济增长的动力来源分析

类似第四章的方法与步骤，利用似不相关回归（SUR）进行分析。方程（6.1）列出了7个需要估计的方程与27个约束条件，被解释变量为各行业份额的变化，解释变量为各行业在窗口期的TFP与要素增长率，μ_{nt} 表示误差项。常数项 a_n 代表行业的固定效应，用于衡量每个行业中尚未被观察到的部分。通过前述计算方法，最终得出中国三大区域各行业TFP与要素占总产出的贡献度，如表6.6、表6.7、表6.8所示。① 另外，利用Breusch-Pagan LM检验，发现结果强烈拒绝无同期相关的原假设，故SUR比单一方程OLS更有效率。

$$ds_{nt}^{*}(A_t,V_t)=a_n+\sum_{k=2}^{7}a_{nk}\hat{A}_{kt}+\sum_{m=1}^{2}c_{nm}\hat{v}_{mt}+\mu_{nt},\quad \forall n=1,\cdots,N$$

$$\text{s.t.}\qquad a_{nk}=a_{kn};\ \sum_{k=1}^{7}a_{nk}=0;\ \sum_{m=1}^{2}c_{nm}=0;\ \sum_{n=1}^{7}c_{nm}=0 \tag{6.1}$$

① 鉴于文章篇幅限制，只报告最终结果，关于SUR回归结果以及弹性计算结果，作者将在附录中列出，附录中将列出东中西部各地区SUR回归结果及各自计算出的弹性值。

从表6.6至表6.8可以看出，中国东部地区除工业外，其余产业均依靠资本要素投入驱动，而中西部地区产业均依靠资本要素投入。可见，中国经济总体上依靠资本要素投入，劳动要素与TFP只占其中很小一部分。

(1)就东部而言，如表6.6所示。农业主要依靠要素投入贡献，占比72.78%，其中资本投入占比51.89%，劳动投入占比20.89%。TFP贡献占比27.22%，其中，自身贡献占比11.23%，溢出效应占比15.99%。溢出效应大于自身效应，这说明东部农业"技术吸收"能力强。其中工业、交通运输业和金融业对其具有正向溢出效应，这可能是因为工业技术创新有利于农机设备的改进，交通便利提高了农业运输效率和农产品流通速度，而金融业的发展为农业提供了资金保障，减少了企业的资金成本，进而提高了农业生产效率，促进了农业产值的提高。工业在部门TFP溢出的贡献下主要依靠TFP驱动，占比53.07%，其中自身贡献只占22.66%，但是溢出贡献占比30.42%，"技术吸收"能力非常强。这不同于中国目前的研究，大部分学者在传统经济增长核算方式下认为中国工业基于资本要素驱动，实际上忽略了行业间的TFP溢出效应，而这种效应实际上不可忽略，甚至可能影响我们的经验判断。要素贡献占到了46.93%，其中资本投入贡献为35.99%，劳动投入贡献为10.94%。建筑业主要依靠要素投入贡献，占比74.62%，其中资本投入占比41.95%，劳动投入占比32.68%。TFP贡献占比25.38%，其中自身贡献占比13.21%，溢出效应占比12.17%。其中，工业与房地产业对其具有正向溢出，交通运输业和其他服务业对其具有负向溢出。交通运输业主要依靠要素投入贡献，占比69.44%，其中资本投入占比63.30%，劳动投入占比6.15%。TFP贡献占比30.56%，其中自身贡献占比11.17%，溢出效应占比

19.38%。溢出效应大于自身效应，这说明东部交通运输业“技术吸收”效应能力强。其中，工业、金融业和其他服务业对其具有正向溢出，农业和房地产业对其具有负向溢出。金融业主要依靠要素投入贡献，占比80.19%，其中资本投入占比56.30%，劳动投入占比23.89%。TFP贡献占比19.81%，其中自身贡献占比11.27%，溢出效应占比8.55%。第三产业均对其具有正向溢出，第一产业和第二产业对其具有负向溢出。其他服务业主要依靠要素投入贡献，占比78.81%，其中资本投入占比66.56%，劳动投入占比12.24%。TFP贡献占比21.19%，其中自身贡献占比13.06%，溢出效应占比8.13%。交通运输业和金融业对其具有正向溢出，建筑业和房地产业对其具有负向溢出，农业与工业对其溢出的影响可以忽略不计。建筑业、交通运输业、金融业与其他服务业均依靠资本要素投入，行业间的影响十分明显，溢出效应较大。由此可知，部门之间是有关联的，各部门借助TFP的溢出效应相互影响，其影响有正有负，负向影响可能与行业间生产要素的错配有很大的关联。

表6.6 中国东部分行业经济增长的动力来源(1997—2015)

动力来源	农业	工业	建筑业	交通运输业	金融业	其他服务业
TFP贡献	**27.22**	**53.07**	**25.38**	**30.56**	**19.81**	**21.19**
自身贡献	11.23	22.66	13.21	11.17	11.27	13.06
溢出效应	15.99	30.42	12.17	19.38	8.55	8.13
农业	11.23	2.08	/	−4.69	−2.04	/
工业	5.90	22.66	8.73	2.30	−2.43	/
建筑业	/	5.13	13.21	/	−3.25	−1.67
交通运输业	5.03	13.56	−3.00	11.17	4.70	5.09

续表

动力来源	农业	工业	建筑业	交通运输业	金融业	其他服务业
金融业	5.07	12.99	/	11.26	11.27	5.71
房地产业	/	-3.35	8.14	-2.56	5.45	-0.99
其他服务业	/	/	-1.69	13.08	6.12	13.06
要素贡献	**72.78**	**46.93**	**74.62**	**69.44**	**80.19**	**78.81**
资本	51.89	35.99	41.95	63.30	56.30	66.56
劳动	20.89	10.94	32.68	6.15	23.89	12.24
合计	**100**	**100**	**100**	**100**	**100**	**100**

注:"/"为弹性系数不显著的结果,代表其他行业对本行业溢出影响很小,可以忽略不计;由于四舍五入,全书表中部分数据相加后与TFP贡献占比有差异;表中单位为%。

资料来源:作者计算而来。

(2)就中部而言,如表6.7所示。所有行业均依靠要素投入,主要基于资本要素驱动。农业主要依靠要素投入贡献,占比70.10%,其中资本投入占比58.60%,劳动投入占比11.49%。TFP贡献占比29.90%,其中自身贡献占比22.57%,溢出效应占比7.33%。工业、交通运输业和金融业对农业有正向溢出,建筑业对农业有负向溢出,这与全国类似,可能是因为建筑业吸纳了部分农村剩余劳动力,并侵占了大量农田,影响了生态环境,导致农业增加值下降。工业主要依靠要素投入贡献,占比50.17%,其中资本投入占比34.36%,劳动投入占比15.81%。TFP贡献占比49.83%,其中自身贡献占比27.56%,溢出效应占比22.27%。农业、建筑业、交通运输业和金融业对工业有正向溢出,而房地产业对工业有消极影响,这与东部结果一致。建筑业主要依靠要素投入贡献,占比86.02%,其中资本投入占比61.85%,劳动投入占比24.16%。TFP贡献占比13.98%,其中自身贡献占比

7.90%，溢出效应占比6.08%。农业、交通运输业、金融业和其他服务业对其具有负向溢出，工业对其具有显著的正向促进作用。交通运输业主要依靠要素投入贡献，占比79.63%，其中资本投入占比74.59%，劳动投入占比5.05%。TFP贡献占比20.37%，其中自身贡献占比5.45%，溢出效应占比14.92%。行业溢出超过了自身贡献，可见交通运输业“技术吸收”效应能力较强，工业、金融业与其他服务业对其正向溢出明显。金融业主要依靠要素投入贡献，占比77.86%，其中资本投入占比61.00%，劳动投入占比16.86%。TFP贡献占比22.14%，其中自身贡献占比12.08%，溢出效应占比10.06%。其中，第二产业对金融业具有负向溢出，而第三产业对其具有正向溢出，这说明实体经济与虚拟经济之间的协调度不够，这与全国样本一致。其他服务业主要依靠要素投入贡献，占比79.53%，其中资本投入占比58.88%，劳动投入占比20.65%。TFP贡献占比20.47%，其中自身贡献占比15.96%，溢出效应占比4.50%。

表6.7 中国中部分行业经济增长的动力来源(1997—2015)

动力源泉	农业	工业	建筑业	交通运输业	金融业	其他服务业
TFP贡献	**29.90**	**49.83**	**13.98**	**20.37**	**22.14**	**20.47**
自身贡献	22.57	27.56	7.90	5.45	12.08	15.96
溢出效应	7.33	22.27	6.08	14.92	10.06	4.50
农业	22.57	2.87	−1.63	−2.31	/	/
工业	4.54	27.56	11.54	7.03	−6.66	/
建筑业	−2.30	10.30	7.90	−3.59	−5.96	−3.38
交通运输业	2.32	4.45	−1.15	5.45	10.61	4.10
金融业	2.77	4.93	−1.12	6.18	12.08	3.78

续表

动力源泉	农业	工业	建筑业	交通运输业	金融业	其他服务业
房地产业	/	−0.27	2.89	/	/	/
其他服务业	/	/	−4.46	7.62	12.07	15.96
要素贡献	**70.10**	**50.17**	**86.02**	**79.63**	**77.86**	**79.53**
资本	58.60	34.36	61.85	74.59	61.00	58.88
劳动	11.49	15.81	24.16	5.05	16.86	20.65
合计	**100**	**100**	**100**	**100**	**100**	**100**

注："/"为弹性系数不显著的结果，代表其他行业对本行业溢出影响很小，可忽略不计，表中单位为%。

资料来源：作者计算而来。

（3）就西部而言，如表6.8所示。与中部一样，西部所有行业均依靠要素投入，其中主要基于资本要素驱动。农业主要依靠要素投入贡献，占比79.71%，其中资本投入占比66.70%，劳动投入占比13.02%。TFP贡献占比20.29%，其中自身贡献占比17.37%，溢出效应占比2.91%。只有工业和建筑业对其有较大影响，贡献率分别为6.99%与−4.08%。其他行业对其影响不大，可见行业间融合程度不够。工业主要依靠要素投入贡献，占比82.76%，其中资本投入占比79.95%，劳动投入占比2.81%。TFP贡献占比17.24%，其中自身贡献占比10.70%，溢出效应占比6.55%。西部工业劳动投入贡献偏低，并且自身TFP贡献也偏低，主要依赖资本驱动。建筑业主要依靠要素投入贡献，占比97.26%，其中资本投入占比66.96%，劳动投入占比30.29%。TFP贡献占比2.74%，其中自身贡献3.14%，溢出效应占比−0.40%。建筑业TFP贡献并不乐观，并且行业溢出贡献为负，具有“技术排斥”效应。交通运输业主要依靠要素投入贡献，占比95.49%，其中资本投入占比91.56%，劳动投入占比3.93%。TFP贡献占比4.51%，其中自身贡献占比2.45%，溢出效应占比2.07%。交通运输业劳动投入贡献与TFP贡献均较低，资本驱动几乎成为动力来源的全部，并且行业溢出较小。金融业主要依靠要素投入贡献，占比82.14%，其中资本投入占比56.88%，劳动投入占比25.26%。TFP贡献占比17.86%，其中自身贡献占比16.05%，溢出效应占比1.80%。说明金融业“技术吸收”能力不强。其他服务业主要依靠要素投入贡献，占比94.87%，其中资本投入占比64.22%，劳动投入占比30.65%。TFP贡献占比5.13%，其中自身贡献占比4.30%，溢出效应占比0.83%。第二产业（工业与建筑业）对其具有负向溢出，而大部分第三产业对其具有正向溢出，但是总体溢出效应并不明显，“技术吸收”能力不强。

表 6.8 中国西部分行业经济增长的动力来源（1997—2015）

动力源泉	农业	工业	建筑业	交通运输业	金融业	其他服务业
TFP贡献	**20.29**	**17.24**	**2.74**	**4.51**	**17.86**	**5.13**
自身贡献	17.37	10.70	3.14	2.45	16.05	4.30
溢出效应	2.91	6.55	−0.40	2.07	1.80	0.83
农业	17.37	/	/	/	/	/
工业	6.99	10.70	2.17	1.30	/	−0.55
建筑业	−4.08	4.29	3.14	−0.70	−1.38	−0.62
交通运输业	/	1.37	−1.23	2.45	1.34	0.92
金融业	/	1.95	−1.59	1.46	16.05	1.08
房地产业	/	/	0.26	/	/	/

续表

动力源泉	农业	工业	建筑业	交通运输业	金融业	其他服务业
其他服务业	/	-1.06	/	/	1.84	4.30
要素贡献	**79.71**	**82.76**	**97.26**	**95.49**	**82.14**	**94.87**
资本	66.70	79.95	66.96	91.56	56.88	64.22
劳动	13.02	2.81	30.29	3.93	25.26	30.65
合计	**100**	**100**	**100**	**100**	**100**	**100**

注："/"为弹性系数不显著的结果，代表其他行业对本行业溢出影响很小，可忽略不计，表中单位为%。

资料来源：作者计算而来。

另外，研究发现：①从溢出效应来看，中国东部、中部地区行业溢出均为正，而西部地区有正有负，并且从溢出规模来看，东部区域溢出效应明显，中西部次之。由此可见中国东部区域"技术吸收"能力较强，并且对中西部的经济具有辐射作用；而西部地区"技术吸收"能力较弱，行业之间融合度不够，行业间带动能力不足，溢出效应也不明显。②所有产业均依靠资本要素投入，但是建筑业与金融业中，劳动投入贡献较大，而交通运输业部门中，劳动投入贡献最低。另外，就中西部而言，建筑业与交通运输业自身的TFP贡献最低。可见改革开放以来，其行业增长大部分依赖于资本累计投入，缺少内生增长动力，这种发展不可持续，随着近些年来中国资本报酬率的下降，其行业增长速度降低在所难免。西部地区自身TFP贡献皆比较低，这可能与西部地区整体技术水平落后有关。这也间接表明了中国区域发展不平衡的事实。③东中部农业与其他行业关联密切，西部农业则联系不足。交通运输业对大部分行业均具有促进作用，可见交通设施的改善不仅能够带动经济增长，更能提高市场运转的效率，促进其他行业的发展。金融业对大部分行业均有促进作用，并且东部促进作用更加明显，中西部次之。房地产业对其他行业有抑制作用，但对建筑业均具有促进作用，这与两者间联系的紧密程度有关。楼市泡沫对实体经济的冲击不容小视，对其他行业的发展不利，尤其是东部，这种影响更为明显，中西部较轻。其他服务业的劳动贡献比重呈现东中西格局，西部比重较大，中部其次，东部次之，这可能是因为发达地区劳动力成本较高，因此更多地依赖资本驱动。

综上所述，东部地区转型升级取得进展但压力仍大，中西部地区面临“赶”与“转”的双重压力，经济增长南北分化态势趋于明显。中国地区部门驱动来源分布不尽相同，因此在制定相关政策时切忌千篇一律、盲目模仿，要结合自身的发展合理规划。

四、中国30地区分行业经济增长动力来源分析①

利用SUR方法对中国30个地区进行了类似东中西的回归，并通过式(3.52)的计算方法计算出各地区分行业的效率产出弹性(计算结果在附录中显示)。另外，本章利用Breusch-Pagan LM检验，如表6.9所示，发现所有地区结果强烈拒绝无同期相关的原假设，故SUR比单一方程OLS更有效率，应该使用SUR估计此变系数面板模型。

表6.9 各地区Breusch-Pagan LM检验结果

省际面板	Breusch-Pagan LM检验	P值	省际面板	Breusch-Pagan LM检验	P值
北京	112.190***	0.000	河南	64.745***	0.000

① 鉴于文章篇幅限制，只报告整理结果，对于SUR回归结果、弹性结果以及最终贡献，作者将在附录中列出。

续表

省际面板	Breusch-Pagan LM 检验	P 值	省际面板	Breusch-Pagan LM 检验	P 值
天津	118.380***	0.000	湖北	116.798***	0.000
河北	96.046***	0.000	湖南	78.814***	0.000
山西	81.155***	0.000	广东	89.220***	0.000
内蒙古	82.508***	0.000	广西	79.804***	0.000
辽宁	93.072***	0.000	海南	98.009***	0.000
吉林	79.753***	0.000	重庆	56.384***	0.000
黑龙江	77.283***	0.000	四川	89.203***	0.000
上海	113.492***	0.000	贵州	80.046***	0.000
江苏	76.888***	0.000	云南	100.957***	0.000
浙江	139.637***	0.000	陕西	66.464***	0.000
安徽	81.857***	0.000	甘肃	83.155***	0.000
福建	83.057***	0.000	青海	69.060***	0.000
江西	75.420***	0.000	宁夏	81.616***	0.000
山东	100.539***	0.000	新疆	74.090***	0.000

资料来源：作者计算而来。

对于30个地区而言，各行业经济增长动力的差异十分明显，并且有区域特色。本章将各行业的动力来源基于地区列了一个分布表，如表6.10所示。另外，本章汇报了各地区分行业经济增长的动力源泉，如表6.11所示。对于更加细分与详细的增长动力来源表格限于本章篇幅，在附录中公布。

(1) 农业依靠TFP驱动的地区有北京(52.13%)、上海(53.12%)和海南(55.04%)，其中北京农业自身贡献占比25.87%，行业溢出占比26.26%；上海农业自身贡献占比23.30%，行业溢出占比29.82%；

海南农业自身贡献占比24.01%，行业溢出占比31.03%。可见行业生产效率的溢出对农业产值的提高具有重要的贡献，也使得这些城市农业成功转型，依靠效率驱动行业增长。然而，中国大部分以农业为主的地区依然处于要素投入期，TFP驱动不足。当前，中国农业现代化建设已经到了加快转变发展方式的新阶段，必须更加依靠科技实现创新驱动。中国自2008年后倡导地方农业要进行适度规模经营，并在2014年出台的中央一号文件中提出要大力发展现代农业，推进农业供给侧结构性改革，矫正农业资源要素配置扭曲，让农产品生产更好地适应市场需求的必然要求，推进农业农村转型升级、培育农业农村发展新动能。

表6.10　30地区各行业经济增长主要驱动来源分布

行业	主要依靠要素贡献的地区	主要依靠TFP贡献的地区
农业	天津、河北、山西、内蒙古、辽宁、吉林、黑龙江、江苏、浙江、安徽、福建、江西、山东、河南、湖北、湖南、广东、广西、重庆、四川、贵州、云南、陕西、甘肃、青海、宁夏、新疆	北京、上海、海南
工业	河北、山西、内蒙古、辽宁、吉林、黑龙江、安徽、福建、江西、山东、河南、湖北、湖南、广西、重庆、四川、贵州、云南、陕西、甘肃、青海、宁夏、新疆	北京、天津、上海、江苏、浙江、广东、海南
建筑业	全部地区	无
交通运输业	全部地区	无

续表

行业	主要依靠要素贡献的地区	主要依靠 TFP 贡献的地区
金融业	天津、河北、山西、内蒙古、辽宁、吉林、黑龙江、浙江、安徽、福建、江西、山东、河南、湖北、湖南、广东、广西、海南、重庆、四川、贵州、云南、陕西、甘肃、青海、宁夏、新疆	北京、上海、江苏
其他服务业	北京、天津、河北、山西、内蒙古、辽宁、吉林、黑龙江、安徽、福建、江西、山东、河南、湖北、湖南、广西、重庆、四川、贵州、云南、陕西、甘肃、青海、宁夏、新疆	浙江、广东、海南

资料来源：作者计算而来。

表 6.11　中国 30 地区分行业经济增长动力源泉(1997—2015)

地区	动力源泉	农业	工业	建筑业	交通运输业	金融业	房地产业
北京	TFP 贡献	52.13	57.28	32.80	22.26	51.98	37.69
	自身贡献	25.87	29.12	22.41	12.75	29.00	24.69
	溢出效应	26.26	28.16	10.38	9.51	22.98	13.01
	要素贡献	47.87	42.72	67.20	77.74	48.02	62.31
	资本	30.97	22.65	50.38	75.58	43.65	40.15
	劳动	16.91	20.08	16.83	2.16	4.37	22.16
天津	TFP 贡献	27.65	59.92	31.69	36.85	38.33	42.99
	自身贡献	19.35	22.95	15.09	16.37	27.73	17.95
	溢出效应	8.30	36.97	16.61	20.48	10.60	25.04
	要素贡献	72.35	40.08	68.31	63.15	61.67	57.01
	资本	57.14	34.18	42.58	54.44	49.59	56.39
	劳动	15.21	5.89	25.72	8.71	12.08	0.62

续表

地区	动力源泉	农业	工业	建筑业	交通运输业	金融业	房地产业
河北	TFP贡献	12.91	38.34	16.80	31.04	23.33	16.81
	自身贡献	10.73	37.21	13.42	24.38	20.21	15.31
	溢出效应	2.18	1.12	3.38	6.66	3.12	1.50
	要素贡献	87.09	61.66	83.20	68.96	76.67	83.19
	资本	63.59	29.82	50.87	64.28	51.88	69.03
	劳动	23.50	31.85	32.33	4.68	24.78	14.17
山西	TFP贡献	31.61	28.74	32.89	21.73	35.45	34.78
	自身贡献	25.38	31.18	28.52	6.58	29.84	27.32
	溢出效应	6.23	−2.43	4.38	15.15	5.61	7.47
	要素贡献	68.39	71.26	67.11	78.27	64.55	65.22
	资本	51.60	43.53	11.26	74.91	51.46	57.00
	劳动	16.79	27.73	55.85	3.35	13.09	8.22
内蒙古	TFP贡献	29.94	7.08	13.05	4.28	13.18	9.29
	自身贡献	28.34	7.31	9.37	2.49	11.12	3.87
	溢出效应	1.61	−0.24	3.67	1.79	2.05	5.42
	要素贡献	70.06	92.92	86.95	95.72	86.82	90.71
	资本	66.44	75.17	84.04	81.64	76.98	85.64
	劳动	3.61	17.75	2.91	14.08	9.84	5.07
辽宁	TFP贡献	28.78	21.04	12.93	13.41	7.55	30.48
	自身贡献	18.50	16.15	11.53	11.86	5.11	28.08
	溢出效应	10.28	4.89	1.40	1.55	2.44	2.40
	要素贡献	71.22	78.96	87.07	86.59	92.45	69.52
	资本	30.40	64.10	72.50	76.24	80.02	57.23
	劳动	40.82	14.86	14.57	10.35	12.43	12.29

续表

地区	动力源泉	农业	工业	建筑业	交通运输业	金融业	房地产业
吉林	TFP贡献	27.61	46.40	29.53	15.22	13.29	23.70
	自身贡献	19.11	24.94	27.10	12.84	8.93	20.97
	溢出效应	8.50	21.46	2.43	2.38	4.36	2.73
	要素贡献	72.39	53.60	70.47	84.78	86.71	76.30
	资本	38.28	20.02	63.55	75.98	79.70	50.79
	劳动	34.11	33.58	6.92	8.80	7.01	25.51
黑龙江	TFP贡献	31.43	16.70	40.39	33.19	19.58	11.21
	自身贡献	21.38	8.72	31.00	16.59	4.41	10.38
	溢出效应	10.05	7.98	9.39	16.59	15.16	0.83
	要素贡献	68.57	83.30	59.61	66.81	80.42	88.79
	资本	60.55	52.24	54.96	52.14	63.19	84.65
	劳动	8.02	31.06	4.66	14.67	17.24	4.14
上海	TFP贡献	53.12	55.70	48.61	31.80	56.72	44.73
	自身贡献	23.30	29.90	18.68	12.19	27.88	29.84
	溢出效应	29.82	25.81	29.94	19.61	28.84	14.89
	要素贡献	46.88	44.30	51.39	68.20	43.28	55.27
	资本	38.15	37.81	32.10	46.98	40.25	42.88
	劳动	8.73	6.49	19.28	21.22	3.03	12.39
江苏	TFP贡献	23.94	57.73	44.01	38.87	50.04	24.35
	自身贡献	15.52	24.55	17.60	18.37	28.23	16.58
	溢出效应	8.42	33.18	26.40	20.50	21.81	7.77
	要素贡献	76.06	42.27	55.99	61.13	49.96	75.65
	资本	41.15	31.65	33.52	55.24	40.70	60.44
	劳动	34.91	10.62	22.47	5.89	9.26	15.21

续表

地区	动力源泉	农业	工业	建筑业	交通运输业	金融业	房地产业
浙江	TFP贡献	15.82	56.72	37.36	40.79	31.65	51.00
	自身贡献	3.57	29.81	21.02	14.31	21.14	25.44
	溢出效应	12.25	26.90	16.34	26.48	10.52	25.56
	要素贡献	84.18	43.28	62.64	59.21	68.35	49.00
	资本	38.43	31.11	41.96	55.23	49.24	47.48
	劳动	45.75	12.17	20.68	3.98	19.11	1.52
安徽	TFP贡献	12.33	39.54	14.85	13.12	9.49	33.28
	自身贡献	10.56	19.86	10.49	6.72	4.75	20.26
	溢出效应	1.77	19.68	4.37	6.40	4.75	13.02
	要素贡献	87.67	60.46	85.15	86.88	90.51	66.72
	资本	61.96	52.57	59.81	82.18	73.13	49.21
	劳动	25.71	7.90	25.33	4.71	17.38	17.51
福建	TFP贡献	27.46	34.41	7.09	17.19	3.61	23.27
	自身贡献	18.48	22.41	2.09	7.02	1.99	11.02
	溢出效应	8.99	12.00	5.00	10.17	1.61	12.25
	要素贡献	72.54	65.59	92.91	82.81	96.39	76.73
	资本	57.81	31.89	72.63	71.60	71.60	71.18
	劳动	14.72	33.70	20.28	11.20	24.80	5.55
江西	TFP贡献	24.79	27.72	16.88	16.73	7.39	8.07
	自身贡献	17.58	19.76	15.81	6.77	7.31	7.86
	溢出效应	7.21	7.97	1.08	9.96	0.08	0.21
	要素贡献	75.21	72.28	83.12	83.27	92.61	91.93
	资本	55.11	68.14	61.17	79.06	79.17	70.42
	劳动	20.10	4.13	21.95	4.20	13.44	21.51

续表

地区	动力源泉	农业	工业	建筑业	交通运输业	金融业	房地产业
山东	TFP贡献	29.97	44.68	13.28	25.04	26.01	32.78
	自身贡献	11.79	23.29	7.01	15.07	13.96	20.26
	溢出效应	18.18	21.39	6.27	9.97	12.05	12.52
	要素贡献	70.03	55.32	86.72	74.96	73.99	67.22
	资本	39.85	50.76	52.70	69.29	57.93	51.79
	劳动	30.19	4.57	34.02	5.67	16.06	15.43
河南	TFP贡献	7.76	15.48	16.19	19.24	18.39	13.43
	自身贡献	6.63	11.32	10.96	8.42	13.05	9.90
	溢出效应	1.13	4.17	5.23	10.82	5.34	3.53
	要素贡献	92.24	84.52	83.81	80.76	81.61	86.57
	资本	65.06	66.96	29.72	76.75	72.89	64.01
	劳动	27.17	17.56	54.10	4.01	8.72	22.56
湖北	TFP贡献	19.39	41.78	14.35	31.64	16.96	20.81
	自身贡献	11.08	27.54	7.48	15.78	11.52	16.64
	溢出效应	8.31	14.24	6.87	15.86	5.45	4.18
	要素贡献	80.61	58.22	85.65	68.36	83.04	79.19
	资本	56.43	54.71	54.43	63.90	66.84	67.31
	劳动	24.18	3.51	31.22	4.47	16.19	11.88
湖南	TFP贡献	9.39	36.35	27.60	21.57	20.82	22.46
	自身贡献	5.08	21.31	20.52	8.04	13.82	15.64
	溢出效应	4.32	15.04	7.08	13.52	7.00	6.82
	要素贡献	90.61	63.65	72.40	78.43	79.18	77.54
	资本	57.23	45.35	56.97	71.09	60.22	55.40
	劳动	33.38	18.30	15.43	7.34	18.96	22.14

续表

地区	动力源泉	农业	工业	建筑业	交通运输业	金融业	房地产业
广东	TFP贡献	12.03	50.95	30.63	36.95	22.77	50.04
	自身贡献	9.33	26.34	24.80	7.43	11.45	26.41
	溢出效应	2.70	24.61	5.84	29.52	11.31	23.62
	要素贡献	87.97	49.05	69.37	63.05	77.23	49.96
	资本	58.48	41.04	43.43	51.91	60.95	32.87
	劳动	29.50	8.02	25.94	11.13	16.28	17.09
广西	TFP贡献	26.37	24.49	5.15	10.91	2.72	20.40
	自身贡献	23.77	17.19	6.96	9.28	6.63	16.79
	溢出效应	2.60	7.31	−1.81	1.64	−3.91	3.61
	要素贡献	73.63	75.51	94.85	89.09	97.28	79.60
	资本	60.77	66.97	69.87	86.57	86.30	62.33
	劳动	12.86	8.54	24.99	2.52	10.98	17.26
海南	TFP贡献	55.04	56.78	19.13	27.44	30.44	50.10
	自身贡献	24.01	33.83	15.87	10.29	26.94	19.57
	溢出效应	31.03	22.94	3.26	17.16	3.50	30.52
	要素贡献	44.96	43.22	80.87	72.56	69.56	49.90
	资本	37.82	36.65	71.76	60.55	61.08	13.39
	劳动	7.14	6.58	9.11	12.01	8.48	36.51
重庆	TFP贡献	22.40	44.95	42.97	39.98	32.11	30.93
	自身贡献	16.07	24.62	23.10	24.43	24.81	20.12
	溢出效应	6.33	20.33	19.86	15.55	7.30	10.80
	要素贡献	77.60	55.05	57.03	60.02	67.89	69.07
	资本	61.08	45.61	33.08	55.29	65.74	14.65
	劳动	16.52	9.44	23.95	4.73	2.15	54.42

续表

地区	动力源泉	农业	工业	建筑业	交通运输业	金融业	房地产业
四川	TFP贡献	13.75	27.12	36.52	10.42	21.67	3.02
	自身贡献	11.68	18.08	25.16	1.80	15.89	1.32
	溢出效应	2.07	9.04	11.37	8.62	5.78	1.70
	要素贡献	86.25	72.88	63.48	89.58	78.33	96.98
	资本	61.53	49.24	40.49	81.50	52.28	70.39
	劳动	24.72	23.64	22.99	8.07	26.05	26.59
贵州	TFP贡献	10.46	14.22	3.06	1.97	20.85	10.02
	自身贡献	8.86	17.66	2.29	1.97	18.00	9.87
	溢出效应	1.59	−3.44	0.77	0.00	2.85	0.14
	要素贡献	89.54	85.78	96.94	98.03	79.15	89.98
	资本	61.12	57.05	77.74	97.62	57.52	86.23
	劳动	28.42	28.74	19.20	0.41	21.63	3.75
云南	TFP贡献	9.55	17.70	8.04	12.85	24.37	28.88
	自身贡献	3.84	19.98	6.47	9.15	18.74	19.45
	溢出效应	5.71	−2.27	1.57	3.70	5.63	9.42
	要素贡献	90.45	82.30	91.96	87.15	75.63	71.12
	资本	71.48	67.73	44.12	84.77	66.80	53.97
	劳动	18.97	14.56	47.83	2.38	8.82	17.16
陕西	TFP贡献	20.18	35.02	17.35	6.51	17.18	14.66
	自身贡献	18.96	19.49	11.46	3.86	13.85	14.36
	溢出效应	1.22	15.53	5.88	2.66	3.32	0.30
	要素贡献	79.82	64.98	82.65	93.49	82.82	85.34
	资本	66.12	46.31	65.74	88.80	61.27	82.33
	劳动	13.70	18.68	16.91	4.69	21.55	3.02

续表

地区	动力源泉	农业	工业	建筑业	交通运输业	金融业	房地产业
甘肃	TFP贡献	9.66	17.76	7.78	5.94	17.15	5.52
	自身贡献	7.73	17.51	6.26	6.39	10.60	4.22
	溢出效应	1.93	0.25	1.52	−0.46	6.55	1.30
	要素贡献	90.34	82.24	92.22	94.06	82.85	94.48
	资本	80.02	59.04	72.63	90.58	68.62	90.32
	劳动	10.33	23.20	19.59	3.49	14.23	4.16
青海	TFP贡献	26.83	10.74	17.03	9.01	14.02	8.45
	自身贡献	27.16	11.11	8.99	2.16	21.83	6.48
	溢出效应	−0.33	−0.37	8.04	6.85	−7.81	1.97
	要素贡献	73.17	89.26	82.97	90.99	85.98	91.55
	资本	60.50	71.78	78.67	88.26	63.33	90.17
	劳动	12.67	17.47	4.30	2.73	22.65	1.37
宁夏	TFP贡献	3.91	10.75	1.03	4.16	2.34	8.80
	自身贡献	10.71	7.65	1.62	3.06	1.09	7.96
	溢出效应	−6.80	3.10	−0.59	1.10	1.25	0.84
	要素贡献	96.09	89.25	98.97	95.84	97.66	91.20
	资本	73.33	81.10	61.02	92.31	68.37	88.15
	劳动	22.76	8.15	37.95	3.54	29.29	3.05
新疆	TFP贡献	31.94	45.10	3.56	27.34	9.80	15.17
	自身贡献	27.10	27.36	4.49	19.12	8.62	11.00
	溢出效应	4.83	17.74	−0.93	8.21	1.18	4.17
	要素贡献	68.06	54.90	96.44	72.66	90.20	84.83
	资本	52.30	40.75	86.66	67.25	84.77	74.90
	劳动	15.76	14.15	9.78	5.41	5.43	9.93

资料来源：作者计算而来。表中单位为%，保留两位小数。

(2) 工业依靠TFP驱动的地区主要有北京(57.28%)、天津(59.92%)、上海(55.70%)、江苏(57.73%)、浙江(56.72%)、广东(50.95%)和海南(56.78%)。与农业类似,这些地区行业溢出贡献较大,分别是北京(28.16%)、天津(36.97%)、上海(25.81%)、江苏(33.18%)、浙江(26.90%)、广东(24.61%)和海南(22.94%)。说明这些城市工业的"技术吸收"能力较强。传统增长核算认为,中国工业总体上基于资本要素驱动,TFP贡献不足,实际上个别地区已经实现TFP驱动,只是学者们并没有将行业溢出融入增长核算方程,因此忽略了行业溢出的贡献。这样基于总体得出的一些结论与建议可能并不适用于一些地区,这也是本书一直主张的,对于具体地区,应按照各自的发展模式,差异化对待。从表6.11可知,对于东部沿海地区,工业是所有行业中溢出效应最大的行业,其"技术吸收"效应能力最强,而对于西部地区,工业溢出效应尚不足,甚至有负效应,如山西(−2.43%)、内蒙古(−0.24%)、贵州(−3.44%)、云南(−2.27%)和青海(−0.37%)。为应对此问题,2015年5月"中国制造2025"规划适时出台,准确把握了科技革命和产业变革趋势,为处于互联网冲击下的中国制造业带来了弯道超车的机会。

(3) 对于建筑业与交通运输业来说,所有城市均依靠资本要素投入驱动,劳动贡献均不足。但是,建筑业劳动贡献比重比交通运输业比重大,这是因为建筑业属于劳动密集型行业,中国建筑业增长方式仍属于粗放式增长,其劳动力整体文化与技能水平偏低妨碍了劳动生产率的提高,影响了建筑业技术水平的提高。另外,交通运输业的发展主要依赖于大规模的交通基本建设投资,随着资本边际收益的递减,行业资源配置不合理和资源浪费现象妨碍了交通投资效率和效益的提高。

(4) 金融业依靠TFP驱动的地区主要有北京(51.98%)、上海

(56.72%)和江苏(50.04%)，这些地区都是金融业非常发达的。其中，北京金融业自身贡献占比29.00%，行业溢出占比22.98%；上海金融业自身贡献占比27.88%，行业溢出占比28.84%；江苏金融业自身贡献占比28.23%，行业溢出占比21.81%。与农业、工业类似，其行业溢出效应均十分明显，可见其他行业对金融业的溢出效应推动了金融业整体的发展。然而，全国仅有这3个地区基于TFP驱动，大部分地区均依靠要素投入，其中资本投入贡献占了主要部分。

(5)其他服务业依靠TFP驱动的地区主要有浙江(51.00%)、广东(50.04%)和海南(50.10%)，其中，浙江其他服务业自身贡献占比25.44%，行业溢出占比25.56%；广东其他服务业自身贡献占比26.41%，行业溢出占比23.62%；海南其他服务业自身贡献占比19.57%，行业溢出占比30.52%。这些地区均为东部发达地区，中西部地区无基于TFP驱动的产业。

就个别城市而言，本章选取北京市作为代表进行分析。从表6.12可知，北京市在1997—2015年间农业、工业和金融业基本上实现了TFP驱动，其他行业依然依靠要素驱动，可见北京市在经济结构转型升级、经济增长动能转换上取得了一定的成效，但是还有进步的空间。从行业间的影响来看，部门行业之间存在负向影响，这说明行业发展出现了资源错配的可能。具体来说，北京市各行业经济增长驱动力分析如下。

表6.12 北京市分行业经济增长的动力来源(1997—2015)

动力源泉	农业	工业	建筑业	交通运输业	金融业	其他服务业
TFP贡献	**52.13**	**57.28**	**32.80**	**22.26**	**51.98**	**37.69**

续表

动力源泉	农业	工业	建筑业	交通运输业	金融业	其他服务业
自身贡献	25.87	29.12	22.41	12.75	29.00	24.69
行业溢出	26.26	28.16	10.38	9.51	22.98	13.01
农业	25.87	8.05	−1.02	10.54	8.08	/
工业	6.51	29.12	17.45	/	/	/
建筑业	−0.79	15.41	22.41	−9.76	−11.02	−0.17
交通运输业	8.31	12.56	−8.17	12.75	10.83	6.18
金融业	14.63	/	−1.16	11.12	29.00	7.15
房地产业	−2.40	−0.75	8.16	−2.38	2.58	−0.15
其他服务业	/	−7.11	−4.89	/	12.50	24.69
要素贡献	**47.87**	**42.72**	**67.20**	**77.74**	**48.02**	**62.31**
资本	30.97	22.65	50.38	75.58	43.65	40.15
劳动	16.91	20.08	16.83	2.16	4.37	22.16
合计	**100**	**100**	**100**	**100**	**100**	**100**

注:“/”为弹性系数不显著的结果,代表其他行业对本行业溢出影响很小,可忽略不计,表中单位为%。

资料来源:作者计算而来。

(1)对于农业而言,其主要依靠TFP驱动,占52.13%,其中农业自身TFP贡献为25.87%,行业TFP溢出贡献为26.26%。要素驱动贡献为47.87%,其中资本驱动贡献为30.97%,劳动驱动贡献为16.91%。工业、交通运输业和金融业对其具有正向溢出贡献,分别为6.51%、8.31%和14.63%。这有可能是因为,工业技术进步改良了农机等设备,提高了农业劳动生产效率,并且交通状况的改善便利了农产品的运输,进而刺激了农业的经济增长,金融工具创新提高了农业资本的利用效率，提高了农业生产效率，并且金融业对其正向影响最大。然而，建筑业、房地产业对其具有负向溢出贡献，分别为－0.79％和－2.40％。这可能是因为，1997—2015年期间，中国快速的城市化与工业化使得建筑业吸取了农业大量剩余劳动力，对其劳动效率产生了负面影响，而房地产的泡沫化更是推动建筑业的发展，也进一步削弱了农业劳动力。另外，其他服务业对农业的影响不太明显。这可能是因为北京市其他服务业与农业的融合度不够，对其影响比较弱。

（2）对于工业而言，其主要依靠TFP驱动，占57.28％，其中工业自身TFP贡献为29.12％，行业TFP溢出贡献为28.16％。要素驱动贡献为42.72％，其中资本驱动贡献为22.65％，劳动驱动贡献为20.08％。农业、建筑业和交通运输业对其具有正向溢出贡献，分别为8.05％、15.41％和12.56％。这有可能是因为，农业生产率水平的提升能够为工业提供源源不断的工业原料，进而促进其生产力的提升，而建筑业生产力水平的提高能够促进北京市工业基础设施的改善，进而间接提高工业总产值。交通运输业越发达，产品的流动就越快，并且基础设施就越完善，基础设施建设的外溢效应就越明显，因此更能促进工业产值的提升。然而，房地产业与其他服务业对其具有负向溢出，分别为－0.75％和－7.11％。伴随城镇化的深入，北京房地产迅速发展，随着房价的迅猛上涨，泡沫化越来越严重，影响了实体经济的发展。另外，金融业对工业的影响不太明显。说明北京金融部门服务于实体经济的目的并没有达到。

（3）对于建筑业而言，其主要依靠要素驱动，占67.20％，其中资本驱动贡献为50.38％，劳动驱动贡献为16.83％。另外，TFP贡献占32.80％，其中建筑业自身TFP贡献为22.41％，行业TFP溢出贡献为10.38％。其中工业和房地产业对其具有正向溢出贡献，分别为

17.45%和8.16%。这有可能是因为，工业设备的改进以及新科技的应用能够极大提高建筑业的生产效率。房地产与建筑业之间存在天然的联系，房地产业效率的提升能够促进楼盘的销售，进而促进建筑业产值的提升。然而，农业、交通运输业、金融业与其他服务业对其具有负向溢出，分别为－1.02%、－8.17%、－1.16%和－4.89%。究其原因，可能是由于产业关联不足，行业间协调发展出现了错配。并且，可以看出建筑业的自生能力较差，并且基本上对其他行业的影响也较为微弱。

(4)对于交通运输业而言，其主要依靠要素驱动，占77.74%，其中资本驱动贡献为75.58%，劳动驱动贡献为2.16%。另外，TFP贡献占22.26%，其中交通运输业自身TFP贡献为12.75%，行业TFP溢出贡献为9.51%。农业和金融业对其具有正向溢出贡献，分别为10.54%和11.12%。这有可能是因为，农业生产效率的提升会促进农产品产值的提高，进而刺激物流业，特别是冷链物流的创新。金融业为交通运输业提供资金保障，其创新效率更有益于传递到依靠资本驱动的交通运输业。然而，建筑业与房地产业对其具有负向溢出，分别为－9.76%和－2.38%。究其原因，可能是由于北京城市化进程中，建筑业和房地产业的迅速扩张，虽然刺激了工业部门生产能力以及房地产行业繁荣，但是对其他部门及行业产生了"挤出效应"，在某种程度上抑制了其他行业的发展。最后，工业与其他服务业对其影响不大，可见其自身能力还是比较强，行业资源基本上掌握在政府部门手上。

(5)对于金融业而言，其主要依靠TFP驱动，占51.98%，其中金融业自身TFP贡献为29.00%，行业TFP溢出贡献为22.98%。要素驱动贡献为48.02%，其中资本驱动贡献为43.65%，劳动驱动贡献为4.37%。农业、交通运输业、房地产业和其他服务业对其具有正向溢出贡献，分别为8.08%、10.83%、2.58%和12.50%。其他服务业的溢出程度最大，这有可能是因为金融业与其他服务业的融合程度更为密切，存在相互依存的发展关系。然而，建筑业对其具有负向溢出，为−11.02%。另外，工业对其影响不大。由此可见，实体经济与虚拟经济并没有更好地协调发展。

(6) 对于其他服务业而言，其主要依靠要素驱动，占62.31%，其中资本驱动贡献为40.15%，劳动驱动贡献为22.16%。另外，TFP贡献占37.69%，其中自身TFP贡献为24.69%，行业TFP溢出贡献为13.01%。交通运输业、金融业对其具有正向溢出贡献，分别为6.18%和7.15%。这说明金融业效率的提升对于其他服务业尤其是生产服务业而言具有正向的促进作用，金融工具能够帮助服务业企业减少资金压力，降低企业成本，促进其产值的提升。然而，建筑业与房地产业对其具有负向溢出，分别为−0.17%和−0.15%，负向溢出比较小，基本上影响不大。另外，农业和工业对其影响不太明显。余典范(2011)认为第三产业的自生能力较差是一个普遍的现象，而北京市其他服务业自身能力较强，说明北京市服务业的发展走向了正常的轨道，在质量发展上取得了一定的成效。

五、简要结论

本书利用1997—2015年全国整体以及30地区7大行业的宏观数据，在一般均衡分析框架下测度了全国东中西以及30地区7大行业的经济增长动力来源，研究发现：

(1) 样本期间，中国30地区均依靠资本要素的累计投入，并且劳动要素贡献和TFP贡献偏低，TFP增速大体呈东中西格局。各地区TFP增长主要依靠技术进步与规模效应，技术效率和要素配置效应为负。东部地区技术效率损失较低，中西部较大，技术进步与要素配置效应随着年份变化有下降的趋势。

（2）全国东中西区域，除东部工业依靠TFP驱动以外，其余均基于资本要素驱动，劳动和TFP贡献比较低。纵观三大区域，部门间溢出效应呈现东中西差异，东部溢出最大，“技术吸收”能力最强，中西部次之，并且工业溢出效应在各区域所有行业中最大，东部城市产业关联比较强，中西部次之。

（3）东中部农业与其他行业关联密切，西部农业则关联不密切。交通运输业、金融业对大部分行业均具有促进作用，并且在东部的促进作用更加明显，中西部次之。房地产泡沫化对产业融合具有不利影响。房价涨幅越高的城市，房地产业对行业的损害程度越高；房价涨幅越低的城市，房地产业对其他行业的损害程度越低。其他服务业的劳动贡献比重呈现东中西格局，西部比重较大，中部其次，东部次之，这可能是因为发达城市劳动力成本较高，因此更多地依赖资本驱动。

（4）30个地区增长动力各有差异。农业依靠TFP驱动的地区主要有北京、上海和海南；工业依靠TFP驱动的地区主要有北京、天津、上海、江苏、浙江、广东和海南；金融业依靠TFP驱动的地区主要有北京、上海和江苏；其他服务业依靠TFP驱动的地区主要有浙江、广东和海南。

第四节 本章小结

在全国经济下行的趋势下，原有经济增长动力出了问题，原本在资本驱动下的经济增长，在资本报酬率递减的规律下，必须切换动能才能促进中国整体经济的提升。然而，中国区域发展不平衡，地区发展情况大不相同，在总量经济核算方法下开出的“药方”并不一定适合每个地区。鉴于此，有必要弄清楚各个地区各自的增长动力源泉。本章首先利用1997—2015年的宏观经济数据，测度了中国30个地区经济增长的动力源泉，并就此展开详细分析。然后在此基础上分析了各地区TFP增长情况，并运用SFA对TFP进行了“四分法”的分解。最后，利用部门行业数据，在TFP溢出效应核算方程下测度了各个地区分行业经济增长的动力源泉，更加细致地分析了各地区的经济增长，以期为地区经济增长动能转换提供有益思路。

CHAPTER 7

第七章

中国经济转型发展的空间考察

本章主要基于TFP的溢出效应，对中国经济转型发展进行空间考察。本章第一部分基于产品多样化模型，推演TFP增长动力模型，采用2000—2013年中国242个地级市的相关数据，结合空间杜宾模型，考察了TFP的空间溢出效应。第二部分使用SBM方向性距离函数和Malmquist-Luenberger指数，测算并分解了中国66个城市的绿色TFP，并运用空间杜宾模型探讨其空间溢出效应。

第一节 地区全要素生产率的增长动力与溢出效应

一、问题提出

依靠 TFP 的经济增长模式得到了诸多专家学者的共识。然而，2013 年中国的 TFP 增长率已接近于零，之后其增速始终不理想。为何 GDP 的快速增长与 TFP 的低速增长共存？主要原因是原有的经济增长模式主要依靠资本和劳动要素的高投入，并未走上依靠 TFP 增长驱动的轨道。本书主要关注的问题为：中国能否成功扭转 TFP 增长率下降的局面？TFP 是否有足够的增长潜力？TFP 的增长在未来能否支撑起中国的经济增长？要回答上述问题，首先需要分析 TFP 增长的源泉。提高 TFP 通常有两种途径：技术进步；配置效率提升。内生增长理论认为，创新是促进 TFP 增长的重要因素，而创新在很大程度上源自研发活动、人力资本及外部技术溢出效应。TFP 的增长对地区经济的可持续发展具有不可替代的重要作用。

当前已有大量研究中国区域 TFP 差距状况的文献，但是关于 TFP 增长源泉的实证研究存在三个方面的不足：第一，相关研究对 TFP 增长来源的理论模型没有给予合理的解答，只是自行设定模型，再利用计量方法试错，缺少微观基础和理论机制；第二，大多从总体上考察 TFP 对经济增长的贡献及其影响因素，即使从区域层面开展研究，也是假设各区域均为独立的经济体，忽略了各区域在地理空间上的依赖性和相关性——实际上各地区是相互影响甚至密不可分的；第三，关于 TFP

溢出效应的研究大多基于省级层面展开，缺少地级市层面的考察，而地级市是地区经济发展的重要组成部分，以之为研究样本可得出更具说服力的结论。

鉴于此，本书采用2000—2013年中国242个地级市的数据，在产品多样化模型的基础上，探讨TFP增长的动力来源和空间溢出。下文安排如下：介绍理论模型与影响机制；说明数据来源与处理方法；利用理论部分推导出的模型进行实证检验；总结简要结论，并提出政策建议。

二、TFP增长动力模型

（一）基于产品多样化模型的TFP分解

在Romer的产品多样化模型的基础上，遵循Ertur和Koch对空间延伸类生产函数的设定，假定世界上有一个独立的地区和其他N个地区，人口数量L是固定的，且拥有一单位可用于制造业的劳动。为简单起见，本书假定每个人没有对闲暇的需求，从而每个人都无弹性地提供所拥有的一单位劳动，无论工资率如何。最终产品的生产环境是完全竞争的，使用劳动生产一系列指标为$i\in[0,M_t]$的中间产品投入，其中M_t表示产品种类。参考Broda、Greenfield和Weinstein的做法，将最终产品的生产函数设定为

$$Y_i(t)=[A_i(t)L_i(t)]^{1-\alpha}\left[\int_0^{M_i(t)}x_i^{\upsilon}(t)\mathrm{d}\upsilon\right]^{\alpha/\upsilon} \tag{7.1}$$

式(7.1)中：$A_i(t)$表示技术参数；α等于1减去产出中的劳动份额，$\alpha\in(0,1)$；υ表示投入品种类X_{it}之间的替代弹性，$\upsilon\in(0,1)$，υ值较高表示投入品更易替代。若专注于所有投入品都使用相同数量X_t的均衡，则可得出下式：

$$Y_i(t) = [A_i(t)L_i(t)]^{1-\alpha}M_i(t)^{\alpha/\upsilon}x_i^{\alpha}(t) \tag{7.2}$$

若每一单位投入品都是由资本按固定比例一比一地生产出来的，则

$$Y_i(t) = A_i(t)^{1-\alpha}L_i(t)^{1-\alpha}M_i(t)^{[(1-\upsilon)/\upsilon]\alpha}K_i(t)^{\alpha} \tag{7.3}$$

将式(7.3)代入 TFP 的计算公式即 $TFP_i(t) = \dfrac{Y_i(t)}{L_i(t)^{1-\alpha}K_i(t)^{\alpha}}$，则

$$TFP_i(t) = A_i(t)^{1-\alpha}M_i(t)^{[(1-\upsilon)/\upsilon]\alpha} \tag{7.4}$$

TFP 增长的来源由两部分组成：关于产品种类的部分体现在 $M_i(t)^{[(1-\upsilon)/\upsilon]\alpha}$ 中；关于质量改进的部分体现在 $A_i(t)^{1-\alpha}$ 中。这也是产品多样化模型的核心思想。

(二) TFP 增长动力的进一步分解

关于质量改进的分解，参考 Ertur 和 Koch 的方法，将 $A_i(t)^{1-\alpha}$ 定义为

$$A_i(t)^{1-\alpha} = \zeta\prod_{j=1}^{n}\left[\frac{TFP_j(t)}{TFP_i(t)}\right]^{\gamma W_{ij}} \tag{7.5}$$

式(7.5)中，γ 衡量的是技术扩散的程度，$\gamma \in (-1,1)$。假定促使 TFP 增长的产品质量改进部分是关于一个地区与自身技术前沿差距的负向关系，用 $TFP_i(t)$ $(i=1,2,\cdots,n)$ 表示这一技术前沿，并假设位于这一技术前沿的城市在世界上处于领导者地位。这种方法需要定义一个标准化的技术前沿城市，每计算一个技术前沿城市，必须解释与之相对的另一个特定城市。同时，假设交互项 W_{ij} 是非负、有限和非随机的，且技术落后城市与技术前沿的差距决定了生产率提升的质量改进部分，该差距越小说明质量越高。因此，W_{ij} 反映了 TFP 的空间溢出效应。进一步推出：

$$\mathrm{TFP}_i(t)=\zeta\prod_{j=1}^{n}\left[\frac{\mathrm{TFP}_j(t)}{\mathrm{TFP}_i(t)}\right]^{\gamma W_{ij}}M_i(t)^{[(1-\upsilon)/\upsilon]\alpha} \tag{7.6}$$

关于产品种类的分解，参考 Grossman Helpman 和 Ansua 的研究。一个地区的产品种类多样化取决于其自身的 R&D 投入、人力资本和其他贸易地区的 R&D 投入和人力资本。定义：

$$M_i(t)^{[(1-\upsilon)/\upsilon]\alpha}=R_i^{\theta}(t)H_i^{\psi}(t)\prod_{j=1}^{n}\left[R_j^{\theta}(t)H_i^{\psi}(t)\right]^{\gamma W_{ij}} \tag{7.7}$$

式(7.7)中：$R_i(t)$ 表示 R&D 投入；$H_i(t)$ 表示人力资本；θ 和 ψ 分别表示 R&D 投入和人力资本的弹性。研发溢出过程受到距离的影响，即距离越远，技术溢出受到的限制或技术溢出的成本越大。因此，W_{ij} 反映了 R&D 与人力资本的空间溢出效应。

将 $A_i(t)^{1-\alpha}$ 代入式(7.4)，得到

$$\mathrm{TFP}_i(t)=\zeta\prod_{j=1}^{n}\left[\frac{\mathrm{TFP}_j(t)}{\mathrm{TFP}_i(t)}\right]^{\gamma W_{ij}}R_i^{\theta}(t)H_i^{\psi}(t)\prod_{j=1}^{n}\left[R_j^{\theta}(t)H_i^{\psi}(t)\right]^{\gamma W_{ij}} \tag{7.8}$$

对式(7.8)两边取对数，并整理同类项后可得：

$$\ln\mathrm{TFP}_i(t)=\ln\frac{\zeta}{2}+\frac{\gamma}{2}\sum_{j=1}^{n}W_{ij}\ln\mathrm{TFP}_j(t)+\frac{\theta}{2}\ln R_i(t)+\frac{\psi}{2}\ln H_i(t)+\frac{\gamma\theta}{2}\sum_{j=1}^{n}W_{ij}\ln R_j(t)+\frac{\gamma\psi}{2}\sum_{j=1}^{n}W_{ij}\ln H_j(t) \tag{7.9}$$

式(7.9)同样可以写成：

$$\ln\mathrm{TFP}_i(t)=\beta_0+\beta_1\ln R_i(t)+\beta_2\ln H_i(t)+\rho\sum_{j=1}^{n}W_{ij}\ln\mathrm{TFP}_j(t)+\lambda_1\sum_{j=1}^{n}W_{ij}\ln R_j(t)+\lambda_2\sum_{j=1}^{n}W_{ij}\ln H_j(t) \tag{7.10}$$

式(7.10)中：$\beta_0=\ln\frac{\zeta}{2}$ 为截距项；$\beta_1=\frac{\theta}{2}$ 是一个地区的 R&D 投入对该地区 TFP 的影响系数；$\beta_2=\frac{\psi}{2}$ 是一个地区的人力资本投入对该

地区 TFP 的影响系数；$\rho=\frac{\gamma}{2}$ 是空间自回归系数，衡量的是地区间知识扩散的程度；$\lambda_1=\frac{\gamma\theta}{2}$ 是有贸易来往地区的 R&D 投入对该地区 TFP 的影响系数；$\lambda_2=\frac{\gamma\psi}{2}$ 是有贸易来往地区的人力资本投入对该地区 TFP 的影响系数。

由此可见，地区 TFP 增长动力不仅仅来自本地的 R&D 投入和人力资本的贡献，还与周边地区的 R&D 投入和人力资本有很大关联。

三、数据来源和方法

(一) 数据来源与变量说明

1. 数据选取

本书选取中国 242 个城市作为研究样本，利用其 2000—2013 年的数据进行研究。数据主要来源于 2000—2014 年的《中国统计年鉴》《中国区域经济统计年鉴》《中国城市统计年鉴》《中国经济与社会发展统计数据库》和相关城市的统计年鉴。对于《中国区域经济统计年鉴》和《中国城市统计年鉴》中的缺失数据，从各地统计年鉴中获取。①

2. 变量说明

1) 全要素生产率(TFP)

目前关于 TFP 的计算方法有很多，本书采用索洛残差法计算

① 例如，北京市缺失 2000 年科学事业费和教育事业费支出，福建省和山东省各城市缺失 2000 年从业人员数，辽宁省缺失 2002 年从业人员数，南宁、梧州、玉林缺失 2004 年从业人员数，贵港缺失 2004 年固定资产投资，福建省和云南省缺失 2000、2006 年从业人员数，北京、天津缺失 2012、2013 年从业人员数，上海、南宁和重庆缺失 2013 年从业人员数，这些数据均从各自统计年鉴中获取。

TFP。本书采用郭庆旺和贾俊雪的方法计算资本弹性和劳动弹性，分别为0.635和0.365。将实际GDP作为产出(Y)。其中，各地区名义GDP的计算过程为：先根据各地区的GDP平减指数计算出各城市的GDP平减指数①，再调整为2000年的不变价格。关于劳动投入(L)，从《中国区域经济统计年鉴》中获得更为全面的就业数据。关于资本存量(K)，采用永续盘存法(PIM)估算。其中，各地区名义固定资产的计算过程为：先根据各地区的固定资产平减指数计算出各城市的固定资产平减指数，再调整为2000年不变价格。基期资本存量的计算过程为：采用Reinsdorf的方法，利用公式$K_0=I_0(1+g)/(g+\rho)$计算，其中g为不变价投资的平均增长率，ρ为资本平均折旧率，具体值为10.96%。

2）研发投入(R&D)

鉴于《中国科技统计年鉴》中只有省域层面的R&D数据，许多地区的统计年鉴没有报告R&D支出的详细数据，且《中国城市统计年鉴》只报告了各城市的科学事业费和教育事业费支出，并没有报告研发数据，有学者将科学事业费与教育事业费支出之和作为R&D投入的替代变量。考虑到数量级别的差异往往导致估计误差，笔者采用如下方法估算各城市的R&D数据：首先，计算各样本城市的科学事业费与教育事业费支出之和，并计算每年其占所在地区总和的比例；然后，用每年各地区的真实R&D数据乘以该比例，将结果作为每年各地区的样本城市的R&D数据。

3）人力资本(HC)

人力资本是凝结在劳动者身上的体力、健康、知识、经验和专业技

① 假设同一地区内各城市的GDP平减指数一样，并与该地区的GDP平减指数相同。

能等因素的总称。目前国内外许多学者使用平均教育年限等作为人力资本的衡量指标。具体公式如下：

$$\mathrm{HC}(t) = \int_0^{\infty} \phi \chi(t,\phi)\,\mathrm{d}\phi \tag{7.11}$$

其中：HC(t)为 t 期的人均人力资本存量；ϕ 为受教育年限[①]；$\chi(t,\phi)$ 指 t 期受教育年限为 ϕ 的人口占总人口的比例。

各变量的描述性统计结果如表 7.1 所示。

表 7.1　各变量的描述性统计结果

变量	均值	标准差	最小值	最大值
ln$Y$	15.45	1.00	12.10	18.94
ln$K$	15.44	0.95	12.36	19.08
ln$L$	5.31	0.72	1.50	7.45
lnTFP	3.71	0.44	2.07	4.86
lnR&D	10.99	1.38	6.16	16.29
lnHC	3.35	0.45	1.93	7.35

注：N=3388。

(二) 计量模型与空间权重矩阵的选择

将式(7.10)写成矩阵形式：

$$\mathrm{TFP} = \beta_0 + \boldsymbol{R}\beta_1 + \boldsymbol{H}\beta_2 + \lambda_1 \boldsymbol{WR} + \lambda_2 \boldsymbol{WH} + \rho \boldsymbol{W}\mathrm{TFP} \tag{7.12}$$

令 TFP = lnTFP$_i(t)$，生成一个关于 TFP 的 $N\times1$ 阶的矩阵；令 $\boldsymbol{R}$ = ln$R_i(t)$，生成一个关于 R&D 的 $N\times1$ 阶矩阵；令 $\boldsymbol{H}$ = ln$H_i(t)$，生成一个关于人力资本存量的 $N\times1$ 阶矩阵；$\boldsymbol{W}$ 是 $N\times N$ 阶空间权重矩阵。

① 小学取 6 年，初中取 3 年，高中取 3 年，大学取 3.5 年。

在式(7.12)中加入误差项，得到衡量TFP增长的空间杜宾模型(spatial Dubin model，SDM)：

$$\mathrm{TFP} = \beta_0 + \boldsymbol{R}\beta_1 + \boldsymbol{H}\beta_2 + \lambda_1 \boldsymbol{WR} + \lambda_2 \boldsymbol{WH} + \rho \boldsymbol{W}\mathrm{TFP} + \varepsilon \tag{7.13}$$

最小二乘回归(ordinary least square，OLS)法不适于估计空间杜宾模型，因此本书采用最大似然法估计模型。构建空间计量模型的关键环节在于空间权重矩阵的选择。为使研究结果更为稳健，本书使用两种空间权重矩阵以进行稳健性检验：一是地理距离空间权重矩阵；二是基于经济效益的引力模型空间权重矩阵。

1. 地理距离空间权重矩阵

用两个地区间地理距离倒数的平方设定地理距离空间权重矩阵，具体见式(7.14)：

$$\boldsymbol{W}_{\mathrm{d}} = \begin{cases} 0 & i = j \\ \dfrac{1}{d_{ij}^2} & i \neq j \end{cases} \tag{7.14}$$

其中，d_{ij}为i城市与j城市的空间球面距离。计算方法如下：利用Google地图提供的城市的经纬度，求出城市点i与城市点j的球面距离。两个地区的地理距离越近(远)，则赋予该城市越大(小)的权重。上述计算方法不仅可以消除地理距离量纲对结果的影响，而且可以消除铁路距离和公路距离的变动造成的测算误差。

2. 基于经济效益的引力模型空间权重矩阵

本书认为两个贸易地区间的关系不仅受到空间距离的影响，而且与经济发展水平有关。借鉴Feankel和Romer的研究，并结合引力模型，本书构建如式(7.15)所示的空间权重矩阵：

$$\boldsymbol{W}_{\mathrm{g}} = \begin{cases} 0 & i = j \\ G_{ij} = \dfrac{\mathrm{GDP}_i \mathrm{GDP}_j}{d_{ij}^2} & i \neq j \end{cases} \tag{7.15}$$

其中，引力矩阵中的全市 GDP 是 2000—2013 年的平均值。

四、实证检验

（一）空间相关性检验

本书采用拟极大似然法估计模型参数，运用 Stata 14 统计软件进行数据分析。空间相关性检验结果见表 7.2。如表 7.2 所示，中国 242 个地级市的 TFP 的 Moran's I 值始终在 0.1 以上波动，显著偏离随机分布，反映出“临近”城市的 TFP 存在明显的空间依赖性；研发投入和人力资本也是如此，其 Moran's I 值均在 0.05 以上波动。

表 7.2　2000—2013 年 lnTFP、lnR&D 和 lnHC 的全域 Moran's I 值

变量	年份						
	2000	2001	2002	2003	2004	2005	2006
lnTFP	0.105 ***	0.104 ***	0.112 ***	0.112 ***	0.108 ***	0.109 ***	0.117 ***
lnR&D	0.067 ***	0.073 ***	0.079 ***	0.081 ***	0.088 ***	0.092 ***	0.100 ***
lnHC	0.054 ***	0.057 ***	0.060 ***	0.065 ***	0.063 ***	0.059 ***	0.068 ***
变量	2007	2008	2009	2010	2011	2012	2013
lnTFP	0.113 ***	0.103 ***	0.109 ***	0.101 ***	0.109 ***	0.118 ***	0.127 ***
lnR&D	0.101 ***	0.100 ***	0.091 ***	0.091 ***	0.095 ***	0.097 ***	0.096 ***
lnHC	0.072 ***	0.065 ***	0.017 **	0.058 ***	0.054 ***	0.051 ***	0.046 ***

注：括号中的数值为标准误；“ * ”、“ ** ”和“ *** ”分别表示 90%、95%和 99%的显著性水平。

数据来源：2000—2014 年《中国城市统计年鉴》及个别城市统计年鉴。

为进一步探查中国 242 个城市 TFP 的空间关联性，本书运用 Geoda 软件制作 2000 年、2004 年、2008 年和 2013 年 lnTFP 的 Moran's I 散点图，见图 7.1。图 7.1 中的各分图均分为 4 个区域：右上区域为 HH(high-high)类型，为高 TFP 集群的城市；左上区域为 HL (high-low)类型，为高技术和低技术混合聚集的城市；左下区域为 LL (low-low)类型，为低 TFP 集群的城市；右下区域为 LH(low-high)类型，为低技术与高技术混合聚集的城市。从图 7.1 可知，HL 类型和 LH 类型的城市是偏离全域正空间自相关的城市，其 TFP 表现为非典型性；大部分城市主要聚集于左上区域，右上区域的聚集并不明显，可见中国大部分城市的 TFP 水平并不高。

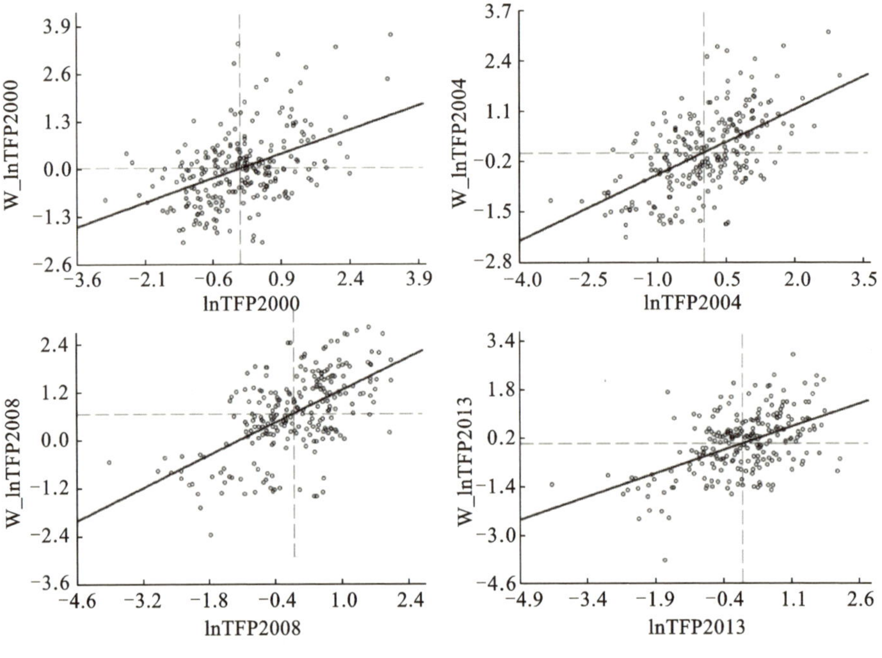

图 7.1 中国 242 个城市 lnTFP 的 Moran's I 散点图

(二)描述性分析

2001—2013 年中国 242 个城市平均 lnTFP、lnR&D 和 lnHC 的增长率走势见图 7.2。经计算可得：2000—2013 年中国 242 个城市 TFP 的年均增长率为 5.8%；2001 年中国加入 WTO 后，TFP 增长率进入稳定增长状态，2003 年跌到谷底，2004 年有所上升——这可能与中国国有企业改革后效率得到提升有关，2008 年以后一直下降[①]。此外，2000—2013 年中国 242 个城市研发投入的年均增长率为 23.8%，人力资本的年均增长率为 1.4%。可见，自 2000 年以来，中国城市的研发投入大幅提升，而人力资本增速较慢。

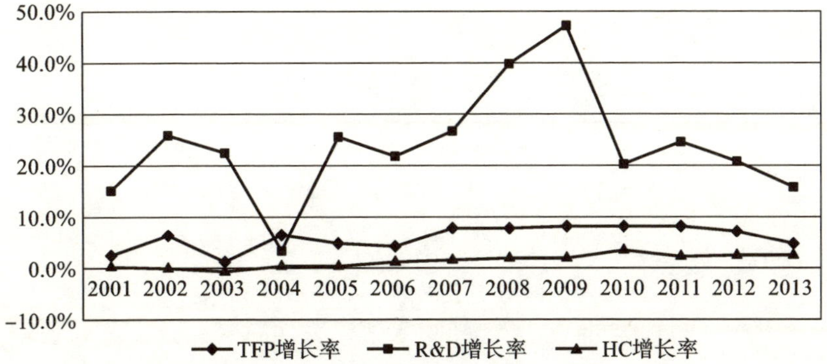

图 7.2 2001—2013 年中国 242 个城市 TFP、研发投入和人力资本的增长率走势

数据来源：2000—2014 年《中国城市统计年鉴》及个别城市统计年鉴。

（三）估计结果及分析

本书运用 LR(likelihood ratio)方法检验模型推导的正确性。结果显示：LR_spatial_lag 值为 79.40，在 1% 的水平下拒绝了 γ 为零的原假设；LR_spatial_error 值为 63.85，拒绝了 $\gamma+\rho\beta$ 为零的原假设，说明式(7.10)和式(7.12)所示的模型具有合理性。鉴于不同城市的地理差异与经济发展水平不同，人力资本与研发投入可能存在异方差的干扰。本书利用 Elhorst 方法，选择包含空间效应和时间效应的空间杜宾模型进行验证。

---

① 蔡昉认为可能有 4 个原因：在次贷危机的冲击下，劳动力转移速度放缓；人力资本增速和改善速度减慢；投资率过高和产能过剩；“创造性破坏”过程受阻。

根据Hausman检验结果，选择空间固定效应模型，估计结果如表7.3所示。可知：两类模型的空间滞后回归系数ρ在1%的水平下均显著为正，说明城市TFP存在空间溢出效应；从Wald检验和LR检验的结果来看，模型设定很好，从而进一步说明了TFP的增长不仅得益于地区自身的研发投入和人力资本，而且与周边地区的研发投入和人力资本密切相关。

表7.3 空间杜宾模型的估计结果

变量	空间固定效应模型		空间和时间固定效应模型	
	W_d(TFP)	W_g(TFP)	W_d(TFP)	W_g(TFP)
R&D	0.220***	0.154***	0.211***	0.151***
	(0.014)	(0.011)	(0.013)	(0.011)
HC	0.056***	0.036**	0.033***	0.035***
	(0.016)	(0.016)	(0.018)	(0.019)
ρ	0.728***	0.819***	0.758***	0.858***
	(0.018)	(0.025)	(0.017)	(0.020)
W-R&D	0.068*	0.038	0.062*	0.042
	(0.038)	(0.037)	(0.036)	(0.038)
W-HC	0.224***	0.201***	0.163***	0.142**
	(0.035)	(0.060)	(0.052)	(0.097)
Wald(SAR)	80.11***	80.02***	87.55***	85.33***
LR test(SAR)	79.40***	77.45***	80.54***	80.02***
Wald(SEM)	70.55***	69.84***	78.42***	77.55***
LR test(SEM)	63.85***	62.35***	64.58***	60.32***
Log$L$	1209.54	1188.69	1226.37	1371.03

注：括号中的数值为标准误；"***"表示99%的显著性水平。

数据来源：2000—2014年《中国城市统计年鉴》以及个别城市统计年鉴。

进一步对比两类模型和两类空间权重矩阵可发现：研发投入均对本地 TFP 具有正向作用，且在 1% 的水平下显著，但对临近城市 TFP 的影响不显著，只在距离权重矩阵下的模型中显著。理论上，城市往往通过货物贸易、知识交流、信息沟通、技术扩散以及生产要素流动等来吸收和利用与之有贸易关系的城市的新技术，进而促进自身 TFP 的增长。而中国大部分城市的研发投入过低、研发质量不高、研发投入结构不科学，若吸收能力不足，则 TFP 的提高必然受阻，知识溢出的"门槛效应"会越来越明显，因此相对微量的研发难以产生"正向溢出效应"。

对于人力资本而言，本地与邻近城市的人力资本对总体 TFP 的增长均有显著的正向影响，且均在 1% 的水平下显著，这与魏下海、王文静等以及刘建国的结论一致。这说明，随着临近城市人力资本水平的提高，本市的技术进步将会加快，因为人力资本的提升可使劳动力与资本更为有效地结合，对经济增长与效率提升具有显著的积极作用，即人力资本对技术进步存在显著的正向空间溢出效应。

从表 7.4 可知，直接效应与空间杜宾模型中系数估计值的方向和显著性水平相同。另外，本书定义直接效应与空间杜宾模型中系数值之差为反馈效应（feedback effect）。研发投入的直接效应的系数与 SDM 中研发投入的系数相差无几。固定效应模型中 R&D 对 TFP 的直接影响系数为 0.230，而空间杜宾模型中该系数为 0.220，因此研发投入的反馈效应为 0.01，占直接效应的 4.34%。研发投入的直接效应显著为正，说明其促进了本地 TFP 的增长；其间接效应大部分不显著，而总效应大部分由直接效应构成，说明研发投入的空间溢出并不明显。人力资本的表现与研发投入非常相似，其直接效应和间接效应大部分为正，且大部分在 5% 的水平下显著。例如，固定效应模型中 HC 对 TFP 的直接影响系数为 0.078，空间杜宾模型中该系数为 0.056，因此人力资本的反馈效应为0.022，占直接效应的28.21%。人力资本替代变量的总效应大部分由间接效应构成，说明人力资本存在空间溢出现象。

表7.4　直接效应、间接效应和总效应估计结果

SDM	变量	直接效应	间接效应	总效应
固定效应模型 W_d	R&D	0.230***	0.032**	0.262***
		(0.011)	(0.015)	(0.034)
	HC	0.075***	0.699***	0.774***
		(0.022)	(0.203)	(0.211)
固定效应模型 W_g	R&D	0.160***	0.046	0.206**
		(0.009)	(0.35)	(0.105)
	HC	0.048***	0.282***	0.330***
		(0.021)	(0.019)	(0.013)
空间和时间固定效应模型 W_d	R&D	0.227***	0.022**	0.249***
		(0.011)	(0.010)	(0.022)
	HC	0.044**	0.732***	0.776***
		(0.018)	(0.107)	(0.107)
空间和时间固定效应模型 W_g	R&D	0.156***	0.046	0.202***
		(0.009)	(0.033)	(0.053)
	HC	0.042**	1.043***	1.085***
		(0.018)	(0.266)	(0.265)

注：括号中的数值为标准误；“**”和“***”分别表示95%和99%的显著性水平。

数据来源：2000—2014年《中国城市统计年鉴》及个别城市统计年鉴。

（四）稳健性检验

为验证结论的稳健性，本书对被解释变量（TFP）进行指标替换：第一，选取单豪杰估计基期资本存量的方法计算TFP，基期资本存量的计

算公式为 $K_0 = I_0 / (g + \rho)$，其中变量含义如前所述；第二，选取国内比较流行的测量中观层次 TFP 的方法——DEA-MALMQUIST 法，用产出-投入比核定生产效率[①]。稳健性检验结果如表 7.5 所示。由表 7.5 可知，变量的系数符号和显著性与表 7.4 中基本相同，可见所得结论基本可信。

表 7.5 稳健性检验结果

变量	TFP(单豪杰方法)		TFP(数据包络法)	
	W_d	W_g	W_d	W_g
R&D	0.329 ***	0.246 ***	0.038 **	0.018 *
	(0.016)	(0.013)	(0.019)	(0.010)
HC	0.055 ***	0.053 **	0.038 ***	0.044 ***
	(0.016)	(0.016)	(0.011)	(0.010)
ρ	0.620 ***	0.880 ***	0.293 ***	0.455 ***
	(0.025)	(0.030)	(0.037)	(0.074)
W-R&D	0.233 ***	0.199	0.013 *	0.002
	(0.020)	(0.117)	(0.007)	(0.014)
W-HC	0.120 ***	0.331 ***	0.060 ***	−0.042
	(0.033)	(0.051)	(0.023)	(0.059)
Log$L$	1310.16	1220.10	501.42	488.11

注：括号中的数值为标准误；“ * ”、“ ** ”和“ *** ”分别表示 90%、95%和 99%的显著性水平。

数据来源：2000—2014 年《中国城市统计年鉴》以及个别城市统计年鉴。

五、简要结论与政策建议

本节在理论模型的推导下建立空间杜宾模型，利用 2000—2013 年

① 该方法下，时间跨度会减少一年，即 2001—2013。

中国242个地级市的相关数据，探讨TFP增长的动力来源和空间溢出。结果显示：第一，城市TFP存在空间溢出效应，TFP增长主要受到研发投入和人力资本的双重作用；第二，城市的研发投入对本市TFP增长具有正向影响，但对周边地区TFP增长的影响不明显；第三，相邻城市的人力资本对TFP增长具有显著的空间正向溢出效应，本地人力资本对TFP增长亦具有显著的正向影响。

基于以上分析，针对城市TFP增长问题，本书提出以下政策建议。

第一，地方政府官员应树立效率思维，将效率作为绩效考核的重要依据。地方政府在统筹区域经济发展战略或区域政策的过程中，要重视TFP的溢出效应，善于利用周边地区的有利资源，打破目前行政区经济的界限，通过合作实现双赢。

第二，地方政府应加大研发投入力度，不仅要重视量的突破，更要重视质的提升，要针对关键项目加大技术吸收强度，鼓励跨区域知识共享与技术交流，搭建跨部门、跨区域的科研协作平台。

第三，地方政府应重视高端人才，加大对人力资本的投资，促进人才的本地留守，全面挖掘教育资源、提升教育实力，促进人力资源向人力资本转变，保障人力资本跨区域自由流动。

第二节 中国主要城市绿色增长效率及其空间溢出

一、引言和文献综述

众所周知，传统粗放型增长方式是以牺牲环境为代价的，不可持续。十八届五中全会首次将“绿色”纳入发展理念中，体现了国家转变绿色发展方式、倡导绿色经济的信心和决心。传统文献对经济效率的研究大都剥离“环境因素”，仅仅从经济的总量上考察，并没有考虑到经济增长背后的环境牺牲，以此计算的经济效率不符合绿色发展的内涵。鉴于此，如何核算绿色环境生产效率，探索经济发展和环境保护的可持续发展方式，具有重要的学术意义和政策参考价值。

绿色全要素生产率（以下简称“绿色 TFP”）综合考虑了传统产出和非期望的坏产出，是将环境因素纳入生产函数后对生产效率的测度。目前，已有大量的文献对国内外绿色 TFP 开始了研究（Chung，1997；Fare，2001；王兵，2008；陈诗一，2009、2010 等）。学者们分别利用索洛残差法（陈诗一，2009；郭辉、董晔，2012；Ahmed，2012 等）、随机前沿分析法（王奇、王会，2012）和 DEA 方法（Chung，1997；陈诗一，2010；Zhang，2011 等）等对绿色 TFP 的测度方式及其分解测算进行了大量研究。皮特曼（1983）首次将污染作为“坏的产出”纳入生产函数中，由于 DEA 方法不需要设定生产函数形式并且能够同时处理多产出的情形，因此受到了众多学者的青睐。陈（1997）、费尔（2001）等拓展了距离函数，提出了方向距离函数（directional distance function），并使用了更能契合经济绿色发展内涵的 Malmquist-Luenberger 指数分析法。胡鞍钢、郑京海（2008）使用中国 30 个省际面板数据，测算并分区域对比分析了中国东、中、西部绿色生产效率。匡远凤、彭代彦（2012）对比分析了传统 TFP 和绿色 TFP，发现中国绿色 TFP 增长大于传统 TFP 增长。另有很多学者（陈诗一，2010；李斌等，2013 等）在 TFP 测算基础上，实证分析了 TFP 的影响因素，探讨环境管制政策和绿色 TFP 的关系。岳书敬、刘富华（2009）使用工业部门数据，对比分析了行业部门间的绿色 TFP，认为市场化水平、FDI、R&D 能够促进工业绿色生产效率，但是技术经费的引入和市场竞争等没有促进作用。王兵等(2008)利用17个APEC(亚太经合组织)国家和地区面板数据考察了环境管制和TFP的关系，认为人均GDP、工业化水平、技术无效率水平、劳均资本、人均能源使用量以及开放度会对TFP产生影响。李斌(2013)认为环境规制的不合理设计是中国工业粗放发展的重要原因，不合理的环境规制政策并不能有效提高绿色TFP。李谷成(2014)研究了中国农业绿色TFP，从城市化进程、农产品价格体制、农业公共支出等制度因素分析其对农业绿色TFP的影响。

综上可知，现有关于绿色TFP的文献多集中在省域或行业层面的研究，鲜有从地级市层面研究绿色TFP及其空间溢出效应。本书首先采用考虑非期望产出和松弛问题的非径向非角度SBM效率测度模型并结合Malmquist-Luenberger生产率指数法来科学测度中国主要城市的绿色技术效率和绿色TFP，同时利用空间杜宾模型验证城市间绿色TFP的空间溢出效应，为实现中国城市经济和环境的双赢发展提供一定的政策参考。

二、理论模型和空间溢出机制

(一) 绿色TFP增长的测度模型

1. 环境技术函数

费尔等人(2007)定义的环境技术函数是一个包含环境技术的生产可能性集。此生产可能性集不仅包含了地区的传统产出，还考虑了坏的产出。假设一个国家或企业使用 N 种投入要素 x，$x=(x_1,\cdots,x_N)\in R_N^+$，生产 M 类好的产出 y，$y=(y_1,\cdots,y_M)\in R_M^+$ 和 I 种“坏”的产出 $b=(b_1,\cdots,b_I)\in R_I^+$，使用 $P(x)$ 表示环境技术函数的生产可能性集合。相关公式如下：

$$P(x) = \{(y,b): x \rightarrow (y,b)\}, x \in R_N^+ \tag{7.16}$$

费尔(1995)假定生产可能性集是封闭集并且是有界集，投入 x 和传统产出 y 具有自由可处置性，并进一步对生产可能性集合施加两个公理性约束条件：①如果有 $(y,b) \in P(x)$ 和 $b = 0$，那么 $y = 0$，这表示如果没有坏的产出，就没有好的产出，即好的产出总会伴随着坏的产出而产生；②如果 $(y,b) \in P(x)$ 及 $0 \leqslant \theta \leqslant 1$，那么 $(\theta y, \theta b) \in P(x)$，即，如果要减少坏的产出，就必须同时减少好的产出，将减少污染的成本纳入模型中。

假设在时期 $t = 1, \cdots, T$，第 $k = 1, \cdots, K$ 个国家或企业的投入和产出的组合为 $(x^{k,t}, y^{k,t}, b^{k,t})$。利用数据包络分析(DEA)方法，把满足上述两条约束性公理的生产可能性集模型化：

$$\begin{aligned} P^t(x^t) = \{(y^t, b^t): & \sum_{k=1}^{K} z_k^t y_{km}^t \geqslant y_{km}^t, m = 1, \cdots, M \\ & \sum_{k=1}^{K} z_k^t b_{ki}^t \leqslant b_{ki}^t, i = 1, \cdots, I \\ & \sum_{k=1}^{K} z_k^t x_{kn}^t \leqslant x_{kn}^t, n = 1, \cdots, N\} \end{aligned} \tag{7.17}$$

其中 z_k^t 非负，为每个横截面观测值赋予权重，表示生产技术具有规模报酬不变性(Fare et al., 1996)。另外，对数据包络分析模型强调以下两个条件：① $\sum_{k=1}^{K} b_{kt}^t > 0, i = 1, \cdots, I$，意味着每种坏的产出至少有一个国家或企业会生产；② $\sum_{i=1}^{I} b_{ki}^t > 0, k = 1, \cdots, K$，表示每个国家或企业至少会生产一种坏产出。

2. 方向性距离函数

使用方向性距离函数(directional distance function)既可以满足生产可能性集的性质,又能够反映生产过程中产出扩张的方向性(Chung et al.,1997)。基于产出的方向性距离函数可用下式表述:

$$\vec{D}_0(x,y,b;g) = \sup\{\beta:(y,b)+\beta g \in P(x)\} \tag{7.18}$$

$g=(g_y,g_b)$ 是方向向量,表示产出的扩张方向。本书利用 DEA 方法对方向性距离函数求解,其线性规划方程为:

$$\begin{aligned}
&\vec{D}_0(x^{t,k},y^{t,k},b^{t,k};y^{t,k},-b^{t,k}) = \mathrm{Max}\beta \\
&\text{s. t.} \\
&\sum_{k=1}^{K} z_k^t y_{km}^t \geqslant (1+\beta)\, y_{km}^t, m=1,\cdots,M \\
&\sum_{k=1}^{K} z_k^t b_{ki}^t = (1-\beta)\, b_{ki}^t, i=1,\cdots,I \\
&\sum_{k=1}^{K} z_k^t x_{kn}^t \leqslant x_{kn}^t, n=1,\cdots,N
\end{aligned} \tag{7.19}$$

当方向性距离函数的值等于零时,表明这个国家或企业的生产正处于生产可能性边界。基于生产性距离函数,进一步计算 Malmquist-Luenberger 生产率指数。

3. Malmquist-Luenberger 生产率指数

根据陈(Chung)(1997),第 t 期和 $t+1$ 期之间,Malmquist-Luenberger(ML)生产率指数为:

$$\mathrm{ML}_t^{t+1} = \left[\frac{1+\vec{D}_0^t(x^t,y^t,b^t;g^t)}{1+\vec{D}_0^t(x^{t+1},y^{t+1},b^{t+1};g^{t+1})} \times \frac{1+\vec{D}_0^{t+1}(x^t,y^t,b^t;g^t)}{1+\vec{D}_0^{t+1}(x^{t+1},y^{t+1},b^{t+1};g^{t+1})}\right]^{\frac{1}{2}} \tag{7.20}$$

ML 生产率指数可以分解为效率变化指数(EFFCH)和技术进步指数(TECH):

$$\mathrm{ML}=\mathrm{EFFCH}\times\mathrm{TECH} \tag{7.21}$$

$$\mathrm{EFFCH}_t^{t+1}=\frac{1+\overrightarrow{D}_0^t(x^t,y^t,b^t;g^t)}{1+\overrightarrow{D}_0^{t+1}(x^{t+1},y^{t+1},b^{t+1};g^{t+1})} \tag{7.22}$$

$$\mathrm{TECH}_t^{t+1}=\left[\frac{1+\overrightarrow{D}_0^{t+1}(x^t,y^t,b^t;g^t)}{1+\overrightarrow{D}_0^t(x^t,y^t,b^t;g^t)}\times\frac{1+\overrightarrow{D}_0^{t+1}(x^{t+1},y^{t+1},b^{t+1};g^{t+1})}{1+\overrightarrow{D}_0^t(x^{t+1},y^{t+1},b^{t+1};g^{t+1})}\right]^{\frac{1}{2}} \tag{7.23}$$

如果 ML、EFFCH 和 TECH 大于 1,则表明生产率增长、效率改善以及技术进步;反之,如果小于 1 则表明指数的无效率。本书运用 MaxDEA 软件,测度了 66 个城市 2005—2012 年的生产率指数、效率变化指数及技术进步指数。

(二)绿色全要素生产率的空间溢出机制与模型

城市间绿色 TFP 溢出机制存在以下四种情况。①知识溢出。新贸易理论和新经济增长理论认为,知识溢出和经济增长是密切联系的。知识传播和知识溢出分别是知识的复制和再造。如果一个行业出现知识创新时,那么新知识就会通过上下游行业间的渠道而传播。②技术溢出。每个城市都会进行一定的研发投入,但是新的技术本身容易通过各种渠道传播到其他地区或企业,进而影响周边具有贸易联系的地区或企业。③产业关联性溢出。任何企业都是与其他企业相互关联的,并且处于产业链条的某一环节,处于产业链条中的企业之间必然会有或多或少的联系。④市场交易性溢出。市场交易可以促使地区之间的技术溢出。上游产业产品生产技术水平的变化一般会对下游产业产品生产技术产生影响;下游产业对上游供应企业在管理质量、技术水平、人力资源上有一定的保障。

基于此，本书认为，类似传统 TFP 通过地区间的人力资本和知识存量的空间流动而引起地区间 TFP 的溢出，区域间绿色 TFP 也会通过人力资本和知识存量的传导路径而表现出空间溢出。根据格罗斯曼和赫尔普曼（1991a、b）、厄特等（2011）构建衡量 TFP 增长的空间杜宾模型（SDM）[①]：

$$\ln\mathrm{TFP} = \beta_0 + \beta_1 \ln\mathrm{R\&D} + \beta_2 \ln H + \lambda_1 W \ln\mathrm{R\&D} + \lambda_2 W \ln H + \rho W \ln\mathrm{TFP} + \varepsilon \quad (7.24)$$

将式（7.24）写成矩阵形式：

$$\mathrm{TFP} = \beta_0 + \boldsymbol{R}\beta_1 + \boldsymbol{H}\beta_2 + \lambda_1 \boldsymbol{WR} + \lambda_2 \boldsymbol{WH} + \rho \boldsymbol{W}\mathrm{TFP} \quad (7.25)$$

$\boldsymbol{W}$ 是空间权重（$N\times N$）矩阵。当采取空间自回归模型时，OLS（普通最小二乘法）将不再适用，我们将利用最大似然法来估计模型（Lee，2004；LeSage and Pace，2009）。一般而言，线性回归的参数可以同时被理解为因变量与自变量之间的偏导数。

三、数据来源和处理

（一）数据来源

本书选取了中国地级市层面的投入产出面板数据来度量我国主要城市的绿色 TFP。计算中剔除了数据缺失的城市，对于个别城市的缺

① 具体推导过程可参考《技术溢出、人力资本与城市全要素生产率增长——基于空间面板杜宾模型的研究》，有兴趣的可以联系本人索取。

失值采用插值法进行补充，最终数据包含了27个省份的66个城市[①]，时间跨度为2005年到2012年。计量过程中所涉数据来自《中国统计年鉴》、《中国区域经济统计年鉴》、《中国城市统计年鉴》、《中国能源统计年鉴》、《中国环境统计年鉴》以及66个城市的统计年鉴。

(二) 变量选择

1. 期望产出(好的产出)

期望产出由实际GDP来定义，根据各地区GDP平减指数对应各自城市GDP调整为2003年不变价格。假设同一地区内城市的GDP平减指数一样，并与该省GDP平减指数相同。

2. 非期望产出(坏的产出)

对于非期望产出指标的选取，王兵等(2008)仅选择一种污染排放量CO_2作为非期望产出，也有部分学者选择SO_2作为非期望产出。李玲等(2012)使用了废水、CO_2、SO_2和固体废物作为非期望产出。若仅选择工业“三废”，则没有考虑到指标的同质性，而选择其他指标中的某一两个子指标作为非期望产出显然不全面，目前国内外研究还没有统一标准来确定如何科学全面地表达非期望产出指标。本书采用王兵(2015)的方法，选择CO_2和SO_2作为非期望产出。

3. 投入

本书不仅考虑了资本和劳动投入，还把能源投入纳入了考察范围。关于劳动投入，现有研究大多采用《中国城市统计年鉴》提供的在岗职

① 北京、天津、石家庄、唐山、邯郸、张家口、晋城、包头、吉林、哈尔滨、上海、南京、无锡、徐州、常州、苏州、南通、连云港、盐城、镇江、杭州、宁波、温州、嘉兴、绍兴、金华、台州、合肥、安庆、福州、宁德、南昌、新余、济南、青岛、郑州、平顶山、武汉、宜昌、广州、南宁、海口、三亚、重庆、贵阳、遵义、昆明、西安、宿迁、太原、长治、运城、忻州、沈阳、大连、长春、临沂、菏泽、长沙、深圳、惠州、东莞、咸阳、榆林、嘉峪关、银川。

工人数和城镇就业人数(不包含乡村就业人员)。如果利用这个数据计算 TFP,结果会产生比较大的偏差。鉴于此,本书选择了《中国区域经济统计年鉴》,以期望获得更加全面的就业数据。一般将能源消费总量作为能源投入数据,但是《中国能源统计年鉴》中并没有给出地级市层面的能源消费数据,而大部分城市统计年鉴中只提供规模以上工业企业能源消费总量,因此将其作为能源投入的替代变量。

4. 资本存量

本书根据《中国城市统计年鉴》,采用永续盘存法(PIM)估算,根据《中国统计年鉴》中各省、市、自治区的固定资产投资平减指数对应的各自城市调整为以 2003 年为基期的不变价格。基期的资本存量使用莱因斯道夫(2005)的算法推导得到公式 $K_0 = I_0(1+g)/(g+\rho)$,g 为不变价投资的平均增长率,ρ 为资本平均折旧率,具体值为 10.96%(单豪杰,2008)。相关数据的一般统计描述见表 7.6。

表 7.6　主要城市变量统计描述

项目	投入的平均增长率/(%)			产出的平均增长率/(%)		
	资本	劳动	能源	GDP	COD	SO_2
66 个城市平均值	22.84	3.43	8.44	15.98	7.71	0.14

注:限于篇幅,只列出城市平均值。

5. 人力资本(HR)

人力资本包含了劳动者的健康、知识、经验和专业技能等综合因素。目前,国内外许多学者使用地区平均受教育年限来衡量人力资本,其计算公式为 $H_L(t) = \int_0^{\infty} \phi \chi(t,\phi)\,d\phi$,$\phi$ 表示受教育年限,$H_L(t)$ 表示第 t 期的人均人力资本存量,$\chi(t,\phi)$ 表示第 t 期受教育年限为 ϕ 的人口占总人口的比例(姚先国等,2008)。

6. 技术水平(R&D)

采用R&D投入作为替代变量。《中国科技统计年鉴》中R&D研发数据只有省域层面,况且许多地区统计年鉴中也没有报告R&D研发支出的详细数据。并且《中国城市统计年鉴》中各城市也只是报告科学事业费和教育事业费支出,并没有研发数据的报告,有学者将两者之和作为R&D投入的替代变量,但是由于数量级别的差异往往会导致估计的误差。因此,笔者采用如下方法对城市中R&D研发数据进行估算:首先计算城市科学事业费和教育事业费支出之和,并且算出其每年在各自地区中的比例;然后用各省真实R&D数据乘以这一比例,得出城市每年估算的R&D数据;最后利用各地区GDP平减指数对应各自城市调整为2003年不变价格,算出实际R&D投入。

7. 空间权重矩阵(W)

我们受到芬克尔和罗默(1999)的启示,并结合引力模型,认为两个贸易地区之间不仅受到空间距离的影响,也和经济发展水平有关,因此我们定义 $G_{ij}=\frac{\mathrm{GDP}_i\mathrm{GDP}_j}{d_{ij}^2}$,引力矩阵中GDP数据是2005—2012年城市的平均值。其空间权重矩阵的构建如下:

$$\mathbf{W}_g=\begin{cases}0 & i=j\\ G_{ij} & i\neq j\end{cases} \tag{7.26}$$

四、中国主要城市绿色全要素生产率增长差异分析

(一)绿色全要素生产率增长及其分解

利用MaxDEA软件对数据进行分析可知,2005—2012年期间,66个城市绿色技术效率平均指数为0.992,绿色技术进步指数为1.022,

绿色 ML 指数为 1.014，这表示 2012 年较 2005 年城市绿色技术效率下降 0.8%，绿色技术进步上升 2.2%，绿色 TFP 上升 1.4%。

图 7.3 是 66 个城市的绿色 TFP(ML)、绿色效率变化(EC)和绿色技术进步(TP)的折线图。从图中可以看出，技术进步和整体的绿色 TFP 具有很大的同步性，而技术效率与整体绿色 TFP 的变化并不表现出较强的关联性，这说明 TFP 的变动由技术进步率的变化主导。我国主要城市整体绿色 TFP(ML 指数)呈现先上升后下降的趋势，在 2009 年达到最大值，整体绿色 TFP 变化大致分为三个时期：2005—2007 年，ML 指数呈上升趋势，这一时期技术进步成为经济增长的主要动力，可能是因为在此期间，由于产业结构调整、优化，淘汰了一批高耗能、高污染的生产设备(金相郁，2006；高春亮，2007)；2007—2010 年，ML 指数表现为下降趋势，并且在此时期，绿色技术进步率下降的幅度大于绿色技术效率的上升幅度；2010—2012 年，绿色 TFP 又有复苏的迹象。

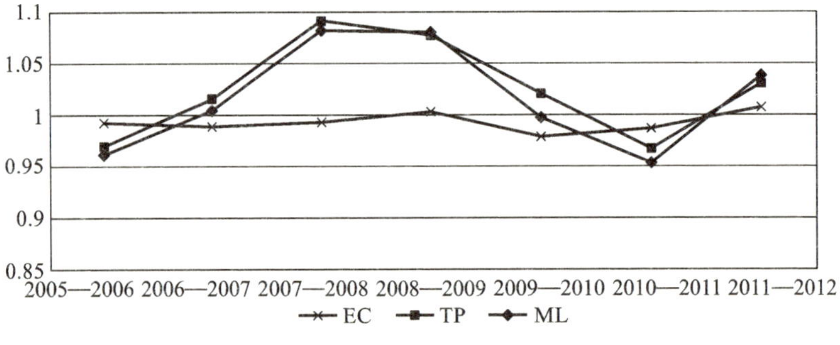

图 7.3　2005—2012 年 66 个城市平均绿色 ML 指数变化趋势

(二) 主要城市绿色全要素生产率差异分析

表 7.7 列出了 2005—2012 年 66 个城市平均绿色 TFP 指数及分解，并按照绿色 TFP 进行排名。绿色 TFP 排名靠前的城市为三亚、长

治、嘉峪关、包头、沈阳、武汉、广州、吉林、长沙、北京、上海、深圳，排名靠后的城市是东莞、新余、邯郸、石家庄、哈尔滨、遵义、台州、宿迁、南通。绿色 TFP 的排名基本上反映了这样一个规律：大城市（如沈阳、武汉、广州、长沙、北京、上海、深圳）和旅游类城市（如三亚、嘉峪关）的排名比较靠前，而排名靠后的城市经济体量小而且多为资源型城市。这也正如绿色 TFP 所定义的一样，在综合考虑常规产出最大化和非期望产出最小化后，经济体量大并且转型较快的城市以及以旅游为主的绿色发展城市具有更高的绿色生产效率，而经济体量小而又不能及时转型以及资源消耗型城市具有更低的绿色生产效率。对比环境污染变量加入前后结果的变化，发现绿色 TFP 的排名与传统 TFP 的排名也具有明显差异①，环境友好型生产技术的排名更加靠前；而排名靠后的城市特点主要为通过模仿和改造来改善生产技术，并承接东部地区资源消耗型、污染型生产技术的产业转移。

表 7.7　2005—2012 年 66 个城市平均绿色 TFP 指数及分解

城市	EC	TP	GTFP	排名	城市	EC	TP	GTFP	排名
三亚	1.016	1.185	1.204	1	太原	0.988	1.026	1.014	34
长治	1.084	1.022	1.109	2	重庆	1.017	0.990	1.007	35
嘉峪关	1.020	1.086	1.107	3	贵阳	1.013	0.991	1.004	36
包头	1.023	1.068	1.092	4	济南	0.972	1.031	1.002	37
沈阳	1.005	1.076	1.081	5	南宁	1.003	0.997	1.000	38/39
武汉	1.016	1.063	1.080	6/7	合肥	0.976	1.024	1.000	38/39
广州	1.001	1.078	1.080	6/7	长春	0.952	1.050	0.999	40

① 对于传统 TFP 的排名，鉴于篇幅，暂不列出，对此感兴趣的读者可向作者索取核算结果。

续表

城市	EC	TP	GTFP	排名	城市	EC	TP	GTFP	排名
吉林	1.014	1.055	1.069	8	忻州	1.008	0.989	0.997	41
长沙	1.012	1.053	1.065	9	连云港	1.003	0.993	0.996	42
北京	1.009	1.055	1.064	10	郑州	0.969	1.026	0.994	43
上海	1.000	1.062	1.062	11	晋城	0.994	0.999	0.993	44/45
深圳	1.000	1.060	1.060	12	徐州	0.998	0.995	0.993	44/45
杭州	0.994	1.065	1.059	13	南通	1.000	0.990	0.990	46/47
南京	0.994	1.065	1.058	14	宿迁	1.015	0.975	0.990	46/47
宜昌	1.028	1.026	1.054	15/16	台州	0.992	0.994	0.987	48/49
常州	0.991	1.063	1.054	15/16	遵义	0.989	0.997	0.987	48/49
天津	1.002	1.049	1.051	17	哈尔滨	0.970	1.017	0.986	50
无锡	1.000	1.050	1.050	18	石家庄	0.967	1.019	0.985	51
西安	1.006	1.031	1.036	19/20	邯郸	0.991	0.991	0.982	52
宁波	0.978	1.059	1.036	19/20	新余	0.973	1.008	0.981	53
绍兴	0.992	1.040	1.032	21/22	东莞	0.997	0.983	0.980	54
银川	1.012	1.019	1.032	21/22	运城	0.980	0.990	0.971	55
大连	0.977	1.054	1.030	23	张家口	0.988	0.981	0.969	56
海口	1.000	1.029	1.029	24	临沂	0.981	0.987	0.968	57
金华	1.008	1.018	1.026	25	南昌	0.943	1.018	0.959	58
青岛	0.979	1.046	1.024	26	安庆	0.971	0.986	0.958	59
嘉兴	0.992	1.030	1.021	27	惠州	0.947	1.008	0.954	60/61
温州	1.018	1.002	1.020	28/29	盐城	0.947	1.007	0.954	60/61
榆林	1.013	1.007	1.020	28/29	唐山	0.972	0.974	0.947	62
菏泽	1.012	1.005	1.017	30/31	福州	0.968	0.974	0.944	63
苏州	1.000	1.017	1.017	30/31	宁德	0.987	0.938	0.926	64/65
镇江	0.968	1.049	1.015	32/33	咸阳	0.926	1.000	0.926	64/65
昆明	1.006	1.008	1.015	32/33	平顶山	0.919	0.981	0.901	66

以上情况表明了在经济发展的过程中，绿色增长绩效和污染排放具有密切的关系。资本深化的技术进步是纯粹经济增长为导向的，而绿色发展的技术进步依旧滞后。

（三）城市绿色 TFP 改善分析

在考察期间，有多少个城市的绿色 TFP 得到改善，对于评价城市绿色发展质量至关重要。表 7.8 统计了 2005—2012 年城市绿色 TFP 改善情况，可以看出，在此期间，绿色 TFP 改善的城市占比超过一半，并且在 66 个城市的整体样本中，技术进步的比例大于效率改善的比例。而且单独看 38 个绿色 TFP 改善的城市，效率改善的占比有 57.89%，而技术进步改善占比达到 92.11%。这说明无论是从整体 66 个样本城市还是从绿色 TFP 提升的 38 个城市来看，技术进步改善的比例都大于效率进步的比例，而且在绿色 TFP 提升的 38 个城市数据中，技术进步提升效应显著大于效率进步效应，表明绿色 TFP 的提升主要受益于技术进步，而效率进步对绿色 TFP 的促进作用可能不显著。

表 7.8　城市绿色 TFP 改善统计（2005—2012）

指标	>1	占比/(%)
EC	24	36.36
TP	45	68.18
ML	38	57.58
GTFP 改善总数	38	占比
EC	22	57.89
TP	35	92.11
EC 且 TP>1	19	50.00

来源：作者整理而成。

（四）绿色 TFP 的空间溢出效应分析

通过对中国主要城市绿色 TFP 的分解和绿色 TFP 差异分析，我们认为：①大城市及旅游型城市绿色 TFP 比较高，资源型城市绿色 TFP 比较低；②对于绿色 TFP 的提升，技术进步起着主要作用。基于这两点，我们认为：规模、区位、产业不同的城市绿色 TFP 存在差异，而技术进步是影响城市绿色 TFP 的主要渠道。因此，本部分内容从人力资本和技术水平出发，探讨城市绿色全要素生产率的空间溢出效应。

通过似然比检验判断空间杜宾模型（SDM）是否可以简化为空间误差模型（SEM）或空间滞后模型（SLM）。检验的结果显示：LR_spatial_error 值为 54.12，拒绝了 $\gamma + \rho\beta$ 为零的原假设。LR_spatial_lag 值为 66.54，在 1%的水平上拒绝了 γ 为零的原假设。进一步空间相关性检验表明，TFP 的 Moran's I 值始终在 0.1 以上波动，说明相邻城市的经济绩效存在显著的空间依赖关系，这也印证了理论部分所推导模型的正确性。经 Hausman 检验，本书选择随机效应模型。

本书采用拟极大似然法进行参数估计，运用 Stata 13.1 软件进行数据分析。表 7.9 是回归结果，第二列 GTFP 表示绿色 TFP，第三列 TTFP 代表传统 TFP。从表 7.9 中可发现以下几点。①无论是绿色 TFP 还是传统 TFP 的空间滞后回归系数 ρ 在 1%的水平上均显著为正，分别为 1.126 和 1.180，这正说明了城市间 TFP 溢出效应的存在。②虽然研发和人力资本是促进全要素生产率的重要途径，但是从回归结果来看，人力资本对于全要素生产率的提升具有显著的正向促进作用，而研发对于全要素生产率的提升符号不确定（绿色 TFP 的符号为负，传统 TFP 的符号为正）且不显著。这说明人力资源是促进 TFP 进步的主要因素，本地的 R&D 对于 TFP 的提升并没有促进作用，反而对绿色 TFP 具有阻碍作用，陈刚(2010)认为造成 R&D 效率低下的原因可能是产权、法律等制度的落后不利于市场主体主动提高研发效率，同时制度原因也内生地决定了政府主导型的研发体制，因而使得研发结构不合理及研发投资效率低下。③从区域溢出视角来看，无论是研发还是人力资本，对城市间的 TFP 溢出都表现出比较显著的正溢出效应。虽然研发对于地区生产率促进作用并不显著，却具有显著的空间溢出效应，地方政府更应该关注有助于绿色技术提升的研发资本投入与研发效率。

表 7.9 回归结果

变量	GTFP	TTFP
R&D	−0.003	0.011 *
	(0.006)	(0.006)
HR	0.038 ***	0.049 ***
	(0.003)	(0.004)
ρ	1.126 ***	1.180 ***
	(0.126)	(0.118)
W-R&D	0.042 ***	0.056 ***
	(0.014)	(0.014)
W- HR	0.249 ***	0.202 ***
	(0.075)	(0.071)
Log-likelihood	317.89 ***	326.68 ***

注：括号中为标准误；“ * ”、“ ** ”、“ *** ”分别代表 90%、95%、99%的显著性水平。

五、基本结论

本节主要认为：①前沿技术进步(TP)是绿色 TFP 的主要贡献因

素，而环境技术效率（EC）的改善比较滞后。未来通过改善城市环境技术效率来进一步实现城市绿色TFP是很有前景的，否则将导致技术成果闲置和区域发展更加失衡；②中国城市绿色TFP表现出较大的地区差异，并存在空间溢出，其中人力资本对绿色TFP具有显著的本地促进效应和空间溢出效应，而研发对于绿色TFP具有显著的空间溢出效应，其本地促进效应不明显。

本节仍存在一定不足：①鉴于统计数据获取的原因，本节选取的时间窗口序列比较短，可能会因为样本量过小而造成结果分析的偏差；②我们选择了城市化学需氧量和二氧化硫排放量作为非期望产出，对绿色TFP进行了核算，而未考虑其他类型污染物（如二氧化碳、废水、固体排放物等），这可能会影响绿色TFP核算的准确性；③选取的城市并没有涵盖中国所有的地级市，甚至连一半都没有，虽然存在一定的客观原因，但对于科学研究，不是太妥当，根据研究结论讨论政策建议时仍需采取一种审慎态度。

第三节 本章小结

本章在考察经济转型的空间效应时，以TFP溢出效应为研究对象，首先对其增长动力模型进行推导与分析，认为TFP增长最为核心的两个变量是研发投入与人力资本；其次通过对中国主要城市的绿色TFP增长效率进行探索，分析中国绿色经济增长的新模式，进而说明经济转型发展中应该重视绿色发展。本章的研究有助于读者更为全面地认识中国经济。

CHAPTER 8

第八章

中国经济转型发展的地区考察

地区经济发展情况是总体经济发展的一个体现，应用本书所建立的理论与模型考察地区经济增长动力也是本书的目的之一。鉴于此，本章主要选取上海市和湖北省作为个案进行分析，讨论其行业增长的具体模式。

第一节 上海工业增长动力与TFP溢出效应分析

当前，发达国家相继发起新工业革命，在美国实施“再工业化”战略后，德国紧接着提出发展“工业4.0”高科技战略。在此机遇期，我国提出了未来十年工业发展的行动纲领——《中国制造2025》，旨在将我国打造成为工业强国。工业作为经济发展中的重要组成部分，一方面可通过信息化与机械化，推动农业发展；另一方面可与服务业形成相互需求，实现二者融合发展。但受初始禀赋、资本投入、政策导向等因素影响，我国各地区工业发展差异较大，所以研究中国工业问题需分地区考虑。上海市作为全国经济中心，不仅拥有雄厚的工业生产能力，而且其众多工业产品供应周围地区乃至全国，其主导产业位于价值链的上游，其结构升级与产业转移对中西部经济发展有重要影响。鉴于此，研究上海市工业具有特殊意义。近年来，上海市工业发展面临巨大挑战，表现为固定资产投资增速放缓，低端制造业向外转移的同时缺乏足够新兴产业填补空缺。原有的人口、资本、政策等红利渐渐消失是造成当前上海市“去工业化”的主要原因。因此，上海市工业发展应该实现创新发展，寻求新动力。

一、相关文献回顾

现有文献对经济增长动力的研究一般从需求与供给两个方面展开，前者从投资、消费、进出口三个角度分析，后者从要素投入（资本、劳动力、能源等）和TFP的角度分析，这种分析又被称为经济增长核算。目前，增长核算的研究主要集中在以下三个方面：第一，研究对象的不断发展，以“绿色”增长核算代替一般增长核算，考虑非期望产出，代表有陈诗一、袁富华、杨文举等。以细分代替整体，一是体现为行业的细分，如工业细分行业、服务业细分行业；二是体现为地区的细分，以区域、城市甚至县城为研究对象，代表有李胜文、陈诗一等，重点从工业移向服务业，代表有黄莉芳、庞瑞芝、张学良等。第二，随着对经济增长内涵理解的深入，单从 TFP、劳动、资本三个方面研究不能充分解释实际经济增长，学者将 TFP 增长率进一步分解为技术进步、技术效率增长、规模经济效应增长和资源配置效率增长等，将 TFP 进行分解，代表人物有姚战琪、王恕立、黄莉芳等。第三，考虑内生增长理论，将人力资本、制度改革纳入生产函数，代表有岳书敬、郑京海、江飞涛、程惠芳等。

在研究上海市工业经济增长问题上，吴玉鸣等基于 2003 年省域工业企业统计数据，测算得到上海市工业 TFP 贡献 52.20%，资本劳动贡献 47.80%；涂正革通过比较中国 28 个地区大中型工业，发现 1995—2004 年间上海市工业平均增长率为 11.7%，TFP 贡献14.7%，资本、劳动贡献−0.03%；吴利学、吴传清等学者也运用各自的方法对上海市工业 TFP 增长率进行了测度。

总之，现有研究虽然对经济增长动力做了比较深入的分析，但仍然存在不足。不足之处在于现有文献中关于上海市工业经济增长动力的测度，受方法和数据的影响，导致各学者研究结果差异较大。并且已有文献对工业增长动力的测度一般从整体入手，或者按照二位代码行业分析，前者不能很好地反映工业行业内部的差异，后者在计量分析时受数据质量影响有较大误差。为此，本书认为，现有研究大都把目光局限于研究对象本身，分析某一工业行业自身 TFP、要素投入对该产业的影响，忽视了可能存在的 TFP 溢出效应。事实上，已有部分文献佐证了该观点，如潘文卿、李子奈通过对35个工业部门的经验研究，认为相似度高的行业间容易存在技术溢出，而技术进步是TFP增长的重要组成部分。

综上所述，本书从TFP在行业间的溢出效应角度入手，认为在上海市工业内部，可能存在高技术制造业的效率提升传导到低技术制造业，推动低技术制造业效率提升进一步发展的增长动力机制。本书的主要贡献在于通过测度各行业TFP增长率对自身及其他行业经济增长的影响，得到支撑上海市工业内各行业的增长动力，认为某一行业的TFP不仅能够推动自身行业增长，还会通过前后向的扩散和渗透效应影响到其他行业，产生溢出效应，推动其他行业增长，此结论能够弥补该领域研究的空白。本书的边际贡献在于根据OECD(Organization for Economic Co-operation and Development，经济合作与发展组织)标准，对工业按技术含量进行划分，以此整理出适用于本书的投入产出数据，测算增长动力。

二、数据来源和处理

本书的研究对象为上海市工业增长动力机制，根据本书的实证模型，需要先对工业进行行业划分，再根据划分好的工业细分行业收集投入产出数据，包括细分行业总产值、劳动、资本投入，最后计算出各细分行业的全要素生产率，至此得到实证分析所需的全部数据。

(一) 工业行业划分

已有研究表明，若要估计工业各细分行业的增长动力，会出现较大误差，因此，借鉴陈佳贵、黄群慧在研究中国农业现代化问题时的做法，根据OECD行业技术密集程度分类标准，对照最新国家标准《国民经济行业分类》(GB/T 4754—2011),把工业划分为低技术制造业、中低技术制造业、中高技术制造业、高技术制造业、电力、煤气及水的生产和供应业,形成本书对工业行业的分类。[①]

(二)投入产出数据收集与处理

1. 工业总产值

从1996年起,工业总产值统计方法发生改变,因此本书选择样本期间为1996—2012,数据来源为1996—2013《上海统计年鉴》。[②]

2. 劳动投入

劳动投入是指生产过程中的实际投入量,与投入数量、质量、利用效率有关。但是,质量与利用效率难以衡量,因此,劳动投入量选择用从业人数来度量,数据来源于《上海统计年鉴》。

3. 资本投入

资本投入是指当年的生产中实际投入使用的资本流量,但是统计难度较大,因此一般使用资本存量作为投入量,使用永续盘存法度量。

$$K_t = K_{t-1} + I_t - \delta K_{t-1} \tag{8.1}$$

其中,K_t 表示 t 期的资本存量,I_t 表示 t 期的投资。δ 表示在保持资本存量不变的情况下,目前所必须重置的资本品比率,即重置率。本书大致采取陈诗一的做法,最终计算得到以2000年为基准的1996—2012年期间历年工业各行业的物质资本存量,再利用分类行业之间的汇总,形成本书定义分类的资本投入。

① 具体分类可向作者索取。

② 采掘业在工业总产值中所占份额极低,且构成项目时常变动,没有统一的统计数据,因此本书将其排除。

(三)计算各细分行业 TFP 增长率

此处沿用前文的超越对数生产函数估计各行业 TFP 的增长率,假设各行业生产按照如下过程:

$$\ln y_{nt} = \ln A_{nt} + \alpha_{nk}\ln K_{nt} + \alpha_{nL}\ln L_{nt} + \frac{1}{2}\beta_{nKK}(\ln K_{nt})^2 + \beta_{nkL}\ln K_{nt}\ln L_{nt} + \frac{1}{2}\beta_{nLL}(\ln L_{nt})^2 \tag{8.2}$$

定义资本、劳动产出弹性分别为 η_k、η_L,则可得到资本、劳动产出弹性的计算公式为:

$$\begin{aligned}\eta_k &= \frac{\mathrm{d}y/y}{\mathrm{d}K/K} = \frac{\partial \ln y}{\partial \ln K} = \alpha_k + \beta_{kL}\ln L + \beta_{kk}\ln K \\ \eta_L &= \frac{\mathrm{d}y/y}{\mathrm{d}L/L} = \frac{\partial \ln y}{\partial \ln L} = \alpha_L + \beta_{kL}\ln K + \beta_{LL}\ln L\end{aligned} \tag{8.3}$$

因此,第 t 期的 TFP 增长率为:

$$\frac{\mathrm{d}A_{nt}}{A_{nt}} = \frac{\mathrm{d}y_{nt}}{y_{nt}} - \eta_L\frac{\mathrm{d}L_{nt}}{L_{nt}} - \eta_K\frac{\mathrm{d}K_{nt}}{K_{nt}} \tag{8.4}$$

根据前文获取的以 2000 年为可比价的工业总产值、资本投入和劳动投入,通过 Stata 12.0 统计软件,对上海市的工业数据进行回归计算。鉴于 $\eta_{nL}+\eta_{nK}=1$,所以对 η_{nK}、η_{nL} 做正则化处理,如此,得到 1995—2012 年工业各行业的资本、劳动份额。但存在部分年份的劳动弹性为负,本书认为这是受上海市工业从业人员减少但总产出依旧保持增长的现状影响,可以将这部分数据视为异常,予以剔除。对样本期间资本劳动份额分别取平均数,再进行计算,得到样本期间 1996—2012 各行业 TFP 增长率。[①]

① 本书所有原始数据与计算结果可以向作者索取。

三、实证结果与分析

为衡量自身行业与其他行业的TFP、劳动投入、资本投入对各工业行业的增长的贡献，本书采用的实证模型包括一组由五个方程构成的方程组，同时估计这些方程可以提高估计效率。但正因为被解释变量之间存在相关性[①]，因此采用似不相关回归（seemingly unrelated regression，SUR）来克服各方程误差项之间存在相关性的问题。

（一）SUR结果

具体而言，拟合的方程为：

$$ds_{nt}^{*}\left(A_t, V_t\right) = a_n + \sum_{k=1}^{5} a_{nk}\hat{A}_{kt} + \sum_{m=1}^{2} c_{nm}\hat{v}_{mt} + \mu_{nt}, \quad \forall n = 1, \cdots, N$$

$$\text{s. t.} \qquad a_{nk} = a_{kn};\ \sum_{k=1}^{5} a_{nk} = 0;\ \sum_{m=1}^{2} c_{nm} = 0;\ \sum_{n=1}^{5} c_{nm} = 0 \tag{8.5}$$

方程(8.5)列出了5个需要估计的式子与17个约束条件，被解释变量为各工业行业份额的变化。其中，μ_{nt} 表示误差项。常数项 a_n 代表行业的固定效应，用于衡量每个行业中尚未被观察到的部分。由于上述回归模型存在共线性的问题，因此，选取剔除任意一个行业，进行SUR回归。本书选取制造业为主要研究对象，将表示辅助生产生活的第五项暂时从模型中移除。回归结果如表8.1所示。

① 由于被解释变量为各行业占工业总产值的比重，相加之和为1。

表 8.1 SUR 估计结果

动力	低技术制造业	中低技术制造业	中高技术制造业	高技术制造业
TFP(低技术)	**0.043** **	0.036 **	−0.015	−0.063 ***
	(**0.018**)	(0.015)	(0.015)	(0.015)
TFP(中低技术)	0.036 **	**0.114** ***	−0.080 ***	−0.051 **
	(0.015)	(**0.032**)	(0.031)	(0.022)
TFP(中高技术)	−0.015	−0.080 ***	**0.154** ***	0.056 ***
	(0.015)	(0.031)	(**0.034**)	(0.020)
TFP(高技术)	−0.064 ***	−0.051 **	−0.056 ***	**0.173** ***
	(0.015)	(0.022)	(0.020)	(**0.026**)
TFP(电力等)	−0.001	−0.019 ***	−0.003	−0.003
	(0.008)	(0.007)	(0.008)	(0.007)
资本	−0.028	−0.043	0.027	0.035
	(0.020)	(0.042)	(0.046)	(0.029)
劳动	0.028	0.043	−0.027	−0.035
	(0.020)	(0.042)	(0.046)	(0.029)
常数项	0.000	0.009	−0.009	0.001
	(0.004)	(0.007)	(0.007)	(0.005)

注：所有加粗的字体代表产出份额对自身 TFP 的弹性，括号中为标准误；“*”、“**”、“***”分别代表 90%、95%、99%的显著性水平。

根据表 8.1 中的数据，可以得到各行业产出份额对自身 TFP 的弹性均为显著，且为正数，大部分产出份额对 TFP 的交叉弹性也为显著，说明存在 TFP 溢出现象。整体要素投入对各行业的产出份额影响不显著，但是自身要素投入(资本、劳动)对产出份额的变化的影响十分显著[①]，表明整体工业的要素投入量对各行业的产出增加均不明显，可能存在要素配置问题。

（二）全要素增长率、资本、劳动的产出弹性

由于本书的目的在于测度TFP、生产要素投入对经济增长的贡献，因此，根据表8.2，将其代入公式，算出各行业产出对TFP的弹性、对要素投入的弹性，结果如表8.2所示。

表8.2　产出对各动力源的弹性

动力	低技术制造业	中低技术制造业	中高技术制造业	高技术制造业
TFP（低技术）	**0.460** ***	0.364 ***	0.108	−0.057
	(0.048)	(0.035)	(0.064)	(0.052)
TFP（中低技术）	0.451 ***	**0.818** ***	−0.117	0.026
	(0.030)	(0.162)	(0.076)	(0.044)
TFP（中高技术）	0.148 ***	−0.180	**0.872** ***	0.052
	(0.047)	(0.154)	(0.042)	(0.085)
TFP（高技术）	−0.090	0.063	0.451	**0.953** ***
	(0.054)	(0.070)	(0.119)	(0.175)
TFP（电力等）	0.031 ***	−0.065 *	0.026 ***	0.026 **
	(0.005)	(0.039)	(0.006)	(0.010)
资本	0.572 ***	0.532 ***	0.870 ***	0.886 ***
	(0.054)	(0.070)	(0.039)	(0.047)
劳动	0.428 ***	0.468 ***	0.130 ***	0.114 **
	(0.054)	(0.070)	(0.039)	(0.047)

注：所有加粗的字体代表产出对自身TFP的弹性，括号中为标准误；“*”、“**”、“***”分别代表90%、95%、99%的显著性水平。

① 计算方法与整体一致，受篇幅限制，结果未在文中列出，如有需要可向作者索取。

表8.2展示了估计的制造业的产出对TFP、资本、劳动力的弹性。每个单元格展示了列中变量每增加1%产出增加的百分数。表中加粗的数字表明自身TFP对产出的影响。

根据表8.2中的数据，可发现以下几点。第一，大部分弹性数据都通过显著性检验，证明产出对TFP、资本、劳动的弹性显著不为0，进一步说明行业之间存在广泛的TFP溢出现象。第二，各行业产出对自身TFP的弹性超过其余的交叉TFP弹性，这与实际意义相符，即一个行业的增长主要还是靠自身的TFP驱动，与直观感受相符。除了低技术制造业之外，其余行业的产出对TFP弹性接近1，即TFP每增加1%，产出也将增加约1%。第三，表中未加粗的数据说明行业之间的TFP溢出效应。低技术制造业与中低技术制造业之间的技术渗透明显，而与高技术制造业TFP无关。中高技术制造业与高技术制造业之间的技术渗透明显，且高技术制造业更多表现出与自身TFP高度相关。电力、燃气、水的生产供应业的效率可以推动制造业整体发展。最后，从要素投入的角度来分析，各行业产出对劳动、资本的弹性均显著异于0，按照技术含量的不同，技术含量越高的制造业，资本对产出的弹性越大，与直观相符。

根据表8.2中的数据，可以分解得到各工业增长对应受到各行业的TFP影响增长的部分与要素投入增长的部分，再通过归一化计算贡献大小。

首先，在样本期间，中低技术制造业总产值的年均增长率最低，为5.77%，低技术制造业为7.49%，而中高技术制造业与高技术制造业的年均增长率达到了两位数，最高为13.75%。其次，对于低技术制造业和中低技术制造业，其增长主要是资本投入增加所致，TFP驱动效果不明显。结合表8.2，虽然明确自身TFP提高会带动产出增加，但是

TFP在实际生产中进步不明显。再次,对于中高技术制造业和高技术制造业,两者的年均增长率都很快,且增长率中,自身TFP贡献较多。为了更加直观地考察各因素对产出增加的影响大小,把结论数据归一化,求出各因素变动在总产出增加中所占比例。

表8.3 各因素贡献率 单位:%

项　　目	低技术制造业	中低技术制造业	中高技术制造业	高技术制造业
低技术制造业	14.310	14.446	/	/
中低技术制造业	11.521	24.472	/	/
中高技术制造业	11.668		43.595	/
高技术制造业	/	/	/	54.696
电力、煤气及水的生产和供应业	3.571	−9.903	1.893	1.718
资本	59.121	70.870	55.364	43.544
劳动	−0.189	0.113	−0.851	0.042
合计	100.000	100.000	100.000	100.000

表8.3中的数据表明,整体而言,行业间产出增加的方式存在较大差别。低技术制造业、中低技术制造业、中高技术制造业三者主要靠资本推动,高技术制造业主要依靠全要素生产率的提高。对中低技术制造业而言,靠资本投入增长带来了70.87%的增长,而自身TFP提高贡献了24.47%,低技术制造业的技术进步对中低技术制造业的产出有正向推动关系。

对各行业来说,低技术制造业的经济增长主要依靠资本投入的增加,且受其行业技术进步带来的溢出影响显著,中低技术制造业、中高技术制造业的TFP增长对产出增长的贡献率均为11%左右。影响中高技术制造业增长的因素主要有两个，即自身 TFP 增长与资本投入增加。高技术制造业与其类似，但自身 TFP 推动效果更明显。另外，在所有行业中，劳动力对产出增长的贡献几乎没有，这与上海工业从业人员数不断降低有密切关系，工业从业人员在向服务业转移，导致劳动投入数量逐年降低。

四、结论与政策建议

本书在梳理现有增长核算文献的基础上，测度了上海市工业内部各行业的 TFP 溢出效应，着重分析了 1996—2012 年间上海市制造业的增长动力机制，并得出以下三点结论。

第一，1996—2012 年间，上海市工业内部结构发生较大调整，原有的低技术、中低技术、中高技术“三足鼎立”时代已过去，TFP 在行业间的巨大差异和溢出效应造成了现有工业内部呈高技术制造业“一支独大”、其余“平分秋色”的格局。

第二，各行业 TFP 均有所提高，但技术含量越高的行业 TFP 增长率越高。工业行业之间广泛存在技术溢出现象，即产出对 TFP 的交叉效率弹性显著。该现象主要存在于低技术制造业、中低技术制造业之间，而在中高技术制造业、高技术制造业之间不明显，这两个行业目前的增长主要依靠自身 TFP 推动，但是相对于发达国家依然远远不够。

第三，在要素投入方面，资本、劳动对产出增加具有显著影响，但是受劳动力投入整体下降的影响，劳动未能推动各工业行业快速发展，相反，资本要素在其中发挥了重要作用，成为多年来推动低技术制造业、中低技术制造业、中高技术制造业增长的主要动力。

当前，上海市工业经济发展面临增长方式与增长动力机制转换的双重挑战。因此，合理的工业发展政策十分必要。上海市应继续发展高端制造业，抢占科技制高点，加强创新投入，提高资源配置效率。

为此，政府应成为企业的服务者、市场的协调者和监督者。首先，应为企业自主创新提供良好的外部环境，加大对基础科学研究的财政投入，建立完整的公共技术服务平台，引导上海市工业逐步走向价值链曲线的高端。其次，应推动技术通过产业链进行扩散，激励企业从原材料生产、深加工到合成、营销等各个环节协同创新，着重促进高技术制造业与中高技术产业链之间的结合，实现全产业链创新，推动上海工业发展。最后，还应倡导发展现代生产服务业。相对于制造业的发展需要，上海生产性服务业的发展比较迟缓，甚至落后于制造业，这是上海产业体系和结构中存在的一个重要问题，通过发展金融、贸易、航运等服务业，促进制造业的转型升级。

第二节 湖北经济创新能力提升和产业转型升级研究

经济创新是著名经济学家约瑟夫·熊彼特（Joseph Alois Schumpeter）从理论上系统阐述的一个经济学意义上的重要概念或术语，它有明确的所指或含义乃至具体的思想内容，它与技术创新和知识创新以及制度创新等相关概念或术语之间既有联系又有区别。经济创新指的是新产品的开发、新市场的开拓、新生产要素的发现、新生产方式的引进、新企业组织形式的实施等。区域经济创新能力的提升与其产业转型升级有着密不可分的关系：经济创新能力的提升有利于产业转型升级的加快，产业转型升级能够促进经济创新能力的提升。目前湖北省经济结构的转型升级，其关键在于自身经济创新能力的提升，而实现湖北经济创新能力提升的关键在于创新驱动。当前，对湖北未来产业发展进行合理布局，有利于释放产业转型带来的结构驱动效应，进一步促进创新驱动，对湖北省基于中部崛起战略下加速实现创新发展具有重要的现实意义。

一、湖北创新能力提升和产业转型升级的重要性与必要性

（一）新工业革命背景下湖北经济创新能力整体不足

西方发达国家的“再工业化”是相对于“去工业化”而言的。金融危机背景下的“再工业化”，强调制度创新与技术创新的持续互动，实质上是美国等发达国家重视并积极领导第三次工业革命的体现。在开放条件下的新工业革命进程中，美国等将重振国家制造业作为今后经济发展的重点目标，重点扶持和改造先进装备制造业、新能源、航空航天、信息、环保、海洋和空间等战略性新兴产业，试图以上述新兴产业为突破口，占据世界先进制造业的制高点，发起全球新一轮技术革命，带动整个制造业体系的改造升级和国家实力的持续提升，进而巩固其在全球经济发展中的绝对优势地位。经过30多年的快速发展，我国已发展成为世界经济大国，当前，我国正处在全面建设小康社会的关键时期和深化改革开放、加快转变经济发展方式的攻坚时期。未来十年面临着如何从经济大国转变为经济强国的挑战，迫切需要突破瓶颈制约、解决一批关键和重大问题。

当前，新一轮科技革命和产业变革正在孕育兴起，一些重要科学问题和关键核心技术已经呈现出革命性突破的先兆。作为中部崛起战略支撑点的湖北省应该抓住历史机遇，在新工业革命背景下提升经济创新能力。然而，湖北创新能力整体不足，根据中国人民大学课题组编制的《中国三十一省区市创新指数研究报告》，中国三十一个地区的创新

能力明显区分为三个群体：沪、京、苏、粤四地区为第一梯队，是中国创新的强势区域；津、鲁、浙、辽、鄂、陕、川、闽等八地区为第二梯队，是中国创新的优势区域；其他十九个地区归入第三梯队，属弱势区域。湖北省作为华中地区的重要地区之一，其发展状况对于实现国家“中部崛起”的战略具有重要影响。湖北省一直是科教大省，省内高校和科研院所数量一直位居全国前列，但与上海、北京、浙江、江苏等发达地区相比，创新能力方面还有较大的差距。湖北省区域发展只有具备了较高水平的创新能力，才能实现区域经济平稳快速发展，提升区域竞争力。

（二）“新常态”下湖北产业转型升级迫在眉睫

产业结构调整与优化是一个国家或地区经济发展过程中研究的永恒主题。产业结构调整是实现经济发展方式转变、提高经济整体素质的重要途径。从世界经济发展的历史来看，在一国经济发展的初期，其所选择的经济发展战略往往是数量型战略，一旦经济进入起飞阶段后，就要及时转变经济发展方式，促进产业结构的调整，由数量型发展战略向效益性发展战略转变。因此，结构调整是各个国家在经济达到一个新的成长阶段后必须要进行的战略性任务。产业结构总是伴随经济发展水平的变化而呈现出不同的变动特征，尤其是受近几十年来国际格局重大变革和世界产业结构调整的影响，世界产业结构的演进呈现出一些新的变化趋势，主要表现为产业结构服务化、高度化、融合化、绿色化与国际化。新世纪世界格局的重大转变，国内发展结构的深刻变革，复杂多变的国内外环境，促使中国国家战略在面对新机遇和新挑战时进行调整。推进工业化、信息化、城镇化和农业现代化同步发展成为中国现代化发展的新要求，同时也是推动经济持续健康发展的新动力。

当前，中国经济迈进“新常态”，经济减速换挡，结构转型加快，按照中央对中部崛起的战略要求，湖北提出在强力推进武汉城市圈资源节约型和环境友好型社会综合配套改革试验区建设的同时，加快建设鄂西生态文化旅游圈，推进湖北长江经济带新一轮开放开发，促进全省区域、城乡协调发展。湖北作为一个老工业基地，经济发展在过去取得了长足的进步，但经济增长质量有待提高，经济结构有待优化，特别是产业结构失衡的问题依然突出。第二产业比重偏高而第三产业比重偏低。在第二产业内部，湖北省的工业发展仍然以冶金等资本密集型的重工业为主导，而技术密集型的高加工工业和装配工业却相对较少，其产品的附加价值较低，在国际竞争中处于劣势地位。长期以来，湖北省在这种以粗放型为主，以高投入、高消耗、高污染实现经济增长的发展思路下，已经出现资源过度消耗、污染日趋严重、生态破坏加剧等问题，这给湖北省经济健康全面可持续发展带来了巨大的威胁。特别是在经济全球化和金融危机的国际背景下，这种以资源消耗，环境污染为代价来单纯追求GDP总量增长的经济发展模式已经不再适应时代的要求，湖北省急切需要优化产业结构，转变经济增长方式。

（三）“两化”深度融合与新型城镇化释放湖北创新发展的强大动力

随着经济全球化的深入和国际国内经济领域创新转型步伐的不断加快，工业化和信息化的高度融合成为建立现代产业体系、促进湖北产业结构升级、实现湖北可持续发展、走新型工业化道路的重要途径。信息化和工业化的深入融合，有利于不断提升各类市场主体的创新能力，推动湖北创新能力的提升。同时，湖北创新的不断发展，有利于倒逼各类创新主体采用信息化的方式提高资源利用效率，推动骨干企业和中小企业运用信息化的技术和手段，提高企业生产经营管理水平，提升企业核心竞争力，进而完善湖北创新系统，提高地区“两化”（城镇化，现代化）融合水平。城镇化是我国现代化的必由之路，通过推进产业集聚和体系转移，有利于促进湖北创新。

产业是城镇化的基础和支撑，加快推进产城互动和融合，有利于密切区域联系，促进区域创新合作。通过产业集群开展技术创新，有利于提高龙头企业的创新水平，加快整合各类主体的创新资源，并开展相互合作、学习与信息交流，实施集聚创新的行为方式，以获得持续、强大的竞争优势。湖北创新系统的建立就是创新要素自由流动、优化配置的过程，有利于创新人才、创新要素和资金投入等生产要素和创新要素的跨区域流动，通过集聚效应和扩散效应，提升区域合作层次。新型城镇化发展能够带动湖北城乡一体化，促进湖北科技与产业实现互动发展。因此，推动创新要素发挥积极作用，关键在于促进科技转化为产业发展的前提和动力，为科技创新成果的产业化和市场化铺平道路，为创新破除瓶颈制约，为湖北创新发展注入强大的发展动力。

（四）"互联网+"、"一带一路"与长江经济带建设的重大发展机遇

在这样的新常态下，中国经济要继续保持两位数高速增长，资源潜能和环境条件已经不具备，中国要在2020年实现全面建成小康社会目标，还要跨越"中等收入陷阱"，实现全要素生产率的提升和中国经济的可持续健康发展，最大的动力就只能是靠创新。国家也只有依靠加快实施创新驱动战略，改造传统经济发展引擎，打造新的经济发展引擎，才能实现未来的发展蓝图。而充满勃勃生机的互联网技术发展和应用，在中国经济新常态下，是能够在引领创新、驱动产业转型、推动我国经济结构由中低端迈向中高端中发挥积极作用。2015年全国"两会"闭幕，在随后召开的总理记者会上，李克强答记者问时再次提到了"互

联网＋”，李克强表示："最近互联网上流行的一个词叫‘风口’，我想，站在‘互联网＋’的风口上顺势而为，会使中国经济飞起来。”借此机会，湖北省可以利用“互联网＋”的绝好机遇实现“弯道超车”。首先，“互联网＋”行动计划将能够作为新引擎促进产业的全面转型升级，并将带动新一轮创新驱动型产业布局和投资。其次，“互联网＋”行动计划将能够产生新的消费服务方式，进一步扩大有效需求，激发巨大的市场活力和潜能。最后，“互联网＋”行动计划将营造浓厚的大众创业、万众创新氛围，使千千万万市场细胞活跃起来，激发千千万万创客应运而生。

另外，在非均衡发展战略时期，我国一直把沿海地区作为经济增长重点，而忽略了内陆地区经济发展。现在，在中央的政策支持下，经济发展重点向内陆地区转移，我国形成了从沿海到内地、从沿边到内陆的逐步推进、整体开发格局。湖北省作为中部地区的经济发展支点，被纳入国家的整体发展战略。湖北省是我国内地最大的交通枢纽。随着我国与世界经济的接轨，我国东南沿海地区正处于产业升级的关键时期，面临劳动力价格上涨和资源紧缺的局面，竞争十分激烈，迫切需要通过产业转移来“腾笼换鸟”。湖北省位于长江经济带中游，工业基础雄厚，劳动力密集，矿产资源和生态资源异常丰富，交通地理位置便利，优势产业门类较多，经济运行环境良好，在中部各地区的发展中居于领先地位。因此湖北省是长江三角洲地区依托长江经济带，推动沿线有条件的城市承接国内外高水平的重化工产业转移的最好地点。湖北省应抢抓机遇，加快推进与沿海地区合作共建园区，加速承接产业转移的步伐。

二、经济创新与结构转型的理论分析

(一)创新驱动与结构转型的相互关系

1. 结构转型过程包含要素驱动转向创新驱动

事实上,中国经济进入新常态已经成为大家的共识,而只有科学认识新常态下的新特征,才能积极应对并适应新常态。新常态"新"在哪?新常态的"新"主要表现在三个方面:"速度"——从高速增长转为中高速增长;"结构"——产业结构必须优化升级;"动力"——从要素驱动、投资驱动转向创新驱动。新速度、新结构、新动力之间关系紧密,增长速度换挡、经济结构转型升级的背后是经济增长动力在发生转换,增长动力的性质决定了增长速度和结构转型的质量。突出创新驱动,正是因为新常态需要新动力,而新动力又会带来新速度和新结构。

发展经济学认为,经济发展是技术不断进步、产业不断转型升级的过程。从产业层次看,中国的发展可谓机遇和挑战并存。所谓机遇,是指中国人均 GDP 以及产业层次的技术水平与发达国家仍存在较大差距,未来仍有"后发优势"和产业升级的空间。但挑战也相当严峻,中国制造业在产业层次上存在生产能力严重过剩的问题。因此,在技术引进和新兴产业发展的过程中,还需要认真解决过剩产能消化、落后产能淘汰等棘手的经济转型问题。过去三十多年间,中国产业升级主要靠技术引进。随着中外技术差距的缩小,国内企业引进国外先进技术的难度将越来越大。中国新一轮经济增长必须实现由技术引进驱动向自主创新驱动转变。熊彼特认为,经济发展就是持续创新和"创造性毁灭"的过程。未来国家必须从战略高度重视自主创新的重大意义,进一步加大对教育和科研领域的投入。鼓励企业通过技术、产品和商业模式的创新，重塑自身核心竞争力，力促中国经济实现内生可持续增长。

2. 突出创新驱动才能加快结构转型进程

新常态下，创新是中国经济发展的引擎，改革是必不可少的点火器。作为新常态下的新动力，创新不仅仅是科技创新，还包括管理、模式、品牌等要素的创新，更要弘扬创新精神。要使创新驱动成为常态，就必须通过行政体制、决策体制改革，来推动各类创新主体的协同创新。要加快构建由企业牵头，科研机构、高等院校支撑，相互协同的技术创新体系；要继续深化科研院所改革，推进政府科技管理体制改革，让机构、人才、装置、资金、项目都充分活跃起来，形成推进科技创新的强大合力；要围绕激励创新来完善金融、税收、价格、财政、知识产权等宏观政策，增强创新的内生动力，打通经济与科技间的通道。

锐意创新是企业的成功之源、国家的发展之根、民族的振兴之要。如果把十几亿中国人蕴含着的创新热情都激发出来、创造能力都调动出来，让"大众创业"、"万众创业"成为现实，中国经济就一定会加速转型升级，并且发展得越来越好。

（二）创新促进产业转型升级的途径与路径

1. 创新驱动产业转型升级的机理与途径

创新驱动过程分为前端驱动、中端驱动和后端驱动，共同作用于传统产业向战略新兴产业演进过程中科技创新路线的每个相应环节，促进了知识积累、学习、创造及扩散，推进传统企业技术结构、生产方式、组织结构等变革，实现以传统业务为支柱向以新兴业务为核心的转变（见图 8.1）。前端驱动传统产业促进知识积累、学习和创造，中端驱动传统产业中部分传统企业的新技术新产品研发的成果转化，后端驱动传统产业向战略性新兴产业转型升级的整个过程。三个阶段是相互影响、相互作用的循环过程，在传统企业转型的初期，三个驱动阶段可以独立作用于转型的某个环节或阶段。当传统企业转型升级不断步入正轨，三个驱动阶段在空间上并存、在时间上继起。转型后各经济行为主体通过创新网络不仅能够进行简单分工合作，还可以进行充分的信息交流，参与创新网络的各个创新主体都可以在学习中获得好处并促进创新的开展(Storper,1992)。[①] 产业成功转型之后，既可以发挥自身创新优势，又可以弥补单个企业创新活力不足的缺陷，以此进一步促进区域的创新能力提升，改善区域创新环境。

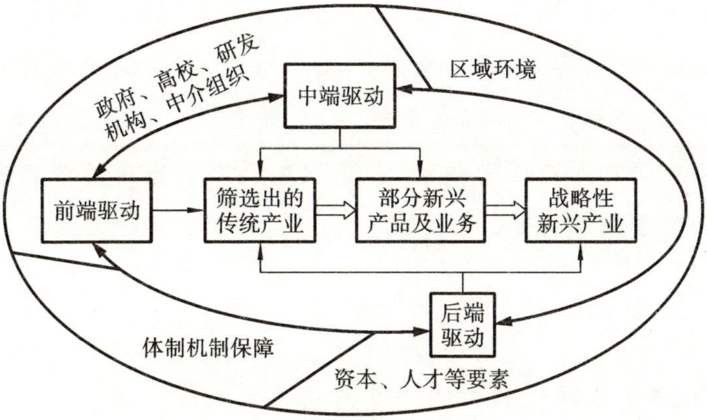

图 8.1 创新驱动产业转型升级的过程

2. 创新驱动产业转型升级的实现路径

当前，国际产业变革已经呈现出新的特征：一是服务化趋势；二是高端化趋势；三是智能化趋势；四是网络化趋势；五是绿色化趋势。新

① F. E. Martina. Innovative Milieu and Social Capital-complementary or Redundant Concept of Collaboration-based Regional Development? [J]. European Planning Studies, 2004,12(6):747-765.

一轮产业变革对湖北产业转型升级提出了更加紧迫的要求。产业转型升级不是调整产业间比例关系，而是提升产业价值链，调整不同价值链区段的比例关系，要从价值链低端转向价值链中高端，从成本竞争转向质量、技术、品牌、服务竞争，从依靠资源要素驱动转向创新驱动。加快产业转型升级，核心是要提升产业价值链和产品附加值，根本途径是提升企业的研发和创新能力。为此，要通过放松管制、激活市场等制度创新，创造一个公平竞争的环境，倒逼市场主体强化创新驱动，改变供给低效和刚性，提高供给效率和弹性。因此，需要高屋建瓴地实施创新驱动战略。以创新推动传统产业向战略新兴产业升级的路径有：①选择适合的创新形式，培育、壮大新兴产品及业务；②创新链与传统产业链有效融合，一是基于平台的有效融合，二是基于专利池的有效融合，三是基于协议研发形式实现融合；③集聚创新要素推进传统产业集群向战略新兴产业集群转变。

三、测度方法与实证结果分析

（一）产业发展驱动力的测度方法

前文理论部分已经阐释，驱动经济增长的动力机制主要来源于要素驱动、创新驱动与结构转型驱动。并且，地区经济创新能力的提升主要依靠创新驱动与结构转型驱动，按此思路，研究将采用 Hiau Looi Kee（2001）的方法，基于分行业驱动力方式的测评来评价地区产业发展的驱动力。研究思路如下：文章将利用湖北省统计数据，测算湖北农、工、服三产分行业驱动力的方式，探究行业驱动到底是基于要素驱动还是创新驱动，找出湖北经济发展的主要驱动力。基于驱动力要素评价湖北目前的产业布局模式，并就湖北产业发展的转型升级制定新的路径，释放结构效应，带动地区经济增长。

理论界普遍将创新指数作为创新能力的一种反映，利用创新环境指数、创新投入指数、创新产出指数、创新成效指数对国家或地区创新能力进行综合评价。国家统计局社科文司"中国创新指数(CII)研究"课题组研究设计了评价我国创新能力的指标体系和指数编制方法，但是本书所探讨的是地区经济创新能力，有别于区域创新能力。

(二) 实证结果与分析

1. 数据来源说明

根据前文实证分析策略，研究利用《湖北省统计年鉴(1996—2013)》，选取湖北三次产业一共九个行业为研究对象，具体为农业、采矿与加工业、造纸与印刷业、纺织业、混合制造业、电气水供应业、化工业、建筑业和服务业。对农业与服务业并没有进行进一步细分，主要是考虑到统计口径的一致性问题，采用总量来分析。

2. 实证结果

利用前文分析建立的模型，采用 Stata 统计分析软件，得出一系列分析结果。鉴于报告篇幅，许多表格并没有列出，只列出了其中比较重要的一张表格，如表 8.4 所示，这是模型分析最后得出的结果。从表 8.4 中可以看出，湖北所有产业驱动力中要素贡献比创新驱动要多一些，其中负数只是模型的运算结果形式，但是判断的标准是比较谁大谁小。就农业来说，创新贡献有−5.6029，而要素贡献是−5.1254，基于负数的运算法则，可见要素贡献要大于创新贡献。同理，其他产业的分析亦是如此。

表 8.4　分行业产业驱动力来源

	Effect in terms of percentage change in output in：								
	农业/(%)	采矿与加工业/(%)	造纸与印刷业/(%)	纺织业/(%)	混合制造业/(%)	电气水供应业/(%)	化工业/(%)	建筑业/(%)	服务业/(%)
创新贡献	−5.6029	−3.3189	−7.3321	0.5002	−23.4512	−2.3421	0.3345	−17.4532	−1.003
要素贡献	−5.1254	−3.6678	−0.8005	10.0342	−20.1123	−1.3452	15.2132	−15.5433	20.5632
价格效应	9.0034	8.6591	9.2142	−2.3423	17.2435	10.0023	−4.3221	11.1233	−1.0432
预测增长	1.2111	2.4512	14.2312	10.5643	−22.3543	1.2211	11.3109	2.3440	14.5900
实际增长	−3.4563	1.4321	7.6754	−6.3213	−0.0022	−1.5672	−1.1003	4.4442	12.8300

资料来源：作者根据《湖北省统计年鉴(1996—2013)》整理而成。

1）湖北经济增长依靠要素驱动，缺乏创新驱动

数据显示，湖北三次产业分行业基本上是基于要去驱动，缺乏创新驱动，其中农业、采矿与加工业要素驱动与创新驱动比较接近，其余行业要素驱动贡献均高于创新驱动贡献许多。现实情况下，湖北省农业仍然依靠劳动力、土地这些资源，机械化程度不够；采矿与加工业依靠资本与矿产资源；造纸与印刷业、纺织业、混合制造业、化工业、建筑业、服务业在我国依然十分依赖廉价劳动力与资本，电气水供应业依靠一些资源，依然是基于要素驱动，可想而知，湖北产业发展仍靠要素驱动带动经济增长，这种模式并没有长期的生命力，因此产业转型升级势在必行。

2）农、工、服分别依靠劳动要素驱动、劳动与资本要素驱动、资本要素驱动

由表 8.5 可知，农业的劳动要素弹性系数为 3.7654，资本要素弹性系数为−0.8760，可见农业应该是基于劳动要素驱动；工业中采矿

与加工业、造纸与印刷业、纺织业、电气水供应业、化工业均是劳动要素的弹性系数大于资本要素弹性系数，因此也是基于劳动要素驱动。混合制造业与建筑业却是资本要素弹性系数大于劳动要素弹性系数，可见这两个行业是基于资本要素驱动。因此，总体上说，工业既依靠劳动要素驱动，又依靠资本要素驱动；从服务业数据可以很明显地看出，其基于资本要素驱动。

表 8.5　行业产出要素弹性系数表

1% increase in：	Effect in terms of percentage change in output in：								
	农业/(%)	采矿与加工业/(%)	造纸与印刷业/(%)	纺织业/(%)	混合制造业/(%)	电气水供应业/(%)	化工业/(%)	建筑业/(%)	服务业/(%)
劳动要素	3.7654	0.9807	0.7701	1.9067	1.1564	0.3022	1.1122	1.1231	−1.4653
资本要素	−0.8760	0.7654	−0.3373	−0.9088	1.4422	−0.0444	−0.9921	2.3211	2.8762

资料来源：作者根据《湖北省统计年鉴（1996—2013）》整理而成。

四、湖北实施创新驱动发展战略的有利条件

（一）湖北创新驱动发展的经济基础

1. 整体经济水平呈现加速发展和集约发展趋势

2012年湖北的固定资产投资额达到16504亿元，较上年增长27.6%，占GDP的比重达到74%，投资驱动效应仍然十分明显。人均GDP已达到6121美元，根据美国经济学家罗斯托的经济起飞理论，人均GDP达到3000美元的国家或地区将进入经济加速发展阶段。而实现经济加速跨越发展的关键因素是创新，要通过创新克服投资驱动过程中的规模报酬递减效应及资源环境约束，实现经济增长由投资驱动

向创新驱动的转变。当前，湖北对经济增长内生化和可持续化的关注度日益提高，发展循环经济和可持续经济成为经济高速发展趋势下的主攻方向，整体经济水平的加速发展和集约发展趋势明显。因此，湖北已经具备进入创新驱动的基础条件。

2. 经济形态初具创新驱动特征

按照工业化、信息化和知识化发展程度划分的经济形态演进阶段大概分为五个阶段，依次为工业经济前期、工业经济中期第一阶段、工业经济中期第二阶段、工业经济后期及知识经济阶段。在五个阶段的演进过程中，产业结构实现从“一、三、二”到“二、三、一”再到“三、二、一”的转变，技术、信息、知识和人力资本等要素在经济增长中的作用逐渐取代资本和劳动力，产业结构不断向高级化、知识化发展，创新驱动效应不断加强，以知识和人力资本为载体的创新活动对经济社会的贡献显著提升，如表8.6所示。

表8.6　不同经济形态发展阶段的创新驱动特征

内容	工业经济前期	工业经济中期第一阶段	工业经济中期第二阶段	工业经济后期	知识经济阶段
产业结构	一、三、二	二、三、一	二、三、一	三、二、一	三、二、一
主导产业	农业和畜牧业	能源、冶金等传统重工业	高技术制造业	高技术产业、信息产业	高技术产业、知识密集型服务业
R&D占GDP比重	低于1%	1%～1.5%	1.5%～2%	2%以上	3%以上
创新驱动效应	无	不明显	开始形成	明显	指数上涨

资料来源：作者根据相关文献资料整理而成。

目前湖北处于工业经济中期第二阶段，三次产业贡献率依次为

4.3%、62.9%、32.8%，第二产业仍占主导地位，第三产业比重显著提升。第二产业中，电子信息、生物医药、新材料、新能源等高新技术产业发展迅速，高新技术对能源、冶金、汽车制造等传统支柱产业的改造升级作用明显。第三产业中，信息咨询等科技中介服务产业开始兴起，从单一消费型产业向社会生活全方位扩散趋势明显。第一产业中，科技对传统农业的改造作用突出，农业生产效率显著提高。总体上，科技在产业发展中的作用日益突出，技术密集型产业比重明显提升，R&D 投入占 GDP 比重已超过 1.5%，创新驱动经济社会发展效应初步凸显，标志着湖北开始向成熟工业经济形态下的创新驱动发展阶段过渡。

（二）湖北创新驱动发展的科技优势

2013 年全国科技进步统计监测结果显示，湖北综合科技进步水平指数达到 55.19%，全国排名第十，中部排名第一，如图 8.2 所示，并接近全国平均水平(60.30%)。在创新活动投入、创新活动产出、高新技术产业化、科技支撑经济社会发展及区域创新体系建设等方面都取得了重大进展，显示出湖北综合创新能力的提升。虽然距离进入创新驱动的国际国内标准还有一定的差距，但已经具备了一定的赶超基础。

近年来，湖北省的科技活动产出综合水平基本上在全国保持前十的相对领先优势，在中部保持绝对的领先优势；其中，2011 年上升到全国第八位（虽然近两年有所下降）。2011 年获国家级科技成果奖励系数指标进入全国第五，一批优秀的原创性基础理论成果脱颖而出，在光纤通信、激光、空间地理信息、病原微生物、植物功能基因等若干领域，形成了居于全国领先地位的竞争优势。万名就业人员发明专利拥有量达到 2.03 个，万人技术成果成交额达到 158.38 万元，在稳步上升中，继续保持领先。截至 2013 年，湖北共建有国家实验室 1 个，即武汉光

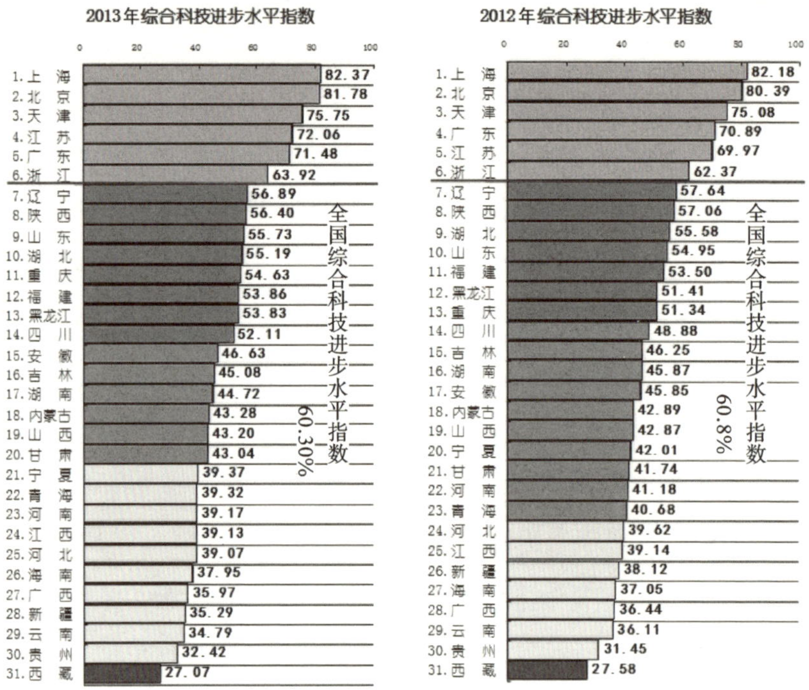

图 8.2　各地区综合科技进步水平指数排序图

电国家实验室。该实验室是我国最早的 5 个国家实验室之一，国家重点实验室 19 个（居全国第 3 位），企业国家重点实验室 3 个，国家部委重点（专业、开放）实验室 58 个，国家工程（技术）研究中心 21 个（居全国前列），国家级科技企业孵化器 16 个，国家级科技创新平台数量均位居全国前列，中部地区第一。在省级层面，建有省级重点实验室 105 个，省级工程技术（研究）中心 153 个，省级科技型企业孵化器 25 家，各类生产力促进中心 108 家，已基本形成了从基础研究、应用开发到科技成果产业化，覆盖国民经济各行业、比较完善的研究开发体系和科技创新服务体系。

(三) 湖北创新驱动发展的教育与人才优势

截至2013年,湖北共拥有普通高校122所,各类科研机构1500多家,在校大学生140万多人,在校研究生10.3万人,进入国家"211工程"建设的重点高校和在校大学生人数均居全国前3位,中部第1位。全省R&D人员超过13万人,有57名"两院"院士,83名国家突出贡献中青年专家,46名"973"首席专家,48名长江学者,78人入选国家"千人计划"(以上指标均位居全国第8位),培养造就了一支具有国内领先水平的高素质科技人才队伍。"十二五"期间,全省科技人才争取国家科技计划项目近4000项,经费37.1亿元;获国家自然科学基金项目3408项,经费10.6亿元,均居全国前五位。在鄂科技人才队伍不仅为我国抢占世界科技发展前沿做出了重要贡献,同时也是地方科技进步、经济社会发展的重要支撑力量。

五、创新驱动战略下湖北产业转型升级的利弊分析

(一) 创新驱动战略下湖北产业转型升级的有利因素

1. 中部崛起战略下湖北产业宏观布局的有力支撑

目前,湖北省紧跟产业创新这一新的发展机遇,着力发展产业集聚,以"大武汉"产业布局为核心,目标是形成圈定八座城市以及辐射七大产业走廊的整体产业规划格局(见图8.3)。

一是城市圈圈定八座城市。湖北省紧紧围绕"引领和打造中部地区国家增长极,实现湖北跨越式发展,开创一条具有湖北特色的新型工业化发展路径"为主线,以武汉为中心,外围环抱鄂州、黄石、黄冈、孝感、天门、潜江、咸宁、仙桃八座卫星城市。在圈内形成以武汉、黄石和鄂州为主的三大钢铁生产基地;依托武汉城市圈城际铁路网络,将武汉

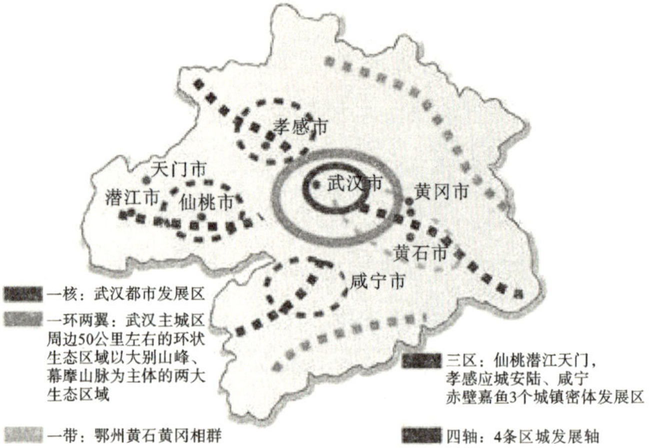

图 8.3　湖北产业布局示意图

的居住、教育、职业培训、休闲和高新技术等生产基地功能向周边的鄂州、黄石、黄冈、孝感、咸宁等城市扩散，充实二级城市的城镇综合承载能力。加强武汉经济圈的辐射和带动作用，统筹协调汽车、装备制造、高新技术、农副产品加工、轻工机械等产业在城市圈内外的合理布局。

二是辐射七大产业走廊。根据规划，湖北省产业优化布局调整将以武汉为轴心，以优势产业门类为基础，向外辐射出七大产业走廊（见图 8.4）：①以武钢为龙头向鄂州地区辐射的冶金、建材产业走廊；②以东风、神龙为主体，向黄冈、孝感地区推进的汽车及零部件制造产业群；③以光谷产业园区为中心向黄石、孝感和鄂州地区辐射的光电子产业群；④以武汉为农副产品营销中心，建立以本地特色资源深加工为主导产业的生态工业园区；⑤以武汉及鄂东的棉纺织品为主题的服装、纺织产品走廊；⑥以中联和健民为依托，发挥中药材产业生产基地功能，重点整合发展以黄冈为重点的中药材优质制药基地；⑦以长江黄金水道和汉宜、汉十高速公路为纽带，总体形成“四大旅游板块、五条精品线路”的旅游发展空间格局。

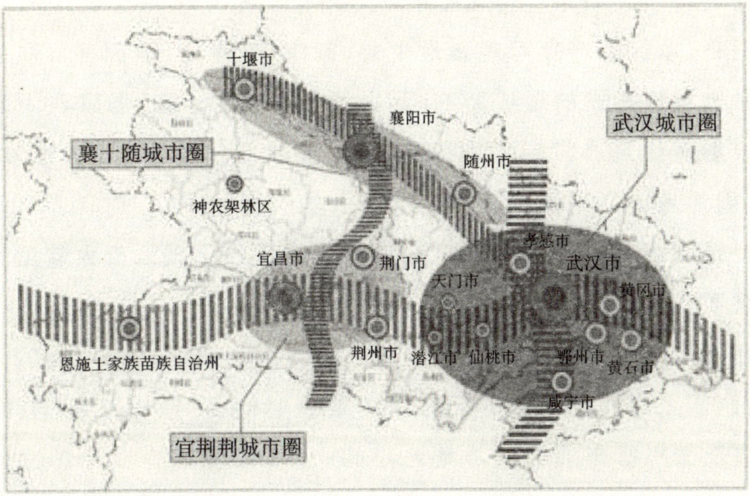

图 8.4　湖北省七大产业走廊

2. “一带一路”倡议下湖北产业转型升级的潜在机遇

“一带一路”倡议为我国东部地区产业转移和过剩产能化解提供了广阔的战略迂回空间。东部地区受到污染治理、土地价格、劳动力成本等多重因素的影响，出口导向型经济发展已是强弩之末，低端制造业向我国中西部地区以及东南亚等劳动力成本优势明显的地区逐步转移已是大势所趋。“丝绸之路经济带”要连接中亚等广大亚洲腹地，基本要求就是“道路相通”，这也就意味着中西部地区即将迎来交通基础设施的一次建设高潮，这对减少中西部地区物流成本、提高产品出口竞争力具有重要意义；东南亚地区劳动力丰富、出口导向型经济比较优势明显，是各国产业转移的重点区域之一，通过“海上丝绸之路”将部分已不具有比较优势的产业从我国东部地区转移过去，而湖北省可以利用这一机遇，承接东部地区产业，为湖北产业转型升级留出必要的发展空间，同时其他地区的同场竞技也有利于增强湖北企业的区域竞争力。客观而言，产能“过剩”并不意味着产能“落后”，湖北省现阶段相对过剩的钢铁、水泥等产业可能正是中亚、东南亚、南亚、非洲等发展中地区进行基础设施建设的短板所在，因此通过“一带一路”倡议将湖北部分过剩产能转移到这些地区，既可以推动湖北经济转型升级，也为“一带一路”周边地区发展提供了难得机遇。

3. 长江经济带开发与长江中游城市群建设下湖北产业转型升级的迫切需要

《全国主体功能区规划》、《国家新型城镇化规划(2014—2020年)》和《全国国土规划纲要(2011—2030年)》明确了“两横三纵”城镇化战略格局及城市群布局方案。毫无疑问，长江经济带将成为国家战略重点，长江中游城市群有望与长三角、珠三角城市群、京津冀一样成长为世界级的特大城市群。关于长江经济带建设，湖北有四大机遇：首先，湖北有条件在内地争取建立一个自由贸易区，利用战略优势和区位优势加快经济发展；其次，继续打造以武汉为核心的长江中游城市群；再次，要利用长江黄金水道，建立长江航运中心，构建我国中部地区立体交通网络和全国“立交桥”式枢纽；最后，武汉应该抓住机遇建立国际港口和国家级农产品加工、食品制造和贸易中心，并将其作为城市经济发展的大战略。提升创新引领功能，打造战略性新兴产业聚集地。实施创新驱动战略，以东湖国家自主创新示范区为引擎，以加快科技成果转化和产业化为核心，完善区域科技创新体系，提升自主创新能力，推动战略性新兴产业尽快成为先导、支柱产业，打造全国科技金融创新中心、全国产学研用协同创新实践区、全国科技成果转化和产业化示范区、国际性人才聚集高地，引领长江中游城市群转型跨越发展。提升产业带动功能，打造高端产业转移承接地。积极承接产业转移，加快推进工业倍增计划，大力推动服务业升级发展，加快发展现代都市农业。重塑长江中游地区产业“大转移”承接地新理念，构建国家重大产业发展的战略性新核心与新高地，引领带动长江中游地区产业转型升级。

4. “互联网+”风口下湖北产业转型升级的历史机遇

近年来，湖北省委、省政府把推动湖北经济社会发展的重心放在实业上，将实业发展的重心放在制造业和高新技术产业上，这一策略凸显了工业在转变经济发展方式、调整优化产业结构过程中“重中之重”的地位。实事求是地讲，在上一轮互联网产业大发展的10年中，湖北未能成为全国领先的热点区域。因此，在以“互联网+”为主题的新产业、新业态大量涌现的今天，湖北只有以更加开放的姿态、更加创新的精神，才能充分利用互联网技术提升传统产业的智慧属性和附加值。政府和企业大众都要充分激发“互联网+”改造传统产业与大众创业的内在功能。一是要塑造与互联网发展相适应的思维方式和文化氛围，进一步增强本地文化的主动性、开放性、包容性；二是整合、集成其他资源为我所用，以新的思维打造新的商业模式，积极培育大型平台企业，激发互联网领域的中小企业创业活力；三是进一步加强“互联网+”发展的技术、资金、人才等要素支撑，组合、集成、产生新的系统效应；四是在政府层面，要从技术创新、成果转化、应用推广、人才引进等方面，研究制定湖北省促进“互联网+”发展专项政策，运用市场化的办法培育创业主体，建立健全市场化机制，提升市场化水平。

（二）创新驱动战略下湖北产业转型升级的不利因素

1. 湖北产业基础雄厚，但产业集群整体竞争力有待提高

作为国家重要的老工业基地，湖北工业基础雄厚，但产业集群整体竞争力有待提高。湖北省形成以汽车、农副产品加工、化工、钢铁、电力、建材、纺织、通用设备制造、医药及电子信息产业为支柱且门类齐全的现代工业体系，特别是汽车等行业的竞争优势明显。但湖北产业集群整体竞争力有待提高，资源优势尚未转化为产业竞争优势，集中体现在以下几个方面。湖北是保障国家能源安全的战略载体，同时也是我国关系到国计民生的重要原材料及主要初级产品的生产与输出基地。湖北高科技含量、高附加值的产品不多，这种低层次产品结构的工业化危机重重。一方面高能耗的生产方式需要调入大量的煤炭和石油，主要的工业项目大都与本地产业基础毫无关联，生产成本较高，缺乏持续竞争力；另一方面，产业结构、产品种类和湖北省强大的流通网络关联甚少，传统交通枢纽的优势难以发挥、升级。湖北属全国科技与教育发达地区，高等教育水平位居全国前列。但即便如此，全省经济社会发展的要素驱动特征仍然十分明显，科学技术尚未形成有效支撑全省经济社会持续发展的动力，自主创新能力未达预期。湖北第三产业发展迅速，商贸、住宿、餐饮、仓储、交通运输等传统服务业发达，区域商贸流通职能显著。但与传统服务业高度发达不相适应的是，湖北现代服务业发展滞后、市场化程度不高，生产性服务业发展滞后，旅游文化等消费性服务业发展欠佳，整体竞争力有待提高。

2．湖北产业结构失衡，产业转型升级迫在眉睫

2013 年湖北经济稳中有进，产业结构稳步升级（见表 8.7 和图 8.5），全省第一、二、三产业分别完成增加值 3098.16 亿元、12171.56 亿元和 9398.77 亿元，分别增长 4.7%、11.3%和 10.0%，三次产业结构为 13.1∶50.1∶38.0。随着湖北省经济的快速发展，湖北省产业集群也随之扩增。民营企业是湖北省产业集群发展的主导发展力量，但是湖北产业结构失衡，导致产业集群吸纳产业聚集的能力不足，产业集群扩增速度缓慢。目前，湖北第一产业基数大、效率低，就业比重仍然接近一半，而工业比重偏低、轻重结构失衡、民营经济成长缓慢等因素导致第二产业吸纳就业的比重持续下降。同时缺少农业和工业的有力支撑，湖北第三产业近年来吸纳就业能力也有所下降。产业结构失衡，极大地影响了湖北产业集群发展的速度。

表 8.7　2002—2013 年湖北三次产业比重表　　单位：%

产业	2000	2002	2005	2008	2011	2013
一产	15.49	14.2	16.6	15.7	13.1	12.6
二产	49.66	49.20	43.10	43.80	50.00	49.3
三产	34.85	36.60	40.30	40.50	36.90	38.1

资料来源：2001—2013 年《湖北统计年鉴》。

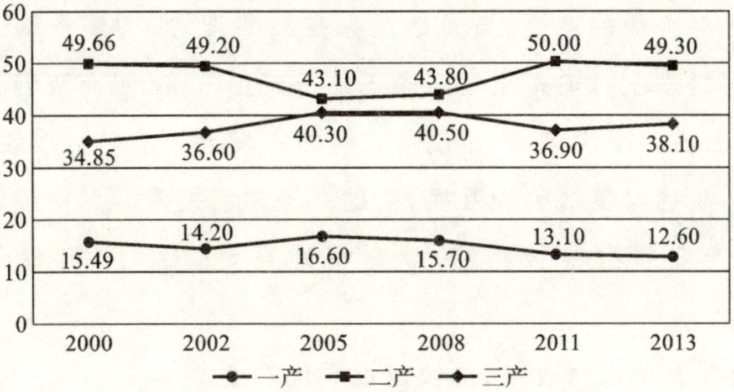

图 8.5　湖北产业结构变动示意图

在目前中部地区的城镇化进程中，第二产业的推动作用显著，而湖北省第二产业比重明显偏低，工业发展对经济增长的贡献率不足。从工业内部结构来看，湖北的主导产业为汽车、钢铁、石化、电力等，原材料工业所占比重仍高达 60%，处于以原料工业为重心的重工业化阶段。此外，湖北第一产业就业比重高达 47%，劳动力由第一产业向第

二、三产业转移的任务远未完成。从动力结构来看，消费带动显著，投资力度减弱，出口动力偏弱。消费是带动湖北经济增长的较强动力。湖北消费规模历年保持平稳增长，区域流通优势十分明显，未来国家经济发展从出口向内需导向转变，将会给湖北的发展带来良好的机遇。投资是拉动经济增长的主要动力，但湖北投资规模在中部所占份额下降。此外，与安徽、湖南和江西等近邻相比，湖北在吸引产业转移规模方面有较大差距，出口动力在中部地区的优势逐渐丧失。

（三）创新驱动战略下湖北产业转型升级的路径安排

新工业革命，依托的是科技，推动的是产业，改变的是生产生活方式。我们不能像前两次工业革命那样，仅仅做旁观者或追随者，而应参与新工业革命的进程，做主宰者。在这个过程中，我们既面临着技术、资金、人才等方面的瓶颈，与发达国家在战略理念、实施基础上存在较大差距，同时基于目前新工业革命正处于起步阶段，因而我们也易发挥产业基础上的后发优势，利用制度优势抢占发展先机。可以说，优势与劣势并存，机遇与挑战瞬间互换，关键在于如何把握。如何设计基于创新驱动的产业转型升级路径，显得格外重要。为此，笔者提出以下建议。

1. 全面深化农村改革，加快建设现代农业

以“农业强、农村美、农民富”为总目标，按照“落实政策、改革创新、加快发展”的思路，全面深化农村改革，破除体制机制弊端，促进现代农业发展和农民收入增长。深刻认识新常态下“三农”工作面临的挑战和机遇，深化改革，转变方式，激活内生动力，增强外部拉力，加快现代农业发展步伐。

(1) 利用“互联网＋”，发展生态友好型农业。加快转变农业生产

方式，加大农业面源污染防治力度，强化监督考核和激励约束。加快发展观光农业和休闲农业。实施退耕还林、天然林保护、低产林改造、血防林、长江防护林等生态修复工程。开展湿地生态效益补偿和退耕还湿试点。实施江河湖泊综合整治、水土保持重点建设工程，开展生态清洁小流域建设。加快江河湖库水系连通工程建设、重大水生态修复工程建设、生态脆弱流域和区域治理步伐。开展水生态文明县市、林业生态示范县市创建活动。

(2) 利用"互联网＋"，创新农村金融服务。开展"合作社＋金融"新型农村金融服务试点。稳定大中型商业银行的县域网点，扩展乡镇服务网络。建立适应"三农"需要的专门机构和独立运营机制。强化商业金融对"三农"和县域小微型企业的服务能力，扩大县域分支机构业务授权，实施贷款资金回流工程，不断提高存贷比和涉农贷款比例，将涉农信贷投放情况纳入信贷政策导向效果评估和综合考核体系，确保金融机构涉农贷款增幅不低于全部贷款增幅。积极支持条件具备的农民合作社和供销合作社发展农村合作金融，推动社区性农村资金互助组织发展，不断丰富农村地区金融机构和金融组织类型，支持金融机构依托供销合作社基层网点延伸服务。

2. 积极谋划湖北战略性新兴产业

以重大技术突破和重大发展需求为基础，以智慧产业、健康产业、低碳产业三大领域为重点，加快建设世界一流的综合性国家高技术产业基地。

1) 智慧产业领域

可以依托华中科技大学研发团队3D打印核心技术突破升级，打造国家级3D打印产业示范基地；发展智能制造产业，依托研发和装备制造基础优势，依托国家级研发平台和华中数控、华工科技、中冶南方等重点企业，形成包括智能装备制造、智能产品应用等在内的完整产业链和产业集群；重点研发机器人、精密仪器、高端机床等；发展智能电网，重点发展新能源接入与控制、智能变电站等智能电网领域关键核心技术，打造完整的智能电网装备产业链；发展下一代互联网产业，在高速光纤接入系统、宽带无线接入系统、物联网管理等下一代互联网关键技术研发及应用领域加快产业化，应依托武汉光电国家实验室和相关科研机构、龙头企业，大力推进大容量分组交换技术、光层交换技术以及超大容量传送技术的突破，实现高端光器件的国产化，占据下一轮全球光通信产业竞争优势，打造我国最大的下一代光通信研发生产集聚区；发展新一代信息产业，重点提升集成电路设计水平和市场化能力，加快新一代移动通信技术的研发和产业化，加快物联网技术产业化，促进形成物联网产业链；发展数字服务产业，主要由数据内容业、数据服务业和数据软硬件研发制造等产业领域构成，率先自主开展信息服务业、云计算等试点示范工作；支持新模式、新业态、新服务的发展和应用。

2）健康产业领域

（1）生物医药产业。结合国家“重大新药创制”、“重大传染病防治”两个重大项目的实施，进一步加大投入，促进生物制药产业的快速发展。重点加快突破抗体药物、高端疫苗、新型疫苗与诊断试剂、高端化学药物、现代中药等方面的研究和突破。组建生物制药技术联盟，形成大的企业集团和跨国公司，并带动大批中小企业发展，形成一个完整的现代生物制药产业链条。着重加强产业融合技术交叉领域的技术突破，加强应用技术创新和检测技术创新，加强产业形态和应用模式的跨界组合，注重构建技术转化平台。

（2）生物农业产业。湖北国家农业科技产业园聚集了生物肥料、生物农药、生物兽药、生物饲料等一批生物农业企业，应以此为依托，加速分子医药农业产业的快速发展，尽快形成具有武汉特色的生物产业链和产业群，培植经济发展的新的增长点。

3）低碳产业领域

（1）新能源装备产业。重点关注新能源接入装备与技术的研发、集成和产业化发展，尤其是风电和光伏领域，加强光伏逆变器、直驱型风电变流器、风光互补发电站、励磁调节器、中压变频器、大容量储能系统等系列产品的研发和集成，加快产业链形成和发展壮大。

（2）燃料电池产业。依托湖北汽车制造业的雄厚基础和燃料电池的研发优势，积极推动燃料电池汽车的产业化。加强对武汉理工新能源有限公司、武汉银泰科技电源股份有限公司等相关企业的支持。大力推广燃料电池在通信基站、家用分布式供电系统等领域的应用，并积极推动氢供给基础设施建设。

（3）页岩气产业。湖北省作为能源开发和装备制造业重要基地，应依托相关企业在勘探装备制造方面积极参与全国范围的页岩气投标和合作开发，力争在页岩气重大工程装备及其配套方面取得重大突破。

3. 积极谋划湖北现代服务业的产业布局

加快发展湖北现代服务业，必须在确定湖北现代服务业的发展目标和重点的基础上，明确发展路径和发展机制，选择加速发展的科学道路。坚持新型工业化不动摇，一手抓先进制造业，一手抓现代服务业，以工业化提供增长动力，以城市化拓展就业空间，以市场化注入发展活力，以信息化增强技术支撑，加快构筑高增值、多层次、广就业、强带动的现代服务业体系。

围绕城市圈、城镇区域和资源中心、产业中心统筹规划服务业和制造业发展，着力形成“三圈、四带”的服务业发展空间布局，加快提升制造业的发展水平，提升中心城市的服务能级，提升交通枢纽的服务功能。

首先,依托“三圈、四带”产业布局,形成生产服务业发展聚集带。根据湖北现代制造业基地建设布局,在武汉城市圈、宜荆荆城市圈、襄十随城市圈,沿长江、汉江、京广线和汉十线,重点发展与制造业相适应的生产服务业,形成集约型产业发展模式,降低交易成本和商务成本,提高产业竞争力。重点是建设武汉城市圈高新技术产业服务聚集带,建设沿江基础产业服务聚集带和两江文化、旅游产业带。

其次,依托城市、重点开发区、主要交通枢纽,形成与生产生活配套的服务业集聚区。其中,在中心城区布局建设商务集聚区,大力发展金融和商务服务,具备条件的逐步向中央商务区过渡,重点建设中心商圈,集中发展特色一条街。

最后,在城郊接合部和交通道口布局建设产品交易市场集聚区。

六、湖北经济创新能力提升与产业转型升级的战略选择

(一)抓住第四次工业革命机遇,深度“两化”融合

在新工业革命的浪潮中,制造业应当努力实现由低附加值向高附加值、由低技术密集向高技术密集、由粗放发展向精益制造、由大规模生产向大规模定制的全面战略转型,显著提升在全球制造业分工中的位势。为此,要继续把“两化”深度融合作为主要着力点。“工业 4.0”战略与我国提出的“两化”深度融合有很多相通之处。在某种程度上,“两化”融合可称为我国工业的 3.0,“两化”深度融合可以说是我国工业的 4.0。在新的发展背景下,只有将信息化的时代特征与湖北工业化历史进程紧密结合起来,把“两化”深度融合作为主线,才能为推动工业转型升级注入新的动力,也才能在向工业化迈进的过程中占得先机。

1. 用标准引领信息网络技术与工业融合

"工业4.0"战略的关键是建立一个人、机器、资源互联互通的网络化社会，各种终端设备、应用软件之间的数据信息交换、识别、处理、维护等必须基于一套标准化的体系。为了保障"工业4.0"的顺利实现，德国把标准化排在八项行动中的第一位，同时建议在"工业4.0"平台下成立一个工作小组，专门处理标准化和参考架构的问题。2013年12月，德国电气电子和信息技术协会发表了德国首个"工业4.0"标准化路线图。可以说，标准先行是"工业4.0"战略的突出特点。为此，湖北在推进信息网络技术与工业企业深度融合的具体实践中，也应高度重视发挥标准化工作在产业发展中的引领作用，及时规划"两化"深度融合标准化路线图，引导企业推进信息化建设。同时，还要着力实现标准的国际化，使得湖北制定的标准得到国际上的广泛采用，以夺取未来产业竞争的制高点和话语权。

2. 构建有利于工业转型升级的制度保障体系

德国"工业4.0"战略十分重视产业创新、组织创新与现有制度相冲突的问题。"工业4.0"一方面增加了管控的复杂性，技术标准的制定需要符合相应的法律法规；另一方面也需要制定相应的规章制度以促进技术创新。"工业4.0"采取了一系列措施来加强制度保障，比如设立处理各类问题的专职工作组，制定和实施安全性支撑行动，建立培训和再教育制度等。湖北在推动工业转型升级的问题上，同样面临制度保障方面的相关问题。因此，非常有必要建立和完善有利于工业转型升级的长效机制，比如知识产权保护制度，节能环保、质量安全等重点领域的法律法规，人才培养和激励机制等，从而形成推动工业转型升级的制度保障。针对第三次工业革命的新特点，有针对性地制定促进产业发展的财政、税收、信贷、进出口等方面的政策。

(二)"互联网+"与"工业4.0"下湖北制造业转型升级的措施

湖北要深入工业化进程,坚持内外并重、技贸并举,既要吸收外部创新资源和创新成果,又要坚持自主创新,充分利用自身的创新资源;既要重视技术创新的引领作用,又要重视市场需求的拉动作用。

1. 利用"互联网+"推动传统领域变革

从我国的现状来看,互联网正在改变着一个又一个的传统产业,但目前仅在消费互联网领域出现了一些世界知名企业,比如淘宝、京东等。制造业与互联网的融合虽然已经开始,但落后于发达国家,面对的挑战也非常大。传统制造业领域应顺应新工业革命的趋势,加大创新力度,利用"互联网+"发展的机遇提升信息化、智能化水平,培育先进制造技术创新和产业化主体,掌握产业话语权。应进一步深入实施工业强市(武汉市)战略和"工业倍增计划",以千亿产业和百亿企业为重点,加快技术改造步伐,促进新兴产业与传统产业的结合,做大做强支柱产业,发展优势产业,加快建设全国重要的先进制造业中心。重点强化新材料、新能源在传统制造业领域的研发、应用,加快推进生产领域的数字化、智能化改造,实现传统制造领域与产业革命基本趋势特征的对接、融合。

2. 利用"工业4.0"机遇推动新兴领域培育

坚持自主创新,加大对数字化制造以及新材料领域的基础研究投入,帮助高等院校、科研院所跟踪和赶超数字化制造技术的前沿。坚持以企业为创新主体,支持企业进行原始创新、集成创新、引进消化吸收再创新,着力帮助企业提升科技研发和技术创新能力,尽快在数字制造关键核心技术上取得突破,自主掌握数字化制造产业的核心专利。设立数字化制造专项发展基金、鼓励社会风险投资的投入,支持和培育创业型中小企业的发展，消除科技成果转化与产业化之间的障碍，促进创新成果的转化。积极引进国际数字制造领域的高端专业人才来中国创业，培育一批具有国际视野和国际水平的高技术企业。

（三）中部崛起战略下湖北应抓住长江经济带建设、“一带一路”开发与“互联网＋”的历史机遇，加快产业集聚发展

中国新一轮发展动力在于东西互动和南北统筹，湖北省在中国经济升级版中的战略定位和全局使命更加重要。第一，新型城镇化。中央城镇化工作会议明确了包括长江、京广沿线在内的“两横三纵”城市战略格局，长江中游城市群上升为国家战略，以武汉为中心的“中四角”将成为带动中西部地区发展的重要增长极。第二，长江经济带。国家提出要依托长江黄金水道建设中国经济新支撑带，湖北处于长江经济带的重要位置，战略地位更高，发展空间更大。

1. 利用长江经济带开发，发展湖北省产业集群

在非均衡发展战略时期，我国一直把沿海地区作为经济增长极，而忽略了内陆地区的经济发展。现在，在中央的政策支持下，经济发展重点向内陆地区转移，我国形成了从沿海到内地、从沿边到内陆的逐步推进整体开发格局。而湖北省作为中部地区的经济发展支点，被纳入国家的整体发展战略。湖北省是我国内地最大的交通枢纽。打造长江经济带城镇联合发展区，是把湖北省纳入国家战略的一大举措。而武汉又是湖北省的中心城市，推动武汉城市圈东部核心地区率先实现空间一体化发展，在湖北城镇化进程中充分发挥集聚和带动作用，构筑城镇协调发展区的发展模式，形成以大别山、幕阜山为基础的两翼生态发展区，以湖北大别山革命老区经济社会发展试验区为试点，积极进行探索，发挥生态特色优势，实现功能优化和特色化发展。

2. “一带一路”开发下加快湖北产业集群承接沿海产业转移

随着我国与世界经济的接轨，我国东南沿海地区正处于产业升级的关键时期，面临劳动力价格上涨和资源紧缺的局面，竞争十分激烈，迫切需要通过产业转移来“腾笼换鸟”。湖北省位于长江经济带中游，工业基础雄厚，劳动力密集，矿产能源和生态资源异常丰富，交通地理位置便利，优势产业门类较多，经济运行环境良好，在中部地区各省的发展中居于领先地位。因此，湖北省是长江三角洲地区依托长江经济带，推动沿线有条件的城市承接国内外高水平的重化工产业转移的最好地点。湖北省应抢抓机遇，加快推进与沿海地区合作共建园区，加速承接产业转移的步伐。

3. 借助“互联网+”实现“弯道超车”

在这样的新常态下，湖北要实现经济创新能力的提升，实现全要素生产率的提升和经济的可持续健康发展，最大的动力就只能是靠创新。因此必须改造传统引擎，打造新的引擎。目前充满勃勃生机的互联网技术发展和应用，能够在引领创新、驱动产业转型、推动湖北经济结构由中低端迈向中高端方面发挥积极作用。站在“互联网+”的风口上促使湖北经济起飞，借此机会，湖北省可以利用“互联网+”的绝好机遇实现“弯道超车”。首先，“互联网+”行动计划将能够作为新引擎促进产业的全面转型升级，并将带动新一轮创新驱动型产业布局和投资。因此，加大企业云端建设，推动湖北省互联网与制造业的融合、互联网与传统农业的跨界融合。其次，“互联网+”行动计划将能够产生新的消费服务方式，进一步扩大有效需求，激发巨大的市场活力和潜能。推动支持交通运输、商贸旅游、物流配送、餐饮家政、育幼养老、在线教育等公共服务领域的资源整合与优化配置。鼓励互联网金融对传统金融服务的改革创新。最后，“互联网+”行动计划将营造浓厚的大众创业、万众创新氛围，激活千千万万市场细胞活跃起来，激发千千万万创客应运而生。推动人才、资本、技术、知识的自由流动，让“草根”创新蔚然成风，让创新之树枝繁叶茂，把湖北人民的聪明才智调动起来，从而真正汇聚起湖北经济发展的巨大动能。

（四）将引进和培育领军型创新人才作为产业转型升级的突破口

围绕现有产业发展基础和产业转型升级目标，发挥企业在人才引进中的主体作用，大力引进和培育具有创业精神和创业能力的领军型创业人才。完善为创业者提供的服务，如配备行政助理，设立人力资源开发培训、权益保护等服务平台，促进海外创业者对政策的了解和文化融合。鼓励对重要科技和管理人员实施多种方式的股权和分红激励，进一步降低激励门槛，优化激励审批程序，对获股权形式奖励的激励对象给予递延纳税的优惠政策。增加可申请绿卡的国际人才拟任职单位种类，降低投资类国际人才申请永久居留条件，放宽3～5年长期居留许可条件。探索建立适用于海外高层次人才的医疗保险体系，完善社会保障、文化、教育等相关配套服务。

鼓励各类企业之间的合作研发与创新，采取多种手段提升关键零部件、核心设备的本地化率，营造企业群落内部知识交流与共享、共同进步的良好氛围。建立健全包括完善国有企业考核、加强知识产权保护、打破行业垄断、破除区域分割等在内的政策法规，强化执行力度，增强国有企业创新动力和压力，鼓励跨国公司加速将核心技术研发转移到中国，激发民营企业的创新活力。在努力培育领军企业的同时，加大扶持创新型中小企业力度，特别是具有核心竞争力的小微企业的发展，促进领军企业和中小型企业之间的配套协同发展。强化产业信息公开和风险预警机制，加强市场秩序规范，增强行业自律，引导各地区错位、特色发展。着力营造良好的生活与创业环境，改善政府服务水平，提高政府服务效率，减少对微观经济活动的直接干预，进一步发挥行业协会等中介机构在产业转型升级中的作用。

（五）积极参与全球技术开发，提升湖北国际分工地位

1. 积极参与全球技术开发、规范制定与战略分工

以东湖高新区为基地，以开放战略融入全球化，参与第三次工业革命的技术开发、规范制定与战略分工，不断拓展新的开放领域和发展空间。加强高新区研发平台和产业联盟建设。东湖高新区的比较优势在于区内科研院所和高校众多，知识和智力资源密集，合理地发掘和利用这些资源，有利于打造高新区的科技创新能力。要进一步提升现有的大学、科研机构以及国家实验室、国家重点实验室、工程技术中心等研究机构的研究水平，突出基础研究和应用基础研究的战略性和前瞻性，与建设国际一流的国家光电子信息产业基地接轨，与未来高技术产业的培育接轨，重点加强光电材料、光电集成、化合物半导体和半导体照明、空间地理信息系统、纳米材料、生物技术和新医药等领域的前瞻性研究，力争取得一批世界性的研究成果和创新产品。积极打造产业技术联盟，通过软件外包产业联盟、中国光纤到户产业联盟、激光行业协会等产业联盟，推进自主创新，制定行业标准，提升东湖高新区光电子信息产业的核心竞争力。

2. 加强湖北省重点工业企业的生产、组织及技术模式创新

一是生产模式创新。鼓励企业对原有内部产业链条上的部分非核心环节进行剥离和细分，鼓励开发精品或特定个性化产品，推动行业发展的专业化、个性化。推动综合集成、柔性生产、精密制造等先进技术融入设计、制造和营销的全过程。二是组织模式创新。建立涉及产品

设计、制造、销售等各个环节的网络平台和互动机制，推动计算机辅助设计等技术及仿真实验、协同研发等新型工业研发模式在相关产业领域的深化应用。推动电子商务、供应链管理、产品生命周期管理等应用于企业管理。三是技术模式创新。构建以企业为主体、以市场为导向的产学研结合的技术创新体系。引导和鼓励企业加大研发投入，支持企业利用全球科技资源，建立海外研发基地或收购海外科技和研发机构。四是积极培育"微观跨国公司"。重点培育一批基础较好、潜力较大、行业带动性较强的中小微企业，推动其发展国际业务，推动其在全球范围内的专业化生产、精准化管理、自主化创新、集约化经营和品牌化运作。

第三节 本章小结

本章对典型地区经济转型发展与动能转换进行了深入研究。本章第一部分选择上海 1995—2012 年数据，构建了以各行业 TFP、要素投入为源泉的增长动力机制，在一般均衡分析框架下通过求解最优化问题，测度了行业间 TFP 溢出效应、资本、劳动力对经济增长的贡献。第二部分选择湖北 1996—2013 年数据，对其分行业驱动力进行了系统测算，认为湖北经济增长依靠要素驱动，缺乏创新驱动，农、工、服分别依靠劳动要素驱动、劳动与资本要素驱动、资本要素驱动。

CHAPTER 9

第九章

中国经济转型发展的制度安排

中国经济增长的驱动力主要是要素驱动，尤其是资本驱动，TFP对中国经济增长的贡献水平较低。由于资源环境的约束及要素回报率下降的限制，要素驱动的增长模式不可持续，必须依靠创新驱动，提高技术水平，将经济增长方式转到依靠TFP驱动的模式上来。因此，本章提出如下相关政策建议。

第一节
破除动能转换的制度障碍

发展之道，改革为先。以改革为动力，向改革要红利。当前中国经济发展中出现的诸多问题都可以追溯到体制机制层面，急需通过制度变革与制度创新，释放新一轮“改革红利”，促进生产率的提高。以供给侧结构性改革统领经济体制改革，应从供需两端同时发力，培育发展新动能。

1．继续推进供给侧结构性改革

（1）在产业结构方面，优化工业内部结构，提高工业的效率与效益。减少低附加值、高排放、高污染、高消耗的重化工业供给，化解产能过剩问题。在服务业方面，促进服务业结构高级化，将服务业作为知识转化与人力资本积累的载体，提高服务业对工业乃至整个国民经济的正向反馈作用。

（2）在新动能培育方面，要着眼于新领域、新产业、新产品、新业态，通过发展新经济形态培育新的动能，与世界科学技术的进步及产业发展的趋势相适应，以形成新的生产结构和新的动力结构。

2．深化需求侧管理

在改革供给端的同时，通过需求侧改革释放需求潜力、扩大需求空间，可以为推动供给侧结构性改革创造更大空间。可以借助“一带一路”倡议助力化解过剩产能，不仅有利于稳定当前增长，也有利于为今后增长增添后劲。通过改革或政策调整，为技术创新产品的市场化应用创造环境，也能为新产业、新产品的发展创造条件。通过实施相对积极的财政政策和货币政策，防止经济出现过度下滑。积极的宏观政策可以为供给侧改革提供新的动力和经济资源，改善创新驱动战略的实施环境。必须注意的是，积极宏观政策在实施时需注重长期经济效益和效率，避免基础设施的重复建设和经济资源流入低效率部门。

第二节 以创新促进人力资本升级

随着中国经济与世界前沿的不断接近，进一步推动技术创新将成为提高生产率的有力保障。因此，必须坚定不移地实施创新驱动发展战略，提高技术水平，增进经济发展的质量和效益，培育经济增长新动力。

一方面，中国需从创新中汲取力量，创新带来的效益是经济结构转型和宏观经济增长的基础与前提。创新驱动战略仍处于实施初期，创新主体发育还不够成熟，创新的速度和数量需进一步提高。从科学技术创新到 TFP 的提升需要一系列的转化，创新体制机制是提高转化效率的重要环节，相应体制机制需夯实改善，为创新提供内在激励与拓展空间。创新资源分配需进一步优化，创新资源的合理分配是创新效率和质量提升的关键，完善金融信贷机制，防止金融资金在银行和低效率企业之间形成双向负循环，引导经济资源流向创新型企业、中小企业，以及年轻人的创新创业活动。

另一方面，促进人力资本升级，创造新的“人口红利”。在中国新阶段的经济增长时期，在自然与资本资源短缺及劳动力数量增长空间有限的局面下，人力资源是中国具有最大潜在优势的战略资源。新阶段“人口红利”的再造应以人力资本升级为重心展开，而不是工业化时期的劳动力简单再生产。发展以人力资本为基准的现代服务业和提升广义人力资本消费是促使经济完成二次转型的两大关键引擎。因此，可从以下方面着手：①政府应疏通知识积累通道，减小收入分配差距的拉大对人力资本积累的抑制作用；②深化教育与科技体制改革，加大对教育与技能培训的投资，重视人力资本结构调整升级，增加高端人力资本储备；③促进技术知识密集型产业发展，推动产业结构转型，加强人力资本积累，形成良性循环。

第三节 因地制宜，合理制定地方经济发展对策

新时期，国家应该基于各地的具体情况，统筹区域空间布局，构建新的增长带和增长极，塑造区域发展新格局。同时，地方政府应适时抓住国家实施“中国制造2025”和“互联网＋”行动计划等重大机遇，促进自身经济质量型增长。

一方面，各地区应结合自身所处的实际发展阶段，合理切换经济增长动能。对于区域经济增长而言，要素驱动方式是不可避免的，只有资本积累到了一定高度，才能适时切换动能，转到依靠TFP的增长上。因此，各地区应按照经济发展的客观规律，考虑各地区经济增长的实际情况与发展状态，切不可盲目跟风，“大跃进”式地发展。在制定区域发展政策的过程中，针对不同区域与行业的实际经济增长方式，有针对性地制定创新驱动发展的政策，从而实现我国东、中、西部三大区域间的平衡发展，而不能搞“一刀切”，不切实际地转换增长动力。

另一方面，坚持“分级、分层、分类”①的科技创新驱动区域协调发展思路。

(1) 东部地区可以借助自身具有的人力资本结构和消费结构优势，抢占前沿科技制高点，利用 TFP 溢出的具体途径以及产业溢出的不同，实现优势互补。

(2) 中部地区应该吸收东部地区发展经验，少走或者不走东部经济发展的“弯路”，利用现有的技术体系，有条件地发展技术密集型产业和新型工业，加强环境保护。

(3) 西部地区要利用后发优势，但是切不可过早地追求产业结构转型和不切实际地发展服务业，应该积极引进资本，加大科技投入的规模和力度，重在提高科技资源配置效率，同时注重东部科技成果在中部和西部的转化、吸收、推广，更好地促进东部和中部 TFP 对西部地区的溢出。

第四节
构建 TFP 考核指标保障要素的自由流动

未来的增长将更加着眼于 TFP 的提高，这已是不争的结论。因此，TFP 应该以适当的形式成为引导创新发展的指标，要将 TFP 指标作为检验官员政绩的重要指标，鼓励地方官员千方百计地提高地区 TFP 水平。

一方面，优化生产要素配置效率，保障要素的自由流动。既要调整

① “分级”是指现有的东、中、西部的技术梯度；“分层”是指大、中、小城市的科技创新能力差异；“分类”则是推进科技创新区域协调发展的基本思路。

农业和非农产业结构，又要加快制造业和服务业结构优化升级。因此，新时期要建立全国统一的大市场，让生产要素更自由流动，打通资源在企业间、产业间、区域间的流通渠道，进而继续推动“人口东移”和“产业西进”，合理配置资源，让TFP发挥更大的作用，避免出现政策“洼地”。

另一方面，应该重视部门间存在的TFP溢出现象。

(1) 企业应该继续利用知识与技术溢出的有利形势，同时加强企业在价值链与供应链上的技术合作与交流，弥补产业关联与市场交易溢出的不足。并且，企业应该利用前期生产率的提高会促进企业效益的提升这一特征，合理规划研发资金，吸引与引进创新人才，利用“滞后性”所产生的“累积效应”提高企业的TFP水平。

(2) 政府应该营造有利于企业间TFP溢出的发展环境，通过促进企业间的TFP正向溢出，驱动“中国创造”。中央政府应继续协调区域发展，通过引导高技术企业在中西部地区集聚，带动地区经济发展；应当重视企业所处的行业差异性，针对不同行业制定差异化的企业创新合作政策。

第五节 合理促进产业融合发展

现阶段我国产业结构的优化升级并不仅仅是产业向高级化演进，最根本的还是优化产业关联，促进产业融合。地方政府应制定差异性产业政策，优化区域产业的整体布局，推动资源的集中充分利用和产业联动效应的有效发挥。

一方面，完善产业关联机制，润滑产业间相互溢出的通道。产业融合不是几个产业简单相加，产业的融合发展取决于市场需求、制度和政策环境等因素。重视和鼓励关联度高的产业技术创新，创造宽松的制度环境，充分释放产业发展活力。加强区域与行业间的联系，促进第一、二、三产业的协同发展与融合。打通行业连接关节，利用深化改革的机会破除阻碍协同发展的障碍。

另一方面，加大产业融合的力度，培育融合的新动力。新时期应该加强产业融合发展的引导与建设，鼓励高技术行业的企业加大创新合作力度与科研交流，培养企业“合作双赢”的集体精神。同时，鼓励中低技术行业的企业尽早转变现有的简单模仿与简单复制的发展机制，注重吸取相似行业的先进技术与管理经验，彼此共赢。

APPENDIX A

附录 A　数据结果

附表1　30地区各行业SUR回归结果①

1.1　北京市各行业SUR回归结果

变量		农业	工业	建筑业	交通运输业	金融业	其他服务业
全要素生产率	A1	**0.180** ***	−0.028	−0.057 **	0.056 **	0.042 **	−0.026
		(**0.055**)	(0.026)	(0.027)	(0.023)	(0.020)	(0.026)
	A2	−0.028	**0.149** ***	0.107 ***	−0.050 **	−0.069 ***	−0.166 ***
		(0.026)	(**0.026**)	(0.021)	(0.021)	(0.017)	(0.031)
	A3	−0.057 **	0.107 ***	**0.114** ***	−0.079 ***	−0.074 ***	−0.053 ***
		(0.027)	(0.021)	(**0.023**)	(0.019)	(0.017)	(0.015)
	A4	0.056 **	−0.050 **	−0.079 ***	**0.064** **	0.050 **	−0.026
		(0.023)	(0.021)	(0.019)	(**0.025**)	(0.021)	(0.027)
	A5	0.042 **	−0.069 ***	−0.074 ***	0.050 **	**0.045** **	0.024
		(0.020)	(0.017)	(0.017)	(0.021)	(**0.018**)	(0.019)
	A6	−0.168 ***	0.057	0.042	−0.015	−0.018	−0.032
		(0.063)	(0.040)	(0.034)	(0.045)	(0.040)	(0.052)
	A7	−0.026	−0.166 ***	−0.053 ***	−0.026	0.024	**0.279** ***
		(0.026)	(0.031)	(0.015)	(0.027)	(0.019)	(**0.076**)
要素	K	−0.191 *	0.081	0.111 *	−0.070	−0.054	0.027
		(0.111)	(0.063)	(0.067)	(0.058)	(0.051)	(0.045)
	L	0.191 *	−0.081	−0.111 *	0.070	0.054	−0.027
		(0.111)	(0.063)	(0.067)	(0.058)	(0.051)	(0.045)
常数项		−0.056 ***	−0.069 ***	−0.008 **	−0.010 ***	0.012 ***	0.011 ***
		(0.008)	(0.006)	(0.004)	(0.004)	(0.003)	(0.003)

① 因变量是产出份额的变化值，表格中A1至A17分别表示7个行业的TFP。

1.2 天津市各行业 SUR 回归结果

变量		农业	工业	建筑业	交通运输业	金融业	其他服务业
全要素生产率	A1	**0.200** ***	−0.051 **	−0.006	−0.047 **	−0.066 ***	−0.009
		(0.063)	(0.024)	(0.015)	(0.019)	(0.023)	(0.025)
	A2	−0.051 **	**0.107** ***	0.018	−0.014	0.007	−0.098 ***
		(0.024)	**(0.041)**	(0.015)	(0.015)	(0.016)	(0.031)
	A3	−0.006	0.018	**0.032** ***	−0.026 ***	−0.028 ***	−0.010
		(0.015)	(0.015)	**(0.012)**	(0.010)	(0.010)	(0.013)
	A4	−0.047 **	−0.014	−0.026 ***	**0.029** **	0.034 ***	0.034 *
		(0.019)	(0.015)	(0.010)	**(0.015)**	(0.013)	(0.018)
	A5	−0.066 ***	0.007	−0.028 ***	0.034 ***	**0.042** ***	0.017
		(0.023)	(0.016)	(0.010)	(0.013)	**(0.014)**	(0.017)
	A6	−0.022	0.030	0.020	−0.011	−0.006	−0.019
		(0.035)	(0.019)	(0.020)	(0.022)	(0.025)	(0.020)
	A7	−0.009	−0.098 ***	−0.010	0.034 *	0.017	**0.085** **
		(0.025)	(0.031)	(0.013)	(0.018)	(0.017)	**(0.041)**
要素	K	0.191 ***	−0.107 ***	−0.104 ***	0.120 ***	0.117 ***	0.120 ***
		(0.042)	(0.026)	(0.028)	(0.028)	(0.030)	(0.026)
	L	−0.191 ***	0.107 ***	0.104 ***	−0.120 ***	−0.117 ***	−0.120 ***
		(0.042)	(0.026)	(0.028)	(0.028)	(0.030)	(0.026)
常数项		−0.075 ***	0.008 ***	0.012 ***	−0.014 ***	−0.015 ***	−0.010 ***
		(0.005)	(0.003)	(0.002)	(0.003)	(0.003)	(0.003)

1.3 河北省各行业SUR回归结果

变量		农业	工业	建筑业	交通运输业	金融业	其他服务业
全要素生产率	A1	**0.364** ***	−0.060	−0.061 **	−0.071 **	−0.075 **	−0.026
		(0.060)	(0.049)	(0.025)	(0.031)	(0.030)	(0.027)
	A2	−0.060	**0.399** ***	0.108 ***	−0.087 ***	−0.080 **	−0.316 ***
		(0.049)	**(0.074)**	(0.027)	(0.030)	(0.031)	(0.037)
	A3	−0.061 **	0.108 ***	**0.030** ***	−0.025	−0.034	−0.031 *
		(0.025)	(0.027)	**(0.003)**	(0.021)	(0.022)	(0.018)
	A4	−0.071 **	−0.087 ***	−0.025	**0.008** ***	0.047 *	0.115 ***
		(0.031)	(0.030)	(0.021)	**(0.001)**	(0.028)	(0.024)
	A5	−0.075 **	−0.080 **	−0.034	0.047 *	**0.072** **	0.048 **
		(0.030)	(0.031)	(0.022)	(0.028)	**(0.030)**	(0.023)
	A6	−0.070 *	0.036	0.013	0.013	0.023	−0.006
		(0.042)	(0.047)	(0.036)	(0.050)	(0.051)	(0.031)
	A7	−0.026	−0.316 ***	−0.031 *	0.115 ***	0.048 **	**0.216** ***
		(0.027)	(0.037)	(0.018)	(0.024)	(0.023)	**(0.034)**
要素	K	0.308 ***	−0.243 ***	−0.101 **	0.113 *	0.116 *	0.173 ***
		(0.055)	(0.062)	(0.049)	(0.065)	(0.069)	(0.042)
	L	−0.308 ***	0.243 ***	0.101 **	−0.113 *	−0.116 *	−0.173 ***
		(0.055)	(0.062)	(0.049)	(0.065)	(0.069)	(0.042)
常数项		−0.046 ***	0.008 *	0.007 ***	0.004	0.004	0.006 **
		(0.004)	(0.004)	(0.003)	(0.004)	(0.004)	(0.002)

1.4 山西省各行业 SUR 回归结果

变量		农业	工业	建筑业	交通运输业	金融业	其他服务业
全要素生产率	A1	**0.601** ***	−0.084 **	−0.054 *	−0.151 ***	−0.150 ***	−0.148 ***
		(**0.070**)	(0.037)	(0.028)	(0.034)	(0.033)	(0.031)
	A2	−0.084 **	**0.339** ***	0.172 ***	−0.103 ***	−0.113 ***	−0.143 ***
		(0.037)	(**0.038**)	(0.028)	(0.022)	(0.020)	(0.024)
	A3	−0.054 *	0.172 ***	**0.135** ***	−0.082 ***	−0.081 ***	−0.089 ***
		(0.028)	(0.028)	(**0.023**)	(0.017)	(0.016)	(0.018)
	A4	−0.151 ***	−0.103 ***	−0.082 ***	**0.154** ***	0.152 ***	0.154 ***
		(0.034)	(0.022)	(0.017)	(**0.025**)	(0.023)	(0.027)
	A5	−0.150 ***	−0.113 ***	−0.081 ***	0.152 ***	**0.152** ***	0.162 ***
		(0.033)	(0.020)	(0.016)	(0.023)	(**0.022**)	(0.022)
	A6	−0.014	−0.068	−0.001	−0.124 **	−0.121 **	−0.112 **
		(0.075)	(0.053)	(0.036)	(0.054)	(0.053)	(0.049)
	A7	−0.148 ***	−0.143 ***	−0.089 ***	0.154 ***	0.162 ***	**0.177** ***
		(0.031)	(0.024)	(0.018)	(0.027)	(0.022)	(**0.035**)
要素	K	0.386 ***	−0.228 **	−0.160 ***	0.146	0.147	0.160 *
		(0.147)	(0.091)	(0.061)	(0.105)	(0.103)	(0.096)
	L	−0.386 ***	0.228 **	0.160 ***	−0.146	−0.147	−0.160 *
		(0.147)	(0.091)	(0.061)	(0.105)	(0.103)	(0.096)
常数项		−0.038 ***	−0.005	0.004	−0.012 **	−0.012 **	−0.011 **
		(0.008)	(0.005)	(0.004)	(0.005)	(0.005)	(0.005)

1.5 内蒙古各行业 SUR 回归结果

变量		农业	工业	建筑业	交通运输业	金融业	其他服务业
全要素生产率	A1	**0.349** ***	0.002	−0.083 ***	−0.053	−0.079 **	−0.089 ***
		(**0.074**)	(0.032)	(0.031)	(0.035)	(0.035)	(0.032)
	A2	0.002	**0.282** ***	0.171 ***	−0.125 ***	−0.151 ***	−0.182 ***
		(0.032)	(**0.030**)	(0.028)	(0.022)	(0.018)	(0.017)
	A3	−0.083 ***	0.171 ***	**0.232** ***	−0.123 ***	−0.110 ***	−0.076 ***
		(0.031)	(0.028)	(**0.030**)	(0.024)	(0.019)	(0.018)
	A4	−0.053	−0.125 ***	−0.123 ***	**0.083** **	0.117 ***	0.115 ***
		(0.035)	(0.022)	(0.024)	(**0.037**)	(0.021)	(0.023)
	A5	−0.079 **	−0.151 ***	−0.110 ***	0.117 ***	**0.123** ***	0.123 ***
		(0.035)	(0.018)	(0.019)	(0.021)	(**0.021**)	(0.021)
	A6	−0.048	0.002	−0.011	−0.015	−0.023	−0.029 *
		(0.034)	(0.021)	(0.017)	(0.019)	(0.017)	(0.017)
	A7	−0.089 ***	−0.182 ***	−0.076 ***	0.115 ***	0.123 ***	**0.137** ***
		(0.032)	(0.017)	(0.018)	(0.023)	(0.021)	(**0.023**)
要素	K	0.298 ***	−0.039	−0.094 **	0.272 ***	0.256 ***	0.241 ***
		(0.084)	(0.049)	(0.039)	(0.046)	(0.044)	(0.042)
	L	−0.298 ***	0.039	0.094 **	−0.272 ***	−0.256 ***	−0.241 ***
		(0.084)	(0.049)	(0.039)	(0.046)	(0.044)	(0.042)
常数项		−0.064 ***	0.004	0.005	−0.013 ***	−0.014 ***	−0.014 ***
		(0.009)	(0.005)	(0.004)	(0.004)	(0.004)	(0.004)

1.6 辽宁省各行业 SUR 回归结果

变量		农业	工业	建筑业	交通运输业	金融业	其他服务业
全要素生产率	A1	**0.518** ***	−0.085 ***	0.007	−0.143 ***	−0.161 ***	−0.139 ***
		(0.072)	(0.030)	(0.031)	(0.030)	(0.039)	(0.027)
	A2	−0.085 ***	**0.439** ***	0.108 ***	−0.175 ***	−0.074 ***	−0.232 ***
		(0.030)	**(0.031)**	(0.024)	(0.019)	(0.022)	(0.018)
	A3	0.007	0.108 ***	**0.129** ***	−0.092 ***	−0.095 ***	−0.080 ***
		(0.031)	(0.024)	**(0.029)**	(0.016)	(0.021)	(0.015)
	A4	−0.143 ***	−0.175 ***	−0.092 ***	**0.109** ***	0.059 ***	0.087 ***
		(0.030)	(0.019)	(0.016)	**(0.023)**	(0.022)	(0.023)
	A5	−0.161 ***	−0.074 ***	−0.095 ***	0.059 ***	**0.061** **	0.044 **
		(0.039)	(0.022)	(0.021)	(0.022)	**(0.031)**	(0.022)
	A6	0.004	0.021	0.023	0.155 ***	0.165 ***	0.128 ***
		(0.073)	(0.065)	(0.056)	(0.046)	(0.062)	(0.041)
	A7	−0.139 ***	−0.232 ***	−0.080 ***	0.087 ***	0.044 **	**0.193** ***
		(0.027)	(0.018)	(0.015)	(0.023)	(0.022)	**(0.029)**
要素	K	0.211 ***	−0.139 ***	−0.160 ***	0.128 ***	0.133 ***	0.115 ***
		(0.045)	(0.036)	(0.038)	(0.027)	(0.036)	(0.023)
	L	−0.211 ***	0.139 ***	0.160 ***	−0.128 ***	−0.133 ***	−0.115 ***
		(0.045)	(0.036)	(0.038)	(0.027)	(0.036)	(0.023)
常数项		−0.031 ***	−0.001	0.013 ***	−0.006 **	−0.009 **	−0.003
		(0.005)	(0.004)	(0.003)	(0.003)	(0.004)	(0.002)

1.7 吉林省各行业SUR回归结果

变量		农业	工业	建筑业	交通运输业	金融业	其他服务业
全要素生产率	A1	**0.349** ***	0.027	−0.092 ***	−0.082 **	−0.148 ***	−0.095 ***
		(0.060)	(0.036)	(0.025)	(0.034)	(0.033)	(0.021)
	A2	0.027	**0.266** ***	0.112 ***	−0.088 ***	−0.187 ***	−0.211 ***
		(0.036)	**(0.038)**	(0.022)	(0.025)	(0.030)	(0.018)
	A3	−0.092 ***	0.112 ***	**0.086** ***	−0.051 ***	−0.057 ***	−0.004
		(0.025)	(0.022)	**(0.017)**	(0.018)	(0.018)	(0.012)
	A4	−0.082 **	−0.088 ***	−0.051 ***	**0.056** *	0.065 **	0.011
		(0.034)	(0.025)	(0.018)	**(0.031)**	(0.030)	(0.019)
	A5	−0.148 ***	−0.187 ***	−0.057 ***	0.065 **	**0.128** ***	0.155 ***
		(0.033)	(0.030)	(0.018)	(0.030)	**(0.037)**	(0.022)
	A6	0.040	0.082 *	0.007	0.088 **	0.045	0.086 ***
		(0.061)	(0.049)	(0.028)	(0.045)	(0.036)	(0.031)
	A7	−0.095 ***	−0.211 ***	−0.004	0.011	0.155 ***	**0.059** **
		(0.021)	(0.018)	(0.012)	(0.019)	(0.022)	**(0.025)**
要素	K	0.240 ***	−0.229 ***	−0.158 ***	0.101 ***	0.137 ***	0.118 ***
		(0.070)	(0.050)	(0.033)	(0.038)	(0.033)	(0.026)
	L	−0.240 ***	0.229 ***	0.158 ***	−0.101 ***	−0.137 ***	−0.118 ***
		(0.070)	(0.050)	(0.033)	(0.038)	(0.033)	(0.026)
常数项		−0.044 ***	0.022 ***	0.016 ***	−0.003	−0.005 *	0.001
		(0.007)	(0.005)	(0.003)	(0.004)	(0.003)	(0.003)

1.8 黑龙江省各行业 SUR 回归结果

变量		农业	工业	建筑业	交通运输业	金融业	其他服务业
全要素生产率	A1	**0.168** ***	0.024	−0.009	−0.039 **	−0.037 *	−0.037 *
		(**0.045**)	(0.024)	(0.017)	(0.019)	(0.021)	(0.020)
	A2	0.024	**0.299** ***	0.165 ***	−0.193 ***	−0.171 ***	−0.173 ***
		(0.024)	(**0.039**)	(0.027)	(0.026)	(0.030)	(0.026)
	A3	−0.009	0.165 ***	**0.136** ***	−0.103 ***	−0.080 ***	−0.105 ***
		(0.017)	(0.027)	(**0.023**)	(0.022)	(0.023)	(0.021)
	A4	−0.039 **	−0.193 ***	−0.103 ***	**0.083** ***	0.051 *	0.067 ***
		(0.019)	(0.026)	(0.022)	(**0.029**)	(0.028)	(0.026)
	A5	−0.037 *	−0.171 ***	−0.080 ***	0.051 *	**0.050** ***	0.064 **
		(0.021)	(0.030)	(0.023)	(0.028)	(**0.004**)	(0.028)
	A6	−0.070	0.049	−0.003	0.134 ***	0.124 **	0.128 **
		(0.062)	(0.058)	(0.035)	(0.050)	(0.058)	(0.053)
	A7	−0.037 *	−0.173 ***	−0.105 ***	0.067 ***	0.064 **	**0.057** **
		(0.020)	(0.026)	(0.021)	(0.026)	(0.028)	(**0.028**)
要素	K	−0.199 **	−0.016	−0.021	0.221 ***	0.215 ***	0.219 ***
		(0.101)	(0.058)	(0.037)	(0.044)	(0.051)	(0.047)
	L	0.199 **	0.016	0.021	−0.221 ***	−0.215 ***	−0.219 ***
		(0.101)	(0.058)	(0.037)	(0.044)	(0.051)	(0.047)
常数项		−0.017 *	0.003	0.002	−0.002	−0.002	−0.002
		(0.009)	(0.005)	(0.003)	(0.003)	(0.004)	(0.004)

1.9 上海市各行业SUR回归结果

变量		农业	工业	建筑业	交通运输业	金融业	其他服务业
全要素生产率	A1	**0.150** **	0.018	−0.011	0.006	0.001	−0.010
		(0.075)	(0.031)	(0.030)	(0.022)	(0.022)	(0.022)
	A2	0.018	**0.182** ***	0.014	−0.095 ***	−0.114 ***	−0.169 ***
		(0.031)	**(0.055)**	(0.022)	(0.019)	(0.023)	(0.030)
	A3	−0.011	0.014	**0.053** **	−0.036 **	−0.032 **	−0.016
		(0.030)	(0.022)	**(0.024)**	(0.016)	(0.015)	(0.014)
	A4	0.006	−0.095 ***	−0.036 **	**0.064** ***	0.068 ***	0.079 ***
		(0.022)	(0.019)	(0.016)	**(0.017)**	(0.016)	(0.018)
	A5	0.001	−0.114 ***	−0.032 **	0.068 ***	**0.081** ***	0.094 ***
		(0.022)	(0.023)	(0.015)	(0.016)	**(0.018)**	(0.020)
	A6	−0.154 *	0.164 ***	0.028	−0.086 ***	−0.098 ***	−0.130 ***
		(0.086)	(0.051)	(0.038)	(0.032)	(0.038)	(0.044)
	A7	−0.010	−0.169 ***	−0.016	0.079 ***	0.094 ***	**0.153** ***
		(0.022)	(0.030)	(0.014)	(0.018)	(0.020)	**(0.038)**
要素	K	0.052	−0.088 **	−0.087	0.097 **	0.096 **	0.091 ***
		(0.103)	(0.044)	(0.061)	(0.043)	(0.040)	(0.034)
	L	−0.052	0.088 **	0.087	−0.097 **	−0.096 **	−0.091 ***
		(0.103)	(0.044)	(0.061)	(0.043)	(0.040)	(0.034)
常数项		−0.089 ***	−0.003	−0.007	0.009 **	0.008 **	0.007 **
		(0.011)	(0.005)	(0.006)	(0.004)	(0.004)	(0.004)

1.10 江苏省各行业 SUR 回归结果

变量		农业	工业	建筑业	交通运输业	金融业	其他服务业
全要素生产率	A1	**0.458** ***	−0.144 ***	−0.020	−0.081 ***	−0.103 ***	−0.082 ***
		(**0.076**)	(0.041)	(0.024)	(0.030)	(0.029)	(0.029)
	A2	−0.144 ***	**0.358** ***	0.018	−0.119 ***	−0.044	−0.111 ***
		(0.041)	(**0.056**)	(0.019)	(0.037)	(0.027)	(0.032)
	A3	−0.020	0.018	**0.060** ***	−0.009	−0.017	−0.008
		(0.024)	(0.019)	(**0.016**)	(0.014)	(0.015)	(0.013)
	A4	−0.081 ***	−0.119 ***	−0.009	**0.112** ***	0.084 ***	0.121 ***
		(0.030)	(0.037)	(0.014)	(**0.036**)	(0.023)	(0.028)
	A5	−0.103 ***	−0.044	−0.017	0.084 ***	**0.072** ***	0.089 ***
		(0.029)	(0.027)	(0.015)	(0.023)	(**0.025**)	(0.020)
	A6	−0.028	0.041	0.043	−0.107 ***	−0.081 **	−0.109 ***
		(0.055)	(0.050)	(0.031)	(0.036)	(0.033)	(0.034)
	A7	−0.082 ***	−0.111 ***	−0.008	0.121 ***	0.089 ***	**0.100** ***
		(0.029)	(0.032)	(0.013)	(0.028)	(0.020)	(**0.027**)
要素	K	0.178 ***	−0.127 ***	−0.010	0.079 ***	0.068 **	0.075 ***
		(0.050)	(0.029)	(0.036)	(0.024)	(0.028)	(0.023)
	L	−0.178 ***	0.127 ***	0.010	−0.079 ***	−0.068 **	−0.075 ***
		(0.050)	(0.029)	(0.036)	(0.024)	(0.028)	(0.023)
常数项		−0.054 ***	0.006 **	0.009 ***	−0.004 *	−0.005 **	−0.004 *
		(0.005)	(0.003)	(0.002)	(0.002)	(0.002)	(0.002)

1.11 浙江省各行业SUR回归结果

变量		农业	工业	建筑业	交通运输业	金融业	其他服务业
全要素生产率	A1	**0.094** ***	−0.025	−0.067 *	0.003	0.006	0.009
		(**0.029**)	(0.035)	(0.040)	(0.032)	(0.032)	(0.031)
	A2	−0.025	**0.038** **	0.109 ***	−0.061 *	−0.059 *	−0.072 **
		(0.035)	(**0.015**)	(0.041)	(0.032)	(0.031)	(0.031)
	A3	−0.067 *	0.109 ***	**0.087** *	−0.078 **	−0.074 **	−0.077 **
		(0.040)	(0.041)	(**0.051**)	(0.033)	(0.034)	(0.034)
	A4	0.003	−0.061 *	−0.078 **	**0.048** ***	0.039	0.051
		(0.032)	(0.032)	(0.033)	(**0.014**)	(0.034)	(0.034)
	A5	0.006	−0.059 *	−0.074 **	0.039	**0.045** ***	0.042
		(0.032)	(0.031)	(0.034)	(0.034)	(**0.015**)	(0.034)
	A6	−0.020	0.070	0.101	−0.003	0.001	−0.007
		(0.084)	(0.063)	(0.069)	(0.070)	(0.071)	(0.067)
	A7	0.009	−0.072 **	−0.077 **	0.051	0.042	**0.055** ***
		(0.031)	(0.031)	(0.034)	(0.034)	(0.034)	(**0.008**)
要素	K	0.157 ***	−0.059	−0.084 **	0.061 *	0.060 *	0.066 **
		(0.043)	(0.038)	(0.042)	(0.034)	(0.034)	(0.033)
	L	−0.157 ***	0.059	0.084 **	−0.061 *	−0.060 *	−0.066 **
		(0.043)	(0.038)	(0.042)	(0.034)	(0.034)	(0.033)
常数项		−0.067 ***	0.008 ***	0.007 **	0.009 ***	0.009 ***	0.009 ***
		(0.004)	(0.003)	(0.003)	(0.003)	(0.003)	(0.003)

1.12 安徽省各行业 SUR 回归结果

变量		农业	工业	建筑业	交通运输业	金融业	其他服务业
全要素生产率	A1	**0.454** ***	−0.072 *	−0.126 ***	−0.112 ***	−0.053	−0.140 ***
		(**0.070**)	(0.040)	(0.040)	(0.032)	(0.039)	(0.045)
	A2	−0.072 *	**0.472** ***	0.111 ***	−0.220 ***	−0.098 ***	−0.282 ***
		(0.040)	(**0.046**)	(0.037)	(0.024)	(0.029)	(0.034)
	A3	−0.126 ***	0.111 ***	**0.163** ***	−0.045 **	−0.065 ***	−0.072 **
		(0.040)	(0.037)	(**0.039**)	(0.020)	(0.025)	(0.029)
	A4	−0.112 ***	−0.220 ***	−0.045 **	**0.091** ***	0.056 **	0.215 ***
		(0.032)	(0.024)	(0.020)	(**0.029**)	(0.024)	(0.030)
	A5	−0.053	−0.098 ***	−0.065 ***	0.056 **	**0.019** ***	0.111 ***
		(0.039)	(0.029)	(0.025)	(0.024)	(**0.004**)	(0.032)
	A6	0.047	0.088	0.034	0.014	0.029	−0.014
		(0.081)	(0.068)	(0.055)	(0.055)	(0.070)	(0.055)
	A7	−0.140 ***	−0.282 ***	−0.072 **	0.215 ***	0.111 ***	**0.181** ***
		(0.045)	(0.034)	(0.029)	(0.030)	(0.032)	(**0.048**)
要素	K	0.376 ***	−0.085 *	−0.154 ***	0.178 ***	0.207 ***	0.148 ***
		(0.064)	(0.047)	(0.042)	(0.039)	(0.051)	(0.039)
	L	−0.376 ***	0.085 *	0.154 ***	−0.178 ***	−0.207 ***	−0.148 ***
		(0.064)	(0.047)	(0.042)	(0.039)	(0.051)	(0.039)
常数项		−0.047 ***	0.006	0.015 ***	−0.003	−0.005	−0.002
		(0.006)	(0.005)	(0.004)	(0.004)	(0.004)	(0.004)

1.13 福建省各行业SUR回归结果

变量		农业	工业	建筑业	交通运输业	金融业	其他服务业
全要素生产率	A1	**0.236** ***	−0.054	−0.031	−0.072 **	−0.065 **	−0.054 *
		(**0.068**)	(0.042)	(0.039)	(0.034)	(0.028)	(0.029)
	A2	−0.054	**0.186** ***	0.126 ***	−0.037	−0.132 ***	−0.150 ***
		(0.042)	(**0.047**)	(0.038)	(0.031)	(0.027)	(0.031)
	A3	−0.031	0.126 ***	**0.128** ***	−0.073 **	−0.094 ***	−0.093 ***
		(0.039)	(0.038)	(**0.039**)	(0.029)	(0.027)	(0.026)
	A4	−0.072 **	−0.037	−0.073 **	**0.086** **	0.066 **	0.049 *
		(0.034)	(0.031)	(0.029)	(**0.038**)	(0.028)	(0.029)
	A5	−0.065 **	−0.132 ***	−0.094 ***	0.066 **	**0.118** ***	0.142 ***
		(0.028)	(0.027)	(0.027)	(0.028)	(**0.026**)	(0.026)
	A6	0.039	0.059	0.037	−0.019	−0.036	−0.043
		(0.074)	(0.058)	(0.053)	(0.069)	(0.049)	(0.049)
	A7	−0.054 *	−0.150 ***	−0.093 ***	0.049 *	0.142 ***	**0.148** ***
		(0.029)	(0.031)	(0.026)	(0.029)	(0.026)	(**0.033**)
要素	K	0.209 ***	−0.196 ***	−0.180 ***	0.192 ***	0.228 ***	0.234 ***
		(0.057)	(0.052)	(0.049)	(0.051)	(0.039)	(0.038)
	L	−0.209 ***	0.196 ***	0.180 ***	−0.192 ***	−0.228 ***	−0.234 ***
		(0.057)	(0.052)	(0.049)	(0.051)	(0.039)	(0.038)
常数项		−0.053 ***	0.012 ***	0.014 ***	−0.006 *	−0.003	−0.002
		(0.004)	(0.004)	(0.003)	(0.004)	(0.003)	(0.003)

1.14 江西省各行业 SUR 回归结果

变量		农业	工业	建筑业	交通运输业	金融业	其他服务业
全要素生产率	A1	**0.118** *	−0.142 ***	−0.032	0.060 **	0.050 *	−0.007
		(**0.071**)	(0.037)	(0.035)	(0.026)	(0.027)	(0.039)
	A2	−0.142 ***	**0.376** ***	0.259 ***	−0.133 ***	−0.101 ***	−0.124 ***
		(0.037)	(**0.035**)	(0.029)	(0.018)	(0.022)	(0.027)
	A3	−0.032	0.259 ***	**0.182** ***	−0.057 ***	−0.137 ***	−0.115 ***
		(0.035)	(0.029)	(**0.035**)	(0.016)	(0.021)	(0.029)
	A4	0.060 **	−0.133 ***	−0.057 ***	**0.057** ***	0.046 ***	0.014
		(0.026)	(0.018)	(0.016)	(**0.018**)	(0.017)	(0.027)
	A5	0.050 *	−0.101 ***	−0.137 ***	0.046 ***	**0.079** ***	0.031
		(0.027)	(0.022)	(0.021)	(0.017)	(**0.025**)	(0.032)
	A6	−0.048	−0.136 ***	−0.102 **	0.013	0.031	0.008
		(0.069)	(0.050)	(0.040)	(0.044)	(0.039)	(0.042)
	A7	−0.007	−0.124 ***	−0.115 ***	0.014	0.031	**0.192** **
		(0.039)	(0.027)	(0.029)	(0.027)	(0.032)	(**0.076**)
要素	K	0.083	−0.214 ***	−0.118 ***	0.229 ***	0.260 ***	0.241 ***
		(0.086)	(0.053)	(0.046)	(0.043)	(0.040)	(0.042)
	L	−0.083	0.214 ***	0.118 ***	−0.229 ***	−0.260 ***	−0.241 ***
		(0.086)	(0.053)	(0.046)	(0.043)	(0.040)	(0.042)
常数项		−0.056 ***	0.008 **	0.015 ***	−0.009 ***	−0.010 ***	−0.011 ***
		(0.006)	(0.004)	(0.003)	(0.003)	(0.003)	(0.003)

1.15 山东省各行业SUR回归结果

变量		农业	工业	建筑业	交通运输业	金融业	其他服务业
全要素生产率	A1	**0.159** ***	−0.059 **	−0.030	−0.046 *	−0.042 *	0.003
		(**0.041**)	(0.028)	(0.022)	(0.025)	(0.023)	(0.017)
	A2	−0.059 **	**0.190** ***	0.065 **	0.031	0.005	−0.195 ***
		(0.028)	(**0.044**)	(0.028)	(0.022)	(0.022)	(0.030)
	A3	−0.030	0.065 **	**0.041** *	−0.002	−0.013	−0.042 **
		(0.022)	(0.028)	(**0.025**)	(0.021)	(0.020)	(0.019)
	A4	−0.046 *	0.031	−0.002	**0.079** ***	0.058 **	−0.080 ***
		(0.025)	(0.022)	(0.021)	(**0.027**)	(0.024)	(0.022)
	A5	−0.042 *	0.005	−0.013	0.058 **	**0.052** **	−0.015
		(0.023)	(0.022)	(0.020)	(0.024)	(**0.024**)	(0.019)
	A6	0.016	−0.036	−0.018	−0.041	−0.044	−0.044
		(0.047)	(0.043)	(0.036)	(0.044)	(0.041)	(0.027)
	A7	0.003	−0.195 ***	−0.042 **	−0.080 ***	−0.015	**0.374** ***
		(0.017)	(0.030)	(0.019)	(0.022)	(0.019)	(**0.047**)
要素	K	0.207 ***	−0.085 *	−0.054	0.056	0.073	0.137 ***
		(0.067)	(0.046)	(0.047)	(0.062)	(0.058)	(0.033)
	L	−0.207 ***	0.085 *	0.054	−0.056	−0.073	−0.137 ***
		(0.067)	(0.046)	(0.047)	(0.062)	(0.058)	(0.033)
常数项		−0.061 ***	0.010 ***	0.012 ***	−0.004	−0.004	−0.002
		(0.003)	(0.003)	(0.002)	(0.003)	(0.003)	(0.002)

1.16 河南省各行业 SUR 回归结果

变量		农业	工业	建筑业	交通运输业	金融业	其他服务业
全要素生产率	A1	**0.261** ***	−0.109 ***	−0.084 ***	−0.038	0.030	−0.002
		(**0.060**)	(0.028)	(0.018)	(0.029)	(0.030)	(0.023)
	A2	−0.109 ***	**0.192** ***	0.220 ***	−0.138 ***	−0.081 ***	−0.114 ***
		(0.028)	(**0.038**)	(0.023)	(0.030)	(0.029)	(0.019)
	A3	−0.084 ***	0.220 ***	**0.102** ***	−0.049 **	−0.120 ***	−0.087 ***
		(0.018)	(0.023)	(**0.025**)	(0.020)	(0.022)	(0.012)
	A4	−0.038	−0.138 ***	−0.049 **	**0.020** ***	0.118 ***	0.074 ***
		(0.029)	(0.030)	(0.020)	(**0.008**)	(0.031)	(0.021)
	A5	0.030	−0.081 ***	−0.120 ***	0.118 ***	**0.019** ***	0.063 ***
		(0.030)	(0.029)	(0.022)	(0.031)	(**0.002**)	(0.022)
	A6	−0.059	0.030	0.018	0.012	−0.029	−0.010
		(0.067)	(0.036)	(0.022)	(0.051)	(0.048)	(0.042)
	A7	−0.002	−0.114 ***	−0.087 ***	0.074 ***	0.063 ***	**0.076** ***
		(0.023)	(0.019)	(0.012)	(0.021)	(0.022)	(**0.018**)
要素	K	0.274 ***	−0.194 ***	−0.164 ***	0.091 **	0.080 *	0.088 **
		(0.069)	(0.036)	(0.024)	(0.043)	(0.043)	(0.035)
	L	−0.274 ***	0.194 ***	0.164 ***	−0.091 **	−0.080 *	−0.088 **
		(0.069)	(0.036)	(0.024)	(0.043)	(0.043)	(0.035)
常数项		−0.045 ***	0.013 ***	0.011 ***	0.001	−0.001	0.000
		(0.005)	(0.003)	(0.002)	(0.003)	(0.003)	(0.003)

1.17 湖北省各行业 SUR 回归结果

变量		农业	工业	建筑业	交通运输业	金融业	其他服务业
全要素生产率	A1	**0.201** **	0.066	−0.045	0.027	−0.015	−0.028
		(**0.094**)	(0.052)	(0.046)	(0.040)	(0.040)	(0.039)
	A2	0.066	**0.105** **	0.030	0.026	−0.072 **	−0.087 ***
		(0.052)	(**0.047**)	(0.036)	(0.028)	(0.033)	(0.032)
	A3	−0.045	0.030	**0.013** **	0.057 *	−0.011	−0.021
		(0.046)	(0.036)	(**0.006**)	(0.030)	(0.027)	(0.027)
	A4	0.027	0.026	0.057 *	**0.113** ***	−0.059 **	−0.058 **
		(0.040)	(0.028)	(0.030)	(**0.037**)	(0.025)	(0.024)
	A5	−0.015	−0.072 **	−0.011	−0.059 **	**0.029** **	0.037
		(0.040)	(0.033)	(0.027)	(0.025)	(**0.011**)	(0.030)
	A6	−0.106	−0.068 *	−0.086 **	0.120 **	0.091 **	0.084 **
		(0.079)	(0.041)	(0.038)	(0.049)	(0.040)	(0.037)
	A7	−0.028	−0.087 ***	−0.021	−0.058 **	0.037	**0.072** **
		(0.039)	(0.032)	(0.027)	(0.024)	(0.030)	(**0.031**)
要素	K	0.208 **	−0.005	0.027	0.116 **	0.156 ***	0.158 ***
		(0.096)	(0.058)	(0.051)	(0.049)	(0.045)	(0.043)
	L	−0.208 **	0.005	−0.027	−0.116 **	−0.156 ***	−0.158 ***
		(0.096)	(0.058)	(0.051)	(0.049)	(0.045)	(0.043)
常数项		−0.065 ***	0.015 ***	0.014 ***	0.003	0.000	−0.001
		(0.005)	(0.003)	(0.002)	(0.003)	(0.003)	(0.002)

1.18 湖南省各行业 SUR 回归结果

变量		农业	工业	建筑业	交通运输业	金融业	其他服务业
全要素生产率	A1	**0.057** *	0.001	0.008	−0.013	−0.024	−0.020
		(**0.034**)	(0.021)	(0.023)	(0.015)	(0.016)	(0.015)
	A2	0.001	**0.379** ***	0.108 ***	−0.190 ***	−0.089 ***	−0.136 ***
		(0.021)	(**0.048**)	(0.028)	(0.022)	(0.015)	(0.017)
	A3	0.008	0.108 ***	**0.094** ***	−0.050 ***	−0.075 ***	−0.069 ***
		(0.023)	(0.028)	(**0.034**)	(0.015)	(0.016)	(0.015)
	A4	−0.013	−0.190 ***	−0.050 ***	**0.101** ***	0.038 ***	0.065 ***
		(0.015)	(0.022)	(0.015)	(**0.020**)	(0.013)	(0.013)
	A5	−0.024	−0.089 ***	−0.075 ***	0.038 ***	**0.059** ***	0.053 ***
		(0.016)	(0.015)	(0.016)	(0.013)	(**0.014**)	(0.012)
	A6	−0.009	−0.074	−0.016	0.049	0.037	0.044
		(0.054)	(0.045)	(0.047)	(0.032)	(0.032)	(0.030)
	A7	−0.020	−0.136 ***	−0.069 ***	0.065 ***	0.053 ***	**0.063** ***
		(0.015)	(0.017)	(0.015)	(0.013)	(0.012)	(**0.014**)
要素	K	0.102 *	−0.147 ***	−0.077 *	0.202 ***	0.186 ***	0.196 ***
		(0.057)	(0.036)	(0.041)	(0.027)	(0.029)	(0.027)
	L	−0.102 *	0.147 ***	0.077 *	−0.202 ***	−0.186 ***	−0.196 ***
		(0.057)	(0.036)	(0.041)	(0.027)	(0.029)	(0.027)
常数项		−0.065 ***	0.013 ***	0.020 ***	0.005 **	0.002	0.003
		(0.004)	(0.003)	(0.003)	(0.002)	(0.002)	(0.002)

1.19 广东省各行业SUR回归结果

变量		农业	工业	建筑业	交通运输业	金融业	其他服务业
全要素生产率	A1	**0.427** ***	−0.163 ***	−0.130 ***	−0.045 *	−0.042	−0.047 *
		(0.049)	(0.023)	(0.020)	(0.026)	(0.030)	(0.026)
	A2	−0.163 ***	**0.221** ***	0.178 ***	−0.173 ***	−0.155 ***	−0.162 ***
		(0.023)	**(0.031)**	(0.025)	(0.016)	(0.019)	(0.016)
	A3	−0.130 ***	0.178 ***	**0.168** ***	−0.119 ***	−0.147 ***	−0.123 ***
		(0.020)	(0.025)	**(0.021)**	(0.013)	(0.016)	(0.013)
	A4	−0.045 *	−0.173 ***	−0.119 ***	**0.048** ***	0.116 ***	0.047 **
		(0.026)	(0.016)	(0.013)	**(0.012)**	(0.024)	(0.024)
	A5	−0.042	−0.155 ***	−0.147 ***	0.116 ***	**0.127** ***	0.120 ***
		(0.030)	(0.019)	(0.016)	(0.024)	**(0.029)**	(0.023)
	A6	−0.001	0.253 ***	0.173 ***	0.127 **	−0.020	0.110 *
		(0.085)	(0.074)	(0.058)	(0.057)	(0.069)	(0.061)
	A7	−0.047 *	−0.162 ***	−0.123 ***	0.047 **	0.120 ***	**0.056** **
		(0.026)	(0.016)	(0.013)	(0.024)	(0.023)	**(0.025)**
要素	K	0.210 ***	−0.249 ***	−0.206 ***	0.106 ***	0.128 ***	0.105 ***
		(0.036)	(0.033)	(0.028)	(0.021)	(0.029)	(0.022)
	L	−0.210 ***	0.249 ***	0.206 ***	−0.106 ***	−0.128 ***	−0.105 ***
		(0.036)	(0.033)	(0.028)	(0.021)	(0.029)	(0.022)
常数项		−0.046 ***	0.007 *	0.006 **	0.004 *	0.000	0.003
		(0.003)	(0.004)	(0.003)	(0.002)	(0.002)	(0.002)

1.20 广西各行业 SUR 回归结果

变量		农业	工业	建筑业	交通运输业	金融业	其他服务业
全要素生产率	A1	**0.477** ***	−0.019	−0.088 ***	−0.137 ***	−0.126 ***	−0.164 ***
		(**0.072**)	(0.032)	(0.031)	(0.029)	(0.035)	(0.033)
	A2	−0.019	**0.289** ***	0.238 ***	−0.200 ***	−0.141 ***	−0.164 ***
		(0.032)	(**0.035**)	(0.030)	(0.025)	(0.021)	(0.021)
	A3	−0.088 ***	0.238 ***	**0.205** ***	−0.086 ***	−0.107 ***	−0.121 ***
		(0.031)	(0.030)	(**0.030**)	(0.020)	(0.019)	(0.019)
	A4	−0.137 ***	−0.200 ***	−0.086 ***	**0.121** ***	0.100 ***	0.160 ***
		(0.029)	(0.025)	(0.020)	(**0.043**)	(0.023)	(0.028)
	A5	−0.126 ***	−0.141 ***	−0.107 ***	0.100 ***	**0.109** ***	0.116 ***
		(0.035)	(0.021)	(0.019)	(0.023)	(**0.026**)	(0.026)
	A6	0.057	−0.004	−0.040	0.044	0.049	0.027
		(0.068)	(0.054)	(0.045)	(0.041)	(0.048)	(0.040)
	A7	−0.164 ***	−0.164 ***	−0.121 ***	0.160 ***	0.116 ***	**0.146** ***
		(0.033)	(0.021)	(0.019)	(0.028)	(0.026)	(**0.033**)
要素	K	0.328 ***	−0.210 ***	−0.194 ***	0.177 ***	0.187 ***	0.194 ***
		(0.066)	(0.050)	(0.044)	(0.036)	(0.046)	(0.038)
	L	−0.328 ***	0.210 ***	0.194 ***	−0.177 ***	−0.187 ***	−0.194 ***
		(0.066)	(0.050)	(0.044)	(0.036)	(0.046)	(0.038)
常数项		−0.036 ***	0.013 ***	0.011 ***	0.002	−0.000	−0.002
		(0.005)	(0.004)	(0.003)	(0.003)	(0.003)	(0.003)

1.21 海南省各行业 SUR 回归结果

变量		农业	工业	建筑业	交通运输业	金融业	其他服务业
全要素生产率	A1	**0.052** *	0.003	−0.005	−0.024	−0.020	−0.030
		(**0.030**)	(0.022)	(0.026)	(0.021)	(0.020)	(0.020)
	A2	0.003	**0.335** ***	0.185 ***	−0.103 ***	−0.130 ***	−0.178 ***
		(0.022)	(**0.044**)	(0.036)	(0.024)	(0.023)	(0.031)
	A3	−0.005	0.185 ***	**0.243** ***	−0.119 ***	−0.096 ***	−0.090 ***
		(0.026)	(0.036)	(**0.045**)	(0.028)	(0.027)	(0.026)
	A4	−0.024	−0.103 ***	−0.119 ***	**0.087** ***	0.074 ***	0.072 ***
		(0.021)	(0.024)	(0.028)	(**0.027**)	(0.025)	(0.021)
	A5	−0.020	−0.130 ***	−0.096 ***	0.074 ***	**0.070** ***	0.101 ***
		(0.020)	(0.023)	(0.027)	(0.025)	(**0.027**)	(0.020)
	A6	0.023	−0.112 **	−0.117 **	0.012	0.001	0.009
		(0.041)	(0.047)	(0.049)	(0.037)	(0.035)	(0.035)
	A7	−0.030	−0.178 ***	−0.090 ***	0.072 ***	0.101 ***	**0.116** ***
		(0.020)	(0.031)	(0.026)	(0.021)	(0.020)	(**0.027**)
要素	K	0.225 **	−0.129 *	−0.122	−0.065	−0.061	−0.061
		(0.090)	(0.067)	(0.083)	(0.058)	(0.053)	(0.054)
	L	−0.225 **	0.129 *	0.122	0.065	0.061	0.061
		(0.090)	(0.067)	(0.083)	(0.058)	(0.053)	(0.054)
常数项		−0.026 ***	0.005	0.011 *	0.010 ***	0.011 ***	0.013 ***
		(0.006)	(0.005)	(0.006)	(0.004)	(0.004)	(0.004)

1.22 重庆市各行业SUR回归结果

变量		农业	工业	建筑业	交通运输业	金融业	其他服务业
全要素生产率	A1	**0.114** ***	−0.108 ***	−0.022 ***	−0.012 **	−0.002	−0.015
		(**0.013**)	(0.005)	(0.004)	(0.005)	(0.004)	(0.009)
	A2	−0.108 ***	**0.156** ***	0.024 ***	0.018 ***	−0.033 ***	−0.032 **
		(0.005)	(**0.009**)	(0.004)	(0.006)	(0.004)	(0.013)
	A3	−0.022 ***	0.024 ***	**0.011** **	0.000	0.000	−0.004
		(0.004)	(0.004)	(**0.004**)	(0.003)	(0.003)	(0.007)
	A4	−0.012 **	0.018 ***	0.000	**0.027** ***	0.011 ***	−0.027 ***
		(0.005)	(0.006)	(0.003)	(**0.005**)	(0.003)	(0.009)
	A5	−0.002	−0.033 ***	0.000	0.011 ***	**0.010** ***	0.037 ***
		(0.004)	(0.004)	(0.003)	(0.003)	(**0.004**)	(0.007)
	A6	0.045 ***	−0.026 ***	−0.009 *	0.037 ***	−0.023 ***	0.023 **
		(0.010)	(0.008)	(0.005)	(0.006)	(0.005)	(0.011)
	A7	−0.015	−0.032 **	−0.004	−0.027 ***	0.037 ***	**0.017** ***
		(0.009)	(0.013)	(0.007)	(0.009)	(0.007)	(**0.004**)
要素	K	−0.001	−0.068 ***	−0.011 ***	0.020 ***	0.004 *	0.056 ***
		(0.007)	(0.006)	(0.003)	(0.004)	(0.003)	(0.007)
	L	0.001	0.068 ***	0.011 ***	−0.020 ***	−0.004 *	−0.056 ***
		(0.007)	(0.006)	(0.003)	(0.004)	(0.003)	(0.007)
常数项		−0.062 ***	0.021	1.405 ***	0.229 ***	−0.183 ***	0.000
		(0.005)	(0.096)	(0.084)	(0.046)	(0.057)	(0.039)

1.23　四川省各行业 SUR 回归结果

变量		农业	工业	建筑业	交通运输业	金融业	其他服务业
全要素生产率	A1	**0.227** ***	−0.144 ***	−0.136 ***	0.062 ***	0.042 *	0.047 **
		(0.056)	(0.032)	(0.029)	(0.023)	(0.023)	(0.023)
	A2	−0.144 ***	**0.275** ***	0.264 ***	−0.119 ***	−0.135 ***	−0.131 ***
		(0.032)	**(0.043)**	(0.037)	(0.026)	(0.021)	(0.022)
	A3	−0.136 ***	0.264 ***	**0.194** ***	−0.110 ***	−0.108 ***	−0.112 ***
		(0.029)	(0.037)	**(0.036)**	(0.021)	(0.021)	(0.021)
	A4	0.062 ***	−0.119 ***	−0.110 ***	**0.039** ***	0.084 ***	0.092 ***
		(0.023)	(0.026)	(0.021)	**(0.013)**	(0.017)	(0.017)
	A5	0.042 *	−0.135 ***	−0.108 ***	0.084 ***	**0.084** ***	0.095 ***
		(0.023)	(0.021)	(0.021)	(0.017)	**(0.018)**	(0.019)
	A6	−0.099 **	−0.010	0.008	−0.048	−0.062	−0.063
		(0.044)	(0.043)	(0.037)	(0.039)	(0.039)	(0.039)
	A7	0.047 **	−0.131 ***	−0.112 ***	0.092 ***	0.095 ***	**0.071** ***
		(0.023)	(0.022)	(0.021)	(0.017)	(0.019)	**(0.022)**
要素	K	0.281 ***	−0.142 ***	−0.131 ***	0.184 ***	0.175 ***	0.175 ***
		(0.055)	(0.049)	(0.042)	(0.046)	(0.047)	(0.047)
	L	−0.281 ***	0.142 ***	0.131 ***	−0.184 ***	−0.175 ***	−0.175 ***
		(0.055)	(0.049)	(0.042)	(0.046)	(0.047)	(0.047)
常数项		−0.058 ***	0.003	0.006	−0.003	−0.004	−0.003
		(0.005)	(0.005)	(0.005)	(0.004)	(0.004)	(0.004)

1.24 贵州省各行业 SUR 回归结果

变量		农业	工业	建筑业	交通运输业	金融业	其他服务业
全要素生产率	A1	**0.211** ***	−0.036	−0.050	−0.021	−0.039	−0.056 *
		(0.071)	(0.036)	(0.039)	(0.038)	(0.027)	(0.029)
	A2	−0.036	**0.239** ***	0.116 ***	0.019	−0.128 ***	−0.201 ***
		(0.036)	**(0.039)**	(0.037)	(0.032)	(0.025)	(0.030)
	A3	−0.050	0.116 ***	**0.087** **	−0.019	−0.058 **	−0.072 ***
		(0.039)	(0.037)	**(0.043)**	(0.035)	(0.025)	(0.027)
	A4	−0.021	0.019	−0.019	**0.043** **	0.007	0.001
		(0.038)	(0.032)	(0.035)	**(0.020)**	(0.026)	(0.029)
	A5	−0.039	−0.128 ***	−0.058 **	0.007	**0.085** ***	0.159 ***
		(0.027)	(0.025)	(0.025)	(0.026)	**(0.021)**	(0.023)
	A6	−0.010	−0.010	−0.003	−0.031	−0.025	−0.022
		(0.031)	(0.023)	(0.022)	(0.029)	(0.018)	(0.016)
	A7	−0.056 *	−0.201 ***	−0.072 ***	0.001	0.159 ***	**0.190** ***
		(0.029)	(0.030)	(0.027)	(0.029)	(0.023)	**(0.031)**
要素	K	0.217 ***	−0.090	−0.057	0.163 **	0.202 ***	0.215 ***
		(0.084)	(0.058)	(0.058)	(0.066)	(0.042)	(0.038)
	L	−0.217 ***	0.090	0.057	−0.163 **	−0.202 ***	−0.215 ***
		(0.084)	(0.058)	(0.058)	(0.066)	(0.042)	(0.038)
常数项		−0.048 ***	0.010 ***	0.014 ***	0.010 **	0.015 ***	0.017 ***
		(0.006)	(0.004)	(0.004)	(0.004)	(0.003)	(0.003)

1.25 云南省各行业 SUR 回归结果

变量		农业	工业	建筑业	交通运输业	金融业	其他服务业
全要素生产率	A1	**0.063** **	−0.026	−0.042 *	0.031	0.022	0.022
		(**0.032**)	(0.020)	(0.022)	(0.023)	(0.016)	(0.016)
	A2	−0.026	**0.151** ***	0.072 ***	−0.032	−0.140 ***	−0.147 ***
		(0.020)	(**0.028**)	(0.025)	(0.025)	(0.019)	(0.019)
	A3	−0.042 *	0.072 ***	**0.073** ***	−0.084 ***	−0.079 ***	−0.074 ***
		(0.022)	(0.025)	(**0.027**)	(0.025)	(0.020)	(0.020)
	A4	0.031	−0.032	−0.084 ***	**0.019** ***	0.067 ***	0.069 ***
		(0.023)	(0.025)	(0.025)	(**0.003**)	(0.024)	(0.025)
	A5	0.022	−0.140 ***	−0.079 ***	0.067 ***	**0.115** ***	0.113 ***
		(0.016)	(0.019)	(0.020)	(0.024)	(**0.020**)	(0.021)
	A6	−0.070	0.122 **	0.134 ***	−0.070	−0.098 **	−0.098 **
		(0.045)	(0.047)	(0.044)	(0.072)	(0.039)	(0.039)
	A7	0.022	−0.147 ***	−0.074 ***	0.069 ***	0.113 ***	**0.115** ***
		(0.016)	(0.019)	(0.020)	(0.025)	(0.021)	(**0.023**)
要素	K	0.291 ***	−0.279 ***	−0.286 ***	0.290 ***	0.307 ***	0.303 ***
		(0.065)	(0.048)	(0.054)	(0.065)	(0.041)	(0.041)
	L	−0.291 ***	0.279 ***	0.286 ***	−0.290 ***	−0.307 ***	−0.303 ***
		(0.065)	(0.048)	(0.054)	(0.065)	(0.041)	(0.041)
常数项		−0.047 ***	0.019 ***	0.021 ***	−0.003	−0.003	−0.003
		(0.004)	(0.004)	(0.004)	(0.005)	(0.003)	(0.003)

1.26 陕西省各行业SUR回归结果

变量		农业	工业	建筑业	交通运输业	金融业	其他服务业
全要素生产率	A1	**0.265** ***	−0.026	−0.037	−0.105 **	−0.067	−0.105 ***
		(0.071)	(0.043)	(0.028)	(0.043)	(0.043)	(0.037)
	A2	−0.026	**0.277** ***	0.158 ***	−0.103 ***	−0.142 ***	−0.223 ***
		(0.043)	**(0.052)**	(0.029)	(0.034)	(0.033)	(0.038)
	A3	−0.037	0.158 ***	**0.110** ***	−0.093 ***	−0.055 **	−0.097 ***
		(0.028)	(0.029)	**(0.024)**	(0.024)	(0.024)	(0.024)
	A4	−0.105 **	−0.103 ***	−0.093 ***	**0.115** ***	0.099 ***	0.096 ***
		(0.043)	(0.034)	(0.024)	**(0.043)**	(0.038)	(0.037)
	A5	−0.067	−0.142 ***	−0.055 **	0.099 ***	**0.055** **	0.093 ***
		(0.043)	(0.033)	(0.024)	(0.038)	**(0.022)**	(0.034)
	A6	0.075	0.059	0.014	−0.009	0.017	−0.031
		(0.067)	(0.052)	(0.033)	(0.063)	(0.061)	(0.047)
	A7	−0.105 ***	−0.223 ***	−0.097 ***	0.096 ***	0.093 ***	**0.268** ***
		(0.037)	(0.038)	(0.024)	(0.037)	(0.034)	**(0.052)**
要素	K	0.289 ***	−0.214 ***	−0.123 ***	0.057	0.043	0.100 **
		(0.066)	(0.053)	(0.036)	(0.051)	(0.049)	(0.041)
	L	−0.289 ***	0.214 ***	0.123 ***	−0.057	−0.043	−0.100 **
		(0.066)	(0.053)	(0.036)	(0.051)	(0.049)	(0.041)
常数项		−0.042 ***	0.007	0.011 ***	−0.004	−0.001	0.001
		(0.006)	(0.005)	(0.003)	(0.005)	(0.005)	(0.004)

1.27 甘肃省各行业SUR回归结果

变量		农业	工业	建筑业	交通运输业	金融业	其他服务业
全要素生产率	A1	**0.337** ***	−0.044	−0.073 *	−0.092 ***	−0.084 ***	−0.071 *
		(0.092)	(0.047)	(0.039)	(0.031)	(0.030)	(0.037)
	A2	−0.044	**0.234** ***	0.130 ***	−0.113 ***	−0.086 ***	−0.104 ***
		(0.047)	**(0.043)**	(0.031)	(0.022)	(0.018)	(0.029)
	A3	−0.073 *	0.130 ***	**0.087** ***	−0.042 ***	−0.037 **	−0.055 ***
		(0.039)	(0.031)	**(0.029)**	(0.016)	(0.015)	(0.020)
	A4	−0.092 ***	−0.113 ***	−0.042 ***	**0.088** ***	0.067 ***	0.106 ***
		(0.031)	(0.022)	(0.016)	**(0.027)**	(0.015)	(0.025)
	A5	−0.084 ***	−0.086 ***	−0.037 **	0.067 ***	**0.063** ***	0.093 ***
		(0.030)	(0.018)	(0.015)	(0.015)	**(0.017)**	(0.018)
	A6	0.027	−0.016	−0.009	−0.014	−0.016	−0.014
		(0.024)	(0.018)	(0.015)	(0.014)	(0.015)	(0.015)
	A7	−0.071 *	−0.104 ***	−0.055 ***	0.106 ***	0.093 ***	**0.046** **
		(0.037)	(0.029)	(0.020)	(0.025)	(0.018)	**(0.017)**
要素	K	0.181 **	−0.202 ***	−0.146 ***	0.131 ***	0.127 ***	0.153 ***
		(0.086)	(0.063)	(0.056)	(0.040)	(0.042)	(0.046)
	L	−0.181 **	0.202 ***	0.146 ***	−0.131 ***	−0.127 ***	−0.153 ***
		(0.086)	(0.063)	(0.056)	(0.040)	(0.042)	(0.046)
常数项		−0.034 ***	0.010 ***	0.010 ***	0.000	0.000	0.000
		(0.005)	(0.003)	(0.003)	(0.002)	(0.003)	(0.003)

1.28 青海省各行业 SUR 回归结果

变量		农业	工业	建筑业	交通运输业	金融业	其他服务业
全要素生产率	A1	**0.351** ***	−0.133 ***	−0.111 ***	−0.031	−0.018	−0.048 *
		(**0.065**)	(0.034)	(0.031)	(0.024)	(0.031)	(0.028)
	A2	−0.133 ***	**0.264** ***	0.118 ***	−0.054 **	−0.121 ***	−0.073 **
		(0.034)	(**0.061**)	(0.028)	(0.021)	(0.040)	(0.037)
	A3	−0.111 ***	0.118 ***	**0.112** ***	−0.029 *	−0.034	−0.051 **
		(0.031)	(0.028)	(**0.029**)	(0.017)	(0.021)	(0.022)
	A4	−0.031	−0.054 **	−0.029 *	**0.028** *	0.046 **	0.035 *
		(0.024)	(0.021)	(0.017)	(**0.015**)	(0.019)	(0.018)
	A5	−0.018	−0.121 ***	−0.034	0.046 **	**0.101** ***	0.022
		(0.031)	(0.040)	(0.021)	(0.019)	(**0.034**)	(0.030)
	A6	−0.010	−0.001	−0.006	0.007	0.004	0.010
		(0.016)	(0.010)	(0.010)	(0.012)	(0.011)	(0.011)
	A7	−0.048 *	−0.073 **	−0.051 **	0.035 *	0.022	**0.105** **
		(0.028)	(0.037)	(0.022)	(0.018)	(0.030)	(**0.043**)
要素	K	0.239 ***	−0.225 ***	−0.163 ***	0.196 ***	0.227 ***	0.207 ***
		(0.058)	(0.039)	(0.040)	(0.037)	(0.036)	(0.036)
	L	−0.239 ***	0.225 ***	0.163 ***	−0.196 ***	−0.227 ***	−0.207 ***
		(0.058)	(0.039)	(0.040)	(0.037)	(0.036)	(0.036)
常数项		−0.046 ***	0.006 *	0.013 ***	−0.011 ***	−0.007 **	−0.010 ***
		(0.004)	(0.003)	(0.003)	(0.003)	(0.003)	(0.003)

1.29 宁夏各行业SUR回归结果

变量		农业	工业	建筑业	交通运输业	金融业	其他服务业
全要素生产率	A1	**0.331** ***	−0.092 ***	−0.150 ***	−0.004	0.019	−0.018
		(**0.057**)	(0.024)	(0.029)	(0.018)	(0.025)	(0.022)
	A2	−0.092 ***	**0.333** ***	0.116 ***	−0.144 ***	−0.067 ***	−0.197 ***
		(0.024)	(**0.044**)	(0.019)	(0.019)	(0.022)	(0.029)
	A3	−0.150 ***	0.116 ***	**0.128** ***	−0.045 ***	−0.055 ***	−0.042 ***
		(0.029)	(0.019)	(**0.022**)	(0.012)	(0.017)	(0.014)
	A4	−0.004	−0.144 ***	−0.045 ***	**0.062** ***	0.031 **	0.093 ***
		(0.018)	(0.019)	(0.012)	(**0.013**)	(0.015)	(0.018)
	A5	0.019	−0.067 ***	−0.055 ***	0.031 **	**0.029** *	0.038 *
		(0.025)	(0.022)	(0.017)	(0.015)	(**0.015**)	(0.021)
	A6	−0.086 **	0.051 **	0.048 *	0.007	0.005	0.005
		(0.038)	(0.023)	(0.025)	(0.023)	(0.028)	(0.021)
	A7	−0.018	−0.197 ***	−0.042 ***	0.093 ***	0.038 *	**0.121** ***
		(0.022)	(0.029)	(0.014)	(0.018)	(0.021)	(**0.029**)
要素	K	0.541 ***	−0.191 ***	−0.302 ***	0.202 ***	0.248 ***	0.174 ***
		(0.094)	(0.059)	(0.062)	(0.049)	(0.061)	(0.049)
	L	−0.541 ***	0.191 ***	0.302 ***	−0.202 ***	−0.248 ***	−0.174 ***
		(0.094)	(0.059)	(0.062)	(0.049)	(0.061)	(0.049)
常数项		−0.052 ***	0.006	0.019 ***	−0.008 ***	−0.013 ***	−0.005 *
		(0.004)	(0.004)	(0.003)	(0.003)	(0.003)	(0.003)

1.30 新疆各行业 SUR 回归结果

变量		农业	工业	建筑业	交通运输业	金融业	其他服务业
全要素生产率	A1	**0.456** ***	−0.170 ***	−0.030 *	−0.077 ***	−0.067 ***	−0.147 ***
		(0.046)	(0.033)	(0.018)	(0.018)	(0.016)	(0.022)
	A2	−0.170 ***	**0.336** ***	0.103 ***	−0.079 ***	−0.050 ***	−0.127 ***
		(0.033)	**(0.038)**	(0.019)	(0.019)	(0.015)	(0.020)
	A3	−0.030 *	0.103 ***	**0.086** ***	−0.056 ***	−0.048 ***	−0.068 ***
		(0.018)	(0.019)	**(0.024)**	(0.015)	(0.012)	(0.013)
	A4	−0.077 ***	−0.079 ***	−0.056 ***	**0.087** ***	0.074 ***	0.074 ***
		(0.018)	(0.019)	(0.015)	**(0.017)**	(0.013)	(0.016)
	A5	−0.067 ***	−0.050 ***	−0.048 ***	0.074 ***	**0.053** ***	0.062 ***
		(0.016)	(0.015)	(0.012)	(0.013)	**(0.014)**	(0.013)
	A6	0.036 ***	−0.013	0.014	−0.023	−0.024	−0.021 *
		(0.012)	(0.014)	(0.016)	(0.017)	(0.019)	(0.011)
	A7	−0.147 ***	−0.127 ***	−0.068 ***	0.074 ***	0.062 ***	**0.226** ***
		(0.022)	(0.020)	(0.013)	(0.016)	(0.013)	**(0.025)**
要素	K	0.280 ***	−0.161 ***	−0.087 *	0.060	0.057	0.084 **
		(0.035)	(0.041)	(0.048)	(0.050)	(0.056)	(0.034)
	L	−0.280 ***	0.161 ***	0.087 *	−0.060	−0.057	−0.084 **
		(0.035)	(0.041)	(0.048)	(0.050)	(0.056)	(0.034)
常数项		−0.024 ***	0.002	0.010 ***	0.005 **	0.005 **	0.003 **
		(0.002)	(0.002)	(0.002)	(0.002)	(0.002)	(0.002)

附表2　30地区各行业弹性系数结果

2.1　北京市各行业弹性系数结果

变量		农业	工业	建筑业	交通运输业	金融业	其他服务业
全要素生产率	A1	**7.037** ***	0.217 **	−0.671 **	0.737 **	0.319 **	−0.054
		(2.142)	(0.081)	(0.330)	(0.292)	(0.139)	(0.079)
	A2	1.770 **	**0.785** ***	1.628 ***	−0.315	−0.162	−0.188 *
		(0.828)	**(0.081)**	(0.256)	(0.266)	(0.118)	(0.095)
	A3	−2.139 **	0.416 ***	**1.475** ***	−0.683 **	−0.435 ***	−0.081 *
		(1.051)	(0.065)	**(0.281)**	(0.241)	(0.118)	(0.045)
	A4	2.260 **	−0.077	−0.887 ***	**0.892** **	0.428 ***	−0.001
		(0.895)	(0.065)	(0.232)	**(0.317)**	(0.146)	(0.082)
	A5	1.779 **	−0.072	−0.761 ***	0.778 **	**0.458** ***	0.217 ***
		(0.779)	(0.053)	(0.207)	(0.266)	**(0.125)**	(0.058)
	A6	−6.520 **	0.202	0.537 ***	−0.167	−0.102	−0.074
		(2.454)	(0.124)	(0.155)	(0.571)	(0.279)	(0.159)
	A7	−0.687	−0.192 *	−0.322 *	−0.004	0.494 ***	**1.181** ***
		(1.012)	(0.096)	(0.183)	(0.342)	(0.132)	**(0.232)**
要素	K	7.424 ***	0.431 **	1.364 **	0.685 **	0.368 *	0.409 ***
		(1.973)	(0.154)	(0.486)	(0.284)	(0.210)	(0.137)
	L	−7.446 ***	−0.044 **	−1.268 **	0.957 **	0.412 **	0.244 *
		(1.931)	(0.019)	(0.558)	(0.359)	(0.150)	(0.137)

2.2 天津市各行业弹性系数结果

变量		农业	工业	建筑业	交通运输业	金融业	其他服务业
全要素生产率	A1	**6.186** ***	0.064	−0.071	−0.530 **	−0.715 **	−0.016
		(1.938)	(0.045)	(0.259)	(0.227)	(0.260)	(0.133)
	A2	1.043	**0.730** ***	0.838 ***	0.359 *	0.605	0.001
		(0.738)	**(0.077)**	(0.259)	(0.179)	(0.181)	(0.166)
	A3	−0.127	0.092 ***	**0.612** ***	0.215 *	−0.259 **	0.004
		(0.461)	(0.028)	**(0.207)**	(0.119)	(0.113)	(0.069)
	A4	1.363 **	0.057 *	−0.367	**0.431** **	0.469 ***	0.266 **
		(0.584)	(0.028)	(0.173)	**(0.179)**	(0.147)	(0.096)
	A5	1.942 **	0.102 ***	−0.397 **	0.496 ***	**0.564** ***	0.179 *
		(0.707)	(0.030)	(0.173)	(0.155)	**(0.158)**	(0.091)
	A6	−0.652 ***	−0.082 **	0.372 ***	−0.107 **	−0.043 ***	−0.077 ***
		(0.076)	(0.036)	(0.046)	(0.043)	(0.018)	(0.010)
	A7	−0.090	0.000	0.013	0.594 **	0.379 *	**0.642** ***
		(0.769)	(0.058)	(0.225)	(0.215)	(0.192)	**(0.219)**
要素	K	5.890 *	0.213 ***	1.787 *	1.581 ***	1.327 **	0.866 ***
		(3.208)	(0.062)	(0.941)	(0.194)	(0.564)	(0.116)
	L	−5.873 ***	0.654 ***	1.869 ***	−1.377 ***	1.299 **	0.267 ***
		(1.314)	(0.057)	(0.409)	(0.465)	(0.545)	(0.069)

2.3 河北省各行业弹性系数结果

变量		农业	工业	建筑业	交通运输业	金融业	其他服务业
全要素生产率	A1	**2.978** ***	0.002	−0.808 **	0.848 *	1.276 **	−0.011
		(**0.469**)	(0.102)	(0.383)	(0.425)	(0.561)	(0.144)
	A2	0.006	**1.314** ***	2.133 ***	0.719 *	1.021 *	−1.216 ***
		(0.383)	(**0.155**)	(0.414)	(0.412)	(0.580)	(0.198)
	A3	−0.412 **	0.292 ***	**0.525** ***	−0.133	−0.571	−0.101
		(0.195)	(0.056)	(**0.046**)	(0.288)	(0.411)	(0.096)
	A4	0.483 *	0.110 *	−0.311	**0.183** ***	0.953 *	0.688 ***
		(0.242)	(0.063)	(0.322)	(**0.013**)	(0.524)	(0.128)
	A5	0.534 **	0.115 *	−0.468	0.699 *	**1.401** **	0.310 **
		(0.234)	(0.065)	(0.337)	(0.384)	(**0.561**)	(0.123)
	A6	−0.530	0.094	0.217	−0.197	0.449	−0.014
		(0.328)	(0.098)	(0.552)	(0.686)	(0.954)	(0.165)
	A7	−0.017	−0.477 ***	−0.289	−1.766 ***	−1.085 **	**1.343** ***
		(0.211)	(0.077)	(0.276)	(0.329)	(0.430)	(**0.182**)
要素	K	2.466 **	0.108 ***	1.541 **	1.707 ***	2.174 **	1.189 ***
		(1.004)	(0.015)	(0.705)	(0.420)	(0.919)	(0.159)
	L	−2.397 **	−0.852 ***	1.632 **	−1.502 ***	2.135	0.459 ***
		(1.099)	(0.181)	(0.594)	(0.307)	(1.879)	(0.089)

2.4 山西省各行业弹性系数结果

变量		农业	工业	建筑业	交通运输业	金融业	其他服务业
全要素生产率	A1	**8.215** ***	0.079	−0.723	2.129 ***	−2.324	−0.805
		(**0.948**)	(0.067)	(0.513)	(0.495)	(1.527)	(1.184)
	A2	0.587	**1.166** ***	3.089 ***	0.951 ***	−1.255	−0.298
		(0.501)	(**0.289**)	(0.413)	(0.320)	(1.319)	(1.142)
	A3	−0.664 *	−0.380	**2.060** ***	−0.645 **	−1.227	−0.461
		(0.379)	(0.507)	(**0.339**)	(0.247)	(1.255)	(1.106)
	A4	1.977 ***	−0.118	−1.142	**2.315** ***	2.498	0.983
		(0.460)	(0.399)	(0.750)	(**0.364**)	(1.676)	(1.160)
	A5	1.969 ***	0.142	−1.133	2.280 ***	**2.492** ***	1.024 ***
		(0.447)	(0.362)	(0.736)	(0.335)	(**0.351**)	(0.130)
	A6	−0.182	−0.116	0.007	−1.801 **	1.926 **	−0.657 **
		(1.015)	(0.961)	(0.531)	(0.787)	(0.847)	(0.290)
	A7	−1.836 ***	−0.091 *	−1.145	2.415 ***	2.758 ***	**1.219** ***
		(0.419)	(0.043)	(0.756)	(0.393)	(0.351)	(**0.207**)
要素	K	5.255 ***	0.068 ***	−2.350 ***	2.318 ***	−2.354 ***	1.138 **
		(0.820)	(0.018)	(0.673)	(0.557)	(0.501)	(0.511)
	L	−5.220 ***	−0.829 ***	2.423 **	−2.072 **	2.318 **	0.529 **
		(1.386)	(0.219)	(0.990)	(0.824)	(0.945)	(0.228)

2.5 内蒙古各行业弹性系数结果

变量		农业	工业	建筑业	交通运输业	金融业	其他服务业
全要素生产率	A1	**2.349** ***	0.164 **	−0.754	0.490	1.281	−0.040
		(**0.464**)	(0.066)	(1.341)	(0.428)	(1.524)	(0.202)
	A2	0.490 **	**0.068**	2.360 ***	1.053 ***	2.097	−0.067
		(0.200)	(**0.062**)	(0.308)	(0.269)	(1.783)	(0.107)
	A3	−0.430 **	−0.449 ***	**2.644** ***	−1.029 ***	−2.699	−0.039
		(0.194)	(0.058)	(**0.330**)	(0.293)	(1.827)	(0.113)
	A4	0.251	0.180 ***	−1.272 ***	**1.098** **	1.176	0.808 ***
		(0.219)	(0.046)	(0.264)	(**0.453**)	(1.914)	(0.145)
	A5	0.473 **	0.293 ***	1.188 ***	1.456 ***	**5.379** ***	0.800 ***
		(0.219)	(0.037)	(0.209)	(0.257)	(**0.914**)	(0.132)
	A6	−0.292	0.013	0.112 ***	−0.175	0.993 **	−0.174 **
		(0.213)	(0.043)	(0.018)	(0.232)	(0.402)	(0.073)
	A7	−0.400 *	−0.022	−0.678 ***	1.567 ***	1.514	**1.024** ***
		(0.200)	(0.035)	(0.198)	(0.281)	(1.914)	(**0.145**)
要素	K	1.936 ***	0.343 ***	1.027 ***	3.502 ***	3.152 **	1.756 ***
		(0.276)	(0.115)	(0.188)	(0.269)	(1.115)	(0.180)
	L	−1.767 **	−0.381 **	1.095 **	−3.264 ***	3.114 **	1.094 ***
		(0.812)	(0.163)	(0.420)	(0.684)	(1.317)	(0.097)

2.6 辽宁省各行业弹性系数结果

变量		农业	工业	建筑业	交通运输业	金融业	其他服务业
全要素生产率	A1	**5.310** ***	−0.070	0.224	−0.248	−0.503	−0.542
		(0.724)	(0.059)	(0.549)	(0.492)	(0.872)	(0.945)
	A2	0.354	**1.377** ***	2.416 ***	2.372 ***	−0.154	−0.568
		(0.301)	**(0.282)**	(0.425)	(0.311)	(0.492)	(0.830)
	A3	−0.127	0.272 ***	**2.344** ***	−1.009 ***	−0.069	−0.313
		(0.311)	(0.047)	**(0.514)**	(0.262)	(0.469)	(0.691)
	A4	1.378 ***	0.288 ***	−0.570	**1.851** ***	0.381	0.462 ***
		(0.301)	(0.037)	(0.837)	**(0.377)**	(0.492)	(0.106)
	A5	1.575 ***	0.103 **	−0.640	1.013 ***	**1.410** *	0.248 **
		(0.392)	(0.043)	(0.372)	(0.361)	**(0.693)**	(0.101)
	A6	−0.061	−0.062	0.428 ***	−0.565	3.712 **	−0.611
		(0.734)	(0.129)	(0.099)	(0.755)	(1.387)	(0.890)
	A7	−0.181	−0.246 ***	−0.202	0.645	1.201 **	**1.107** ***
		(0.271)	(0.035)	(0.265)	(0.377)	(0.492)	**(0.133)**
要素	K	2.152 ***	0.674 ***	2.823 ***	2.245 *	2.979 **	0.075 ***
		(0.499)	(0.088)	(0.744)	(1.187)	(1.146)	(0.010)
	L	−2.073 **	−0.669 ***	2.918 ***	−2.039 ***	2.942 **	−0.165 **
		(0.908)	(0.091)	(0.467)	(0.432)	(1.056)	(0.062)

2.7 吉林省各行业弹性系数结果

变量		农业	工业	建筑业	交通运输业	金融业	其他服务业
全要素生产率	A1	**2.259** ***	0.233 **	−0.218	−0.088	−0.807	−0.256
		(0.359)	(0.087)	(0.376)	(0.434)	(0.886)	(0.934)
	A2	0.571 **	**1.059** ***	0.095	0.715 **	−0.611	−0.529 ***
		(0.215)	**(0.092)**	(0.331)	(0.319)	(0.805)	(0.080)
	A3	−0.485 ***	0.340 ***	**0.361**	−0.242	−0.464	0.049
		(0.149)	(0.053)	**(0.255)**	(0.229)	(0.483)	(0.053)
	A4	0.413 *	0.137 **	−0.069	**0.794** *	0.824	0.127
		(0.203)	(0.061)	(0.270)	**(0.396)**	(0.805)	(0.084)
	A5	0.850 ***	0.419 ***	−0.082	0.868 **	**3.474** ***	0.727 ***
		(0.197)	(0.073)	(0.270)	(0.383)	**(0.993)**	(0.097)
	A6	−0.257	−0.217 *	0.122 ***	−1.141 *	2.225 **	−0.400 ***
		(0.365)	(0.119)	(0.042)	(0.574)	(0.966)	(0.137)
	A7	−0.345 **	−0.290	0.165	0.365	4.387 ***	**0.487** ***
		(0.125)	(0.439)	(0.180)	(0.242)	(0.590)	**(0.111)**
要素	K	1.482 **	0.870 ***	2.365 ***	1.406 ***	3.682 ***	0.762 ***
		(0.624)	(0.105)	(0.586)	(0.329)	(1.118)	(0.109)
	L	−1.382 ***	−0.908 ***	2.439 ***	−1.226 *	3.646 ***	−0.702 ***
		(0.239)	(0.143)	(0.532)	(0.592)	(1.025)	(0.061)

2.8 黑龙江省各行业弹性系数结果

变量		农业	工业	建筑业	交通运输业	金融业	其他服务业
全要素生产率	A1	**1.522** ***	0.166 ***	−0.038	0.565	0.732	−0.075
		(0.375)	(0.046)	(0.298)	(0.333)	(0.483)	(0.105)
	A2	0.716 ***	**1.096** ***	3.410 ***	2.874 ***	−0.422	−0.398 ***
		(0.200)	**(0.075)**	(0.473)	(0.456)	(0.690)	(0.137)
	A3	−0.018	0.377 ***	**2.443** ***	−1.294 ***	−0.785	−0.150
		(0.141)	(0.052)	**(0.403)**	(0.386)	(0.529)	(0.110)
	A4	0.269	0.318 ***	−0.650	**1.514** ***	1.231 *	0.410 ***
		(0.158)	(0.050)	(0.385)	**(0.509)**	(0.644)	(0.137)
	A5	0.265	0.289 ***	−0.360	0.939 *	**1.195** ***	0.381 **
		(0.175)	(0.058)	(0.403)	(0.491)	**(0.092)**	(0.147)
	A6	−0.566	−0.113	0.345 ***	−0.371	2.873 **	−0.293
		(0.517)	(0.112)	(0.061)	(0.878)	(1.335)	(0.279)
	A7	−0.119	−0.146 ***	−0.524	1.366 ***	0.663	**0.490** ***
		(0.166)	(0.050)	(0.368)	(0.456)	(0.644)	**(0.147)**
要素	K	1.596 ***	0.343 **	0.355 ***	4.076 ***	4.954 ***	1.379 ***
		(0.549)	(0.155)	(0.087)	(1.224)	(1.712)	(0.209)
	L	1.814 **	−0.362 *	−0.440 ***	−3.822 ***	4.925 **	−0.807 ***
		(0.660)	(0.175)	(0.136)	(0.744)	(1.961)	(0.134)

2.9 上海市各行业弹性系数结果

变量		农业	工业	建筑业	交通运输业	金融业	其他服务业
全要素生产率	A1	**14.016** *	0.499 ***	−0.207	0.095	−0.018	−0.035
		(**7.002**)	(0.067)	(0.592)	(0.307)	(0.152)	(0.100)
	A2	2.140 **	**0.856** ***	0.736 **	0.871 ***	0.332 *	−0.032
		(0.894)	(**0.119**)	(0.346)	(0.265)	(0.159)	(0.137)
	A3	−0.976 *	0.081	**1.098** **	−0.045	−0.171	−0.023
		(0.501)	(0.047)	(**0.474**)	(0.223)	(0.104)	(0.064)
	A4	0.632 ***	0.136 ***	−0.640 *	**0.967** ***	0.543 ***	0.434 ***
		(0.210)	(0.041)	(0.316)	(**0.237**)	(0.111)	(0.082)
	A5	0.237 ***	0.104 *	0.488 **	1.096 ***	**2.706** **	0.576 ***
		(0.054)	(0.050)	(0.196)	(0.223)	(**1.124**)	(0.091)
	A6	−14.332 *	−0.404 ***	0.599 ***	−1.158 **	0.634 **	−0.550 **
		(8.029)	(0.111)	(0.150)	(0.447)	(0.263)	(0.201)
	A7	−0.716	−0.150 **	0.098	1.324 ***	0.870 ***	**0.920** ***
		(2.054)	(0.065)	(0.276)	(0.251)	(0.138)	(**0.174**)
要素	K	4.859 *	3.115 ***	−1.714 ***	1.491 ***	0.668 **	1.654 ***
		(2.680)	(0.833)	(0.442)	(0.323)	(0.276)	(0.144)
	L	−4.850 ***	1.578	1.766 *	1.275 **	0.623 *	0.742 ***
		(1.421)	(0.913)	(0.951)	(0.519)	(0.296)	(0.082)

2.10 江苏省各行业弹性系数结果

变量		农业	工业	建筑业	交通运输业	金融业	其他服务业
全要素生产率	A1	**5.653** ***	0.204 **	−0.221	−1.337 **	−1.069 **	−0.332 **
		(0.924)	(0.081)	(0.364)	(0.525)	(0.499)	(0.146)
	A2	1.249 **	**1.215** ***	0.776 **	1.582 **	−0.255	−0.059
		(0.498)	**(0.111)**	(0.288)	(0.648)	(0.464)	(0.161)
	A3	−0.177	−0.102 **	**0.976** ***	−0.345	−0.227	−0.025
		(0.291)	(0.037)	**(0.242)**	(0.245)	(0.258)	(0.065)
	A4	0.928 **	0.180 **	−0.079	**2.019** ***	1.503 ***	0.669 ***
		(0.364)	(0.073)	(0.212)	**(0.630)**	(0.396)	(0.141)
	A5	1.195 ***	0.294 ***	−0.200	1.530 ***	**2.298** ***	0.508 ***
		(0.352)	(0.053)	(0.227)	(0.402)	**(0.430)**	(0.101)
	A6	−0.304	−0.118	0.689 **	−1.839 ***	1.845 ***	−0.515 ***
		(0.668)	(0.099)	(0.270)	(0.630)	(0.568)	(0.171)
	A7	−0.380	0.023	0.076	2.318 ***	1.830 ***	**0.703** ***
		(0.352)	(0.063)	(0.197)	(0.490)	(0.344)	**(0.136)**
要素	K	2.182 **	0.167 **	0.145 **	1.504 ***	1.173 **	0.642 ***
		(0.932)	(0.069)	(0.058)	(0.199)	(0.534)	(0.087)
	L	−2.145 ***	0.693 ***	0.240 ***	1.335 **	1.142 *	0.016 **
		(0.433)	(0.065)	(0.040)	(0.490)	(0.629)	(0.006)

2.11 浙江省各行业弹性系数结果

变量		农业	工业	建筑业	交通运输业	金融业	其他服务业
全要素生产率	A1	**1.301** ***	0.028	−1.074	0.121	0.239	0.116
		(0.377)	(0.067)	(0.686)	(0.472)	(0.864)	(0.135)
	A2	1.900 ***	**0.589** ***	2.387 ***	0.386	−1.079	0.201
		(0.455)	**(0.029)**	(0.704)	(0.472)	(0.837)	(0.135)
	A3	−0.814	0.270 ***	**1.552** *	−0.637	−1.942	−0.278 *
		(0.520)	(0.079)	**(0.875)**	(0.487)	(2.918)	(0.148)
	A4	1.068 **	0.506 ***	−1.272 **	**0.777** ***	1.122	0.291 *
		(0.416)	(0.062)	(0.566)	**(0.206)**	(0.918)	(0.148)
	A5	1.152 **	0.077	1.234 **	0.613	**1.253** ***	0.221 ***
		(0.416)	(0.060)	(0.583)	(0.502)	**(0.405)**	(0.014)
	A6	−0.245	−0.152	1.750 ***	−0.029	1.428 **	−0.148 ***
		(1.094)	(0.122)	(0.184)	(1.034)	(0.618)	(0.029)
	A7	0.346 ***	−0.089	−1.093 *	0.982 *	1.364 ***	**0.469** ***
		(0.040)	(0.060)	(0.583)	(0.502)	(0.188)	**(0.034)**
要素	K	2.064 *	0.233 **	1.437 ***	1.039 ***	1.624 **	0.570 ***
		(1.031)	(0.109)	(0.254)	(0.247)	(0.771)	(0.117)
	L	−2.039 *	0.486 ***	1.620 ***	0.861 ***	1.586 ***	0.068 **
		(1.039)	(0.102)	(0.236)	(0.199)	(0.455)	(0.026)

2.12 安徽省各行业弹性系数结果

变量		农业	工业	建筑业	交通运输业	金融业	其他服务业
全要素生产率	A1	**2.867** ***	0.030	−2.324 ***	−2.117 ***	−1.474	−0.073
		(**0.416**)	(0.077)	(0.791)	(0.652)	(1.208)	(0.289)
	A2	0.091	**1.428** ***	2.715 ***	3.970 ***	−0.517	−0.296
		(0.237)	(**0.088**)	(0.731)	(0.489)	(0.898)	(0.218)
	A3	−0.698 ***	0.264 ***	**3.275** ***	−0.399	−1.963 **	−0.413 **
		(0.237)	(0.071)	(**0.771**)	(0.408)	(0.774)	(0.186)
	A4	0.617 ***	0.375 ***	−0.841 **	**1.906** ***	1.784 **	1.433 ***
		(0.190)	(0.046)	(0.395)	(**0.591**)	(0.743)	(0.193)
	A5	0.283	0.156 **	−1.253 **	1.175 **	**0.621** ***	0.747 ***
		(0.231)	(0.055)	(0.494)	(0.489)	(**0.123**)	(0.205)
	A6	−0.305	−0.195	0.698 ***	−0.311	0.924 ***	−0.065
		(0.481)	(0.130)	(0.087)	(1.122)	(0.168)	(0.354)
	A7	−0.677 **	−0.388 ***	−1.269 **	4.542 ***	3.594 ***	**1.320** ***
		(0.267)	(0.065)	(0.573)	(0.612)	(0.991)	(**0.308**)
要素	K	2.281 ***	0.188 **	3.029 ***	3.762 ***	6.416 ***	1.236 ***
		(0.382)	(0.069)	(0.471)	(0.299)	(1.061)	(0.137)
	L	−2.211 ***	−0.498 ***	3.151 ***	−3.585 ***	6.381 ***	0.505 ***
		(0.723)	(0.140)	(0.399)	(0.831)	(1.603)	(0.087)

2.13 福建省各行业弹性系数结果

变量		农业	工业	建筑业	交通运输业	金融业	其他服务业
全要素生产率	A1	**2.227** ***	0.009	−0.265	−0.472	−0.189	−0.175
		(0.609)	(0.093)	(0.473)	(0.358)	(0.560)	(0.154)
	A2	0.037	**0.863** ***	1.976 ***	0.057 *	−0.194	−0.350 **
		(0.376)	**(0.105)**	(0.461)	(0.326)	(0.540)	(0.164)
	A3	−0.195	0.364 ***	**1.636** ***	−0.322	−1.799 ***	−0.411 ***
		(0.349)	(0.085)	**(0.473)**	(0.305)	(0.540)	(0.138)
	A4	0.550 *	0.012 *	−0.791 **	**1.001** **	1.416 **	0.355 **
		(0.304)	(0.069)	(0.351)	**(0.400)**	(0.560)	(0.154)
	A5	0.533 **	0.245 ***	−1.091 ***	0.745 **	**2.411** ***	0.804 ***
		(0.250)	(0.060)	(0.327)	(0.295)	**(0.520)**	(0.138)
	A6	−0.375	−0.158	0.475 ***	−0.174	0.694 ***	−0.202
		(0.663)	(0.129)	(0.143)	(0.727)	(0.080)	(0.260)
	A7	−0.296	−0.147 **	−0.940 ***	0.705 **	3.030 ***	**0.974** ***
		(0.259)	(0.069)	(0.315)	(0.305)	(0.520)	**(0.175)**
要素	K	1.897 ***	0.139 ***	2.169 *	2.227 ***	4.565 ***	1.491 ***
		(0.396)	(0.017)	(1.246)	(0.250)	(1.487)	(0.152)
	L	−1.856 *	0.909 ***	2.302 ***	1.985 ***	4.537 ***	0.926 ***
		(1.022)	(0.110)	(0.416)	(0.320)	(1.552)	(0.120)

2.14 江西省各行业弹性系数结果

变量		农业	工业	建筑业	交通运输业	金融业	其他服务业
全要素生产率	A1	**0.871** *	−0.160 *	−0.201	1.138 **	1.126 **	0.127
		(**0.422**)	(0.085)	(0.403)	(0.420)	(0.517)	(0.230)
	A2	−0.412 *	**1.301** ***	1.416 ***	−0.166	−1.501 ***	−0.299 *
		(0.220)	(**0.080**)	(0.333)	(0.290)	(0.421)	(0.159)
	A3	−0.104	0.684 ***	**2.183** ***	−0.488 *	−2.537 ***	−0.593 ***
		(0.208)	(0.066)	(**0.403**)	(0.258)	(0.402)	(0.171)
	A4	0.419 **	−0.025	−0.595 ***	**0.983** ***	0.943 ***	0.145
		(0.154)	(0.041)	(0.184)	(**0.290**)	(0.325)	(0.159)
	A5	0.350 **	−0.018	−1.526 ***	0.796 ***	**1.565** ***	0.235
		(0.160)	(0.050)	(0.241)	(0.274)	(**0.478**)	(0.189)
	A6	−0.257	−0.029	1.146 **	−0.239	0.622	−0.076
		(0.410)	(0.115)	(0.460)	(0.711)	(0.747)	(0.248)
	A7	0.128	−0.012	−1.155 ***	0.396	0.763	**1.303** ***
		(0.232)	(0.062)	(0.333)	(0.436)	(0.612)	(**0.448**)
要素	K	0.532 *	0.171 **	1.353 *	3.904 ***	4.984 ***	1.730 ***
		(0.285)	(0.064)	(0.738)	(1.212)	(1.075)	(0.137)
	L	−0.446 ***	0.817 ***	1.459 ***	3.648 ***	4.951 ***	0.986 ***
		(0.078)	(0.164)	(0.461)	(0.797)	(1.379)	(0.095)

2.15 山东省各行业弹性系数结果

变量		农业	工业	建筑业	交通运输业	金融业	其他服务业
全要素生产率	A1	**1.617** ***	−0.013	−0.375	−0.632	−0.588	0.122
		(**0.389**)	(0.056)	(0.351)	(0.400)	(0.379)	(0.096)
	A2	0.625 **	**0.880** ***	1.538 ***	0.995 **	−0.581	−0.612 ***
		(0.266)	(**0.088**)	(0.447)	(0.352)	(0.363)	(0.170)
	A3	−0.223	0.193 ***	**1.718** ***	0.466	−0.152	−0.177
		(0.209)	(0.056)	(**0.399**)	(0.336)	(0.330)	(0.108)
	A4	0.375 **	0.125 **	0.030	**1.328** ***	1.020 **	0.393 ***
		(0.137)	(0.044)	(0.335)	(**0.432**)	(0.396)	(0.125)
	A5	0.339 **	0.706 ***	−0.147	0.990 **	**0.919** **	0.248 ***
		(0.118)	(0.084)	(0.319)	(0.384)	(**0.396**)	(0.081)
	A6	−0.187	−0.037	0.253	−0.622	0.691 ***	−0.215
		(0.446)	(0.086)	(0.575)	(0.705)	(0.176)	(0.153)
	A7	0.204	−0.216 ***	−0.496	−1.106 ***	0.720 **	**2.305** ***
		(0.161)	(0.060)	(0.303)	(0.352)	(0.313)	(**0.267**)
要素	K	2.019 ***	0.281 **	0.846 **	0.998 ***	1.209 ***	1.024 ***
		(0.323)	(0.101)	(0.324)	(0.179)	(0.258)	(0.135)
	L	−1.961 *	0.625 ***	0.941 *	0.859 ***	1.176 **	0.397 ***
		(1.018)	(0.101)	(0.456)	(0.280)	(0.419)	(0.086)

2.16 河南省各行业弹性系数结果

变量		农业	工业	建筑业	交通运输业	金融业	其他服务业
全要素生产率	A1	**1.735** ***	−0.057	−0.047	−0.422	1.107	0.153
		(**0.360**)	(0.057)	(0.259)	(0.449)	(0.940)	(0.151)
	A2	0.368 **	**0.881** ***	3.665 ***	1.650 ***	−1.051	−0.262 *
		(0.168)	(**0.077**)	(0.332)	(0.464)	(0.908)	(0.124)
	A3	−0.436 ***	−0.521 ***	**1.543** ***	−0.271	−1.692 **	−0.503 ***
		(0.108)	(0.047)	(**0.361**)	(0.309)	(0.689)	(0.078)
	A4	0.364 *	0.219 ***	−0.643 **	**0.374** ***	1.275	0.551 ***
		(0.174)	(0.061)	(0.288)	(**0.123**)	(0.971)	(0.138)
	A5	0.212	0.134 **	−1.701 ***	1.859 ***	**0.627** ***	0.446 ***
		(0.180)	(0.059)	(0.317)	(0.480)	(**0.062**)	(0.144)
	A6	−0.326	−0.090	0.288 ***	0.214	0.880 *	−0.037
		(0.402)	(0.073)	(0.031)	(0.789)	(0.504)	(0.276)
	A7	0.140	−0.082 *	−1.105 ***	1.298 ***	2.126 ***	**0.652** ***
		(0.138)	(0.038)	(0.173)	(0.325)	(0.689)	(**0.118**)
要素	K	1.704 *	0.209 **	2.363 **	1.532 ***	2.511 **	0.868 ***
		(0.883)	(0.090)	(0.929)	(0.350)	(1.084)	(0.120)
	L	−1.636 ***	0.747 ***	2.478 ***	1.365 *	2.480 **	0.128 **
		(0.455)	(0.103)	(0.620)	(0.664)	(1.058)	(0.057)

2.17 湖北省各行业弹性系数结果

变量		农业	工业	建筑业	交通运输业	金融业	其他服务业
全要素生产率	A1	**1.688** **	0.262 **	−0.731	−0.663	−0.179	−0.007
		(**0.728**)	(0.105)	(0.879)	(0.791)	(0.820)	(0.189)
	A2	1.007 **	**0.707** ***	1.068	1.009 *	−0.982	0.071
		(0.403)	(**0.094**)	(0.688)	(0.554)	(0.676)	(0.155)
	A3	−0.297	0.113	**0.301** **	1.623 **	−0.173	−0.050
		(0.356)	(0.072)	(**0.114**)	(0.593)	(0.553)	(0.131)
	A4	0.260 **	0.103 *	1.140 *	**2.287** ***	1.159 **	0.232 *
		(0.110)	(0.056)	(0.573)	(**0.732**)	(0.512)	(0.116)
	A5	0.068	0.097	−0.162	1.119 **	**0.643** **	0.229 ***
		(0.310)	(0.066)	(0.516)	(0.494)	(**0.225**)	(0.046)
	A6	−0.803	−0.118	1.625 **	−2.395 **	1.886 **	−0.429 **
		(0.612)	(0.082)	(0.726)	(0.969)	(0.820)	(0.180)
	A7	−0.012	−0.029	−0.196	0.943 *	0.964	**0.556** ***
		(0.302)	(0.064)	(0.516)	(0.475)	(0.615)	(**0.150**)
要素	K	1.648 **	0.349 **	0.528 ***	2.443 ***	3.205 *	1.062 ***
		(0.711)	(0.161)	(0.159)	(0.334)	(1.778)	(0.147)
	L	−1.566 ***	−0.339 *	0.406 **	−2.238 **	3.173 *	0.351 ***
		(0.429)	(0.176)	(0.161)	(0.847)	(1.698)	(0.102)

2.18 湖南省各行业弹性系数结果

变量		农业	工业	建筑业	交通运输业	金融业	其他服务业
全要素生产率	A1	**0.501** **	0.177 ***	0.306	−0.013	−0.393	0.079
		(**0.194**)	(0.049)	(0.377)	(0.216)	(0.378)	(0.071)
	A2	0.426 ***	**1.322** ***	2.191 ***	2.323 ***	−1.685 ***	−0.230 **
		(0.120)	(**0.114**)	(0.459)	(0.317)	(0.354)	(0.081)
	A3	−0.107	0.318 ***	**1.602** **	−0.301	−1.714 ***	−0.269 ***
		(0.131)	(0.066)	(**0.557**)	(0.216)	(0.378)	(0.071)
	A4	0.005	0.383 ***	−0.750 ***	**1.527** ***	0.968 ***	0.380 ***
		(0.085)	(0.052)	(0.245)	(**0.288**)	(0.307)	(0.062)
	A5	0.095	0.169 ***	−1.187 ***	0.591 ***	**1.438** ***	0.296 ***
		(0.091)	(0.035)	(0.262)	(0.187)	(**0.331**)	(0.057)
	A6	−0.028	−0.153	0.239 ***	−0.731	0.899 ***	−0.234
		(0.309)	(0.107)	(0.070)	(0.462)	(0.257)	(0.143)
	A7	0.095	−0.114 **	−0.922 ***	1.148 ***	1.463 ***	**0.510** ***
		(0.085)	(0.040)	(0.245)	(0.187)	(0.283)	(**0.066**)
要素	K	0.623 ***	0.058 ***	1.246 **	3.082 ***	4.405 ***	1.287 ***
		(0.174)	(0.012)	(0.526)	(0.162)	(1.352)	(0.077)
	L	−0.554 *	−0.628 ***	1.380 ***	−2.864 ***	4.368 ***	0.462 ***
		(0.289)	(0.129)	(0.348)	(0.512)	(0.874)	(0.056)

2.19 广东省各行业弹性系数结果

变量		农业	工业	建筑业	交通运输业	金融业	其他服务业
全要素生产率	A1	**2.678** ***	−0.250 ***	−1.603 ***	−0.477	−1.123	−0.170
		(**0.642**)	(0.046)	(0.258)	(0.319)	(0.856)	(0.136)
	A2	1.638 ***	**0.942** ***	0.799 **	1.627 ***	−3.925 ***	−0.349 ***
		(0.301)	(**0.062**)	(0.322)	(0.196)	(0.542)	(0.083)
	A3	−1.628 ***	0.433 ***	**2.248** ***	−0.963 ***	−4.119 ***	−0.567 ***
		(0.262)	(0.050)	(**0.271**)	(0.159)	(0.456)	(0.068)
	A4	0.509 ***	0.265 ***	−1.456 ***	**0.672** ***	3.393 ***	0.328 **
		(0.141)	(0.032)	(0.167)	(**0.147**)	(0.685)	(0.125)
	A5	0.516 **	0.275 ***	−1.864 ***	1.461 ***	**3.661** ***	0.664 ***
		(0.193)	(0.038)	(0.206)	(0.295)	(**0.827**)	(0.120)
	A6	−0.261 ***	−0.545 ***	2.274 ***	−1.601 **	0.532 *	−0.616 *
		(0.050)	(0.148)	(0.749)	(0.700)	(0.296)	(0.319)
	A7	−0.426	−0.133 ***	−1.398 ***	0.769 **	3.617 ***	**0.484** ***
		(0.341)	(0.032)	(0.167)	(0.295)	(0.656)	(**0.130**)
要素	K	2.768 **	0.222 *	2.653 **	1.482 ***	3.657 ***	0.832 ***
		(1.176)	(0.119)	(1.232)	(0.117)	(1.092)	(0.078)
	L	−2.741 **	0.927 ***	2.732 ***	1.251 ***	3.622 ***	0.170 ***
		(1.169)	(0.076)	(0.394)	(0.397)	(0.886)	(0.057)

2.20 广西各行业弹性系数结果

变量		农业	工业	建筑业	交通运输业	金融业	其他服务业
全要素生产率	A1	**2.518** ***	0.162 **	−0.337	−0.089	−0.661	−0.578 ***
		(0.348)	(0.075)	(0.543)	(0.485)	(1.352)	(0.157)
	A2	0.334 **	**1.104** ***	4.601 ***	−2.924 ***	−5.021 ***	−0.358 ***
		(0.155)	**(0.082)**	(0.526)	(0.418)	(0.811)	(0.100)
	A3	−0.037	0.615 ***	**3.653** ***	−1.014 ***	−4.077 ***	−0.522 ***
		(0.150)	(0.070)	**(0.526)**	(0.335)	(0.734)	(0.090)
	A4	−0.060	0.409 ***	−1.449 ***	**2.087** ***	0.923	0.825 ***
		(0.140)	(0.058)	(0.350)	**(0.720)**	(0.888)	(0.133)
	A5	−0.058	0.305	−0.851 **	1.701 ***	**4.237** ***	0.581 ***
		(0.169)	(0.492)	(0.333)	(0.385)	**(1.004)**	(0.124)
	A6	0.029	0.006	0.686 **	0.753	1.909	0.145
		(0.329)	(0.126)	(0.289)	(0.686)	(1.854)	(0.191)
	A7	−0.586 ***	−0.176 ***	−1.913 ***	2.889 ***	4.691 ***	**0.907** ***
		(0.159)	(0.049)	(0.333)	(0.469)	(1.004)	**(0.157)**
要素	K	1.632 ***	0.208 *	3.398 *	3.155 ***	7.228 ***	1.268 ***
		(0.542)	(0.117)	(1.842)	(0.189)	(1.324)	(0.111)
	L	−1.547 ***	−0.752 ***	3.489 ***	−2.907 ***	7.195 ***	0.416 ***
		(0.529)	(0.192)	(0.508)	(0.617)	(1.571)	(0.074)

2.21 海南省各行业弹性系数结果

变量		农业	工业	建筑业	交通运输业	金融业	其他服务业
全要素生产率	A1	**0.486** ***	0.347 **	0.278	0.009	0.039	0.210 **
		(**0.091**)	(0.144)	(0.252)	(0.278)	(0.287)	(0.077)
	A2	0.161 **	**1.359** ***	1.952 ***	1.214 ***	−1.720 ***	−0.542 ***
		(0.067)	(**0.289**)	(0.350)	(0.318)	(0.331)	(0.120)
	A3	−0.087	0.822 ***	**2.467** ***	−1.426 ***	−1.279 ***	−0.248 **
		(0.079)	(0.237)	(**0.437**)	(0.371)	(0.388)	(0.101)
	A4	0.202 ***	0.603 ***	−1.083 ***	**1.229** ***	1.141 ***	0.356 ***
		(0.064)	(0.158)	(0.272)	(**0.358**)	(0.359)	(0.081)
	A5	0.008	0.787 ***	−0.865 ***	1.051 ***	**1.077** **	0.463 ***
		(0.061)	(0.151)	(0.262)	(0.331)	(**0.388**)	(0.077)
	A6	−0.087	−0.721 **	1.121 **	−0.176	0.031	0.052
		(0.125)	(0.309)	(0.476)	(0.490)	(0.503)	(0.136)
	A7	0.165 **	−0.916 ***	−0.619 **	1.211 ***	1.711 ***	**0.709** ***
		(0.061)	(0.204)	(0.252)	(0.278)	(0.287)	(**0.105**)
要素	K	0.759 ***	0.668 *	1.174 ***	0.656 **	0.872 *	0.110 *
		(0.270)	(0.367)	(0.207)	(0.280)	(0.419)	(0.055)
	L	−0.468 ***	−0.988 *	1.251 ***	0.915 *	0.906 ***	0.706 ***
		(0.140)	(0.483)	(0.308)	(0.502)	(0.237)	(0.115)

2.22 重庆市各行业弹性系数结果

变量		农业	工业	建筑业	交通运输业	金融业	其他服务业
全要素生产率	A1	**1.027** ***	0.118 ***	−0.148 ***	−0.101	0.086	0.061
		(**0.102**)	(0.011)	(0.049)	(0.094)	(0.080)	(0.039)
	A2	0.411 ***	**0.795** ***	0.142 **	0.784 ***	−0.221 **	0.303 ***
		(0.039)	(**0.203**)	(0.049)	(0.113)	(0.080)	(0.056)
	A3	−0.094 ***	0.134 ***	**0.217** ***	0.442 ***	0.080	0.063 *
		(0.031)	(0.039)	(**0.049**)	(0.056)	(0.060)	(0.030)
	A4	0.042	0.093 ***	0.053	**0.565** ***	0.274 ***	−0.065
		(0.039)	(0.013)	(0.037)	(**0.094**)	(0.060)	(0.039)
	A5	0.034	0.025 **	0.050	0.258 ***	**0.251** ***	0.211 ***
		(0.031)	(0.009)	(0.037)	(0.056)	(**0.080**)	(0.030)
	A6	−0.375 ***	−0.039 **	0.929 ***	−0.214 *	0.443 ***	0.120 **
		(0.079)	(0.018)	(0.062)	(0.113)	(0.100)	(0.048)
	A7	0.110	−0.157 ***	0.179 *	−0.283	−0.197	**0.303** ***
		(0.071)	(0.029)	(0.087)	(0.170)	(0.140)	(**0.017**)
要素	K	1.228 ***	0.098 ***	0.320 *	0.529 *	0.830 ***	0.533 **
		(0.022)	(0.023)	(0.170)	(0.266)	(0.019)	(0.242)
	L	−1.174 ***	−0.047 **	0.302 **	0.316 ***	0.050 ***	0.151 ***
		(0.073)	(0.018)	(0.122)	(0.063)	(0.009)	(0.017)

2.23 四川省各行业弹性系数结果

变量		农业	工业	建筑业	交通运输业	金融业	其他服务业
全要素生产率	A1	**1.528** ***	−0.146	−0.484	0.766	0.886 **	0.439 ***
		(**0.335**)	(0.094)	(0.351)	(0.593)	(0.393)	(0.133)
	A2	0.403 *	**1.058** ***	3.665 ***	2.608 ***	−1.851 ***	−0.297 **
		(0.191)	(**0.093**)	(0.449)	(0.670)	(0.359)	(0.127)
	A3	−0.733 ***	0.655 ***	**2.437** ***	−2.376 ***	−1.767 ***	−0.566 ***
		(0.173)	(0.080)	(**0.436**)	(0.541)	(0.359)	(0.121)
	A4	0.411 ***	0.219 ***	−1.296 ***	**1.044** ***	1.477 ***	0.571 ***
		(0.137)	(0.056)	(0.254)	(**0.335**)	(0.291)	(0.098)
	A5	0.310 **	−0.235 ***	−1.252 ***	2.225 ***	**1.497** ***	0.608 ***
		(0.137)	(0.045)	(0.254)	(0.438)	(**0.308**)	(0.109)
	A6	−0.574 **	−0.002	1.171 **	−1.218	−1.042	−0.345
		(0.263)	(0.093)	(0.449)	(1.005)	(0.667)	(0.225)
	A7	0.455 ***	−0.111 **	−1.187 ***	2.545 ***	1.799 ***	**0.584** ***
		(0.137)	(0.047)	(0.254)	(0.438)	(0.325)	(**0.127**)
要素	K	1.718 **	0.294 *	1.578 ***	4.903 ***	3.000 *	1.294 ***
		(0.697)	(0.145)	(0.459)	(0.917)	(1.620)	(0.167)
	L	−1.671 **	−0.618 ***	1.739 ***	4.699 ***	2.966 *	0.573 ***
		(0.703)	(0.157)	(0.282)	(1.009)	(1.536)	(0.106)

2.24 贵州省各行业弹性系数结果

变量		农业	工业	建筑业	交通运输业	金融业	其他服务业
全要素生产率	A1	**1.206** ***	0.119	−0.544	−0.476	−0.436	−0.032
		(**0.334**)	(0.093)	(0.590)	(1.245)	(0.448)	(0.126)
	A2	0.217	**1.005** ***	2.142 ***	1.009	−1.741 ***	−0.490 ***
		(0.169)	(**0.100**)	(0.559)	(1.048)	(0.415)	(0.130)
	A3	−0.169	0.366 ***	**1.382** **	−0.236	−0.898 **	−0.248 **
		(0.183)	(0.095)	(**0.650**)	(1.147)	(0.415)	(0.117)
	A4	−0.068	0.080	−0.257	**1.440** **	0.147	0.035
		(0.178)	(0.082)	(0.529)	(**0.655**)	(0.432)	(0.126)
	A5	−0.124	−0.271 ***	−0.817 **	0.290	**1.473** ***	0.753 ***
		(0.127)	(0.064)	(0.378)	(0.852)	(**0.349**)	(0.100)
	A6	−0.032	−0.011	−0.030	−1.001	−0.400	−0.081
		(0.146)	(0.059)	(0.332)	(0.950)	(0.299)	(0.069)
	A7	−0.034	−0.291 ***	−0.860 **	0.262	2.872 ***	**1.058** ***
		(0.136)	(0.077)	(0.408)	(0.950)	(0.382)	(**0.135**)
要素	K	1.054	0.139 **	0.859 ***	5.549 ***	3.360 **	1.174 ***
		(0.614)	(0.055)	(0.254)	(1.319)	(1.243)	(0.160)
	L	−1.007 *	−0.517 **	0.970 *	5.299 ***	3.331 *	0.428 ***
		(0.481)	(0.204)	(0.539)	(1.528)	(1.631)	(0.074)

2.25 云南省各行业弹性系数结果

变量		农业	工业	建筑业	交通运输业	金融业	其他服务业
全要素生产率	A1	**0.539** ***	0.112 **	−0.472	0.793	0.549	0.279 ***
		(**0.186**)	(0.046)	(0.336)	(0.460)	(0.742)	(0.077)
	A2	0.282 **	**0.782** ***	1.536 ***	−0.208	−1.967 ***	−0.283 ***
		(0.116)	(**0.064**)	(0.382)	(0.500)	(0.325)	(0.092)
	A3	−0.179	−0.232 ***	**1.183** **	−1.250 **	−1.289 ***	−0.295 ***
		(0.128)	(0.057)	(**0.413**)	(0.500)	(0.342)	(0.097)
	A4	0.230	−0.024	−1.237 ***	**0.431** ***	1.199 ***	0.386 ***
		(0.133)	(0.057)	(0.382)	(**0.060**)	(0.411)	(0.121)
	A5	0.186 *	0.165 ***	−1.152 ***	1.401 ***	**2.030** ***	0.608 ***
		(0.093)	(0.043)	(0.306)	(0.480)	(**0.342**)	(0.102)
	A6	−0.391	−0.298	2.069 ***	−1.386	−1.664 **	−0.461 **
		(0.261)	(0.208)	(0.673)	(1.442)	(0.668)	(0.189)
	A7	0.334 ***	−0.134 ***	−0.928 ***	1.588 ***	2.143 ***	**0.765** ***
		(0.093)	(0.043)	(0.306)	(0.500)	(0.360)	(**0.111**)
要素	K	1.735 ***	0.372 **	4.375 ***	6.029 ***	−5.269 ***	1.781 ***
		(0.577)	(0.176)	(1.117)	(1.299)	(1.512)	(0.133)
	L	−1.643 ***	0.898 ***	4.484 ***	−5.761 ***	5.237 ***	0.972 ***
		(0.265)	(0.188)	(0.522)	(1.287)	(1.547)	(0.081)

2.26 陕西省各行业弹性系数结果

变量		农业	工业	建筑业	交通运输业	金融业	其他服务业
全要素生产率	A1	**2.143** ***	0.070	−0.272	−0.258	−1.105	−0.361
		(0.538)	(0.101)	(0.305)	(0.569)	(0.793)	(0.735)
	A2	0.226	**1.077** ***	2.146 ***	−0.939 *	−2.197 ***	−0.622 ***
		(0.326)	**(0.122)**	(0.316)	(0.449)	(0.609)	(0.178)
	A3	−0.189	−0.465 ***	**1.291** ***	−0.807 **	−0.923 *	−0.363 ***
		(0.212)	(0.068)	**(0.261)**	(0.317)	(0.442)	(0.112)
	A4	0.721 **	0.676 ***	−0.938 ***	**1.598** **	1.903 **	0.526 ***
		(0.326)	(0.080)	(0.261)	**(0.569)**	(0.701)	(0.173)
	A5	0.454	0.810 ***	−0.545 *	1.364 **	**1.069** **	0.490 ***
		(0.326)	(0.077)	(0.261)	(0.502)	**(0.406)**	(0.159)
	A6	0.579	−0.149	0.163	−0.109	0.324	−0.135
		(0.508)	(0.122)	(0.359)	(0.833)	(1.125)	(0.220)
	A7	−0.584 *	−0.313 ***	−0.844	1.484 ***	1.930 ***	**1.470** ***
		(0.280)	(0.089)	(0.616)	(0.489)	(0.627)	**(0.243)**
要素	K	2.226 **	0.182 **	1.326 ***	0.948 ***	0.797 ***	0.769 ***
		(1.047)	(0.064)	(0.324)	(0.263)	(0.262)	(0.136)
	L	−2.178 *	−0.848 ***	1.419 ***	0.696 ***	0.764 **	0.241 **
		(1.132)	(0.154)	(0.462)	(0.187)	(0.349)	(0.087)

2.27 甘肃省各行业弹性系数结果

变量		农业	工业	建筑业	交通运输业	金融业	其他服务业
全要素生产率	A1	**0.539** ***	0.112 **	−0.472	0.793	0.549 *	0.279 ***
		(**0.186**)	(0.046)	(0.336)	(0.460)	(0.274)	(0.077)
	A2	0.282 **	**0.782** ***	1.536 ***	0.208	−1.967 ***	−0.283 ***
		(0.116)	(**0.064**)	(0.382)	(0.500)	(0.325)	(0.092)
	A3	−0.179	−0.232 ***	**1.183** **	−1.250 **	−1.289 ***	−0.295 ***
		(0.128)	(0.057)	(**0.413**)	(0.500)	(0.342)	(0.097)
	A4	0.230	0.024	−1.237 ***	**0.431** ***	1.199 ***	0.386 ***
		(0.133)	(0.057)	(0.382)	(**0.060**)	(0.411)	(0.121)
	A5	0.186 *	0.265 ***	−1.152 ***	1.401 ***	**2.030** ***	0.608 ***
		(0.093)	(0.043)	(0.306)	(0.480)	(**0.342**)	(0.102)
	A6	−0.391	−0.298	2.069 ***	−1.386	−1.664 **	−0.461 **
		(0.261)	(0.208)	(0.673)	(1.442)	(0.668)	(0.189)
	A7	−0.334 ***	−0.134 ***	−0.928 ***	0.588	0.143	**0.765** ***
		(0.093)	(0.043)	(0.306)	(0.500)	(0.360)	(**0.111**)
要素	K	1.735 ***	0.372 **	4.375 ***	6.029 ***	5.269 ***	1.781 ***
		(0.577)	(0.176)	(1.117)	(1.299)	(1.512)	(0.133)
	L	−1.643 ***	−0.898 ***	4.484 ***	−5.761 ***	5.237 ***	0.972 ***
		(0.265)	(0.188)	(0.522)	(1.287)	(1.547)	(0.081)

2.28 青海省各行业弹性系数结果

变量		农业	工业	建筑业	交通运输业	金融业	其他服务业
全要素生产率	A1	**3.218** ***	−0.248 **	−0.710 ***	−0.437	−0.098	−0.095
		(0.575)	(0.092)	(0.229)	(0.425)	(0.363)	(0.121)
	A2	0.808 **	**1.085** ***	1.244 ***	−0.589	−1.050 **	0.052
		(0.300)	**(0.165)**	(0.207)	(0.372)	(0.468)	(0.160)
	A3	−0.847 ***	0.455 ***	**0.966** ***	−0.146	−0.264	−0.087
		(0.274)	(0.075)	**(0.215)**	(0.301)	(0.246)	(0.095)
	A4	0.218	0.090	−0.159	**0.553** *	0.595 **	0.208 **
		(0.212)	(0.056)	(0.126)	**(0.265)**	(0.222)	(0.078)
	A5	0.074	−0.243 **	−0.167	0.901 **	**1.269** ***	0.181
		(0.274)	(0.108)	(0.155)	(0.336)	**(0.398)**	(0.130)
	A6	−0.077	0.009	0.329 ***	−0.136	0.058	−0.055
		(0.141)	(0.027)	(0.074)	(0.212)	(0.128)	(0.047)
	A7	−0.194	0.032	−0.148	0.851 **	0.488	**0.686** ***
		(0.247)	(0.100)	(0.163)	(0.319)	(0.351)	**(0.186)**
要素	K	2.170 *	0.157 *	1.192 ***	3.668 ***	2.664 **	1.090 ***
		(1.046)	(0.086)	(0.392)	(0.191)	(1.079)	(0.188)
	L	−2.071 *	−0.869 ***	1.299 ***	3.405 ***	2.627 **	0.401 ***
		(1.034)	(0.150)	(0.445)	(0.526)	(1.088)	(0.072)

2.29 宁夏各行业弹性系数结果

变量		农业	工业	建筑业	交通运输业	金融业	其他服务业
全要素生产率	A1	**2.529** ***	−0.073	−1.606 ***	0.074	0.384	0.043
		(**0.411**)	(0.055)	(0.337)	(0.289)	(0.322)	(0.116)
	A2	0.230	**1.201** ***	1.784 ***	−1.879 ***	−0.429	−0.611 ***
		(0.173)	(**0.101**)	(0.220)	(0.305)	(0.283)	(0.153)
	A3	−0.998 ***	0.353 ***	**1.575** ***	−0.288	−0.623 **	−0.137 *
		(0.209)	(0.043)	(**0.255**)	(0.192)	(0.219)	(0.074)
	A4	0.033	0.269 ***	−0.461 ***	**1.058** ***	0.462 **	0.556 ***
		(0.130)	(0.043)	(0.139)	(**0.208**)	(0.193)	(0.095)
	A5	0.215	−0.077	−0.562 **	0.576 **	**0.452** **	0.279 **
		(0.180)	(0.050)	(0.197)	(0.240)	(**0.193**)	(0.111)
	A6	−0.609 **	0.130 **	0.571 *	−0.125	0.077	−0.039
		(0.274)	(0.052)	(0.290)	(0.369)	(0.361)	(0.111)
	A7	0.058	−0.265 ***	−0.300 *	1.683 ***	0.678 **	**0.831** ***
		(0.158)	(0.066)	(0.162)	(0.289)	(0.270)	(**0.153**)
要素	K	3.957 *	0.516 ***	3.508 **	3.441 ***	3.201 **	1.142 ***
		(1.915)	(0.152)	(1.596)	(0.250)	(1.207)	(0.224)
	L	−3.850 **	−0.782 ***	3.577 ***	3.194 ***	3.160 *	0.493 ***
		(1.613)	(0.172)	(0.956)	(0.946)	(1.575)	(0.113)

2.30 新疆各行业弹性系数结果

变量		农业	工业	建筑业	交通运输业	金融业	其他服务业
全要素生产率	A1	**2.515** ***	0.344 ***	−0.067	−0.077	0.101	−0.126
		(0.233)	(0.104)	(0.158)	(0.226)	(0.309)	(0.093)
	A2	0.550 ***	**1.382** ***	1.219 ***	0.680 **	−0.654 **	−0.123
		(0.167)	**(0.120)**	(0.166)	(0.239)	(0.290)	(0.084)
	A3	−0.039	0.441 ***	**0.869** ***	−0.390 *	−0.816 ***	−0.174 ***
		(0.091)	(0.060)	**(0.210)**	(0.188)	(0.232)	(0.055)
	A4	0.312 ***	0.172 **	−0.412 ***	**1.175** ***	1.513 ***	0.393 ***
		(0.091)	(0.060)	(0.131)	**(0.214)**	(0.251)	(0.067)
	A5	0.289 ***	0.107 **	−0.370 ***	0.983 ***	**1.078** ***	0.314 ***
		(0.081)	(0.047)	(0.105)	(0.163)	**(0.271)**	(0.055)
	A6	−0.191 ***	−0.034	0.131	−0.282	−0.457	−0.081 *
		(0.061)	(0.044)	(0.140)	(0.214)	(0.367)	(0.046)
	A7	−0.511 ***	−0.168 **	−0.361 ***	1.168 ***	1.437 ***	**1.193** ***
		(0.111)	(0.063)	(0.114)	(0.201)	(0.251)	**(0.105)**
要素	K	1.534 ***	0.117	0.752	0.927 ***	1.107	0.567 ***
		(0.318)	(0.103)	(4.069)	(0.290)	(16.02)	(0.161)
	L	−1.184 ***	−0.713 ***	0.834	0.709	1.080	0.054
		(0.146)	(0.203)	(0.683)	(1.078)	(2.314)	(0.082)

附表3 30地区增长动力来源结果(1997—2015)[①]

3.1 北京市各行业增长动力来源

动力源泉	农业	工业	建筑业	交通运输业	金融业	其他服务业
TFP贡献	**52.13**	**57.28**	**32.80**	**22.26**	**51.98**	**37.69**
自身贡献	25.87	29.12	22.41	12.75	29.00	24.69
溢出效应	26.26	28.16	10.38	9.51	22.98	13.01
农业	25.87	8.05	−1.02	10.54	8.08	/
工业	6.51	29.12	17.45	/	/	/
建筑业	−0.79	15.41	22.41	−9.76	−11.02	−0.17
交通运输业	8.31	12.56	−8.17	12.75	10.83	6.18
金融业	14.63	/	−1.16	11.12	29.00	7.15
房地产业	−2.40	−0.75	8.16	−2.38	2.58	−0.15
其他服务业	/	−7.11	−4.89	/	12.50	24.69
要素贡献	**47.87**	**42.72**	**67.20**	**77.74**	**48.02**	**62.31**
资本	30.97	22.65	50.38	75.58	43.65	40.15
劳动	16.91	20.08	16.83	2.16	4.37	22.16

3.2 天津市各行业增长动力来源

动力源泉	农业	工业	建筑业	交通运输业	金融业	其他服务业
TFP贡献	**27.65**	**59.92**	**31.69**	**36.85**	**38.33**	**42.99**
自身贡献	19.35	22.95	15.09	16.37	27.73	17.95
溢出效应	8.30	36.97	16.61	20.48	10.60	25.04
农业	19.35	/	−0.41	−2.02	2.03	/

① 表格中"/"表示弹性系数不显著,将其贡献忽略不计,表中单位为%。

续表

动力源泉	农业	工业	建筑业	交通运输业	金融业	其他服务业
工业	/	22.95	10.62	13.62	/	/
建筑业	/	3.90	15.09	−8.16	−0.66	/
交通运输业	4.26	24.15	/	16.37	0.51	18.06
金融业	6.08	12.40	−2.29	18.83	27.73	12.19
房地产业	−2.04	−3.49	7.92	−4.05	4.63	−5.21
其他服务业	/	/	0.77	2.26	4.10	17.95
要素贡献	**72.35**	**40.08**	**68.31**	**63.15**	**61.67**	**57.01**
资本	57.14	34.18	42.58	54.44	49.59	56.39
劳动	15.21	5.89	25.72	8.71	12.08	0.62

3.3 河北省各行业增长动力来源

动力源泉	农业	工业	建筑业	交通运输业	金融业	其他服务业
TFP 贡献	**12.91**	**38.34**	**16.80**	**31.04**	**23.33**	**16.81**
自身贡献	10.73	37.21	13.42	24.38	20.21	15.31
溢出效应	2.18	1.12	3.38	6.66	3.12	1.50
农业	10.73	/	−2.06	11.31	1.84	/
工业	/	37.21	5.45	9.59	1.47	−9.89
建筑业	−1.49	8.27	13.42	/	/	/
交通运输业	1.74	3.11	/	24.38	1.37	7.85
金融业	1.92	3.25	/	9.33	20.21	3.54
房地产业	/	/	/	/	/	/
其他服务业	/	−13.50	/	−23.57	−1.57	15.31
要素贡献	**87.09**	**61.66**	**83.20**	**68.96**	**76.67**	**83.19**
资本	63.59	29.82	50.87	64.28	51.88	69.03
劳动	23.50	31.85	32.33	4.68	24.78	14.17

3.4 山西省各行业增长动力来源

动力源泉	农业	工业	建筑业	交通运输业	金融业	其他服务业
TFP 贡献	**31.61**	**28.74**	**32.89**	**21.73**	**35.45**	**34.78**
自身贡献	25.38	31.18	28.52	6.58	29.84	27.32
溢出效应	6.23	−2.43	4.38	15.15	5.61	7.47
农业	25.38	/	/	6.05	/	/
工业	/	31.18	4.28	2.70	/	/
建筑业	−2.86	/	28.52	−1.83	/	/
交通运输业	8.52	/	/	6.58	/	/
金融业	8.49	/	/	6.48	29.84	11.60
房地产业	/	/	0.10	−5.12	2.31	−4.13
其他服务业	−7.91	−2.43	/	6.87	3.30	27.32
要素贡献	**68.39**	**71.26**	**67.11**	**78.27**	**64.55**	**65.22**
资本	51.60	43.53	11.26	74.91	51.46	57.00
劳动	16.79	27.73	55.85	3.35	13.09	8.22

3.5 内蒙古各行业增长动力来源

动力源泉	农业	工业	建筑业	交通运输业	金融业	其他服务业
TFP 贡献	**29.94**	**7.08**	**13.05**	**4.28**	**13.18**	**9.29**
自身贡献	28.34	7.31	9.37	2.49	11.12	3.87
溢出效应	1.61	−0.24	3.67	1.79	2.05	5.42
农业	28.34	1.12	/	/	/	/
工业	5.92	7.31	/	0.24	/	/
建筑业	−5.19	−3.07	9.37	−2.33	/	/
交通运输业	/	1.23	−4.51	2.49	/	3.05

续表

动力源泉	农业	工业	建筑业	交通运输业	金融业	其他服务业
金融业	5.70	2.01	4.21	0.33	11.12	3.02
房地产业	/	/	3.97	/	2.05	−0.66
其他服务业	−4.83	−1.52	/	3.55	/	3.87
要素贡献	**70.06**	**92.92**	**86.95**	**95.72**	**86.82**	**90.71**
资本	66.44	75.17	84.04	81.64	76.98	85.64
劳动	3.61	17.75	2.91	14.08	9.84	5.07

3.6 辽宁省各行业增长动力来源

动力源泉	农业	工业	建筑业	交通运输业	金融业	其他服务业
TFP 贡献	**28.78**	**21.04**	**12.93**	**13.41**	**7.55**	**30.48**
自身贡献	18.50	16.15	11.53	11.86	5.11	28.08
溢出效应	10.28	4.89	1.40	1.55	2.44	2.40
农业	18.50	/	/	/	/	/
工业	/	16.15	1.19	1.52	/	/
建筑业	/	3.19	11.53	−6.47	/	/
交通运输业	4.80	3.38	/	11.86	/	1.56
金融业	5.49	1.21	/	6.50	5.11	0.84
房地产业	/	/	0.21	/	1.34	/
其他服务业	/	−2.88	/	/	1.10	28.08
要素贡献	**71.22**	**78.96**	**87.07**	**86.59**	**92.45**	**69.52**
资本	30.40	64.10	72.50	76.24	80.02	57.23
劳动	40.82	14.86	14.57	10.35	12.43	12.29

3.7　吉林省各行业增长动力来源

动力源泉	农业	工业	建筑业	交通运输业	金融业	其他服务业
TFP 贡献	**27.61**	**46.40**	**29.53**	**15.22**	**13.29**	**23.70**
自身贡献	19.11	24.94	27.10	12.84	8.93	20.97
溢出效应	8.50	21.46	2.43	2.38	4.36	2.73
农业	19.11	5.48	/	/	/	/
工业	4.83	24.94	/	1.16	/	−0.23
建筑业	−4.10	8.00	27.10	/	/	/
交通运输业	3.50	3.22	/	12.84	/	/
金融业	7.19	9.87	/	1.40	8.93	3.13
房地产业	/	−5.11	2.43	−0.18	3.65	−0.17
其他服务业	−2.92	/	/	/	0.72	20.97
要素贡献	**72.39**	**53.60**	**70.47**	**84.78**	**86.71**	**76.30**
资本	38.28	20.02	63.55	75.98	79.70	50.79
劳动	34.11	33.58	6.92	8.80	7.01	25.51

3.8　黑龙江省各行业增长动力来源

动力源泉	农业	工业	建筑业	交通运输业	金融业	其他服务业
TFP 贡献	**31.43**	**16.70**	**40.39**	**33.19**	**19.58**	**11.21**
自身贡献	21.38	8.72	31.00	16.59	4.41	10.38
溢出效应	10.05	7.98	9.39	16.59	15.16	0.83
农业	21.38	1.32	/	/	/	/
工业	10.05	8.72	9.39	31.49	/	−0.84
建筑业	/	3.00	31.00	−14.17	/	/
交通运输业	/	2.53	/	16.59	4.55	0.87

续表

动力源泉	农业	工业	建筑业	交通运输业	金融业	其他服务业
金融业	/	2.30	/	10.29	4.41	0.81
房地产业	/	/	/	−25.98	10.61	/
其他服务业	/	−1.16	/	14.97	/	10.38
要素贡献	**68.57**	**83.30**	**59.61**	**66.81**	**80.42**	**88.79**
资本	60.55	52.24	54.96	52.14	63.19	84.65
劳动	8.02	31.06	4.66	14.67	17.24	4.14

3.9 上海市各行业增长动力来源

动力源泉	农业	工业	建筑业	交通运输业	金融业	其他服务业
TFP 贡献	**53.12**	**55.70**	**48.61**	**31.80**	**56.72**	**44.73**
自身贡献	23.30	29.90	18.68	12.19	27.88	29.84
溢出效应	29.82	25.81	29.94	19.61	28.84	14.89
农业	23.30	21.06	/	/	/	/
工业	14.57	29.90	12.52	10.97	18.43	/
建筑业	−6.65	/	18.68	/	−0.95	/
交通运输业	6.71	5.72	−1.09	12.19	3.01	14.08
金融业	16.17	4.40	8.31	13.81	27.88	18.67
房地产业	−0.98	−4.73	10.20	−6.84	3.52	−17.85
其他服务业	/	−0.63	/	1.67	4.83	29.84
要素贡献	**46.88**	**44.30**	**51.39**	**68.20**	**43.28**	**55.27**
资本	38.15	37.81	32.10	46.98	40.25	42.88
劳动	8.73	6.49	19.28	21.22	3.03	12.39

3.10 江苏省各行业增长动力来源

动力源泉	农业	工业	建筑业	交通运输业	金融业	其他服务业
TFP 贡献	**23.94**	**57.73**	**44.01**	**38.87**	**50.04**	**24.35**
自身贡献	15.52	24.55	17.60	18.37	28.23	16.58
溢出效应	8.42	33.18	26.40	20.50	21.81	7.77
农业	15.52	2.10	/	−12.16	−5.67	−7.84
工业	3.43	24.55	13.99	14.39	/	/
建筑业	/	−1.05	17.60	/	/	/
交通运输业	2.55	18.51	/	18.37	7.98	15.77
金融业	3.28	13.61	/	13.91	28.23	11.98
房地产业	−0.84	/	12.41	−16.72	9.79	−12.14
其他服务业	/	/	/	21.08	9.71	16.58
要素贡献	**76.06**	**42.27**	**55.99**	**61.13**	**49.96**	**75.65**
资本	41.15	31.65	33.52	55.24	40.70	60.44
劳动	34.91	10.62	22.47	5.89	9.26	15.21

3.11 浙江省各行业增长动力来源

动力源泉	农业	工业	建筑业	交通运输业	金融业	其他服务业
TFP 贡献	**15.82**	**56.72**	**37.36**	**40.79**	**31.65**	**51.00**
自身贡献	3.57	29.81	21.02	14.31	21.14	25.44
溢出效应	12.25	26.90	16.34	26.48	10.52	25.56
农业	3.57	/	/	2.23	/	/
工业	5.21	29.81	11.27	7.10	/	/
建筑业	/	13.64	21.02	−11.73	/	−7.61
交通运输业	2.93	13.26	−10.42	14.31	/	17.16

续表

动力源泉	农业	工业	建筑业	交通运输业	金融业	其他服务业
金融业	3.16	/	10.11	11.30	21.14	20.04
房地产业	/	/	14.35	−0.53	5.38	−4.04
其他服务业	0.95	/	−8.96	18.10	5.14	25.44
要素贡献	**84.18**	**43.28**	**62.64**	**59.21**	**68.35**	**49.00**
资本	38.43	31.11	41.96	55.23	49.24	47.48
劳动	45.75	12.17	20.68	3.98	19.11	1.52

3.12 安徽省各行业增长动力来源

动力源泉	农业	工业	建筑业	交通运输业	金融业	其他服务业
TFP 贡献	**12.33**	**39.54**	**14.85**	**13.12**	**9.49**	**33.28**
自身贡献	10.56	19.86	10.49	6.72	4.75	20.26
溢出效应	1.77	19.68	4.37	6.40	4.75	13.02
农业	10.56	/	−0.07	−0.75	/	/
工业	/	19.86	2.00	1.40	/	/
建筑业	−0.26	10.99	10.49	/	−2.15	−0.63
交通运输业	2.27	5.21	−0.27	6.72	1.95	2.20
金融业	/	8.87	−0.40	4.14	4.75	11.46
房地产业	/	/	3.52	/	1.01	/
其他服务业	−0.25	−5.39	−0.41	1.60	3.93	20.26
要素贡献	**87.67**	**60.46**	**85.15**	**86.88**	**90.51**	**66.72**
资本	61.96	52.57	59.81	82.18	73.13	49.21
劳动	25.71	7.90	25.33	4.71	17.38	17.51

3.13　福建省各行业增长动力来源

动力源泉	农业	工业	建筑业	交通运输业	金融业	其他服务业
TFP 贡献	**27.46**	**34.41**	**7.09**	**17.19**	**3.61**	**23.27**
自身贡献	18.48	22.41	2.09	7.02	1.99	11.02
溢出效应	8.99	12.00	5.00	10.17	1.61	12.25
农业	18.48	/	/	/	/	/
工业	/	22.41	2.53	/	/	−0.40
建筑业	/	9.46	2.09	/	−1.49	−0.47
交通运输业	4.57	/	−1.01	7.02	1.17	4.02
金融业	4.42	6.37	−1.40	5.23	1.99	9.09
房地产业	/	/	6.08	/	−0.57	/
其他服务业	/	−3.82	−1.20	4.94	2.50	11.02
要素贡献	**72.54**	**65.59**	**92.91**	**82.81**	**96.39**	**76.73**
资本	57.81	31.89	72.63	71.60	71.60	71.18
劳动	14.72	33.70	20.28	11.20	24.80	5.55

3.14　江西省各行业增长动力来源

动力源泉	农业	工业	建筑业	交通运输业	金融业	其他服务业
TFP 贡献	**24.79**	**27.72**	**16.88**	**16.73**	**7.39**	**8.07**
自身贡献	17.58	19.76	15.81	6.77	7.31	7.86
溢出效应	7.21	7.97	1.08	9.96	0.08	0.21
农业	17.58	−2.43	/	7.84	0.77	0.62
工业	−8.32	19.76	9.78	/	−1.03	−0.15
建筑业	/	10.39	15.81	−3.36	−0.74	−2.89
交通运输业	8.47	/	−6.84	6.77	0.65	0.70

续表

动力源泉	农业	工业	建筑业	交通运输业	金融业	其他服务业
金融业	7.07	/	−1.76	5.48	7.31	1.92
房地产业	/	/	13.19	/	0.43	/
其他服务业	/	/	−13.29	/	/	7.86
要素贡献	**75.21**	**72.28**	**83.12**	**83.27**	**92.61**	**91.93**
资本	55.11	68.14	61.17	79.06	79.17	70.42
劳动	20.10	4.13	21.95	4.20	13.44	21.51

3.15 山东省各行业增长动力来源

动力源泉	农业	工业	建筑业	交通运输业	金融业	其他服务业
TFP 贡献	**29.97**	**44.68**	**13.28**	**25.04**	**26.01**	**32.78**
自身贡献	11.79	23.29	7.01	15.07	13.96	20.26
溢出效应	18.18	21.39	6.27	9.97	12.05	12.52
农业	11.79	/	/	/	/	/
工业	10.99	23.29	6.27	11.29	/	−1.32
建筑业	/	5.11	7.01	/	/	/
交通运输业	6.59	3.30	/	15.07	1.55	8.48
金融业	0.60	18.69	/	11.23	13.96	5.36
房地产业	/	/	/	/	10.50	/
其他服务业	/	−5.71	/	−12.55	/	20.26
要素贡献	**70.03**	**55.32**	**86.72**	**74.96**	**73.99**	**67.22**
资本	39.85	50.76	52.70	69.29	57.93	51.79
劳动	30.19	4.57	34.02	5.67	16.06	15.43

3.16　河南省各行业增长动力来源

动力源泉	农业	工业	建筑业	交通运输业	金融业	其他服务业
TFP 贡献	**7.76**	**15.48**	**16.19**	**19.24**	**18.39**	**13.43**
自身贡献	6.63	11.32	10.96	8.42	13.05	9.90
溢出效应	1.13	4.17	5.23	10.82	5.34	3.53
农业	6.63	/	/	/	/	/
工业	1.41	11.32	2.08	3.71	/	−3.99
建筑业	−1.66	−6.68	10.96	/	−2.38	−7.64
交通运输业	1.39	10.18	−0.21	8.42	/	8.38
金融业	/	1.72	−0.22	4.18	13.05	6.78
房地产业	/	/	3.93	/	2.26	/
其他服务业	/	−1.05	−0.35	2.92	5.46	9.90
要素贡献	**92.24**	**84.52**	**83.81**	**80.76**	**81.61**	**86.57**
资本	65.06	66.96	29.72	76.75	72.89	64.01
劳动	27.17	17.56	54.10	4.01	8.72	22.56

3.17　湖北省各行业增长动力来源

动力源泉	农业	工业	建筑业	交通运输业	金融业	其他服务业
TFP 贡献	**19.39**	**41.78**	**14.35**	**31.64**	**16.96**	**20.81**
自身贡献	11.08	27.54	7.48	15.78	11.52	16.64
溢出效应	8.31	14.24	6.87	15.86	5.45	4.18
农业	11.08	10.22	/	/	/	/
工业	6.61	27.54	/	6.96	/	/
建筑业	/	/	7.48	11.19	/	/
交通运输业	1.71	4.02	2.83	15.78	2.07	2.47

续表

动力源泉	农业	工业	建筑业	交通运输业	金融业	其他服务业
金融业	/	/	/	7.72	11.52	2.44
房地产业	/	/	4.04	−16.52	3.37	−0.73
其他服务业	/	/	/	6.50	/	16.64
要素贡献	**80.61**	**58.22**	**85.65**	**68.36**	**83.04**	**79.19**
资本	56.43	54.71	54.43	63.90	66.84	67.31
劳动	24.18	3.51	31.22	4.47	16.19	11.88

3.18 湖南省各行业增长动力来源

动力源泉	农业	工业	建筑业	交通运输业	金融业	其他服务业
TFP 贡献	**9.39**	**36.35**	**27.60**	**21.57**	**20.82**	**22.46**
自身贡献	5.08	21.31	20.52	8.04	13.82	15.64
溢出效应	4.32	15.04	7.08	13.52	7.00	6.82
农业	5.08	2.85	/	/	/	/
工业	4.32	21.31	9.11	4.37	−0.56	−1.21
建筑业	/	5.13	20.52	/	−0.57	−1.42
交通运输业	/	6.17	−2.39	8.04	0.32	7.89
金融业	/	2.73	−1.52	3.11	13.82	1.56
房地产业	/	/	3.06	/	2.97	/
其他服务业	/	−1.84	−1.18	6.04	4.83	15.64
要素贡献	**90.61**	**63.65**	**72.40**	**78.43**	**79.18**	**77.54**
资本	57.23	45.35	56.97	71.09	60.22	55.40
劳动	33.38	18.30	15.43	7.34	18.96	22.14

3.19 广东省各行业增长动力来源

动力源泉	农业	工业	建筑业	交通运输业	金融业	其他服务业
TFP 贡献	**12.03**	**50.95**	**30.63**	**36.95**	**22.77**	**50.04**
自身贡献	9.33	26.34	24.80	7.43	11.45	26.41
溢出效应	2.70	24.61	5.84	29.52	11.31	23.62
农业	9.33	−0.70	−2.37	/	/	/
工业	5.71	26.34	11.82	18.00	−1.23	−3.46
建筑业	−5.67	12.12	24.80	−5.13	−1.29	−3.82
交通运输业	1.77	14.26	−2.15	7.43	1.06	16.29
金融业	1.80	14.55	−2.76	16.17	11.45	18.17
房地产业	−0.91	−15.25	3.36	−8.03	7.39	−3.54
其他服务业	/	−0.37	−2.07	8.51	5.38	26.41
要素贡献	**87.97**	**49.05**	**69.37**	**63.05**	**77.23**	**49.96**
资本	58.48	41.04	43.43	51.91	60.95	32.87
劳动	29.50	8.02	25.94	11.13	16.28	17.09

3.20 广西各行业增长动力来源

动力源泉	农业	工业	建筑业	交通运输业	金融业	其他服务业
TFP 贡献	**26.37**	**24.49**	**5.15**	**10.91**	**2.72**	**20.40**
自身贡献	23.77	17.19	6.96	9.28	6.63	16.79
溢出效应	2.60	7.31	−1.81	1.64	−3.91	3.61
农业	23.77	0.25	/	/	/	−1.07
工业	3.16	17.19	0.88	−7.33	−7.86	−6.62
建筑业	/	0.96	6.96	−2.54	−6.38	−0.97
交通运输业	/	6.37	−2.76	9.28	/	1.53

续表

动力源泉	农业	工业	建筑业	交通运输业	金融业	其他服务业
金融业	/	/	/	4.27	6.63	10.74
房地产业	/	/	3.72	/	2.99	/
其他服务业	−0.55	−0.27	−3.65	7.25	7.34	16.79
要素贡献	**73.63**	**75.51**	**94.85**	**89.09**	**97.28**	**79.60**
资本	60.77	66.97	69.87	86.57	86.30	62.33
劳动	12.86	8.54	24.99	2.52	10.98	17.26

3.21 海南省各行业增长动力来源

动力源泉	农业	工业	建筑业	交通运输业	金融业	其他服务业
TFP 贡献	**55.04**	**56.78**	**19.13**	**27.44**	**30.44**	**50.10**
自身贡献	24.01	33.83	15.87	10.29	26.94	19.57
溢出效应	31.03	22.94	3.26	17.16	3.50	30.52
农业	24.01	8.63	/	/	/	14.60
工业	2.48	33.83	12.56	10.16	−0.43	−10.49
建筑业	/	20.46	15.87	−11.94	−3.20	−4.80
交通运输业	3.11	15.02	−6.96	10.29	2.85	6.89
金融业	/	19.59	−5.56	8.79	26.94	24.32
房地产业	/	−17.95	7.21	/	/	/
其他服务业	25.43	−22.81	−3.98	10.14	4.28	19.57
要素贡献	**44.96**	**43.22**	**80.87**	**72.56**	**69.56**	**49.90**
资本	37.82	36.65	71.76	60.55	61.08	13.39
劳动	7.14	6.58	9.11	12.01	8.48	36.51

3.22 重庆市各行业增长动力来源

动力源泉	农业	工业	建筑业	交通运输业	金融业	其他服务业
TFP 贡献	**22.40**	**44.95**	**42.97**	**39.98**	**32.11**	**30.93**
自身贡献	16.07	24.62	23.10	24.43	24.81	20.12
溢出效应	6.33	20.33	19.86	15.55	7.30	10.80
农业	16.07	0.95	−2.67	/	/	/
工业	9.30	24.62	2.57	3.39	−3.26	−2.01
建筑业	−1.47	10.91	23.10	1.91	/	−0.42
交通运输业	/	10.91	/	24.43	4.04	/
金融业	/	2.02	/	11.17	24.81	14.02
房地产业	−1.50	−3.19	16.75	−0.93	6.53	−0.80
其他服务业	/	−1.27	3.22	/	/	20.12
要素贡献	**77.60**	**55.05**	**57.03**	**60.02**	**67.89**	**69.07**
资本	61.08	45.61	33.08	55.29	65.74	14.65
劳动	16.52	9.44	23.95	4.73	2.15	54.42

3.23 四川省各行业增长动力来源

动力源泉	农业	工业	建筑业	交通运输业	金融业	其他服务业
TFP 贡献	**13.75**	**27.12**	**36.52**	**10.42**	**21.67**	**3.02**
自身贡献	11.68	18.08	25.16	1.80	15.89	1.32
溢出效应	2.07	9.04	11.37	8.62	5.78	1.70
农业	11.68	/	/	/	9.40	0.99
工业	3.08	18.08	37.84	4.50	−19.64	−0.67
建筑业	−5.60	11.20	25.16	−4.10	−18.75	−1.28
交通运输业	3.14	3.75	−13.38	1.80	15.68	1.29

续表

动力源泉	农业	工业	建筑业	交通运输业	金融业	其他服务业
金融业	2.37	−4.01	−12.93	3.83	15.89	1.37
房地产业	−4.38	/	12.09	/	/	/
其他服务业	3.47	−1.91	−12.25	4.39	19.10	1.32
要素贡献	**86.25**	**72.88**	**63.48**	**89.58**	**78.33**	**96.98**
资本	61.53	49.24	40.49	81.50	52.28	70.39
劳动	24.72	23.64	22.99	8.07	26.05	26.59

3.24 贵州省各行业增长动力来源

动力源泉	农业	工业	建筑业	交通运输业	金融业	其他服务业
TFP 贡献	**10.46**	**14.22**	**3.06**	**1.97**	**20.85**	**10.02**
自身贡献	8.86	17.66	2.29	1.97	18.00	9.87
溢出效应	1.59	−3.44	0.77	0.00	2.85	0.14
农业	8.86	/	/	/	/	/
工业	1.59	17.66	3.55	/	−21.28	−4.57
建筑业	/	6.44	2.29	/	−10.97	−2.31
交通运输业	/	/	/	1.97	/	/
金融业	/	−4.76	−1.35	/	18.00	7.03
房地产业	/	/	/	/	/	/
其他服务业	/	−5.11	−1.43	/	35.10	9.87
要素贡献	**89.54**	**85.78**	**96.94**	**98.03**	**79.15**	**89.98**
资本	61.12	57.05	77.74	97.62	57.52	86.23
劳动	28.42	28.74	19.20	0.41	21.63	3.75

3.25 云南省各行业增长动力来源

动力源泉	农业	工业	建筑业	交通运输业	金融业	其他服务业
TFP 贡献	**9.55**	**17.70**	**8.04**	**12.85**	**24.37**	**28.88**
自身贡献	3.84	19.98	6.47	9.15	18.74	19.45
溢出效应	5.71	−2.27	1.57	3.70	5.63	9.42
农业	3.84	2.86	/	/	/	0.71
工业	2.01	19.98	8.40	/	−1.82	−0.72
建筑业	/	−5.92	6.47	−2.66	−11.90	−0.75
交通运输业	/	/	−6.76	9.15	1.11	9.81
金融业	1.33	4.22	−6.30	2.98	18.74	1.55
房地产业	/	/	11.31	/	−1.54	−1.17
其他服务业	2.38	−3.43	−5.07	3.38	19.78	19.45
要素贡献	**90.45**	**82.30**	**91.96**	**87.15**	**75.63**	**71.12**
资本	71.48	67.73	44.12	84.77	66.80	53.97
劳动	18.97	14.56	47.83	2.38	8.82	17.16

3.26 陕西省各行业增长动力来源

动力源泉	农业	工业	建筑业	交通运输业	金融业	其他服务业
TFP 贡献	**20.18**	**35.02**	**17.35**	**6.51**	**17.18**	**14.66**
自身贡献	18.96	19.49	11.46	3.86	13.85	14.36
溢出效应	1.22	15.53	5.88	2.66	3.32	0.30
农业	18.96	/	/	/	/	/
工业	/	19.49	19.06	−2.27	−10.26	−6.08
建筑业	/	−0.84	11.46	−1.95	−4.31	−3.55
交通运输业	6.38	8.89	−8.33	3.86	8.88	5.14

续表

动力源泉	农业	工业	建筑业	交通运输业	金融业	其他服务业
金融业	/	8.04	−4.84	3.29	13.85	4.79
房地产业	/	/	/	/	/	/
其他服务业	−5.17	−0.57	/	3.58	9.01	14.36
要素贡献	**79.82**	**64.98**	**82.65**	**93.49**	**82.82**	**85.34**
资本	66.12	46.31	65.74	88.80	61.27	82.33
劳动	13.70	18.68	16.91	4.69	21.55	3.02

3.27 甘肃省各行业增长动力来源

动力源泉	农业	工业	建筑业	交通运输业	金融业	其他服务业
TFP 贡献	**9.66**	**17.76**	**7.78**	**5.94**	**17.15**	**5.52**
自身贡献	7.73	17.51	6.26	6.39	10.60	4.22
溢出效应	1.93	0.25	1.52	−0.46	6.55	1.30
农业	7.73	2.50	/	/	2.87	1.54
工业	4.04	17.51	8.12	0.09	−1.03	−1.56
建筑业	/	−5.19	6.26	−0.55	−0.67	−1.63
交通运输业	/	/	−6.54	6.39	6.26	2.13
金融业	2.67	5.94	−6.09	0.62	10.60	3.36
房地产业	/	/	10.94	−0.62	−0.87	−2.54
其他服务业	−4.79	−3.00	−4.91	/	/	4.22
要素贡献	**90.34**	**82.24**	**92.22**	**94.06**	**82.85**	**94.48**
资本	80.02	59.04	72.63	90.58	68.62	90.32
劳动	10.33	23.20	19.59	3.49	14.23	4.16

3.28 青海省各行业增长动力来源

动力源泉	农业	工业	建筑业	交通运输业	金融业	其他服务业
TFP 贡献	**26.83**	**10.74**	**17.03**	**9.01**	**14.02**	**8.45**
自身贡献	27.16	11.11	8.99	2.16	21.83	6.48
溢出效应	−0.33	−0.37	8.04	6.85	−7.81	1.97
农业	27.16	−2.54	−6.62	/	/	/
工业	6.82	11.11	11.58	/	−18.05	/
建筑业	−7.15	4.66	8.99	/	/	/
交通运输业	/	/	/	2.16	10.24	1.97
金融业	/	−2.49	/	3.52	21.83	/
房地产业	/	/	3.07	/	/	/
其他服务业	/	/	/	3.33	/	6.48
要素贡献	**73.17**	**89.26**	**82.97**	**90.99**	**85.98**	**91.55**
资本	60.50	71.78	78.67	88.26	63.33	90.17
劳动	12.67	17.47	4.30	2.73	22.65	1.37

3.29 宁夏各行业增长动力来源

动力源泉	农业	工业	建筑业	交通运输业	金融业	其他服务业
TFP 贡献	**3.91**	**10.75**	**1.03**	**4.16**	**2.34**	**8.80**
自身贡献	10.71	7.65	1.62	3.06	1.09	7.96
溢出效应	−6.80	3.10	−0.59	1.10	1.25	0.84
农业	10.71	/	−1.65	/	/	/
工业	/	7.65	1.83	−5.43	/	−5.86
建筑业	−4.22	2.25	1.62	/	−1.51	−1.31
交通运输业	/	1.71	−0.47	3.06	1.12	5.33
金融业	/	/	−0.58	1.66	1.09	2.68

续表

动力源泉	农业	工业	建筑业	交通运输业	金融业	其他服务业
房地产业	−2.58	0.83	0.59	/	/	/
其他服务业	/	−1.69	−0.31	4.86	1.64	7.96
要素贡献	**96.09**	**89.25**	**98.97**	**95.84**	**97.66**	**91.20**
资本	73.33	81.10	61.02	92.31	68.37	88.15
劳动	22.76	8.15	37.95	3.54	29.29	3.05

3.30 新疆各行业增长动力来源

动力源泉	农业	工业	建筑业	交通运输业	金融业	其他服务业
TFP 贡献	**31.94**	**45.10**	**3.56**	**27.34**	**9.80**	**15.17**
自身贡献	27.10	27.36	4.49	19.12	8.62	11.00
溢出效应	4.83	17.74	−0.93	8.21	1.18	4.17
农业	27.10	6.80	/	/	/	/
工业	5.92	27.36	4.98	11.07	−0.52	/
建筑业	/	8.73	4.49	−6.35	−0.65	−1.61
交通运输业	3.36	3.40	−2.13	19.12	1.21	3.62
金融业	3.11	2.12	−1.91	1.60	8.62	2.90
房地产业	−2.06	/	/	/	/	−0.75
其他服务业	−5.51	−3.32	−1.87	1.90	1.15	11.00
要素贡献	**68.06**	**54.90**	**96.44**	**72.66**	**90.20**	**84.83**
资本	52.30	40.75	86.66	67.25	84.77	74.90
劳动	15.76	14.15	9.78	5.41	5.43	9.93

附表4　东、中、西部地区SUR回归结果①

4.1　东部地区SUR回归结果

变量		农业	工业	建筑业	交通运输业	金融业	其他服务业
全要素生产率	A1	**0.176** ***	−0.005	0.001	−0.024 **	−0.024 ***	−0.022 **
		(0.022)	(0.011)	(0.010)	(0.010)	(0.009)	(0.009)
	A2	−0.005	**0.156** ***	0.053 ***	−0.043 ***	−0.052 ***	−0.101 ***
		(0.011)	**(0.016)**	(0.008)	(0.007)	(0.007)	(0.010)
	A3	0.001	0.053 ***	**0.058** ***	−0.034 ***	−0.034 ***	−0.030 ***
		(0.010)	(0.008)	**(0.009)**	(0.006)	(0.006)	(0.005)
	A4	−0.024 **	−0.043 ***	−0.034 ***	**0.038** ***	0.039 ***	0.036 ***
		(0.010)	(0.007)	(0.006)	**(0.007)**	(0.007)	(0.007)
	A5	−0.024 ***	−0.052 ***	−0.034 ***	0.039 ***	**0.039** ***	0.044 ***
		(0.009)	(0.007)	(0.006)	(0.007)	**(0.006)**	(0.006)
	A6	−0.101 ***	−0.009	−0.015	−0.012	−0.013	−0.016
		(0.028)	(0.018)	(0.016)	(0.016)	(0.015)	(0.014)
	A7	−0.022 **	−0.101 ***	−0.030 ***	0.036 ***	0.044 ***	**0.088** ***
		(0.009)	(0.010)	(0.005)	(0.007)	(0.006)	**(0.010)**
要素	K	0.133 ***	−0.106 ***	−0.085 ***	0.069 ***	0.070 ***	0.078 ***
		(0.025)	(0.015)	(0.017)	(0.014)	(0.014)	(0.012)
	L	−0.133 ***	0.106 ***	0.085 ***	−0.069 ***	−0.070 ***	−0.078 ***
		(0.025)	(0.015)	(0.017)	(0.014)	(0.014)	(0.012)
常数项		−0.056 ***	−0.061 ***	0.007 ***	0.009 ***	0.000	0.000
		(0.008)	(0.002)	(0.001)	(0.001)	(0.001)	(0.001)

① 因变量是产出份额的变化值。

4.2 中部地区 SUR 回归结果

变量		农业	工业	建筑业	交通运输业	金融业	其他服务业
全要素生产率	A1	**0.220** ***	−0.023 *	−0.034 ***	−0.034 ***	−0.036 ***	−0.039 ***
		(**0.028**)	(0.014)	(0.012)	(0.012)	(0.012)	(0.011)
	A2	−0.023 *	**0.237** ***	0.145 ***	−0.105 ***	−0.104 ***	−0.144 ***
		(0.014)	(**0.016**)	(0.012)	(0.008)	(0.009)	(0.010)
	A3	−0.034 ***	0.145 ***	**0.116** ***	−0.068 ***	−0.082 ***	−0.079 ***
		(0.012)	(0.012)	(**0.011**)	(0.007)	(0.008)	(0.008)
	A4	−0.034 ***	−0.105 ***	−0.068 ***	**0.055** ***	0.064 ***	0.071 ***
		(0.012)	(0.008)	(0.007)	(**0.009**)	(0.009)	(0.008)
	A5	−0.036 ***	−0.104 ***	−0.082 ***	0.064 ***	**0.074** ***	0.068 ***
		(0.012)	(0.009)	(0.008)	(0.009)	(**0.009**)	(0.009)
	A6	−0.054 *	−0.006	0.003	0.016	0.016	0.019
		(0.031)	(0.019)	(0.016)	(0.019)	(0.019)	(0.017)
	A7	−0.039 ***	−0.144 ***	−0.079 ***	0.071 ***	0.068 ***	**0.104** ***
		(0.011)	(0.010)	(0.008)	(0.008)	(0.009)	(**0.010**)
要素	K	0.159 ***	−0.136 ***	−0.112 ***	0.160 ***	0.166 ***	0.169 ***
		(0.036)	(0.019)	(0.017)	(0.018)	(0.017)	(0.015)
	L	−0.159 ***	0.136 ***	0.112 ***	−0.160 ***	−0.166 ***	−0.169 ***
		(0.036)	(0.019)	(0.017)	(0.018)	(0.017)	(0.015)
常数项		−0.056 ***	−0.054 ***	0.013 ***	0.015 ***	−0.003 *	−0.003 *
		(0.008)	(0.003)	(0.002)	(0.001)	(0.001)	(0.001)

4.3　西部地区 SUR 回归结果

变量		农业	工业	建筑业	交通运输业	金融业	其他服务业
全要素生产率	A1	**0.227** ***	−0.067 ***	−0.073 ***	−0.019 **	−0.022 **	−0.023 **
		(0.024)	(0.012)	(0.011)	(0.009)	(0.009)	(0.009)
	A2	−0.067 ***	**0.235** ***	0.133 ***	−0.078 ***	−0.100 ***	−0.128 ***
		(0.012)	**(0.013)**	(0.009)	(0.006)	(0.007)	(0.008)
	A3	−0.073 ***	0.133 ***	**0.116** ***	−0.053 ***	−0.067 ***	−0.065 ***
		(0.011)	(0.009)	**(0.009)**	(0.006)	(0.006)	(0.006)
	A4	−0.019 **	−0.078 ***	−0.053 ***	**0.044** ***	0.058 ***	0.060 ***
		(0.009)	(0.006)	(0.006)	**(0.006)**	(0.006)	(0.006)
	A5	−0.022 **	−0.100 ***	−0.067 ***	0.058 ***	**0.070** ***	0.073 ***
		(0.009)	(0.007)	(0.006)	(0.006)	**(0.006)**	(0.006)
	A6	−0.023 *	0.006	0.009	−0.013	−0.013	−0.011
		(0.013)	(0.009)	(0.007)	(0.010)	(0.009)	(0.008)
	A7	−0.023 **	−0.128 ***	−0.065 ***	0.060 ***	0.073 ***	**0.095** ***
		(0.009)	(0.008)	(0.006)	(0.006)	(0.006)	**(0.008)**
要素	K	0.225 ***	−0.149 ***	−0.135 ***	0.152 ***	0.159 ***	0.160 ***
		(0.026)	(0.016)	(0.014)	(0.018)	(0.016)	(0.015)
	L	−0.225 ***	0.149 ***	0.135 ***	−0.152 ***	−0.159 ***	−0.160 ***
		(0.026)	(0.016)	(0.014)	(0.018)	(0.016)	(0.015)
常数项		−0.056 ***	−0.050 ***	0.009 ***	0.013 ***	−0.003 **	−0.002
		(0.008)	(0.002)	(0.001)	(0.001)	(0.001)	(0.001)

附表 5　东、中、西部地区各行业弹性系数结果

5.1　东部各行业弹性系数结果

变量		农业	工业	建筑业	交通运输业	金融业	其他服务业
全要素生产率	A1	**2.711** ***	0.074 ***	0.099	−0.256 *	−0.308 *	−0.024
		(**0.260**)	(0.022)	(0.150)	(0.141)	(0.147)	(0.044)
	A2	1.425 ***	**0.806** ***	1.282 ***	0.126 **	−0.367 ***	−0.014
		(0.130)	(**0.033**)	(0.120)	(0.059)	(0.114)	(0.049)
	A3	−0.078	0.176 ***	**1.939** ***	−0.002	−0.490 ***	−0.082 ***
		(0.118)	(0.016)	(**0.135**)	(0.085)	(0.098)	(0.024)
	A4	1.214 ***	0.483 ***	−0.441 ***	**0.609** ***	0.709 ***	0.248 ***
		(0.118)	(0.014)	(0.090)	(**0.099**)	(0.114)	(0.034)
	A5	1.223 ***	0.462 ***	−0.451	0.614 ***	**1.699** ***	0.278 ***
		(0.106)	(0.014)	(0.902)	(0.099)	(**0.098**)	(0.029)
	A6	−0.167	−0.119 ***	1.195 ***	−0.140 ***	0.823 ***	−0.048 **
		(0.331)	(0.037)	(0.040)	(0.026)	(0.045)	(0.019)
	A7	0.058	−0.006	−0.249 ***	0.713 ***	0.923 ***	**0.637** ***
		(0.106)	(0.020)	(0.075)	(0.099)	(0.098)	(**0.049**)
要素	K	1.602 **	0.218 ***	1.269 *	1.119 ***	1.148 ***	0.643 ***
		(0.684)	(0.042)	(0.715)	(0.099)	(0.231)	(0.046)
	L	−1.559 ***	0.617 ***	1.371 ***	0.927 ***	1.114 **	0.079 **
		(0.415)	(0.037)	(0.185)	(0.271)	(0.436)	(0.030)

5.2 中部各行业弹性系数结果

变量		农业	工业	建筑业	交通运输业	金融业	其他服务业
全要素生产率	A1	**1.625** ***	0.101 ***	−0.395 *	−0.410 *	−0.071	−0.065
		(**0.187**)	(0.029)	(0.192)	(0.197)	(0.285)	(0.060)
	A2	0.327 ***	**0.974** ***	2.803 ***	1.244 ***	−0.994 ***	−0.087
		(0.093)	(**0.033**)	(0.192)	(0.131)	(0.214)	(0.054)
	A3	−0.166 *	0.364 ***	**1.920** ***	−0.636 ***	−0.889 ***	−0.371 ***
		(0.080)	(0.024)	(**0.176**)	(0.115)	(0.190)	(0.043)
	A4	0.167 *	0.157 ***	−0.279 **	**0.965** ***	1.584 ***	0.450 ***
		(0.080)	(0.016)	(0.112)	(**0.147**)	(0.214)	(0.043)
	A5	0.200 **	0.174 ***	−0.271 **	1.094 ***	**1.803** ***	0.415 ***
		(0.080)	(0.018)	(0.128)	(0.147)	(**0.214**)	(0.049)
	A6	−0.340	−0.010 **	0.702 **	−0.285	0.403	−0.126
		(0.208)	(0.003)	(0.256)	(0.312)	(0.452)	(0.093)
	A7	−0.079	−0.012	−1.083 ***	1.349 ***	1.801 ***	**1.753** ***
		(0.073)	(0.020)	(0.128)	(0.131)	(0.214)	(**0.054**)
要素	K	1.112 *	0.097 *	1.782 ***	2.781 ***	3.955 ***	1.203 ***
		(0.619)	(0.050)	(0.503)	(0.118)	(1.258)	(0.054)
	L	−1.022 *	−0.622 ***	1.890 ***	−2.576 ***	3.922 ***	0.500 ***
		(0.579)	(0.056)	(0.176)	(0.337)	(0.587)	(0.035)

5.3 西部各行业弹性系数结果

变量		农业	工业	建筑业	交通运输业	金融业	其他服务业
全要素生产率	A1	**1.575** ***	0.006	−0.070	−0.186	−0.257	0.044
		(**0.149**)	(0.027)	(0.129)	(0.164)	(0.170)	(0.045)
	A2	0.634 ***	**0.976** ***	1.003 ***	0.989 ***	−0.462 ***	−0.213 ***
		(0.074)	(**0.099**)	(0.106)	(0.109)	(0.132)	(0.040)
	A3	−0.370 ***	0.391 ***	**1.453** ***	−0.533 ***	−1.185 ***	−0.243 ***
		(0.068)	(0.020)	(**0.106**)	(0.109)	(0.113)	(0.030)
	A4	0.064	0.125 ***	−0.570 ***	**1.857** ***	1.154 ***	0.358 ***
		(0.056)	(0.013)	(0.070)	(**0.109**)	(0.113)	(0.030)
	A5	0.084	0.178 ***	−0.738 ***	1.111 ***	**1.380** ***	0.421 ***
		(0.056)	(0.016)	(0.070)	(0.109)	(**0.113**)	(0.030)
	A6	−0.128	−0.029	0.122 ***	−0.222	−0.231	−0.040
		(0.080)	(0.020)	(0.025)	(0.182)	(0.170)	(0.040)
	A7	0.055	−0.097 ***	−0.057	0.293	1.582 ***	**1.678** ***
		(0.056)	(0.018)	(0.070)	(0.194)	(0.113)	(**0.040**)
要素	K	1.449 **	1.132 ***	1.002 ***	2.950 ***	3.018 ***	0.740 ***
		(0.551)	(0.046)	(0.069)	(0.101)	(0.317)	(0.056)
	L	−1.348 **	−0.637 ***	1.700 ***	2.720 ***	2.985 ***	0.357 ***
		(0.480)	(0.054)	(0.130)	(0.338)	(0.546)	(0.033)

参考文献

Reference

[1] Acemoglu D, Antras P, Helpman E. Contracts and technology adoption[J]. American Economic Review, 2007, 97(3): 916-943.

[2] Aghion P, Howitt P, Brant-Collett M, et al. Endogenous growth theory[M]. Cambridge: MIT press, 1998.

[3] Aghion P, Howitt P W. The Economics of growth [M]. Cambridge: MIT Press, 2008.

[4] Aigner D, Lovell C A K, Schmidt P. Formulation and estimation of stochastic frontier production function models [J]. Journal of Econometrics, 1977, 6(1): 21-37.

[5] Aitken B J, Harrison A E. Do domestic firms benefit from direct foreign investment? evidence from Venezuela [J]. American Economic Review, 1999: 605-618.

[6] Aiyar S, Feyrer J. A Contribution to the empirics of total factor productivity[R]. Dartmouth College, Working Paper, 2002.

[7] Amiti M, Konings J. Trade liberalization, intermediate inputs, and productivity: evidence from Indonesia[J]. The American Economic Review, 2007, 97(5): 1611-1638.

[8] Ao, Xiang, Lilyan Fulginiti. Productivity growth in China: evidence from Chinese provinces[J]. Econ WPA Development and Comp

Systems Series, No. 0502024, 2005.

[9] Aoki M. The five phases of economic development and institutional evolution in China, Japan, and Korea [M]. Institutions and Comparative Economic Development. Palgrave Macmillan UK, 2012:13-47.

[10] Arraiz I, Drukker D M, Kelejian H, et al. A spatial cliff-ord-type model with heteroskedastic innovations: small and large sample results[J]. Journal of Regional Science, 2010, 50(2):592-614.

[11] Arrow K J. The economic implications of learning by doing[J]. The Review of Economic Studies, 1962, 29(3):155-173.

[12] Audretseh D B, Feldman, M P. Knowledge spillovers and the geography innovation [J]. Handbook of Urban anti Regional Economic, 2004(4):2713-2739.

[13] Baltagi B H, Egger P H, Kesina M. Firm-Level productivity spillovers in China's chemical industry: a spatial Hausman-Taylor approach[J]. Journal of Applied Econometrics, 2016, 31(1): 214-248.

[14] Barten A P. Maximum likelihood estimation of a complete system of demand equations [J]. European Economic Review, 1969, 1 (1):7-73.

[15] Battese G E, Coelli T J. Frontier production functions, technical efficiency and panel data: with application to paddy farmers in India [M]. International applications of productivity and efficiency analysis. Springer Netherlands, 1992:149-165.

[16] Bell D. The coming of post-industry society[M]. New York: Basic

Books, 1973: 16-19.

[17] Benhabib J, Spiegel M. Human capital and technology diffusion [J]. Handbook of Economic Growth, 2005(1): 935-966.

[18] Bhagwati J, Panagariya A. The theory of preferential trade agreements: historical evolution and current trends [J]. The American Economic Review, 1996, 86(2): 82-87.

[19] Bosworth Barry, Susan M Collins. Accounting for growth: comparing China and India [R]. NBER Working Paper, No. 12943, 2007.

[20] Broda C, Greenfield J, Weinstein D. From groundnuts to globalization: a structural estimate of trade and growth[R]. NBER Working Papers 12512. Cambridge, MA, USA: National Bureau of Economic Research, Inc., 2006.

[21] C. Freeman. Networks of Innovators: A synthesis of research issues[J]. Research Policy. 1991 (20): 499-514.

[22] Charles W Cobb, Paul H Douglas. A theory of production[J]. The American Economic Review, 1928, 18(1).

[23] Charnes A, Cooper W, Rhodes E. Measuring the efficiency of decision making units [J]. European Journal of Operational Research, 1978, 2(6): 429-444.

[24] Chen A Z, Huffman W E, Rozelle S. Technical efficiency of Chinese grain production: a stochastic production frontier approach [C]. American Agricultural Economics Association Annual Meeting, Montreal, Canada. 2003.

[25] Chow G, Lin A. Accounting for economic growth in Taiwan and

Mainland China: a comparative analysis [J]. Journal of Comparative Economics, 2002, 30(3): 507-530.

[26] Chuang Y C. Learning by doing, the technology gap, and growth [J]. International Economic Review, 1998: 697-721.

[27] Chung Yangho H, Rolf Fare, Shawna Grosskopf. Productivity and undesirable outputs: a directional distance function approach[J]. Journal of Environmental Management 1997(3): 229-240.

[28] Coe D T, Helpman E, Hoffmaister A W. International R&D spillovers and institutions[J]. European Economic Review, 2009, 53(7): 723-741.

[29] Cooper W, Seiford L M, Zhu J. Data envelopment analysis[M]. Handbook on Data Envelopment Analysis. Springer US, 2004: 1-39.

[30] D J. Aigner, S F. Chu. On estimating the industry production function[J]. American Economic Review, 1968(58).

[31] De Brauw A, Huang J, Rozelle S, et al. The evolution of China's rural labor markets during the reforms[J]. Journal of Comparative Economics, 2002, 30(2): 329-353.

[32] D. Maillat. Territorial dynamic, innovative milieu and regional Policy [J]. Entrepreneurship and Regional Development. 1995 (7): 157-165.

[33] Domar E D. Capital expansion, rate of growth, and employment [J]. Econometrica, 1946, 14(2): 137-147.

[34] Domar E D. On the measurement of technological change[J]. The Economic Journal, 1961, 71(284): 709-729.

[35] Eichengreen B, Park D, Shin K. When fast-growing economies slow down: international evidence and implications for China[J]. Asian Economic Papers, 2012, 11(1): 42-87.

[36] Elhorst J P. Applied spatial econometrics: raising the bar[J]. Spatial Economic Analysis, 2010, 5(1): 9-28.

[37] Ertur C, Koch W. A contribution to the theory and empirics of Schumpeterian growth with worldwide interactions[J]. J Econ Growth 2011, 16(3): 215-255.

[38] Ertur C, Koch W. Growth, technological interdependence and spatial externalities: theory and evidence[J]. Journal Appl Econ 2007, 22(6): 1033-1062.

[39] Fabricant Solomon. Employment in manufacturing, 1899—1939: an analysis of its relation to the volume of production[J]. NBER working paper, 1942.

[40] Fan S. Effects of technological change and institutional reform on production growth in Chinese agriculture[J]. American Journal of Agricultural Economics, 1991, 73(2) : 266-275.

[41] Fare, Rolf, Shawna Grosskopf, Carl A Pasurka Jr. Accounting for air pollution emissions in measures of state manufacturing productivity growth[J]. Journal of Regional Science, 2001 (3): 381-409.

[42] Fare Rolf, Shawna Grosskopf, Mary Norris, et al. Productivity growth, technical progress, and efficiency change in industrialized countries[J]. The American Economic Review, 1994, 84 (1): 66-83.

[43] F E Martina. Innovative milieu and social capital-complementary or redundant concept of collaboration-based regional development? [J]. European Planning Studies, 2004, 12(6): 747-765.

[44] Fischerm M. A spatially augmented Mankiw-Romer-Weil model: theory and evidence[J]. Submitted for publication in The Annals of Regional Science, 2009.

[45] Frankel J A, Romer D. Does trade cause growth? [J]. The American Economic Review, 1999: 379-399.

[46] F Todtling. Regional networks of high-technology firms—the case of the Greater Boston Region[J]. Technovation, 1994, 14(5): 323-343.

[47] Funk Mark, Strauss Jack. Panel tests of stochastic convergence: TFP transmission with in manufacturing industries[J]. Economies Letters, 2003(78): 365-371.

[48] Gorg H, Greenaway D. Much ado about nothing? do domestic firms really benefit from foreign direct investment? [J]. The World Bank Research Observer, 2004, 19(2): 171-197.

[49] Gorg H, Strobl E. Multinational companies and productivity spillovers: a meta-analysis[J]. The Economic Journal, 2001, 111 (475): 723-739.

[50] Goto A, Suzuki K. R&D capital, rate of return on R&D investment and spillover of R&D in Japanese manufacturing industries[J]. The Review of Economics and Statistics, 1989: 555-564.

[51] Griliehes Z. The search for R&D spillovers [J]. Scandinavian

Journal of Economics,1992(94):29-47.

[52] Grossman G M,Helpman E. Endogenous innovation in the theory of growth[J]. Papers,1993,8(1):23-44.

[53] Grossman G M, Helpman E. Quality ladders in the theory of growth[J]. Rev Econ Stud,1991,58(1):43-61.

[54] Grossman G M, Helpman E. Trade, knowledge spillovers, and growth[J]. Eur Econ Rev,1991,35(2-3):517-526.

[55] Haltiwanger J C, Lane J I, Spletzer J R. Productivity differences across employers: the roles of employer size, age, and human capital[J]. The American Economic Review, 1999, 89 (2): 94-98.

[56] Harrod,R. An essay in dynamic theory[J]. Economic Journal, 1939,49 (193):14-33.

[57] Hsieh C T,Klenow P J. Misallocation and manufacturing TFP in China and India[J]. The Quarterly Journal of Economics,2009, 124(4):1403-1448.

[58] Hulten C R. Growth accounting with intermediate inputs[J]. The Review of Economic Studies,1978,45(3):511-518.

[59] Hulten C R,Wykoff F C. The estimation of economic depreciation using vintage asset prices: an application of the Box-Cox power transformation[J]. Journal of Econometrics, 1981, 15 (3): 367-396.

[60] Jaffe A B. The importance of "spillovers" in the policy mission of the advanced technology program[J]. The Journal of Technology Transfer. 1998,23(2):11-19.

[61] Jaffe A B, Trajtenberg M, Henderson R. Geographic localization of knowledge spillovers as evidenced by patent citations[J]. The Quarterly Journal of Economics, 1993:577-598.

[62] Jukka-Pekka Salmenkaita, Ahti Salo. Rationales for government intervention in the commercialization of new technologies[J]. Technology Analysis & Strategic Management, 2002, 14(2).

[63] Kee H L. Productivity or endowments? sectoral evidence for Hong Kong's aggregate growth[J]. Asian Economic Journal, 2005, 19(1):51-81.

[64] Kelejian H, Prucha I R. Specification and estimation of spatial autoregressive models with autoregressive and heteroskedastic disturbances[J]. Journal of Econometrics, 2010, 157(1):53-67.

[65] Kneller R, Stevens P A. Frontier technology and absorptive capacity: evidence from OECD manufacturing industries[J]. Oxford Bulletin of Economics and Statistics, 2006, 68(1):1-21.

[66] Konings J. The effects of foreign direct investment on domestic firms[J]. Economics of transition, 2001, 9(3):619-633.

[67] Krugman P. The myth of Asia's miracle[J]. Foreign Aff, 1994, 73:62.

[68] Kumar Subodh, R Robert Russell. Technological change, technological catch-up, and capital deepening: relative contributions to growth and convergence[J]. American Economic Review, 2002, 92(3):527-548.

[69] Kumbhakar Subal C, M Denny, M Fuss. Estimation and decomposition of productivity change when production is not

efficient: a panel data approach[J]. Econometric Reviews, 2000, 19(4): 425-460.

[70] Kuroda M, Nomura K. An explanation of the productivity paradox: TFP spillover through capital accumulation[J]. 1999.

[71] Lambert D K, E Parker. Productivity in Chinese provincial agriculture[J]. Journal of Agricultural Economics, 1998, 49(3): 378-392.

[72] Lardy N. China: toward a consumption-driven growth path [J]. 2006.

[73] Lucas Robert. On the mechanics of economic development[J]. Journal of Monetary Economics. 1988, 22 (1): 3-42.

[74] Madsen J B. Technology spillover through trade and TFP convergence: 135 years of evidence for the OECD countries[J]. Journal of International Economics, 2007, 72(2): 464-480.

[75] McMillan John, John whalley, Li Jingzhu. The impact of China's economic reforms on agricultural productivity growth[J]. The Journal of Political Economy, 1989, vol. 97, No. 4.

[76] Moretti E. Workers' Education, spillovers, and productivity: evidence from plant-level production functions [J]. American Economic Review, 2004, 94(3): 656-690.

[77] Muth R F. The derived demand curve for a productive factor and the industry supply curve[J]. Oxford Economic Papers, 1964, 16 (2): 221-234.

[78] Nishimizu M, Hulten C R. The sources of Japanese economic growth: 1955—1971 [J]. The Review of Economics and

Statistics, 1978: 351-361.

[79] Ozyurt Selin. Total factor productivity growth in Chinese industry: 1952—2005 [J]. Montpellier Working Papers Series, No. 07-13, 2007.

[80] P Cooke, K Morgan. The Regional Innovation Systems in Baden - Wurttemberg [J]. International Journal of Technology Management, 1994(9): 394-429.

[81] P. Cooke. Regional innovation systems, clusters and the knowledge economy [J]. Industrial and Corporate Change. 2001 (10): 945-975.

[82] Peppard P E, Young T, Palta M, et al. Prospective study of the association between sleep-disordered breathing and hypertension [J]. New England Journal of Medicine, 2000, 342 (19): 1378-1384.

[83] Peretto Pietro. Technological change and population growth [J]. Journal of Economic Growth, 1998, 3(4): 283-311.

[84] Pittman Russell W. Multilateral productivity comparisons with undesirable outputs [J]. The Economic Journal, 1983 (93): 883-891.

[85] Porter M E, Ketels C, Delgado M. The microeconomic foundations of prosperity: findings from the business competitiveness index [J]. The Global Competitiveness Report 2007—2008, 2007: 51-81.

[86] Raff H, Von der Ruhr M. Foreign direct investment in producer services: theory and empirical evidence [R]. 2001.

[87] Rawski T G. What is happening to China's GDP statistics? [J]. China Economic Review,2001,12(4):347-354.

[88] Reinsdorf M, Cover M. Measurement of capital stocks, consumption of fixed capital,and capital services[R]. Report on a presentation to the Central American Ad Hoc Group on National Accounts,Santo Domingo,Dominican Republic,2005.

[89] R Florida. Towards the learning regional[J]. Future, 1995, 27 (5):527-536.

[90] Romer P M. Increasing returns and long-run growth[J]. Journal of Political Economy,1986,94:1002-1037.

[91] Romer P M. Endogenous technological change[J]. Journal Polity Econ 1990,98(5):71-102.

[92] Romer P. Endogenous technological change[R]. National Bureau of Economic Research,1989.

[93] Rothwell R,Zegveld W. Reindustrialization and Technology[M]. New York:Sharp,1985:60-66.

[94] Schoors K, Van Der Tol B. Foreign direct investment spillovers within and between sectors: Evidence from Hungarian data[R]. Working Papers of Faculty of Economics and Business Administration,Ghent University,Belgium,2002/157,2002.

[95] Solow R M. A contribution to the theory of economic growth[J]. Quarterly Journal of Economics,1956,70(1):65-94.

[96] Syrquin M. Resource reallocation and productivity growth[M]. Bar-Ilan University, Department of Economics, Economics Research Institute,1982.

[97] Timmer Marcel P, Adam Szirmai. Productivity growth in Asian manufacturing: the structural bonus hypothesis examined[J]. Structural Change and Economic Dynamic, 2000, 11 (4): 371-392.

[98] Wen G J. Total factor productivity change in China's farming sector: 1952—1989 [J]. Economic Development and Cultural Change, 1993.

[99] Wu Yanrui. Has Productivity contributed to China's growth? [J]. China Economic Review, 2003, 8(1): 15-30.

[100] Yang C H, Huang C H. R&D, size and firm growth in Taiwan's electronics industry[J]. Small Business Economics, 2005, 25 (5): 477-487.

[101] Young, Alwyn. Growth without scale effects[J]. Journal of Political Economy, February, 1998, 106(1): 41-63.

[102] Young D. Employment protection legislation: its economic impact and the case for reform[J]. Economic papers, 2003 (186): 1-48.

[103] Zheng J, Hu A. An empirical analysis of provincial productivity in China (1979—2001) [J]. Journal of Chinese Economic and Business Studies, 2006, 4(3): 221-239.

[104] 蔡昉. 刘易斯转折点——中国经济发展新阶段[M]. 北京: 社会科学文献出版社, 2008: 93-111.

[105] 蔡昉. 中国经济增长如何转向全要素生产率驱动型[J]. 中国社会科学, 2013(1): 56-71.

[106] 蔡昉, 都阳. 中国地区经济增长的趋同与差异——对西部开发

战略的启示[J].经济研究,2000(10):30-37.
[107] 蔡昉,王德文.中国经济增长可持续性与劳动贡献[J].经济研究,1999(10).
[108] 陈佳贵,黄群慧.我国实现工业现代化了吗——对15个重点工业行业现代化水平的分析与评价[J].中国工业经济,2009(4):5-17.
[109] 陈清泰.自主创新和产业升级[M].北京:中信出版社,2011:106-118.
[110] 陈诗一.能源消耗、二氧化碳排放与中国工业的可持续发展[J].经济研究,2009(4):41-55.
[111] 陈诗一.中国工业分行业统计数据估算:1980—2008[J].经济学(季刊),2011(3):735-776.
[112] 陈涛涛.影响中国外商直接投资溢出效应的行业特征[J].中国社会科学,2003(4):33-43.
[113] 陈彦斌,姚一旻.中国经济增长的源泉:1978—2007年[J].经济理论与经济管理,2010(5):20-28.
[114] 陈治,张所地.我国风险投资对技术创新的效率研究[J].科技进步与对策,2010(4):14-16.
[115] 程惠芳,陆嘉俊.知识资本对工业企业全要素生产率影响的实证分析[J].经济研究,2014(5):174-187.
[116] 崔晓,张屹山.中国农业环境效率与环境全要素生产率分析[J].中国农村经济,2014(8):4-16.
[117] 董敏杰,梁泳梅.1978—2010年的中国经济增长来源:一个非参数分解框架[J].经济研究,2013(5).
[118] 杜江.中国农业全要素生产率增长及其时空分异[J].科研管

理,2015,36(5):87-98.

[119] 杜伟,杨志江,夏国平.人力资本推动经济增长的作用机制研究[J].中国软科学,2014(8):173-183.

[120] 段文斌,尹向飞.中国全要素生产率研究评述[J].南开经济研究,2009(2):130-140.

[121] 樊潇彦.中国工业资本收益率的测算与地区、行业结构分析[J].世界经济,2004(5):48-57.

[122] 范志勇,宋佳音,王宝奎.开放条件下中国国民收入增长核算及效率研究[J].经济理论与经济管理,2013(6).

[123] 方福前,詹新宇.我国产业结构升级对经济波动的熨平效应分析[J].经济理论与经济管理,2011(9).

[124] 付明辉,祁春节.要素禀赋、技术进步偏向与农业全要素生产率增长——基于28个国家的比较分析[J].中国农村经济,2016 (12):76-77.

[125] 高凌云,王洛林.进口贸易与工业行业全要素生产率[J].经济学(季刊),2010(1):391.

[126] 耿修林.改革开放以来我国产业结构的地区间比较及动态分析[J].数理统计与管理,2011(5).

[127] 宫俊涛,孙林岩,李刚.中国制造业省际全要素生产率变动分析[J].数量经济技术经济研究,2008(4):97-109.

[128] 顾乃华.1992—2002年中国服务业增长效率的实证分析[J].财贸经济,2005(4):85-90.

[129] 郭克莎.中国:改革中的经济增长与结构变动[M].上海:上海人民出版社,1996.

[130] 郭庆旺,贾俊雪.中国全要素生产率的估算:1979—2004[J].

经济研究,2005(6):55.

[131] 韩霞.加快我国服务业自主创新的公共政策选择[J].中国软科学,2011(11):21-28.

[132] 郝颖,辛清泉,刘星.地区差异、企业投资与经济增长质量[J].经济研究,2014(3):101-114.

[133] 何德旭,姚战琪.中国产业结构调整的效应、优化升级目标和政策措施[J].中国工业经济,2008(5).

[134] 贺菊煌.中国资产的估算[J].数量经济技术经济研究,1992(8):24-27.

[135] 胡鞍钢,等.考虑环境因素的省级技术效率排名(1999—2005)[J].经济学(季刊),2008(3):933-960.

[136] 胡永泰.中国全要素生产率:来自农业部门劳动力再配置的首要作用[J].经济研究,1998(3):31-39.

[137] 户艳辉.服务业全要素生产率及影响因素分析[J].统计与决策,2013(5):103-106.

[138] 黄莉芳,黄良文,洪琳琳.基于随机前沿模型的中国生产性服务业技术效率测算及影响因素探讨[J].数量经济技术经济研究,2011(6):120-132.

[139] 江飞涛,武鹏,李晓萍.中国工业经济增长动力机制转换[J].中国工业经济,2014(5):5-17.

[140] 姜雨,沈志渔.技术选择与人力资本的动态适配及其政策含义[J].经济管理,2012(7):2-3.

[141] 靳涛,陶新宇.中国持续经济增长的阶段性动力解析与比较[J].数量经济技术经济研究,2015(11):74-89.

[142] 经济增长前沿课题组.高投资、宏观成本与经济增长的持续性

[J]. 经济研究,2005(10):12-23.

[143] 经济增长前沿课题组,张平,刘霞辉,等. 中国经济长期增长路径、效率与潜在增长水平[J]. 经济研究,2012(11):4-17.

[144] 柯孔林,冯宗宪. 中国银行业全要素生产率测度:基于Malmquist-Luenberger指数研究[J]. 数量经济技术经济研究,2008(4):110-120.

[145] 匡远凤,彭代彦. 中国环境生产效率与环境全要素生产率分析[J]. 经济研究,2012(7):62-74.

[146] 孔翔,Robert E Marks,万广华. 国有企业全要素生产率变化及其决定因素:1991—1994[J]. 经济研究,1999(7):40-48.

[147] 蓝虹,穆争社. 中国农村信用社改革绩效评价——基于三阶段DEA模型Malmquist指数分析法[J]. 金融研究,2016(6):159-175.

[148] 雷辉. 中国资本存量测算及投资效率的研究[J]. 经济学家,2009,6(6):75-83.

[149] 梁润,余静文,冯时. 人力资本对中国经济增长的贡献测算[J]. 南方经济,2015,33(7):1-14.

[150] 林毅夫,刘培林. 经济发展战略对劳均资本积累和技术进步的影响——基于中国经验的实证研究[J]. 中国社会科学,2003(4):18-32.

[151] 林毅夫,任若恩. 东亚经济增长模式相关争论的再探讨[J]. 经济研究,2007(8):4-12.

[152] 李斌,彭星,欧阳铭珂. 环境规制、绿色全要素生产率与中国工业发展方式转变——基于36个工业行业数据的实证研究[J]. 中国工业经济,2013(4):56-68.

[153] 李博，胡进.中国产业结构优化升级的测度和比较分析[J].管理科学，2008(2)：33-35.

[154] 李柏洲，孙立梅.创新系统中科技中介组织的角色定位研究[J].科学学与科学技术管理，2010(9)：29-33.

[155] 李德煌，夏恩君.人力资本对中国经济增长的影响——基于扩展 Solow 模型的研究[J].中国人口资源与环境，2013，23(8)：100-106.

[156] 李钢，廖建辉，向奕霓.中国产业升级的方向与路径——中国第二产业占 GDP 的比例过高了吗[J].中国工业经济，2011(10)：16-26.

[157] 李谷成.中国农业的绿色生产率革命：1978—2008 年[J].经济学(季刊)，2014 (2)：537-558.

[158] 李健，徐海成.技术进步与我国产业结构调整关系的实证研究[J].软科学，2011(4)：8-13.

[159] 李静，楠玉，江永红.中国经济增长减缓与稳定增长动力[J].中国人口科学，2015(3)：32-43.

[160] 李玲，陶锋.中国制造业最优环境规制强度的选择——基于绿色全要素生产率的视角[J].中国工业经济，2012(5)：76.

[161] 李平，钟学义，王宏伟，等.中国生产率变化与经济增长源泉：1978—2010 年[J].数量经济技术经济研究，2013(1)：3-21.

[162] 李胜文，李大胜.中国工业全要素生产率的波动：1986—2005——基于细分行业的三投入随机前沿生产函数分析[J].数量经济技术经济研究.2008(5)：43-54.

[163] 李小平，朱钟棣.国际贸易、R&D 溢出和生产率增长[J].经济研究，2006(2)：31-43.

[164] 李小平，卢现祥．中国制造业的结构变动和生产率增长[J]．世界经济，2007(5)：52-64.
[165] 李治国，唐国兴．资本形成路径与资本存量调整模型——基于中国转型时期的分析[J]．经济研究，2003(2)：34-42.
[166] 刘朝马．国家创新系统的研究现状与展望[J]．科技进步与对策，2006(4)：5-7.
[167] 刘建国．区域经济效率与全要素生产率的影响因素及其机制研究[J]．经济地理，2014，34(7)：7-11.
[168] 刘建国，张文忠．中国区域全要素生产率的空间溢出关联效应研究[J]．地理科学，2014，34(50)：525.
[169] 刘瑞翔．探寻中国经济增长源泉：要素投入、生产率与环境消耗[J]．世界经济，2013(10)：123-141.
[170] 刘生龙．人力资本的溢出效应分析[J]．经济科学，2014(2)：80-81.
[171] 刘兴凯，张诚．中国服务业全要素生产率增长及其收敛分析[J]．数量经济技术经济研究，2010(3)：55-67.
[172] 鲁晓东，连玉君．中国工业企业全要素生产率估计：1999—2007[J]．经济学(季刊)，2012，11(2)：552-554.
[173] 马歇尔．经济学原理[M]．北京：商务印书馆，1964.
[174] 马晓河．中国产业结构变动与产业政策演变[M]．北京：中国计划出版社，2009(1)：60-76.
[175] 毛其淋，盛斌．对外经济开放、区域市场整合与全要素生产率[J]．经济学：季刊，2012，11(1)：181-210.
[176] 孟令杰．中国农业产出技术效率动态研究[J]．农业技术经济，2000(5)：1-4.

[177] 聂辉华，江艇，杨汝岱. 中国工业企业数据库的使用现状和潜在问题[J]. 世界经济，2012(5)：144.

[178] 潘文卿，李子奈，刘强. 中国产业间的技术溢出效应：基于35个工业部门的经验研究[J]. 经济研究，2011(7)：18-29.

[179] 庞瑞芝，邓忠奇. 服务业生产率真的低吗？[J]. 经济研究，2014(12)：86-99.

[180] 覃一冬，屈炜怡. 知识外溢与中国制造业全要素生产率——基于DEA的经验分析[J]. 中央财经大学学报，2013(4)：56-62.

[181] 邱晓华，郑京平，万东华，等. 中国经济增长动力及前景分析[J]. 经济研究，2006(5)：4-12.

[182] 全炯振. 中国农业全要素生产率增长的实证分析：1978—2007年——基于随机前沿分析(SFA)方法[J]. 中国农村经济，2009(9)：36-37.

[183] 任保平，李梦欣. 中国经济新阶段质量型增长的动力转换难点与破解思路[J]. 经济纵横，2016(9)：33-40.

[184] 单豪杰. 国资本存量K的再估算：1952—2006年[J]. 数量经济技术经济研究，2008(10)：22-23.

[185] 单豪杰. 中国资本存量K的再估算：1952—2006年[J]. 数量经济技术经济研究，2008(10)：17-31.

[186] 单元媛，赵玉林. 国外产业融合若干理论问题研究进展[J]. 经济评论，2012(5)：157.

[187] 沈坤荣，滕永乐. "结构性"减速下的中国经济增长[J]. 经济学家，2013(8)：29-38.

[188] 沈能. 中国制造业全要素生产率地区空间差异的实证研究[J]. 中国软科学，2006(6)：101-110.

[189] 石慧,王怀明,孟令杰.中国地区农业TFP差距趋势研究[J].农业技术经济,2008(3):25-31.

[190] 孙瑾,刘文革,周钰迪.中国对外开放、产业结构与绿色经济增长——基于省际面板数据的实证检验[J].管理世界,2014(6):172-173.

[191] 孙铁山.中国三大城市群集聚空间结构演化与地区经济增长[J].经济地理,2016,36(5):63-70.

[192] 孙玮,王九云,成力为.FDI质量对高技术产业自主创新效率的溢出效应——基于企业所有制结构视角的中国数据实证研究[J].科研管理,2011,32(8):61.

[193] 涂正革.全要素生产率与区域经济增长的动力——基于对1995—2004年28个省市大中型工业的非参数生产前沿分析[J].南开经济研究,2007(4):14-36.

[194] 涂正革,肖耿.中国的工业生产力革命:大中型工业企业随机前沿生产模型实证分析[J].经济研究,2005(3):4-15.

[195] 王兵,刘光天.节能减排与中国绿色经济增长——基于全要素生产率的视角[J].中国工业经济,2015(5):57-69.

[196] 王兵,吴延瑞,颜鹏飞.环境管制与全要素生产率增长:APEC的实证研究[J].经济研究,2008(5):19-32.

[197] 王德祥,薛桂芝.中国城市全要素生产率的测算与分解(1998—2013)——基于参数型生产前沿法[J].财经科学,2016(9):42-52.

[198] 王德禄,张丰超.关于区域创新的若干思考[J].经济研究参考,2000(49):7-23.

[199] 王恕立,胡宗彪.中国服务业分行业生产率变迁及异质性考察

[J].经济研究,2012(4):15-27.

[200] 王恕立,滕泽伟,刘军.中国服务业生产率变动的差异分析——基于区域及行业视角[J].经济研究,2015(8):73-84.

[201] 王恕立,汪思齐,滕泽伟.环境约束下的中国服务业全要素生产率增长[J].财经研究,2016,42(5):123-134.

[202] 王小鲁.中国经济增长的可持续性与制度变革[J].经济研究,2000(7):3-5.

[203] 王小鲁,樊纲,刘鹏.中国经济增长方式转换和增长可持续性[J].经济研究,2009(1):44-47.

[204] 王小鲁,孟连.对中国经济增长统计数据可信度的估计[J].经济研究,2000(10):3-13.

[205] 王应明,蓝以信.基于双前沿面数据包络分析的循环全局Malmquist指数[J].中国管理科学,2015,23(11):46-55.

[206] 翁媛媛,高汝熹.中国经济增长动力分析及未来增长空间预测[J].经济学家,2011(8):65-74.

[207] 吴传清,董旭.长江经济带工业全要素生产率分析[J].武汉大学学报(哲学社会科学版),2014,67(4):31-36.

[208] 吴利学,傅晓霞.全要素生产率在中国地区差异中的贡献:兼与彭国华和李静等商榷[J].世界经济,2006(9):12-22.

[209] 吴延瑞.生产率对中国经济增长的贡献:新的估计[J].经济学季刊,2008(3).

[210] 吴玉鸣,李建霞.基于地理加权回归模型的省域工业全要素生产率分析[J].经济地理,2006(5):748-752.

[211] 武鹏.改革以来中国经济增长的动力转换[J].中国工业经济,2013(2):5-17.

[212] 徐现祥,舒元.基于对偶法的中国全要素生产率核算[J].统计研究,2009,26(7):78-86.

[213] 徐盈之,赵豫.中国信息制造业全要素生产率变动、区域差异与影响因素研究[J].中国工业经济,2007(10):45-54.

[214] 薛捷.区域创新系统的理论与实证研究进展综述[J].科技管理研究,2009(1):227-230.

[215] 薛俊波,王铮.中国17部门资本存量的核算研究[J].统计研究,2007,24(7):49-54.

[216] 亚当·斯密.国民财富的性质和原因研究[M].北京:商务印书馆,1981.

[217] 杨汝岱.中国制造业企业全要素生产率研究[J].经济研究,2015(2):61-74.

[218] 杨文举.基于DEA的绿色经济增长核算:以中国地区工业为例[J].数量经济技术经济研究,2011(1):19-34.

[219] 杨文举.引入人力资本的绿色经济增长核算:以中国省份经济为例[J].财贸研究,2015(2):1-8.

[220] 杨向阳,徐翔.中国服务业全要素生产率增长的实证分析[J].经济学家,2006(3):68-76.

[221] 姚先国,张海峰.教育、人力资本与地区经济差异经济研究[J].经济研究,2008(5):47-57.

[222] 姚战琪.生产率增长与要素再配置效应:中国的经验研究[J].经济研究,2009(11):130-143.

[223] 叶宗裕.中国省际资本存量估算[J].统计研究,2010,27(12):65-71.

[224] 余典范,干春晖,郑若谷.中国产业结构的关联特征分析——基

于投入产出结构分解技术的实证研究[J]. 中国工业经济，2011(11):5-15.

[225] 余康，郭萍，章立. 中国农业劳动生产率地区差异动态演进的决定因素——基于随机前沿模型的分解研究[J]. 经济科学，2011(2):42-53.

[226] 余泳泽. 改革开放以来中国经济增长动力转换的时空特征[J]. 数量经济技术经济研究，2015(2):19-34.

[227] 袁富华. 低碳经济约束下的中国潜在经济增长[J]. 经济研究，2010(8):79-89.

[228] 袁富华，张平，刘霞辉，等. 增长跨越：经济结构服务化、知识过程和效率模式重塑[J]. 经济研究，2016(10):12-26.

[229] 原毅军，刘浩，白楠. 中国生产性服务业全要素生产率测度[J]. 中国软科学，2009(1):159-167.

[230] 岳书敬，刘朝明. 人力资本与区域全要素生产率分析[J]. 经济研究，2006(4):90-96.

[231] 岳书敬，刘富华. 环境约束下的经济增长效率及其影响因素[J]. 数量经济技术经济研究，2009(5):94-106.

[232] 张德荣. "中等收入陷阱"发生机理与中国经济增长的阶段性动力[J]. 经济研究，2013(9):17-29.

[233] 张豪，何宇，张建华. 绿色增长效率及其空间溢出——基于中国主要城市的经验分析[J]. 贵州财经大学学报，2016(6):82-90.

[234] 张豪，何宇，张建华. 中国地区经济增长的动力来源与特征：基于部门间全要素生产率溢出的视角[J]. 中国科技论坛，2017(6).

[235] 张豪,张建华.地区全要素生产率的增长动力与溢出效应——基于中国地市级面板数据的实证研究[J].技术经济,2016,35(9):84-91.

[236] 张豪,张一弛,张建华.中国行业间全要素生产率的溢出效应与增长动力来源:基于10大行业的经验研究[J].华东经济管理,2017(4):89-96.

[237] 张建华,苏悦,张豪.中国地区工业增长动力与TFP溢出效应分析——基于上海市的实证研究[J].学习与实践,2015(11):5-16.

[238] 张健华,王鹏.中国全要素生产率:基于分省份资本折旧率的再估计[J].管理世界,2012(10):18-30.

[239] 张军,陈诗一,Gary H Jefferson.结构改革与中国工业增长[J].经济研究,2009(7):4-20.

[240] 张军,施少华.中国经济全要素生产率变动:1952—1998[J].世界经济文汇,2003(2):17-24.

[241] 张军,吴桂英,张吉鹏.中国省际物质资本存量估算:1952—2000[J].经济研究,2004(10):35-44.

[242] 张军扩."七五"期间经济效益的综合分析——各要素对经济增长贡献率测算[J].经济研究,1991(4):8-17.

[243] 张乐,曹静.中国农业全要素生产率增长:配置效率变化的引入——基于随机前沿生产函数法的实证分析[J].中国农村经济,2013(3):4-15.

[244] 张平.中国经济效率减速冲击、存量改革和政策激励[J].经济学动态,2014(10):9-16.

[245] 张其仔.比较优势的演化与中国产业升级路径的选择[J].中

国工业经济,2008(9):58-68.

[246] 张少华,蒋伟杰.中国全要素生产率的再测度与分解[J].统计研究,2014,31(3):54-60.

[247] 张少军,刘志彪.全球价值链模式的产业转移——动力、影响与对中国产业升级和区域协调发展的启示[J].中国工业经济,2009(11):5-15.

[248] 张同斌.从数量型"人口红利"到质量型"人力资本红利"——兼论中国经济增长的动力转换机制[J].经济科学,2016(5):5-17.

[249] 张先锋,丁亚娟,王红.中国区域全要素生产率的影响因素分析——基于地理溢出效应的视角[J].经济地理,2010,30(12):1955-1960.

[250] 张学良,孙海鸣.探寻长三角地区经济增长的真正源泉:资本积累、效率改善抑或 TFP 贡献[J].中国工业经济,2009(5):36-45.

[251] 章上峰.时变弹性生产函数与全要素生产率[J].经济学(季刊),2011(2):553-555.

[252] 赵彦云,吴翌琳.中国区域创新模式及发展新方向——基于中国 31 个省区市 2001—2009 年创新指数的分析[J].经济理论与经济管理,2010(12):69-77.

[253] 赵勇,白永秀.知识溢出:一个文献综述[J].经济研究,2009(1):144-156.

[254] 赵增耀,章小波,沈能.区域协同创新效率的多维溢出效应[J].中国工业经济,2015,332(1):33.

[255] 赵志耘,刘晓路,吕冰洋.中国要素产出弹性估计[J].经济理

论与经济管理,2006(6):5-11.

[256] 郑京海,胡鞍钢,Arne Bigsten.中国的经济增长能否持续?——一个生产率视角[J].经济学(季刊),2008(3):777-808.

[257] 钟世川.技术进步偏向与中国工业行业全要素生产率增长[J].经济学家,2014(7):46-54.

[258] 周燕,蔡宏波.中国工业行业全要素生产率增长的决定因素:1996—2007[J].北京师范大学学报(社会科学版),2011(1):133-141.

[259] 朱益超.中国劳动生产率增长动能转换与机制创新研究[J].数量经济技术经济研究,2016(9):58-75.

[260] 邹至庄.中国的资本形成与经济增长[J].数量经济技术经济研究,1995(3):35-43.

后记

Postscript

党的十九大刚刚闭幕，本书的写作也正好收工。作为“中国经济转型与创新驱动发展研究丛书”中的一本，本书是本课题组成员长期研究积累的成果，部分内容吸收了张豪的博士论文成果以及其他成员有关前期研究的成果。

参与有关章节写作的成员及分工如下：第一、三、五、六章（张豪），第二章（张豪、谭静），第四章（张豪、何宇、谭静），第七章（张豪、何宇），第八章（张豪、苏悦）。最后由我统一修改、完善，完成全书。值得一提的是，部分成果已经在有关期刊上发表，对相关研究者，我们表示衷心的感谢。

作　者

2017年10月30日

图书在版编目(CIP)数据

中国经济转型发展与动能转换/张建华,张豪著. —武汉：华中科技大学出版社，2018.6
(中国经济转型与创新驱动发展研究丛书)
ISBN 978-7-5680-3986-4

Ⅰ. ①中… Ⅱ. ①张… ②张… Ⅲ. ①中国经济-转型经济-研究 Ⅳ. ①F123.9

中国版本图书馆 CIP 数据核字(2018)第 067799 号

中国经济转型发展与动能转换 张建华 张 豪 著
Zhongguo Jingji Zhuanxing Fazhan yu Dongneng Zhuanhuan

策划编辑：周晓方 陈培斌
责任编辑：苏克超
封面设计：原色设计
责任校对：张会军
责任监印：周治超
出版发行：华中科技大学出版社(中国·武汉) 电话：(027)81321913
武汉市东湖新技术开发区华工科技园 邮编：430223
录 排：华中科技大学惠友文印中心
印 刷：武汉市金港彩印有限公司
开 本：710mm×1000mm 1/16
印 张：25.25 插页：2
字 数：314 千字
版 次：2018 年 6 月第 1 版第 1 次印刷
定 价：238.00 元

本书若有印装质量问题，请向出版社营销中心调换
全国免费服务热线：400-6679-118 竭诚为您服务